D1690541

E-Book inside.

Mit folgendem persönlichen Code erhalten Sie die E-Book-Ausgabe dieses Buches zum kostenlosen Download.

a8ww6-p56r4-
01800-sw1vz

Registrieren Sie sich unter
www.hanser-fachbuch.de/ebookinside
und nutzen Sie das E-Book
auf Ihrem Rechner*, Tablet-PC
und E-Book-Reader.

* Systemvoraussetzungen:
  Internet-Verbindung und Adobe® Reader®

Kommer

Digital publizieren mit InDesign CC

Bleiben Sie auf dem Laufenden!

Der Hanser Computerbuch-Newsletter informiert Sie regelmäßig über neue Bücher und Termine aus den verschiedenen Bereichen der IT. Profitieren Sie auch von Gewinnspielen und exklusiven Leseproben. Gleich anmelden unter
www.hanser-fachbuch.de/newsletter

Isolde Kommer

Digital publizieren mit InDesign CC

E-Books und Tablet-Apps entwickeln

HANSER

Die Autorin:
Isolde Kommer, Großerlach

Alle in diesem Buch enthaltenen Informationen, Verfahren und Darstellungen wurden nach bestem Wissen zusammengestellt und mit Sorgfalt getestet. Dennoch sind Fehler nicht ganz auszuschließen. Aus diesem Grund sind die im vorliegenden Buch enthaltenen Informationen mit keiner Verpflichtung oder Garantie irgendeiner Art verbunden. Autorin und Verlag übernehmen infolgedessen keine juristische Verantwortung und werden keine daraus folgende oder sonstige Haftung übernehmen, die auf irgendeine Art aus der Benutzung dieser Informationen – oder Teilen davon – entsteht.

Ebenso übernehmen Autorin und Verlag keine Gewähr dafür, dass beschriebene Verfahren usw. frei von Schutzrechten Dritter sind. Die Wiedergabe von Gebrauchsnamen, Handelsnamen, Warenbezeichnungen usw. in diesem Buch berechtigt deshalb auch ohne besondere Kennzeichnung nicht zu der Annahme, dass solche Namen im Sinne der Warenzeichen- und Markenschutz-Gesetzgebung als frei zu betrachten wären und daher von jedermann benutzt werden dürften.

Bibliografische Information der Deutschen Nationalbibliothek:
Die Deutsche Nationalbibliothek verzeichnet diese Publikation in der Deutschen Nationalbibliografie; detaillierte bibliografische Daten sind im Internet über http://dnb.d-nb.de abrufbar.

Dieses Werk ist urheberrechtlich geschützt.
Alle Rechte, auch die der Übersetzung, des Nachdruckes und der Vervielfältigung des Buches, oder Teilen daraus, vorbehalten. Kein Teil des Werkes darf ohne schriftliche Genehmigung des Verlages in irgendeiner Form (Fotokopie, Mikrofilm oder ein anderes Verfahren) – auch nicht für Zwecke der Unterrichtsgestaltung – reproduziert oder unter Verwendung elektronischer Systeme verarbeitet, vervielfältigt oder verbreitet werden.

© 2013 Carl Hanser Verlag München, www.hanser-fachbuch.de
Lektorat: Sieglinde Schärl
Copy editing: Kathrin Powik, Lassan
Herstellung: Irene Weilhart
Umschlagdesign: Marc Müller-Bremer, www.rebranding.de, München
Umschlagrealisation: Stephan Rönigk
Gesamtherstellung: Kösel, Krugzell
Ausstattung patentrechtlich geschützt. Kösel FD 351, Patent-Nr. 0748702
Printed in Germany

Print-ISBN: 978-3-446-43811-8
E-Book-ISBN: 978-3-446-43848-4

Inhalt

Vorwort			XIII
1	**Digitale Publikationen**		**1**
1.1	Gerätelandschaft		1
	1.1.1	E-Book-Reader	1
	1.1.2	Tablets	2
	1.1.3	Computer	3
	1.1.4	Smartphones	3
1.2	Das passende Format für Ihre Inhalte		4
	1.2.1	Möglichkeiten und Einschränkungen des EPUB-Formats	4
	1.2.2	Kindle-Formate MOBI, AZW und KF8	6
	1.2.3	Möglichkeiten und Einschränkungen des HTML-Formats	7
	1.2.4	Möglichkeiten und Einschränkungen des PDF-Formats	7
	1.2.5	Möglichkeiten und Einschränkungen des Flash-SWF-Formats	9
	1.2.6	Möglichkeiten und Einschränkungen interaktiver Magazin-Apps	9
1.3	Ständiger Wandel		11
2	**Struktur und Layout für EPUB- und HTML-Dokumente**		**13**
2.1	Vorbereitungen: EPUB-Reader installieren		14
2.2	Von Grund auf beginnen		15
	2.2.1	Layout anlegen	15
2.3	Texte importieren		17
	2.3.1	Umgang mit Formatkonflikten	19
		2.3.1.1 Formate automatisch importieren	19
		2.3.1.2 Formatimport anpassen	20
		2.3.1.3 Importvorgang abschließen	22
	2.3.2	Bilder aus Word-Dokumenten übernehmen	22
		2.3.2.1 Eingebettete Bilder als Bilddateien speichern	22
	2.3.3	Text über die Zwischenablage und per Drag and Drop transportieren	23
	2.3.4	Aus Textverarbeitungsprogrammen übernommenen Text bereinigen	24
2.4	Textformatierung		26
	2.4.1	Schriften einbetten	26

	2.4.2	Absatz- und Zeichenformate nutzen		27
		2.4.2.1	Konsequente Anwendung von Formaten	28
		2.4.2.2	Absatzformate erzeugen	29
		2.4.2.3	Zeichenformate erstellen	36
		2.4.2.4	Formate ersetzen und austauschen	37
		2.4.2.5	Verschachtelte Formate	39
	2.4.3	Tabellen		43
	2.4.4	Formate bestimmten HTML-Tags zuordnen		45
		2.4.4.1	Seitenumbrüche	46
		2.4.4.2	CSS nicht ausgeben	46
		2.4.4.3	Alle Export-Tags gleichzeitig bearbeiten	47
2.5	Abbildungen			48
	2.5.1	Pixelbilder		48
		2.5.1.1	Spezielle Exportoptionen für Bilder definieren	49
		2.5.1.2	Größe von Bildern	49
		2.5.1.3	Bildformate	50
		2.5.1.4	Bildauflösung (ppi)	53
		2.5.1.5	Benutzerdefiniertes Layout	54
		2.5.1.6	Einstellungen in einem Objektformat speichern	55
	2.5.2	Vektorgrafiken		57
		2.5.2.1	In InDesign gezeichnete Elemente	57
		2.5.2.2	SVG-Format	58
	2.5.3	Grafiken mit Alt-Texten versehen		58
	2.5.4	Bildbeschriftungen rationell hinzufügen		62
2.6	Layout und Reihenfolge der Inhalte			64
	2.6.1	Möglichkeit 1: Objekte verankern		65
		2.6.1.1	Objekte im Text einbinden	65
		2.6.1.2	Objekte im Text verankern	66
	2.6.2	Möglichkeit 2: Artikelbedienfeld		68
	2.6.3	Möglichkeit 3: XML-Tags		74
		2.6.3.1	Was ist XML?	75
		2.6.3.2	Tags erstellen	76
		2.6.3.3	Layout-Elemente mit Tags versehen	77
		2.6.3.4	Tag-Reihenfolge ändern und übergeordnete Tags hinzufügen	77
	2.6.4	Formate XML-Tags zuordnen		80
2.7	Kapitel organisieren			80
	2.7.1	Buchdatei anlegen		80
		2.7.1.1	Ein Buch erstellen	81
		2.7.1.2	Buchdateien organisieren	81
		2.7.1.3	Die Formatquelle	82
2.8	Montagefläche, Übersatztext und Musterseiten			83
	2.8.1	Übersatztext		84
	2.8.2	Verweise auf Seitenzahlen		85
	2.8.3	Musterseitenobjekte		85

3 Struktur und Layout für PDF-Dokumente 87
- 3.1 Layout anlegen 87
- 3.2 Buchdatei erstellen 89
  - 3.2.1 Paginierung bearbeiten 89
    - 3.2.1.1 Seitennummerierung für ein einzelnes Dokument ändern 91
  - 3.2.2 PDF-Dokumente für alternative Ausgabegeräte optimieren 91
  - 3.2.3 Barrierefreie PDF-Dokumente 93
    - 3.2.3.1 Tags erstellen 94
    - 3.2.3.2 Auf intelligent gesetzte Tags kommt es an 95
    - 3.2.3.3 Mit dem Artikelbedienfeld barrierefreie PDF-Dokumente erstellen 96
    - 3.2.3.4 Grafiken mit Alt-Texten versehen 96
    - 3.2.3.5 Schriftverwendung 97

4 Multi-Channel-Publishing 99
- 4.1 Liquid Layouts einsetzen 99
  - 4.1.1 Liquid Layout-Regel: Skalieren 101
  - 4.1.2 Liquid Layout-Regel: Erneut zentrieren 103
  - 4.1.3 Liquid Layout-Regel: Objektbasiert 103
  - 4.1.4 Liquid Layout-Regel: Hilfslinienbasiert 106
  - 4.1.5 Liquid Layout-Regel: Gesteuert durch Musterseite 109
- 4.2 Alternative Layouts einsetzen 109
  - 4.2.1 Alternatives Layout erstellen 109
  - 4.2.2 Alternative Layouts nutzen 110
  - 4.2.3 Textänderungen in alternativen Layouts vornehmen 112
  - 4.2.4 Dokumente mit alternativen Layouts ausgeben 113

5 Interaktive Elemente 115
- 5.1 Navigationsmöglichkeiten für EPUB-Dokumente 115
  - 5.1.1 Hyperlinks und Querverweise 115
  - 5.1.2 Inhaltsverzeichnisse für E-Books 116
    - 5.1.2.1 Inhaltsverzeichnis für die ersten Buchseiten erstellen 116
    - 5.1.2.2 Inhaltsverzeichnis des E-Book-Readers vorbereiten 121
- 5.2 Navigationsmöglichkeiten für PDF- und SWF-Dokumente 122
  - 5.2.1 Inhaltsverzeichnis mit Hyperlinks erzeugen 123
    - 5.2.1.1 Inhaltsverzeichnis nach Änderungen an den Buchdateidokumenten aktualisieren 126
  - 5.2.2 Index mit Hyperlinks erzeugen 131
    - 5.2.2.1 Indexbedienfeld 131
    - 5.2.2.2 Indexeinträge definieren 131
    - 5.2.2.3 Weitere Optionen für Indexeinträge 132
    - 5.2.2.4 Alle Vorkommen eines bestimmten Suchbegriffs zum Index hinzufügen 133
    - 5.2.2.5 Index erzeugen 134

		5.2.2.6	Index aktualisieren	136
		5.2.2.7	Mehrere Indizes erzeugen	136
	5.2.3	Lesezeichen		139
		5.2.3.1	Lesezeichen für Inhaltsverzeichnis und Index erzeugen	139
	5.2.4	Hyperlinks		141
		5.2.4.1	Aussehen von Hyperlinks definieren	141
		5.2.4.2	Hyperlinkziele erstellen	142
		5.2.4.3	Hyperlinks definieren und bearbeiten	145
	5.2.5	Schaltflächen		147
		5.2.5.1	Vordefinierte, interaktive Schaltflächenelemente einsetzen	147
		5.2.5.2	Layoutelemente in Buttons konvertieren	148
		5.2.5.3	Schaltflächen mit Interaktivität versehen	148
		5.2.5.4	Reaktive Buttons	150
		5.2.5.5	Schaltflächen voranzeigen	151
		5.2.5.6	Schaltflächen für die globale Navigation	153
	5.2.6	Komplexere Navigationsmechanismen: Disjunkte Rollovers		156
		5.2.6.1	Rollover-Schaltfläche erzeugen	157
		5.2.6.2	Weitere Ebene erstellen	158
		5.2.6.3	Rollover platzieren und in eine Schaltfläche konvertieren	158
		5.2.6.4	Schaltfläche mit einer Aktion versehen	159
		5.2.6.5	Übrige Schaltflächen einrichten	160

6 Multimedia und Animationen … 163

6.1	Multimedia			163
	6.1.1	Geeignete Medienformate		163
		6.1.1.1	Mediendateien konvertieren	164
	6.1.2	Mediendateien einfügen		167
	6.1.3	Wiedergabe von Videoclips steuern		167
	6.1.4	Videos von URL einfügen		172
	6.1.5	Wiedergabe von Audioclips steuern		173
6.2	Seitenübergänge			174
6.3	Objektanimationen			174
	6.3.1	Vorgegebene Animationsart zuweisen		174
	6.3.2	Animation in der Vorschau betrachten		177
	6.3.3	Mehrere Animationen steuern		178
	6.3.4	Bewegungspfad einer Animation bearbeiten		178
	6.3.5	Animation als Vorgabe speichern		179

7 Ausgabe und Nachbearbeitung von HTML-basierten Publikationen: EPUB, Kindle und HTML … 181

7.1	Metadaten hinzufügen		181
7.2	EPUB-Export		182
	7.2.1	Dateibenennung	183
	7.2.2	Allgemeine Einstellungen	184

	7.2.3	Einstellungen für Bilder	186
	7.2.4	Erweiterte Einstellungen	189
		7.2.4.1 Dokument teilen	189
		7.2.4.2 EPUB-Metadaten	190
		7.2.4.3 CSS-Optionen	190
7.3	EPUB-Dateien nachbearbeiten		191
	7.3.1	EPUB-Dokument entpacken	191
	7.3.2	EPUB-Datei wieder zusammenpacken	193
	7.3.3	Bestandteile des EPUB-Archivs	194
		7.3.3.1 Mimetype	195
		7.3.3.2 Ordner META-INF	195
		7.3.3.3 Ordner OEBPS	196
	7.3.4	Texte, Tabellen und Bilder nachbearbeiten	201
		7.3.4.1 Grundlegender Workflow in Adobe Dreamweaver	202
		7.3.4.2 Wortlaut von Texten ändern	202
		7.3.4.3 Texte formatieren	205
		7.3.4.4 Tabellen in der EPUB-Datei nachbearbeiten	209
		7.3.4.5 Position und Größe von Bildern nachbearbeiten	211
		7.3.4.6 SVG-Grafiken einfügen	213
	7.3.5	E-Reader-Inhaltsverzeichnis ändern	215
	7.3.6	Metadaten bearbeiten	218
		7.3.6.1 Erforderliche Metadaten	219
		7.3.6.2 Weitere Metadaten	219
		7.3.6.3 Weitere Bearbeitungsmöglichkeiten von Metadaten	220
7.4	EPUB-Bücher in das Kindle-Format konvertieren		221
	7.4.1	EPUB-Dateien mit Calibre in Kindle-E-Books konvertieren	222
7.5	XHTML-Dateien exportieren		224
	7.5.1	InDesign-Dokument in HTML konvertieren	226
	7.5.2	Dokument im Webeditor nachbearbeiten	228

8 Ausgabe und Nachbearbeitung von PDF und SWF 229

8.1	E-Book im PDF-Format ausgeben		229
	8.1.1	Einstellungen für interaktive PDF-Dateien	229
		8.1.1.1 Geschützte PDF-Dokumente	232
	8.1.2	Vorgabe speichern	233
8.2	PDF-Dateien nachbearbeiten		234
	8.2.1	Einstellungen beim Öffnen festlegen	234
	8.2.2	Lesezeichen bearbeiten und verschönern	235
		8.2.2.1 Lesezeichen in Adobe Acrobat hinzufügen	235
		8.2.2.2 Lesezeichen formatieren	236
	8.2.3	Erweiterte Interaktivität in Adobe Acrobat hinzufügen: Mehrsprachige Dokumente	237
		8.2.3.1 Schaltflächen in Adobe Acrobat bearbeiten	240
	8.2.4	Fertiges PDF-Dokument auf Barrierefreiheit prüfen	242

8.3 Dokumente für Adobe Flash exportieren 245
    8.3.1 Allgemeine Einstellungen für den Flash-Export 246
    8.3.2 Erweiterte Einstellungen für den Flash-Export 249

9 Interaktive Magazin-Anwendungen für Tablets gestalten 251

9.1 Adobe DPS installieren 251
9.2 Folios, Artikel und Layouts 252
    9.2.1 Folios 252
    9.2.2 Artikel 252
    9.2.3 Layouts 252
        9.2.3.1 Hoch- und Querformat 252
        9.2.3.2 Layouts für unterschiedliche Seitenverhältnisse und Auflösungen 253
9.3 InDesign-Dokument für die digitale Veröffentlichung erstellen 255
    9.3.1 Geeignetes Dokumentformat wählen 255
    9.3.2 Layout hinzufügen 259
    9.3.3 Folio anlegen 259
        9.3.3.1 Standardformat 260
        9.3.3.2 Lokales Folio erstellen 260
    9.3.4 Artikel erzeugen 260
        9.3.4.1 Dem Folio bereits vorbereitete Artikel hinzufügen 264
        9.3.4.2 Artikel zwischen Folios austauschen 264
    9.3.5 Magazin voranzeigen 265
        9.3.5.1 Vorschau auf Ihrem Tablet 265
        9.3.5.2 Folio für Teammitglieder freigeben 266
9.4 Hyperlinks einfügen 267
    9.4.1 Per Hyperlink zu einem anderen Artikel navigieren 267
    9.4.2 Hyperlinks zu Webseiten 269
9.5 Diashow einfügen 270
    9.5.1 Bilder einfügen 270
    9.5.2 Bilder in ein Objekt mit mehreren Status umwandeln 272
    9.5.3 Diashow erzeugen 273
9.6 Interaktive Bildergalerie einfügen 275
9.7 Scroll- bzw. verschiebbare Textblöcke einfügen 278
9.8 Bilder schwenken und zoomen 282
9.9 3D-Panoramen einfügen 284
9.10 Web- und HTML-Inhalte einfügen 287
9.11 Mediendateien einbinden 290
    9.11.1 Videodateien einbinden 291
    9.11.2 Audiodateien einbinden 292
9.12 Folio fertigstellen 293
    9.12.1 Artikeldetails hinzufügen 294
    9.12.2 Folioeigenschaften definieren 295

9.13 Zum Schluss: App für das iPad erstellen 296
    9.13.1 Benötigte Utensilien 296
        9.13.1.1 Zertifikate erstellen 296
        9.13.1.2 Grafiken 301
    9.13.2 Folio in eine App konvertieren: DPS App Builder nutzen 301

Index **307**

Vorwort

Seit ein paar Jahren zeichnet sich der Beginn einer Revolution ab, die die gesamte Publishing-Branche erschüttert. Einen Wendepunkt stellte der Augenblick dar, als die Zahl der bei Amazon, iTunes und anderen Stores heruntergeladenen digitalen Bücher die Zahl der verkauften gedruckten Exemplare überstieg. Gedruckten Magazinen wurde in Form interaktiver Apps neues Leben eingehaucht; Unternehmen lassen statt Print-Broschüren Präsentationen für Tablet-PCs entwickeln.

InDesigner, die aus der traditionellen Print-Branche kommen, müssen deshalb sehr schnell umdenken. Glücklicherweise bietet das Programm seit Version CS5.5 zahlreiche Werkzeuge, um den neuen Aufgaben auf rationelle und clevere Weise gerecht zu werden. In der Version CC wurden die Funktionen noch einmal verbessert.

Formate für digitale Publikationen

Es gibt nicht nur eine unüberschaubare Vielzahl von Geräten, auf denen digitale Publikationen angezeigt werden können, sondern auch zahlreiche unterschiedliche Formate. Jedes hat ganz eigene Vor- und Nachteile. Das heißt, dass Sie für jede Publikation entscheiden sollten, welches Format für die jeweiligen Inhalte und die Zielgruppe am besten geeignet ist.

Dieses Buch bietet Ihnen einen leicht verständlichen und unkomplizierten Zugang zu sechs weitverbreiteten digitalen Dokumentformaten, die Sie mit InDesign erzeugen können:

- EPUB
- Amazon Kindle-Formate
- (X)HTML
- PDF
- SWF
- Interaktive Magazin-Apps

Der Aufbau dieses Buchs

In Kapitel 1 erhalten Sie einen Überblick über die aktuelle Gerätelandschaft sowie die genannten Formate. Sie erfahren, für welche Zwecke sich die einzelnen Formate gut eignen und wann Sie sich lieber für ein anderes Format entscheiden sollten.

Die Kapitel 2 bis 6 zeigen Ihnen anhand praktischer Beispiele, wie Sie Ihre InDesign-Dokumente für den Export in diesen Formaten aufbereiten, wie Sie diese angemessen strukturieren und mit interaktiven sowie multimedialen Elementen versehen.

Kapitel 7 und 8 erläutern Ihnen den eigentlichen Export, aber auch die oft notwendige Nachbearbeitung der fertigen Dateien in verschiedenen Programmen. Als Abonnent der Adobe Creative Cloud haben Sie Zugang zu allen Werkzeugen, die Sie für eine unkomplizierte und rationelle Bearbeitung benötigen.

Kapitel 9 widmet sich dem Publishing-Prozess für Tablet-Apps. Adobe bietet mit der Digital Publishing Suite alle Werkzeuge, um hochinteraktive Magazin-Apps mit Bildergalerien, Musik und Videos für den boomenden Tablet-Markt zu erstellen.

Materialien zum Buch

Falls Sie gerade keine geeigneten Dokumente und Assets zur Hand haben, um dieses Buch durchzuarbeiten, finden Sie unter folgendem Link die im Buch verwendeten Beispiele zum Download:

www.downloads.hanser.de

Beachten Sie bitte, dass alle Dateien ausschließlich für Übungszwecke gedacht sind.

1 Digitale Publikationen

Bevor Sie sich entscheiden, welches Format für Ihre Publikation am besten geeignet ist, sollten Sie überlegen, auf welchem Gerät sich die Zielgruppe Ihre digitalen Inhalte wahrscheinlich ansehen wird: Einen digitalen Roman lesen die Betrachter vermutlich eher nicht auf ihrem Desktop-Computer, sondern auf ihrem iPad oder Amazon Kindle. Einen bebilderten Excel-Kurs betrachten sicherlich viele Nutzer auf dem Desktop-Computer oder drucken ihn möglicherweise sogar aus.

1.1 Gerätelandschaft

Die meisten Ausgabegeräte lassen sich einer der folgenden vier Kategorien zuordnen:
- E-Book-Reader
- Tablets
- Computer
- Smartphones

Die Anzahl der Geräte, auf denen elektronische Veröffentlichungen betrachtet und gelesen werden können, wächst ständig. Wegen dieser Konkurrenzsituation verkürzen sich die Update-Zyklen der Hersteller laufend; die Produkte werden immer innovativer und gleichzeitig preiswerter.

Das ist zwar gut für Sie als Gestalter digitaler Inhalte, stellt Sie jedoch gleichzeitig vor eine große Herausforderung: Sie müssen Inhalte entwickeln, die nicht nur perfekt an die aktuellen Anzeigegeräte angepasst sind, sondern möglichst auch noch an die nächste Gerätegeneration.

1.1.1 E-Book-Reader

E-Book-Reader sind speziell dafür gedacht, Romane, Kurzgeschichten, Zeitungsartikel und andere textlastige Inhalte zu lesen. Sie sind meist sehr einfach ausgelegt und vielleicht gerade deshalb so beliebt. Die meistverkauften E-Book-Reader, wie etwa der Amazon Kindle (siehe Bild 1.1), haben momentan noch kein Farb-Display. Durch die spezielle Technologie auf Basis „elektronischen Papiers" ohne aktive Hintergrundbeleuchtung und mit relativ hoher Auflösung kommt die Darstellung erstaunlich nahe an eine gedruckte Buchseite heran. Das Schriftbild ist sehr gut lesbar. Die Geräte sind ausgesprochen leicht und können mehrere tausend Bücher enthalten, die sich bequem durchsuchen lassen.

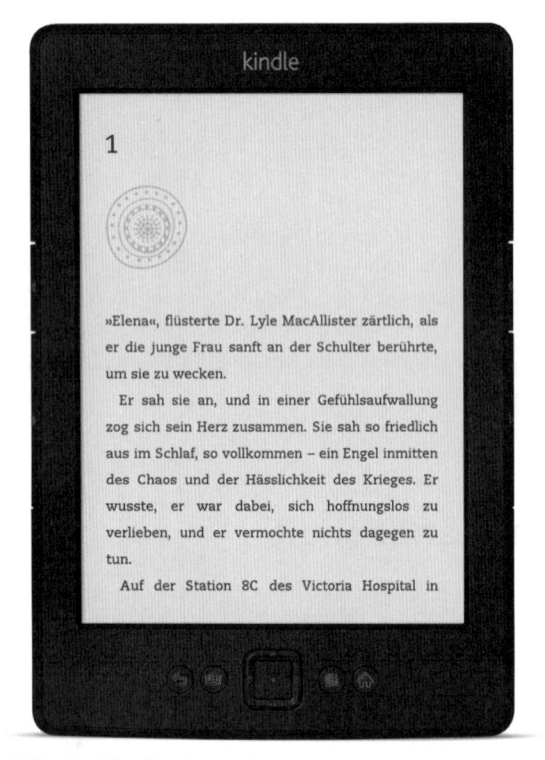

Bild 1.1 Kindle-E-Book-Reader (Quelle: Amazon)

1.1.2 Tablets

Die neueste Geräteklasse sind die Tablets (siehe Bild 1.2). Das iPad kam im Frühjahr 2010 heraus, und seitdem ist der Markt für Tablet-PCs gerade zu explodiert. Die Vorteile eines Tablets gegenüber einem herkömmlichen Notebook sind seine deutlich kleineren Abmessungen und sein geringes Gewicht. Mit Sicherheit wird das Tablet für viele Heimanwender zu einem vollwertigen Ersatz für den Desktop- oder den Laptop-PC. Für die in diesem Buch angesprochenen Formate ist das Tablet das universellste Anzeigegerät. Es kann interaktive Magazine (die speziell für diese Geräteklasse entwickelt werden), EPUB und Kindle-E-Books sowie PDF-Dokumente anzeigen; nur das aussterbende SWF-Format wird von iOS, dem Betriebssystem des beliebten Apple-iPads, nicht unterstützt.

Allerdings ist das Lesen längerer Bücher auf dem beleuchteten Tablet-Display längst nicht so augenfreundlich wie auf einem E-Book-Reader, einem speziell für diesen Zweck entwickelten Lesegerät. Anders sieht es mit digitalen Magazinen und Katalogen aus. Diese häufig mit Klang, Video und interaktiven Elementen angereicherten Formate sind ideal für das Tablet geeignet.

Bild 1.2 Tablet-PC Toshiba Excite Write (Mit freundlicher Genehmigung der TOSHIBA Europe GmbH)

1.1.3 Computer

Wenn man die mobile Gerätelandschaft betrachtet, vergisst man schnell, dass viele digitale Publikationen nach wie vor auf dem Desktop- oder Laptop-Computer gelesen werden. Für die verschiedenen Betriebssysteme gibt es zahlreiche softwarebasierte E-Book-Reader – Kindle, Calibre, Adobe Digital Editions und zahlreiche andere.

In der Tat werden E-Books durchaus auch am Computer gelesen. Allerdings sind Computerbildschirme für das Lesen langer Texte nicht ideal geeignet. Wer mit dem Lesen von E-Books am Computer beginnt und Gefallen daran findet, besorgt sich meist früher oder später ein Lesegerät oder ein Tablet oder verwendet sogar einfach sein Smartphone.

1.1.4 Smartphones

Ein wesentliches Merkmal des EPUB-Formats ist die Möglichkeit, den Textumbruch an die Breite des Ausgabegeräts anzupassen. In geringem Umfang werden aus diesem Grund auch Smartphones für das Lesen von E-Books verwendet.

■ 1.2 Das passende Format für Ihre Inhalte

Bevor Sie entscheiden können, für welches der sechs im Vorwort genannten Formate Sie Ihre Inhalte aufbereiten und letztendlich ausgeben, sollten Sie sich den Inhalt Ihrer Publikation genau ansehen. Jedes der genannten Formate hat ganz bestimmte Vor- und Nachteile.

1.2.1 Möglichkeiten und Einschränkungen des EPUB-Formats

Obwohl es zahlreiche Formate gibt, die man der Kategorie „E-Book" zurechnen könnte, hat sich das XML-basierte EPUB-(Electronic Publication)-Dateiformat als internationaler, offener Standard für das Lesen auf E-Book-Reader-Geräten und -Programmen durchgesetzt.

Der aktuelle Standard des International Digital Publishing Forums (IDPF) ist EPUB 3. Er wurde im November 2011 verabschiedet. Trotzdem kann es sein, das viele Ihrer Leser noch Geräte und Softwareprogramme verwenden, die diesen Standard nicht nutzen können, sondern sich nur auf EPUB 2 verstehen. Das stellt normalerweise kein großes Problem dar: Bücher im EPUB 3-Format können in solchen E-Book-Readern trotzdem geöffnet, Texte und Bilder interpretiert werden. Die neuen EPUB-3-Features werden einfach ignoriert.

Eine EPUB-Datei ist im Grunde genommen ein Paket, das aus XML- und XHTML-Dateien und optionalen CSS-Dateien besteht. Es kann auch Schriften, Bilder und sogar Mediendateien wie Audio und Video enthalten. In den meisten E-Book-Readern kann der Leser Text nach einem bestimmten Wort oder Satz durchsuchen, die Schriftgröße und -art wählen oder digitale Lesezeichen und nicht permanente Anmerkungen hinzufügen.

> **HINWEIS:** XHTML ist eine Neuformulierung von HTML. Die Unterschiede zwischen den beiden Markup-Sprachen sind relativ gering. Allerdings ist HTML im Vergleich zu XHTML sehr tolerant, was die Notierung des Codes angeht. Es macht beispielsweise wenig aus, wenn das <p>-Tag nicht mit </p> geschlossen wird. Die Zeile <p> Hier ein Absatz würde von HTML nicht moniert. XHTML hingegen verlangt für nicht leere Elemente korrekt geschlossene Tags: <p>Hier ein Absatz.</p>. Weiterhin wäre es in HTML in Ordnung, die Anführungszeichen um Attributwerte herum wegzulassen. In XHTML ist das nicht möglich. Die HTML-eigene „Lässigkeit" kann zu Problemen führen, wenn solche Dokumente von alternativen Ausgabegeräten wie Screenreadern, Suchmaschinen und Webphones gelesen werden sollen. XHTML ist für diese Geräte leichter lesbar.

Anders als PDF oder SWF bietet das EPUB-Format keine Unterstützung für ein ausgefeiltes Design, für besondere typografische und layouttechnische Feinheiten. Das EPUB-Dokument soll sich vor allem an unterschiedliche Lesegeräte und E-Book-Reader-Software mit ihren verschiedenen Formaten und Bildschirmauflösungen sowie an die Einstellungen des Lesers anpassen, an breite oder schmale Displays, eine hohe oder niedrige Auflösung, eine vom Anwender groß oder klein eingestellte Schrift usw.

Diese dynamische Anpassung des Texts an die Anzeigegegebenheiten ist eine der größten Stärken des Formats. Wenn Sie aus dem Print-Design-Bereich kommen, müssen Sie sich jedoch umstellen: Durch das adaptive Layout haben Sie nur vergleichsweise wenig Kontrolle über Layout und Aussehen des E-Books. Layout- und typografische Elemente wie Initiale, Kapitälchen, spezielle Schriften usw. können Sie zwar definieren, sie werden jedoch von E-Book-Reader zu E-Book-Reader möglicherweise unterschiedlich, teilweise sogar gar nicht dargestellt. Auch haben Sie keine echte Möglichkeit, den Stand von Elementen wie etwa Bildern usw. wirklich zuverlässig zu kontrollieren. Manche Anwender versuchen deshalb, Elemente wie Marginalien usw. mit CSS-Tricks ins Layout einzubauen – denken Sie aber daran, dass all dies im Ganzen gesehen meist zu einer reduzierten User Experience führt. Besser ist es normalerweise, die adaptive Natur des EPUB-Formats zu akzeptieren und E-Books zu gestalten, die auf jedem erdenklichen Display ordentlich und vor allem lesbar aussehen. Und das läuft im Endeffekt darauf hinaus, Texte und Bilder strukturiert und in einem Fluss darzustellen.

Dies wird Ihnen keine Probleme bereiten, wenn Sie das EPUB-Format für seinen ursprünglichen Zweck verwenden: für textlastige Publikationen wie etwa Bücher und Zeitungen (siehe Bild 1.3).

Bild 1.3 Besonders gut geeignet ist das EPUB-Format für eher textlastige Veröffentlichungen wie etwa Kurzgeschichten, Romane und Zeitungsartikel.

> **HINWEIS:** Wenn Sie eine exakte Kontrolle über Ihre Layouts benötigen, wenn Ihre Publikation sehr bild- und medienlastig ist, oder wenn Sie den Nutzern ein besonders interaktives Erlebnis bieten möchten, ist das adaptive EPUB-Format weniger geeignet. Eine neue Entwicklung sind jedoch EPUB 3-Dokumente mit festem Layout, die sich etwa für Bildbände, Comics oder Kinderbücher eignen. So spannend diese neue Entwicklung ist – für die breite Masse der EPUB-Bücher ist heutzutage ein adaptives Design nach wie vor besser geeignet. Die User Experience textlastiger Bücher wird durch ein festes Layout keineswegs verbessert, weil der Leser dann – je nach Displaygröße – ständig zoomen oder schwenken muss.
>
> Ein adaptives Layout ist für diese Zwecke sehr viel besser geeignet. Es gibt zahlreiche kreative Möglichkeiten, auch Bücher mit adaptivem Layout gut zu gestalten – selbst wenn sie zahlreiche Abbildungen und Ähnliches enthalten. ∎

1.2.2 Kindle-Formate MOBI, AZW und KF8

Amazon ist einer der größten Anbieter von digitalen Veröffentlichungen und von Geräten, auf denen diese Publikationen betrachtet werden können. Die Hauptgründe für die Beliebtheit der Produkte sind tatsächlich die proprietären Formate der Bücher. Für den Leser bietet die nahtlose Integration der Publikationen und der zugehörigen Amazon-Geräte zweifellos eine hervorragende User Experience.

Glücklicherweise ist es sehr einfach, Inhalte in Amazon-E-Book-Formaten zur Verfügung zu stellen. Vom Verhalten und der Vorbereitung her gleichen Publikationen in den Kindle-Formaten standardisierten E-Books im EPUB-Format. Zwar bietet InDesign keine direkte Exportmöglichkeit, aber Sie können Ihre Publikation vorbereiten wie ein EPUB-Buch und dieses dann mit kostenlosen Export-Plug-ins in das MOBI-Format exportieren. Eines dieser Plug-ins stammt von Amazon und gibt Ihnen sogar die Möglichkeit, Ihr Buch gleich beim Export in den Amazon-Store hochzuladen.

Mit dem DRM-Schutz für seine Formate will Amazon den Zugriff auf bezahlte Inhalte steuern und vermeiden, dass Kindle-E-Books in anderen Anwendungen geöffnet oder illegal an andere Kindle-Nutzer übertragen werden.

Die zweite und dritte Kindle-Generation unterstützen eine verbesserte AZW- und MOBI-Version mit Funktionen, die denen von EPUB 2.01 gleichkommen. Die jüngste Entwicklung, das Kindle Format 8 (KF8), ist für die vierte Generation des Kindle-E-Book-Readers und für Kindle-Tablets gedacht. Aber auch die älteren Formate werden noch nativ von den neuen Amazon-Geräten unterstützt. Das KF8-Format entspricht in etwa EPUB 3; es unterstützt CSS3, HTML5, eingebettete Schriften und SVG-Grafiken.

1.2.3 Möglichkeiten und Einschränkungen des HTML-Formats

Vorangehend haben Sie erfahren, dass EPUB-Dokumente unter anderem aus XHTML- und CSS-Dateien bestehen, die in einen Archivcontainer verpackt sind.

InDesign bietet Ihnen aber auch eine relativ geradlinige Möglichkeit, HTML-Dokumente ohne einen solchen Container erzeugen und dabei eine kompromisslose Trennung von Inhalt, Layout und Logik zu erzielen. Dabei können Sie bei Bedarf reines XHTML ganz ohne Formatierungselemente exportieren. Mit den richtigen Vorbereitungen erhalten Sie standardkonforme Webseiten, die sich mit sämtlichen CSS- und JavaScript-Funktionen unbegrenzt gestalten und erweitern lassen. Für strukturierte, informative Einheiten, die auf den unterschiedlichsten Geräten angezeigt werden sollen, sind in einem Webbrowser unmittelbar darstellbare Formate wie (X)HTML bestens geeignet.

1.2.4 Möglichkeiten und Einschränkungen des PDF-Formats

Über lange Zeit hinweg war PDF eines der bevorzugten Formate für die unterschiedlichsten digitalen Publikationen wie E-Books, Handbücher, Kataloge, Zeitschriften und vieles mehr. Das Dateiformat unterstützt alle modernen Medientypen wie Audio und Video sowie interaktive Elemente, die weit über die Möglichkeiten des EPUB-Formats hinausgehen (siehe Bild 1.4). Selbst ein dynamischer Textfluss ist möglich, sodass sich die Publikation an die Breite des Anzeigegeräts anpasst. Auch können PDF-Dokumente per DRM geschützt werden.

Darüber hinaus sind PDF-Dokumente sehr leicht zu erstellen. So gut wie jeder InDesign-Anwender ist mit dem Erzeugen und Bearbeiten von PDF-Dateien vertraut. Wenn Zeit und Budget knapp sind, kann dies eine große Rolle spielen: Inhalte in strukturierte Komponenten zu überführen, bedeutet einen Extra-Aufwand. Manchmal rechtfertigt das Ergebnis diesen Aufwand – häufig aber auch nicht. Stattdessen geben Sie die eigentlich für den Druck bestimmten Dokumente einfach als bildschirmtaugliche PDF-Dokumente aus.

Zugegebenermaßen ist diese Methode vom Zeit- und Kostenaufwand her die günstigste. Aber solche PDF-Inhalte sind meist im Hochformat gestaltet, oft auf DIN-A4-Seiten. Sie sind demnach für die Anzeige, zumindest an einem Computerbildschirm, nicht optimal geeignet: Adobe Acrobat bzw. der Adobe Reader zeigt – wenn das Dokument in einer einigermaßen lesbaren Größe dargestellt wird – nur einen Ausschnitt der Seite an. Wenn es sich dann noch um ein kompliziertes Layout mit Spaltensatz, Kästen und Ähnlichem handelt, kann der Benutzer nicht mehr auf die einfache, lineare Weise lesen, die er von echten Bildschirmmedien wie Webseiten und EPUB-Dokumenten her gewohnt ist.

Es ist also relativ wahrscheinlich, dass Sie das bestehende Layout umgestalten müssen, um ein geeignetes Bildschirm-PDF zu erhalten. Zum Glück bietet InDesign seit der Version CS6 verschiedene Funktionen, die Ihnen diese Arbeit deutlich erleichtern können. Mehr darüber erfahren Sie in Kapitel 4.

PDF-Dokumente können von nahezu jedem Gerät angezeigt bzw. ausgegeben werden. Mac-Nutzer, denen die mit dem Betriebssystem ausgelieferte PDF-Anzeige nicht ausreicht, können sich den kostenlosen Adobe Reader installieren – dieser ist für die verschiedensten Betriebssysteme wie Windows, Unix, iOS, Android, Fire und viele mehr erhältlich.

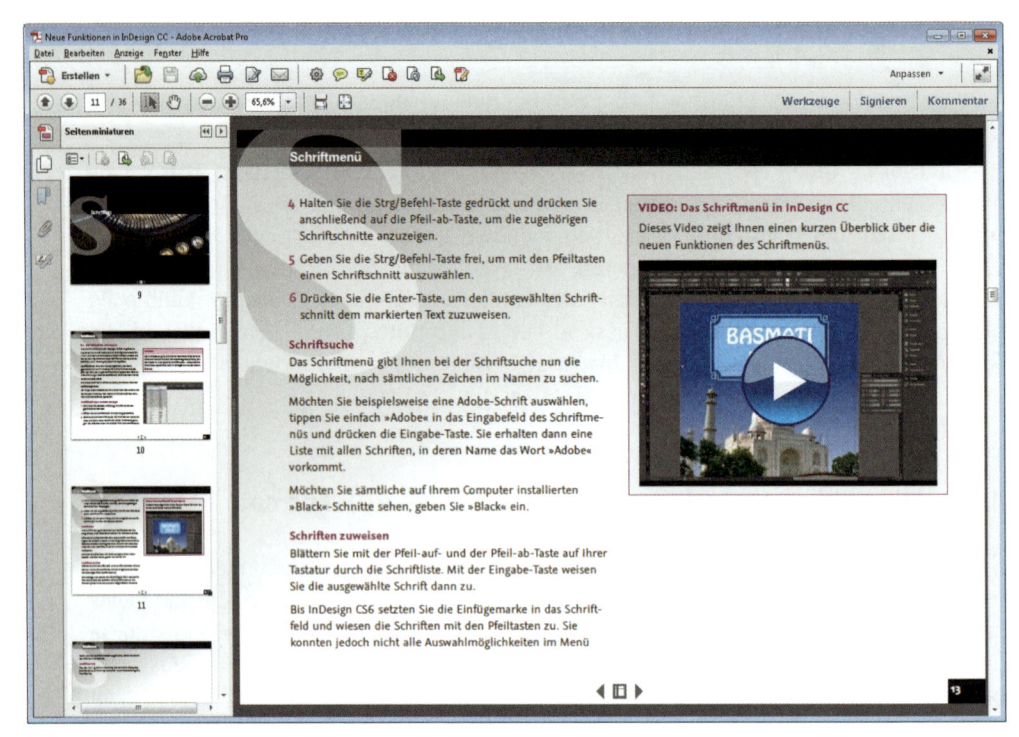

Bild 1.4 PDF-Dokumente können neben vielfältigen Navigationsmechanismen wie etwa Lesezeichen und Seitenminiaturen (im Bild links) auch Multimedia wie Videoclips enthalten.

Damit kommen wir jedoch zu einem möglichen Nachteil: Die Texte und Bilder in PDF-Dokumenten werden zwar auf fast jedem Gerät angezeigt – aber auf vielen davon fallen Interaktivität und Multimedia einfach unter den Tisch. Nur wenn die Betrachter Ihre PDF-Publikation auf einem Computer betrachten und dabei den Adobe Reader oder Adobe Acrobat nutzen, können Sie sicher sein, dass alle Features Ihres Dokuments korrekt angezeigt und genutzt werden.

Die erwähnte PDF-Anzeige am Mac beispielsweise schneidet besonders schlecht ab – aber viele Anwender begnügen sich mit dem vorinstallierten Programm und wissen möglicherweise gar nicht, dass mit dem Adobe Reader eine sehr viel bessere, ebenfalls kostenlose Möglichkeit verfügbar ist. Auch viele Anzeige-Apps von Mobilgeräten unterstützen nicht alle PDF-Features – manche wissen beispielsweise mit Videos nichts anzufangen usw.

Wenn Sie davon ausgehen können, dass die Zielgruppe Ihre Veröffentlichung auf einem Computer betrachten wird, wie es etwa bei Lehrmaterialien für Softwareprogramme oft der Fall sein dürfte, dann ist das PDF-Format sehr gut geeignet. Besteht Ihr Publikum vorwiegend aus Nutzern mobiler Geräte, dann sollten Sie über eines der anderen Formate nachdenken: Möchten Sie vorwiegend textlastige Inhalte veröffentlichen, ist wahrscheinlich das EPUB-Format am besten geeignet, sind Bilder, Layout und Medieneinbindung wichtig, sollten Sie sich möglicherweise für die Gestaltung einer digitalen Magazin-App entscheiden.

1.2.5 Möglichkeiten und Einschränkungen des Flash-SWF-Formats

Noch vor wenigen Jahren schien das Flash-SWF-Format die Zukunft zu sein. Unzählige Spiele wurden in Flash entwickelt, als SWF-Datei ausgegeben und in Webseiten eingebunden. Vom heutigen Standpunkt aus ist das SWF-Format veraltet. Der Grund:

> *„Wir wissen auch aus eigener Erfahrung, dass Flash der Hauptgrund für Systemabstürze bei Macs ist. Wir haben mit Adobe gemeinsam an der Lösung dieser Probleme gearbeitet, aber sie bestehen jetzt schon seit einigen Jahren. Wir wollen die Zuverlässigkeit und Sicherheit unserer iPhones, iPods und iPads nicht durch die Flash-Unterstützung einschränken."*
> Steve Jobs

Auf diesen äußerst beliebten Geräten kann also kein Flash angezeigt werden. Dies führte dazu, dass Adobe den mobilen Viewer für Flash-Inhalte für keine Plattform weiterentwickelte. Als Entwicklungsplattform – auch für Apps, die auf iOS-Geräten laufen – ist Flash jedoch nach wie vor äußerst beliebt und wird in dieser Form auch weitergeführt.

Eigentlich ist das Flash-SWF-Format für digitale Dokumente außerordentlich gut geeignet – es ermöglicht pixelgenaues Layouten, Vektor- und Pixelgrafiken, hervorragende typografische Unterstützung, Multimedia und per ActionScript alle nur denkbaren interaktiven Elemente.

Auf Computern wird das SWF-Format im Moment noch allgemein unterstützt. Wenn Sie eine eher kurzlebige Publikation oder Präsentation für eine Zielgruppe planen, die vorwiegend den PC nutzt, ist es ein geeignetes Format für interaktive, medienlastige Inhalte. Deshalb sind ihm auch in diesem Buch ein paar Seiten gewidmet.

1.2.6 Möglichkeiten und Einschränkungen interaktiver Magazin-Apps

Das interaktive Magazinformat für Tablets – vielleicht fällt Ihnen auf, dass es noch keinen griffigen Namen gibt – ist recht neu, und sein Markt ist in starker Entwicklung begriffen. Es handelt sich auch um kein einheitliches Dateiformat wie etwa EPUB oder PDF. Zwar erzeugen Sie mit InDesign und der Digital Publishing Suite FOLIO-Dateien (bei Konkurrenzsystemen lautet die Dateiendung beispielsweise ISSUE), aber dies ist nicht das Format, das der Nutzer schließlich auf seinem Tablet verwendet. Vielmehr werden Ihre FOLIO-Dateien am Ende des Entwicklungsprozesses in Apps konvertiert, die anschließend in Stores wie dem Mac App Store, App World und Google Play angeboten werden.

Neben der Einzelpublikation (der Single-Issue-App) gibt es noch mehr Modelle – beispielsweise können in einer Kiosk-App direkt weitere Ausgaben erworben und heruntergeladen werden. Die Ausgaben abonnierter interaktiver Magazine erhalten die Abonnenten automatisch geliefert.

Selbstverständlich ist das interaktive Magazinformat nicht auf Magazine beschränkt; Sie können genauso gut bildlastige Bücher, Kataloge, Präsentationen und vieles mehr für das iPad und andere Tablets herausbringen. Sicherlich werden in Zukunft immer mehr solcher Inhalte in diesem Format aufbereitet werden.

Das Tablet ersetzt quasi die haptische Erfahrung beim Aufschlagen und Umblättern eines Buchs oder einer Zeitschrift. Den meisten Menschen macht es einfach Spaß, mit einer Wischgeste zum nächsten Artikel zu „blättern", mit zwei Fingern einzuzoomen, Elemente per Antippen in Bewegung zu versetzen usw. Diese Art der Interaktion wirkt sehr viel aktiver, direkter und faszinierender als bloße Mausklicks. Die mit InDesign und Digital Publishing Suite gestalteten Magazin-Apps können die volle Bandbreite der interaktiven Fähigkeiten von Tablets ausnutzen – nicht nur Hyperlinks und Schaltflächen, scrollbare Bereiche, Klänge und Videos, sondern auch so spannende Interaktionsmöglichkeiten wie zoom- und schwenkbare Bilder, 3D-Panoramen und vieles mehr. Außerdem können Sie Webinhalte (siehe Bild 1.5) wie etwa RSS-Feeds, Spiele und alles andere, was im Web möglich ist, nahtlos in die App einbetten und Ihre Leser ohne Aufwand mit tagesfrischen Neuigkeiten beliefern – oder mit Inhalten, die zum Zeitpunkt der Fertigstellung des Folios einfach noch nicht fertig waren! Erzeugen Sie eine Webseite, in die Sie diese Inhalte später einfügen wollen, und binden Sie sie als Webinhalt in Ihr InDesign-Layout ein (siehe Bild 1.6). Weil Tablets ohnehin normalerweise online sind, und weil die Webinhalte nahtlos in Ihr Layout eingebunden sind, wird dem Nutzer möglicherweise nicht auffallen, dass die Informationen von einer externen Website stammen.

Bild 1.5 Durch Webinhalte beliebiger Art – hier beispielsweise eine interaktive Karte – lassen sich interaktive Magazin-Apps beliebig erweitern.

Bild 1.6 Zugrunde liegendes Layout in InDesign: Die Karte ist „live", integriert sich aber nahtlos ins Design.

Der größte Nachteil dieses Formats ist, dass es ausschließlich für Tablets (und Smartphones) geeignet ist. Auf Computern und E-Book-Reader-Geräten kann es nicht angezeigt werden – dies kann ein Ausschlusskriterium sein. Weiterhin ist zu bedenken, dass der Nutzer die Schriftgröße nicht anpassen kann; das Layout steht unverrückbar fest.

■ 1.3 Ständiger Wandel

In gewisser Weise ist dieses Buch eine Momentaufnahme. Wenn Sie auf dem Gebiet der digitalen Veröffentlichungen arbeiten, müssen Sie sich an eine starke Abhängigkeit von Geräte- und Softwareherstellern gewöhnen. Ein gutes Beispiel, der Niedergang des SWF-Formats, wurde bereits genannt. Es kann durchaus vorkommen, dass sich die Technologie während der Entwicklung eines umfangreichen Projekts so einschneidend ändert, dass Sie völlig umdenken und einige der aufwendig entwickelten Inhalte neu gestalten müssen.

Immer wieder werden Features geändert, verbessert oder verworfen, ständig kommen neue Geräte und sogar ganze Gerätekategorien auf den Markt. Das bedeutet für Sie, dass Sie stets am Ball bleiben und immer wieder möglichst umfangreiche Tests auf sämtlichen verfügbaren Geräten und Anwendungen durchführen müssen.

Diese etwas verwirrenden Gegebenheiten erinnern an das Aufkommen des Desktop-Publishings in den 1980ern oder – noch mehr – an den Internet-Hype um die Jahrtausendwende. Es ist zu erwarten, dass auch die E-Publishing-Branche, die noch in den Kinderschuhen steckt, mit der Zeit zur Ruhe kommen und besser vorhersehbar wird.

Bis dahin sollten Sie versuchen, sich zumindest für längerlebige Publikationen weitgehend auf mittlerweile etablierte Standards zu verlassen. Denken Sie vor allem an eine sinnvolle Strukturierung Ihrer Dokumente. Wenn Sie in InDesign mit Absatz- und Zeichenformaten und gegebenenfalls mit XML-Tags arbeiten, erreichen Sie eine gewisse Zukunftssicherheit. Bei systematischer Vorgehensweise erhalten Sie Dokumente, die für die unterschiedlichsten Einsatzgebiete nutzbar bleiben – egal, wie diese künftig aussehen werden.

2 Struktur und Layout für EPUB- und HTML-Dokumente

Mit dem starken Wachstum des E-Book-Markts steigt die Wahrscheinlichkeit, dass auch Sie als InDesigner sich mit der Gestaltung und dem Export von EPUB-Dokumenten, dem Standardformat für E-Books, beschäftigen müssen.

Das Erzeugen einer EPUB-Datei ist ein einfacher Vorgang: Wählen Sie **Datei/Exportieren** und stellen Sie im folgenden Dialogfeld als **Dateityp** die Option **EPUB** ein.

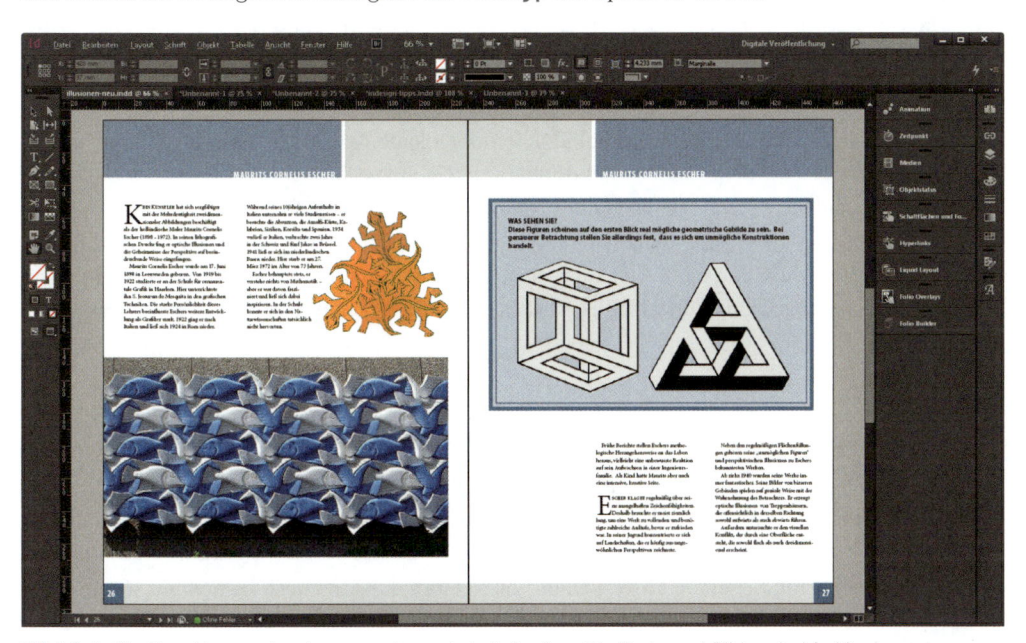

Bild 2.1 Ein Druckbogen des Ausgangs-Layouts in InDesign: Die Texte und Bilder sind frei im Layout angeordnet und nicht verankert.

Anspruchsvoller ist die richtige Vorbereitung des InDesign-Dokuments. Das Ziel dabei ist, das Layout so einzurichten, dass es einfach und exakt in ein E-Book konvertiert werden kann. Nur dann erhalten Sie ein ansehnliches und leicht lesbares elektronisches Dokument. Ein unvorbereitet als EPUB-Datei exportiertes Dokument (siehe Bild 2.1) könnte im Reader hingegen etwa aussehen wie in Bild 2.2.

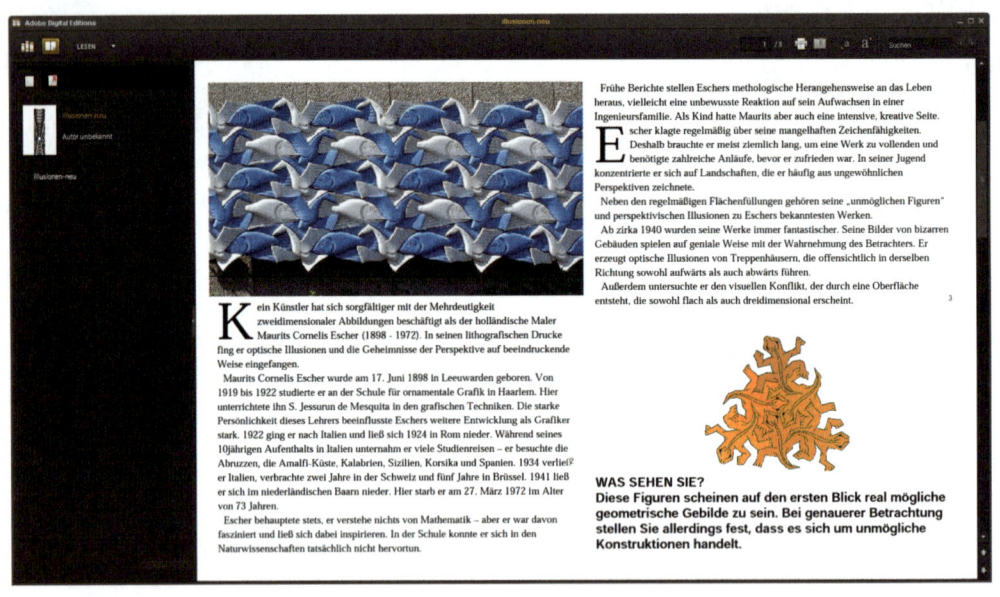

Bild 2.2 Wenn Sie Ihr Dokument ohne weitere Vorbereitungen als EPUB-Datei exportieren, erhalten Sie unter Umständen ein recht willkürlich formatiertes Dokument, das nicht gerade zum Lesen einlädt und möglicherweise auch Texte und Bilder aus ihrem Sinnzusammenhang reißt.

Sie können erkennen, dass die Reihenfolge der Elemente noch verbesserungswürdig ist. Die Elemente werden einfach untereinander und ungeachtet ihres Sinnzusammenhangs platziert, Bilder werden aus ihrem Sinnzusammenhang gerissen.

Bevor Sie also den genannten Befehl wählen, sollten Sie die folgenden Seiten lesen. Sie erfahren hier, was Sie beim Gestalten eines InDesign-Dokuments beachten müssen, wenn Sie es später als E-Book im EPUB-Format exportieren möchten.

2.1 Vorbereitungen: EPUB-Reader installieren

Zunächst sollten Sie einen EPUB-Reader installieren, falls Sie noch keinen auf Ihrem Computer haben. So können Sie zwischendrin immer wieder schnelle „Proofs" Ihrer Arbeit erstellen und somit ein Gefühl für den Textfluss und das Aussehen Ihres EPUB-Dokuments bekommen.

> **PRAXISTIPP:** Eine geeignete Wahl ist beispielsweise die kostenlose Anwendung Adobe Digital Editions, die Sie sich von *www.adobe.com/de/products/digitaleditions* herunterladen können.

Neben Adobe Digital Editions gibt es zahlreiche weitere E-Reader-Programme für sämtliche Betriebssysteme. Wir verwenden in der Produktion gerne Calibre (*www.calibre-ebook.com*), weil dies sich nicht nur zum Proofen, sondern auch für bestimmte Nacharbeiten an den EPUB-Dokumenten eignet.

Es empfiehlt sich, Ihre Arbeit von Anfang an auf verschiedenen E-Reader-Programmen, möglichst aber auch auf Lesegeräten, Tablets und Smartphones zu testen – zumindest den am häufigsten verwendeten –, um sich vor bösen Überraschungen zu schützen. Die Darstellung in den unterschiedlichen Programmen und auf den verschiedenen Geräten kann recht erheblich voneinander abweichen.

Einen „Proof" erstellen

Nachdem Sie Digital Editions oder ein vergleichbares Programm installiert haben, können Sie zu jedem Zeitpunkt Ihres Arbeitsablaufs einen schnellen „Proof" Ihres Dokuments erzeugen.

1. Wählen Sie den Menübefehl **Datei/Exportieren**. Im folgenden Dialogfeld wählen Sie als Dateityp **EPUB** aus. Geben Sie Dateiname und Speicherort an und klicken Sie auf **Speichern**.
2. Im Dialogfeld **EPUB-Exportoptionen** aktivieren Sie das Kontrollfeld **EPUB nach Export anzeigen**, damit die fertige EPUB-Datei automatisch in Adobe Digital Editions geöffnet wird.
3. Klicken Sie auf **OK**, um die EPUB-Datei zu erstellen.

■ 2.2 Von Grund auf beginnen

Der Einfachheit halber gehen wir im folgenden Abschnitt davon aus, dass Sie Ihr EPUB-Dokument von Grund auf layouten. In der Praxis kommt es jedoch mindestens genauso häufig vor, dass Sie ein fertiges, eigentlich für den Druck bestimmtes Dokument auch als EPUB veröffentlichen möchten.

2.2.1 Layout anlegen

Bereits beim Anlegen des Layouts gibt es einige grundlegende Dinge zu beachten.

1. Legen Sie ein neues Dokument an (siehe Bild 2.3). Aus dem Menü **Zielmedium** wählen Sie **Web**. Dann werden nicht nur alle Maßeinheiten in Pixel angegeben, sondern der Transparenz-Füllraum wird außerdem auf RGB gesetzt.

> **HINWEIS:** Wenn InDesign bei der Transparenzreduzierung Objekte rastern muss, stellen Sie damit sicher, dass die resultierenden Bitmap-Objekte den RGB-Modus (statt des CMYK-Modus) haben.

> **HINWEIS:** Falls Sie sich nun fragen, warum Sie aus dem Menü **Zielmedium** nicht **Digitale Veröffentlichung** wählen sollten: Dieser Ausgabe-Intent ist nicht für EPUB-Bücher gedacht, sondern für digitale Magazin-Apps, über die Sie in Kapitel 9 mehr erfahren.

2. Im Menü **Seitenformat** belassen Sie die voreingestellten 800 × 600 Pixel. Beachten Sie die Schaltflächen für die Ausrichtung rechts neben den Feldern für die Seitengröße. Textlastige EPUB-Veröffentlichungen werden meist im herkömmlichen Hochformat gelesen. Enthält Ihre Publikation viele große Bilder im Querformat, klicken Sie hier gegebenenfalls auf die Schaltfläche für das Querformat. Zwar spielt die Seitengröße bei der Arbeit mit für die EPUB-Veröffentlichung gedachten Dokumenten eigentlich überhaupt keine Rolle, weil die Inhalte des E-Books vom Ausgabegerät so umbrochen werden, dass sie der Breite des Geräts entsprechen – ob dies nun 320 Pixel, 1024 Pixel oder mehr sind. Jedoch erhalten Sie mit den richtigen Einstellungen bereits bei der Arbeit in InDesign einen guten Eindruck davon, wie sich Ihr Buch auf einem üblichen EPUB-Reader ausnehmen wird.

3. Ähnliches gilt für die Seitenränder – diese werden vom Anzeigegerät bzw. der Reader-Software selbst festgelegt. Zudem können Sie während des EPUB-Exports CSS-Ränder festlegen, die von manchen E-Readern unterstützt werden. Die Seitenränder, die Sie im Dialogfeld **Neues Dokument** festlegen können, haben damit nichts zu tun.

4. Aktivieren Sie das Kontrollfeld **Primärer Textrahmen** (bis InDesign CS5.5 hieß dieses Kontrollfeld **Mustertextrahmen**). Dann erzeugt InDesign einen zunächst unsichtbaren Textrahmen, den Sie auf den Dokumentseiten durch einen Klick mit dem Textwerkzeug in den Satzspiegel aktivieren. Dieser Textrahmen nimmt stets den gesamten Satzspiegel ein.
Ein großer Vorteil der Arbeit mit primären Textrahmen ist, dass InDesign gegebenenfalls automatisch eine neue Seite mit einem verketteten Textrahmen hinzufügt, wenn Sie in einen primären Textrahmen mehr Text eingeben oder einfügen, als dieser fassen kann. Das genaue Verhalten dieser Funktion – Adobe nennt sie „Intelligenter Textumfluss" – steuern Sie über den Befehl **Bearbeiten** (PC)/**InDesign** (Mac)/**Voreinstellungen**/**Eingabe**. Bei aktiviertem Kontrollfeld **Leere Seiten löschen** fügt InDesign nicht nur selbsttätig Seiten hinzu, sondern entfernt auch Seiten, wenn diese nach dem Löschen von Text leer geworden sind. Für die Gestaltung von EPUB-Veröffentlichungen ist dieses Verhalten bestens geeignet.

5. Klicken Sie gegebenenfalls auf den dreieckigen Pfeil vor **Anschnitt und Infobereich**. Der Anschnitt ist für digitale Publikationen uninteressant, aber im Infobereich können Sie bei Bedarf für sich selbst Anmerkungen usw. unterbringen.

6. Klicken Sie auf **OK**, um das Dokument zu erstellen.

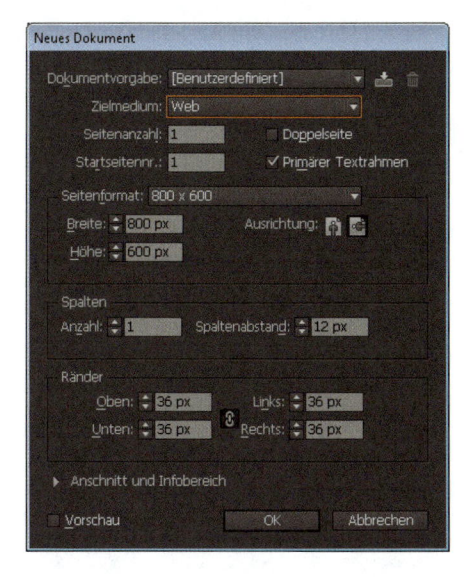

Bild 2.3
Geeignete Einstellungen für ein neues EPUB-Dokument

2.3 Texte importieren

In den seltensten Fällen werden Sie einfach mit dem Textwerkzeug in Ihr leeres Dokument klicken und mit der Texteingabe beginnen. In der Praxis liegt der Text für Ihr E-Book meist schon vor, beispielsweise als Word-, Open Office-, Apple Pages- oder Adobe InCopy-Dokument.

Solche Texte importieren Sie in den vorbereiteten Textrahmen. Bereits formatierte Texte können Sie mit ihren Formatierungen übernehmen. Sehr gut klappt die Zusammenarbeit zwischen InDesign und Microsoft Word ab der Version 97. Beim Import aus Word werden sogar Fußnoten übernommen und Objekte in Word-Positionsrahmen werden in InDesign zu verankerten Objekten (mehr darüber erfahren Sie in Abschnitt 2.6.1, „Möglichkeit 1: Objekte verankern"). Text, den Sie in anderen Textverarbeitungsprogrammen wie etwa Apple Pages oder Open Office erstellt haben, speichern Sie am besten im RTF-Format ab – dieses behält die Textformatierungen bei. Falls Sie keine Formatierungen importieren möchten, können Sie das Dokument auch als einfache Textdatei speichern.

> **HINWEIS:** Damit Sie eine Word-Datei importieren können, müssen Sie sie zuvor im Textverarbeitungsprogramm schließen, weil Sie sonst eine Fehlermeldung erhalten.

1. Wählen Sie über **Datei/Platzieren** (**Strg/Befehl + D**) die vorbereitete Datei aus und aktivieren Sie das Kontrollfeld **Importoptionen anzeigen**, damit Sie Kontrolle über die Formatierung des eingefügten Textes haben.
2. Bestätigen Sie das Dialogfeld mit **Öffnen**.

3. Im folgenden Dialogfeld deaktivieren Sie die Kontrollfelder **Text des Inhaltsverzeichnisses** und **Indextext**. Denn diese Elemente würde InDesign lediglich als Text ohne Hyperlinks importieren. Aus diesem Grund ist es besser, sie nachträglich mit den entsprechenden automatischen Funktionen von InDesign neu zu erstellen (mehr darüber erfahren Sie in Abschnitt 5.2.1, „Inhaltsverzeichnis mit Hyperlinks erzeugen"). Die Kontrollfelder **Fußnoten** und **Endnoten** lassen Sie hingegen aktiviert.
4. Aktivieren Sie das Kontrollfeld **Eingebundene Grafiken importieren** (mehr darüber erfahren Sie in Abschnitt 2.3.2, „Bilder aus Word-Dokumenten übernehmen").
5. Deaktivieren Sie die Kontrollfelder **Nicht verwendete Formate importieren** und **Aufz. und Nummerierung in Text konv.**
6. Im Bereich **Formatierung** bestimmen Sie, wie Sie mit den einzelnen Formatierungen des Originaldokuments verfahren möchten. Sie legen hier fest, welche Formatierungen Sie übernehmen möchten und welche nicht (siehe Bild 2.4).

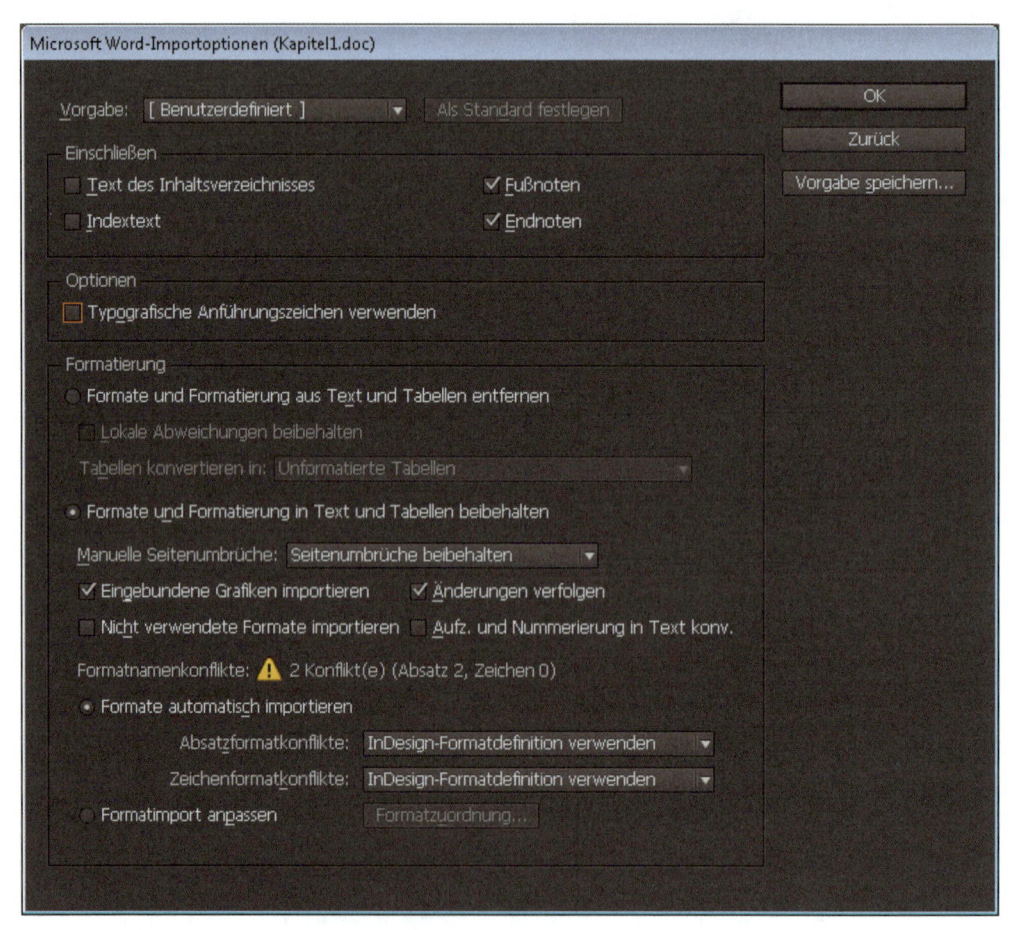

Bild 2.4 Importoptionen für Microsoft-Word-Dokumente

2.3.1 Umgang mit Formatkonflikten

Falls Sie nicht von Grund auf mit einem neuen Dokument beginnen, sondern Ihr InDesign-Dokument bereits mit Zeichen- und Absatzformaten versehen ist (mehr über InDesign-Formate erfahren Sie in Abschnitt 2.4, „Textformatierung"), kann es möglicherweise zu Konflikten kommen: Die im Word-Dokument vorhandenen Formatvorlagen haben bereits gleichnamige Entsprechungen im InDesign-Dokument.

Sie können mit solchen Konflikten auf unterschiedliche Weise umgehen, indem Sie entscheiden, ob Sie die Word-Formatvorlagen oder stattdessen die entsprechenden InDesign-Formate verwenden möchten.

Ob es Formatvorlagenkonflikte gibt, sehen Sie direkt unterhalb des Kontrollfelds **Nicht verwendete Formate importieren** in der Zeile **Formatnamenkonflikte**. Hier sehen Sie ein gelbes Warnsymbol und daneben die Anzahl der Formatnamenkonflikte zwischen den Absatz- und Zeichenformatvorlagen aus dem importierten Dokument und den Formaten im InDesign-Dokument. In Bild 2.4 gibt es zwei Absatzformatkonflikte.

Nehmen wir an, Ihr Word-Dokument enthält eine Absatzformatvorlage mit dem Namen „Haupttitel" und der Definition **Adobe Garamond Pro Bold, 40 pt**, zentrierte Ausrichtung. Das InDesign-Dokument enthält ein Absatzformat, das ebenfalls den Namen „Haupttitel" trägt. Dieses ist folgendermaßen definiert: **Myriad Pro Bold, 20 pt**, linksbündig. Nun müssen Sie entscheiden, welche Formatdefinition beim Platzieren des Word-Dokuments Vorrang hat.

2.3.1.1 Formate automatisch importieren

Eine Möglichkeit wäre, das Optionsfeld **Formate automatisch importieren** zu aktivieren. Dann können Sie über die Menüs **Absatzformatkonflikte** und **Zeichenformatkonflikte** entscheiden, wie InDesign mit Formatkonflikten umgehen soll.

- Wenn Sie in unserem Beispiel aus Abschnitt 2.3.1, „Umgang mit Formatkonflikten", im Menü **Absatzformatkonflikte** die Option **InDesign-Formatdefinition verwenden** wählen, werden die Formatdefinitionen der Word-Formatvorlage „Haupttitel" verworfen und stattdessen die Definitionen des gleichnamigen InDesign-Absatzformats verwendet. Die Absätze, die im Word-Dokument in **Adobe Garamond Pro Bold, 40 pt** formatiert und zentriert ausgerichtet waren, sind nach dem Platzieren in InDesign also in **Myriad Pro Bold, 20 pt** und mit linksbündiger Ausrichtung formatiert, weil dies die Definition des entsprechenden InDesign-Absatzformats ist.

- Wählen Sie hingegen die Option **InDesign-Format neu definieren**, wird die Formatierung der Word-Formatvorlage verwendet, um das identisch benannte Absatzformat in InDesign neu zu definieren. Im vorliegenden Beispiel werden die mit der Absatzformatvorlage „Haupttitel" formatierten Word-Texte in InDesign in **Adobe Garamond Pro Bold, 40 pt**, zentrierte Ausrichtung, formatiert. Beachten Sie jedoch, dass in diesem Fall auch die im InDesign-Dokument bereits vorhandenen und mit dem Absatzformat „Haupttitel" formatierten Absätze umformatiert und ebenfalls in **Adobe Garamond Pro Bold, 40 pt**, zentriert dargestellt werden.

- Es gibt einige Fälle, in denen beide Lösungen nicht optimal sind. Sie möchten weder die InDesign- noch die Word-Formatdefinition verlieren. In diesem Fall können Sie die Word-

Formatvorlage, die eine namentliche Entsprechung im InDesign-Dokument hat, beim Platzieren umbenennen. Wählen Sie dazu die Option **Autom. umbenennen** (siehe Bild 2.5). In unserem Beispiel würde das InDesign-Absatzformat „Haupttitel" erhalten bleiben und für die Word-Absatzformatvorlage „Haupttitel" würde beim Platzieren ein neues Absatzformat mit dem Namen „Haupttitel_wrd_1" angelegt werden.

Bild 2.5 Mit dieser Einstellung behalten Sie beide Formatdefinitionen, wobei die Formatvorlage aus dem Word-Dokument umbenannt wird und der Name des InDesign-Formats erhalten bleibt.

Mit den Zeichenformaten verfahren Sie analog. Hierzu gibt es das Menü **Zeichenformatkonflikte**, das dieselben drei Optionen enthält wie das Menü **Absatzformatkonflikte**. Sie können beispielsweise bestimmen, dass bei den Zeichenformaten die Definitionen der Word-Formatvorlagen, bei den Absatzformaten die Definitionen der InDesign-Formatvorlagen verwendet werden.

2.3.1.2 Formatimport anpassen

Trotz dieser Flexibilität gibt es Fälle, in denen auch diese Vorgehensweise nicht alle Probleme lösen kann. Nehmen wir beispielsweise an, dass Ihr Word-Dokument nicht nur die Formatvorlage „Haupttitel" enthält, sondern auch noch die standardmäßigen Formatvorlagen „Überschrift 1", „Überschrift 2", „Standard" usw. Die entsprechenden Absatzformate im InDesign-Dokument lauten „Ü1", „Ü2", „Standardtext" usw. Hier bringt die Option **Formate automatisch importieren** nichts. Gehen Sie hier besser folgendermaßen vor:

1. Aktivieren Sie im Dialogfeld **Microsoft-Word-Importoptionen** das Optionsfeld **Formatimport anpassen**. Nun lassen sich mit einem Klick auf die Schaltfläche **Formatzuordnung** sogar einzelne Word-Formatvorlagen durch ausgewählte InDesign-Formate ersetzen (siehe Bild 2.6).

2. Im Dialogfeld **Formatzuordnung** legen Sie für jede einzelne Word-Formatvorlage fest, welches Format Sie dieser im InDesign-Dokument zuordnen möchten. Dieses Dialogfeld enthält eine Liste der aktuellen Formatkonflikte im Dokument:

   - In der linken Spalte in Bild 2.6 sehen Sie eine Liste aller Formatvorlagen im ausgewählten Word-Dokument.
   - Im rechten Bereich werden zunächst die momentan im InDesign-Dokument vorhandenen Zeichen- und Absatzformate automatisch den gleichnamigen Word-Formatvorlagen zugeordnet.

Im Beispiel wird das im InDesign-Dokument vorhandene Format „Haupttitel" automatisch der Word-Formatvorlage mit dem Namen „Haupttitel" zugeordnet.

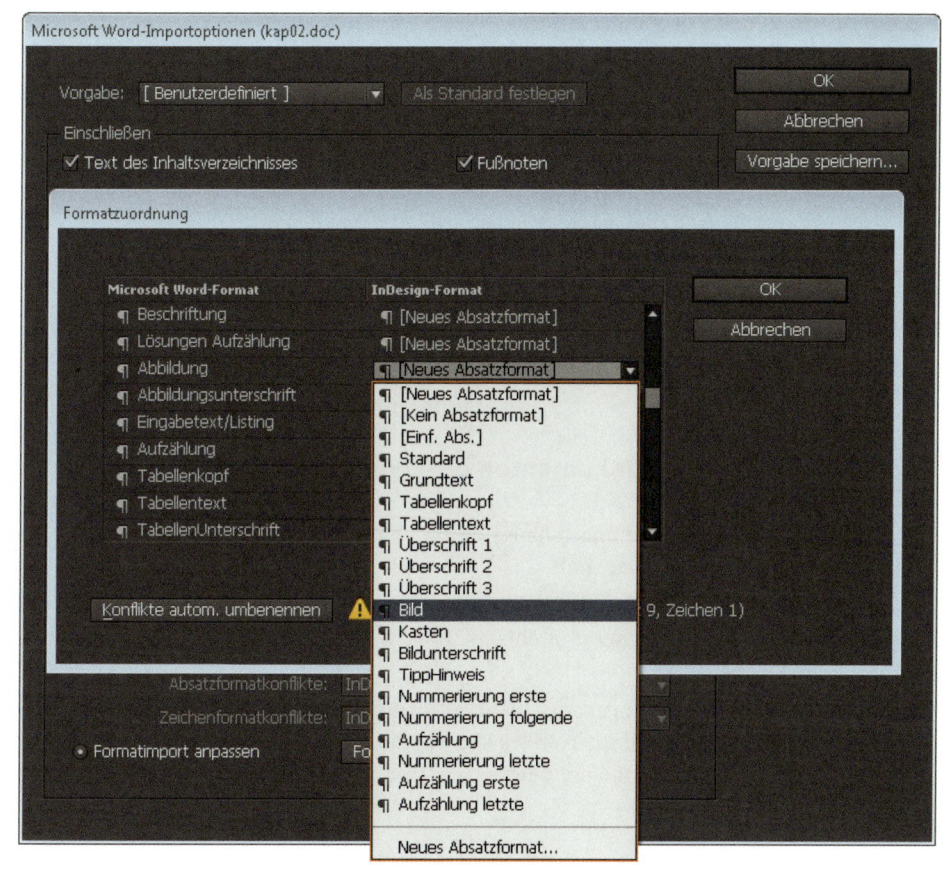

Bild 2.6 Über die Formatzuordnung können Sie fein steuern, wie die Formatvorlagen aus dem Word-Dokument in InDesign umgesetzt werden sollen.

Für die Word-Formatvorlage „Standard" gibt es hingegen keine gleichnamige Entsprechung im InDesign-Dokument. Deshalb erscheint hier in der Spalte **InDesign-Format** der Eintrag **[Neues Absatzformat]**.

Klicken Sie diesen Eintrag an, wird er zu einem Menü, das sämtliche im InDesign-Dokument enthaltenen Absatz- und Zeichenformate enthält. Wählen Sie dasjenige Format aus, das Sie der Word-Formatvorlage im linken Dialogfeldbereich zuordnen möchten.

Die Alternative wäre, dass Sie im unteren Dialogfeldbereich auf die Schaltfläche **Konflikte autom. umbenennen** klicken. Diese Option entspricht der bereits besprochenen Option **Autom. umbenennen** im Dialogfeld **Microsoft-Word-Importoptionen**: InDesign benennt automatisch alle Absatz- und Zeichenformatvorlagen aus der importierten Datei um, wenn diese einen Formatnamenkonflikt ergeben. Im vorliegenden Beispiel würde das Word-Format „Haupttitel" automatisch umbenannt, und zwar in „Haupttitel_wrd_1".

> **PRAXISTIPP:** Bei Bedarf können Sie Ihre Einstellungen als **Vorgabe speichern**. Beim nächsten Mal rufen Sie diese dann über das Menü **Vorgabe** am Kopf des Dialogfelds ab.

2.3.1.3 Importvorgang abschließen

Sobald Sie mit **OK** bestätigen, erhalten Sie einen geladenen Mauszeiger. Da Sie sich beim Anlegen des Layouts für einen Mustertextrahmen entschieden haben, klicken Sie auf den Satzspiegel der ersten Seite. InDesign erstellt einen Textrahmen mit den Abmessungen des Satzspiegels und fügt den importierten Text mit den gewünschten Formaten ein. Handelt es sich um einen langen Text, fließt dieser automatisch in die folgenden Seiten ein. InDesign erzeugt dabei automatisch so viele neue Seiten, wie der Text benötigt.

> **PRAXISTIPP:** Auf dieselbe Weise importieren Sie übrigens auch Tabellen – sogar fertig formatierte Tabellen aus Microsoft Excel.

2.3.2 Bilder aus Word-Dokumenten übernehmen

Wie InDesign die Bilder übernimmt, hängt davon ab, ob diese mit dem Word-Dokument verknüpft oder darin eingebettet sind:

- Wenn die Abbildungen mit dem Word-Dokument verknüpft sind und Sie alle Bilddateien vorliegen haben, gibt es keinerlei Probleme. Die Bildverknüpfungen werden korrekt in InDesign importiert.
- Sind die Bilder hingegen eingebettet (dann gibt es keine gesonderten Bilddateien, sondern die Grafiken sind fest in das Word-Dokument integriert), werden sie in das InDesign-Dokument eingebettet und sind per **Bearbeiten/Original bearbeiten** bzw. **Bearbeiten mit** nicht verfügbar.

2.3.2.1 Eingebettete Bilder als Bilddateien speichern

Müssen Sie die Bilder noch nachbearbeiten, können Sie die eingebetteten Grafiken mit den folgenden Schritten als eigene Bilddateien speichern und gleichzeitig eine entsprechende Verknüpfung herstellen:

1. Markieren Sie die Bilder im Verknüpfungsbedienfeld mit gedrückter **Umschalt-Taste**.
2. Aus dem Bedienfeldmenü oder aus dem Kontextmenü wählen Sie **Einbettung von Verknüpfung aufheben**.
3. Klicken Sie im folgenden Dialogfeld auf **Nein**.
4. Wählen Sie den Ordner aus, in dem die Dateien gespeichert werden sollen, und bestätigen Sie mit **OK**.
5. InDesign erzeugt für die eingebetteten Bilder einzelne Dateien und verknüpft sie gleich richtig.

2.3.3 Text über die Zwischenablage und per Drag and Drop transportieren

Auch über die Zwischenablage können Sie Text per **Bearbeiten/Ausschneiden** bzw. **Bearbeiten/Kopieren** und **Bearbeiten/Einfügen** zwischen den Anwendungen austauschen. Sehr schön an dieser zeitsparenden Technik ist, dass auch dabei die Formatierungen und Formate übernommen werden, wenn Sie die richtigen Voreinstellungen treffen.

1. Wählen Sie **Bearbeiten/Voreinstellungen/Zwischenablageoptionen**.
2. Aktivieren Sie das Optionsfeld **Alle Informationen (Indexmarken, Farbfelder, Formate usw.)** (siehe Bild 2.7) und klicken Sie auf **OK**.

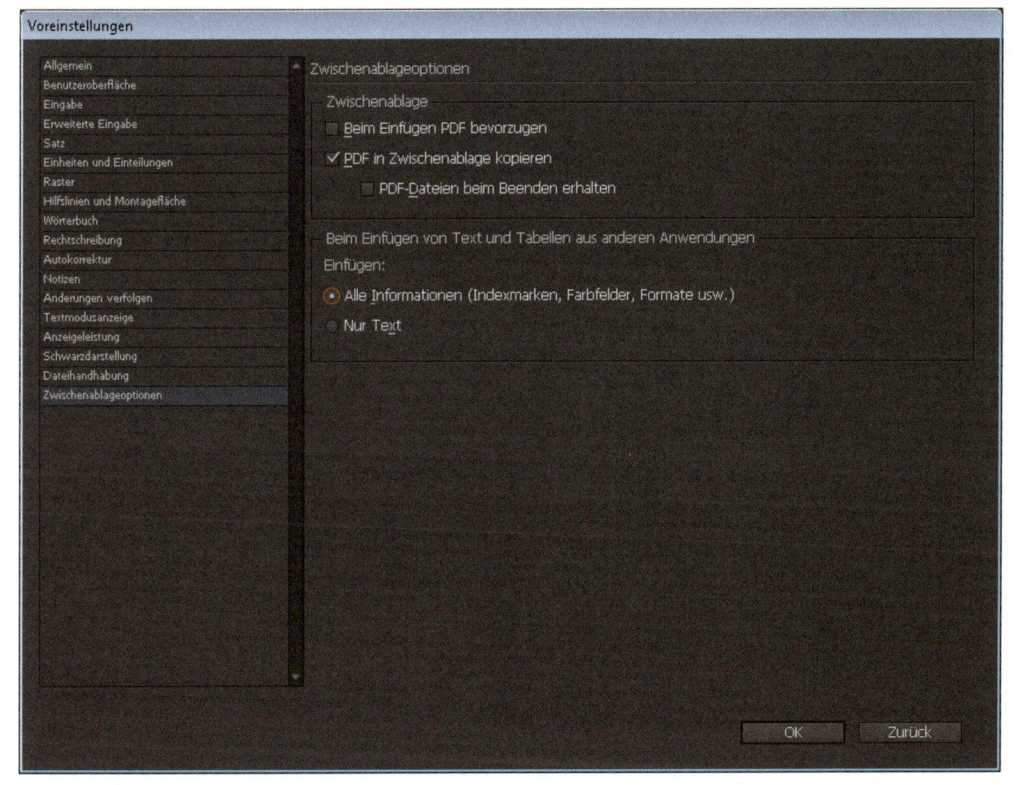

Bild 2.7 Über die InDesign-Voreinstellungen können Sie festlegen, dass Textformatierungen auch beim Transport über die Zwischenablage übernommen werden.

Wenn Sie nun einen Text kopieren und mit **Strg/Befehl + V** in InDesign einfügen, bleiben die Formatierungen erhalten.

> **HINWEIS:** Haben Sie das Optionsfeld aktiviert und möchten Sie dann doch einmal Text ohne Formatierung einfügen, wählen Sie **Bearbeiten/Unformatiert einfügen**.

Auch per Drag and Drop lässt sich Text aus dem Textverarbeitungsprogramm in das Layout ziehen. Ordnen Sie beide Programmfenster nebeneinander an, wählen Sie den Text im Textverarbeitungsprogramm aus und ziehen Sie ihn mit gedrückter Maustaste in das InDesign-Dokument. Sobald Sie die Maustaste an einer freien Stelle loslassen, wird der Text in einem neuen Textrahmen positioniert. Geben Sie die Maustaste über einem bestehenden Textrahmen frei, wird der Text in diesen Rahmen eingefügt.

2.3.4 Aus Textverarbeitungsprogrammen übernommenen Text bereinigen

Gehen Sie den importierten Text nun durch und halten Sie Ausschau nach Textstellen, in denen statt der korrekten Sonderzeichen ähnliche, auf der Computertastatur verfügbare Zeichen verwendet wurden. Bei der Texteingabe in Word oder einem anderen Textverarbeitungsprogramm wird das Multiplikationszeichen (×) normalerweise als kleines „x" oder als Asterisk (*) eingegeben, das Divisionszeichen (÷) als Schrägstrich.

Textbereinigung per Suchen/Ersetzen und mit GREP

Das Problem beim Ersetzen von „x", Asterisk oder Schrägstrich besteht darin, dass diese Zeichen im Text auch in anderem Zusammenhang verwendet werden könnten, das „x" z. B. innerhalb von Wörtern. Deshalb ist es wichtig, eine passende Suchabfrage zu konstruieren, um schnell und sicher ans Ziel zu kommen. So ersetzen Sie das kleine „x" durch ein Multiplikationszeichen:

Prüfen Sie zunächst, nach welchen Konventionen der Autor des Dokuments gearbeitet hat: Befindet sich vor und nach dem „x" ein Leerzeichen (wie im folgenden Beispiel)?

$3 \times 3 = 9$

In diesem Fall gehen Sie folgendermaßen vor:

1. Wählen Sie **Bearbeiten/Suchen/Ersetzen** und aktivieren Sie das Register **Text**.
2. Geben Sie in das Feld **Suchen nach** ein Leerzeichen ein, dann ein kleines „x" und ein weiteres Leerzeichen.
3. Klicken Sie auf **Suchen**. Die erste Fundstelle des zu ersetzenden Multiplikationszeichens wird angezeigt.
4. Wählen Sie **Fenster/Schrift und Tabellen/Glyphen**, um das Glyphen-Bedienfeld anzuzeigen.
5. Markieren Sie im Text das kleine „x". Im Glyphen-Bedienfeld wird automatisch die richtige Schrift angezeigt.
6. Wählen Sie aus dem Menü **Einblenden** die Option **Mathematische Symbole**. Das Glyphen-Bedienfeld zeigt Ihnen nur noch diejenigen Glyphen, die der gewählten Option entsprechen (siehe Bild 2.8).
7. Doppelklicken Sie auf das Multiplikationszeichen, um es statt des „x" in den Text einzufügen.
8. Markieren Sie mit dem Text-Werkzeug das Leerzeichen vor dem Multiplikationszeichen, das Multiplikationszeichen und das darauf folgende Leerzeichen.

Bild 2.8
Das Glyphen-Bedienfeld ist im Zusammenspiel mit der Suchen/Ersetzen-Funktion gut geeignet, um auch in umfangreichen Texten eingetippte Ersatzzeichen durch ihre korrekten Entsprechungen zu ersetzen.

9. Kopieren Sie die Markierung mit **Strg/Befehl + C** in die Zwischenablage.
10. Im weiterhin geöffneten Dialogfeld **Suchen/Ersetzen** klicken Sie in das Feld **Ändern in** und drücken die Tastenkombination **Strg/Befehl + V**, um den Inhalt der Zwischenablage einzufügen.
11. Klicken Sie auf die Schaltfläche **Suchen**, um die erste Fundstelle anzuzeigen, und dann auf **Ersetzen/Suchen**, um das korrekte Multiplikationszeichen einzusetzen und daraufhin gleich die nächste Fundstelle anzuzeigen.

3 × 3 = 9

Finden sich vor und nach dem „x" keine Leerzeichen, verwenden Sie am rationellsten eine GREP-Abfrage. Hierzu aktivieren Sie im Dialogfeld **Suchen/Ersetzen** das Register **GREP**.

1. Klicken Sie neben dem Feld **Suchen nach** auf das Symbol **Sonderzeichen für Suche** (das @-Symbol).
2. Wählen Sie **Entsprechung/Positives Lookbehind**. Damit suchen Sie nach einer Zeichenfolge, die dem gewünschten Suchbegriff – im Beispiel dem „x" – vorangeht. In das Feld **Suchen nach** wird „(?<=)" eingetragen.
3. Klicken Sie vor die schließende Klammer, und klicken Sie erneut auf das Symbol **Sonderzeichen für Suche**. Wählen Sie **Platzhalter/Beliebige Ziffer**.
4. Nach der schließenden Klammer geben Sie ein „x" ein.
5. Wählen Sie **Entsprechung/Positives Lookahead**, um nach einer Zeichenfolge zu suchen, die dem gewünschten Suchbegriff folgt.
6. Klicken Sie vor die schließende Klammer und dann auf das Symbol **Sonderzeichen für Suche**. Wählen Sie wieder **Platzhalter/Beliebige Ziffer**.

Sie suchen damit nach einem „x", vor und nach dem direkt und ohne Leerzeichen eine Ziffer steht.

1. Klicken Sie auf **Suchen**. Die erste Fundstelle des zu ersetzenden Multiplikationszeichens wird angezeigt.
2. Vergewissern Sie sich, dass im Menü **Einblenden** des Glyphen-Bedienfelds die Option **Mathematische Symbole** ausgewählt ist. Doppelklicken Sie auf das Multiplikationszeichen, um es statt des „x" in den Text einzufügen.

3. Markieren Sie mit dem Text-Werkzeug das eingefügte Multiplikationszeichen und kopieren Sie es mit **Strg/Befehl + X** in die Zwischenablage.
4. Im Dialogfeld **Suchen/Ersetzen** klicken Sie in das Feld **Ändern in** und drücken die Tastenkombination **Strg/Befehl + V**, um den Inhalt der Zwischenablage einzufügen (siehe Bild 2.9).

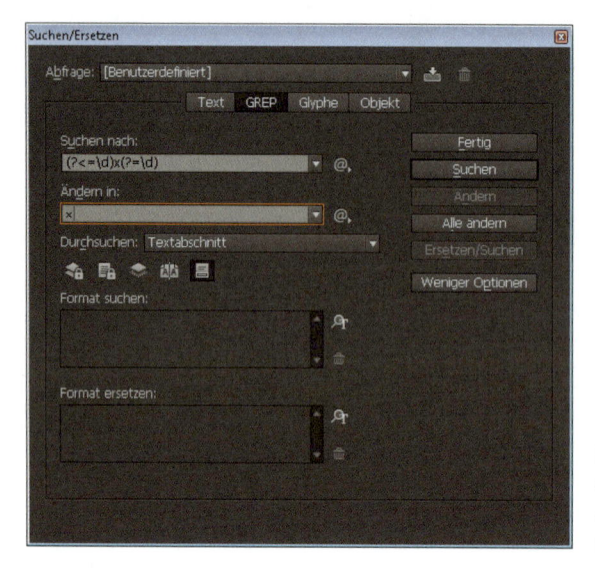

Bild 2.9
Suchabfrage zum Ersetzen eines „x" durch ein Multiplikationszeichen

Klicken Sie auf **Suchen**, um die erste Fundstelle anzuzeigen, und dann auf **Ersetzen/Suchen**, um das korrekte Multiplikationszeichen einzusetzen und daraufhin gleich die nächste Fundstelle anzuzeigen.

80 × 7 = 560

■ 2.4 Textformatierung

Achten Sie darauf, dass Ihr Text keinerlei manuelle Formatierungen aufweist. Vielmehr sollten Sie zur Formatierung sämtlicher Elemente, auch von Aufzählungen und Nummerierungen usw., ausschließlich Absatz- und Zeichenformate verwenden.

2.4.1 Schriften einbetten

InDesign enthält eine Option für das Einbetten von Schriften in die exportierte EPUB-Datei, und zwar OpenType- und die meisten TrueType-Fonts. Manche TrueType-Schriften werden jedoch nicht unterstützt. Auch hier sind möglichst umfangreiche Tests notwendig. Wenn Ihr Dokument also eine bestimmte Schrift in einem dieser beiden Formate enthält, kann diese in die EPUB-Datei kopiert werden, sodass der Text auch im digitalen Dokument in dieser Schrift angezeigt werden kann.

Leider können nicht alle E-Book-Reader mit den eingebetteten Schriften umgehen. Adobe Digital Editions und Calibre verwenden die eingebetteten Schriften. Manche anderen E-Book-Reader verwenden jedoch eigene Schriftsätze und geben dem Betrachter überdies die Möglichkeit, die Leseumgebung anzupassen. Die Auszeichnungen werden jedoch beibehalten. Ein Wort, das beispielsweise mit Myriad Pro Italic formatiert ist, wird in einem E-Book-Reader, der Times New Roman als Standardschriftart verwendet, in Times New Roman kursiv dargestellt.

Legen Sie sich also nicht zu sehr auf eine bestimmte Schriftart und Textformatierung fest.

- Bei manchen Readern können Sie nur einige Einstellungen ändern, wie z. B. die Schriftart, die Schriftgröße und die Hintergrundfarbe.
- Bei anderen Readern können Sie Formatierungen wie Ausrichtung, Zeilenabstand, Absatzabstand und Einzüge steuern.
- Einige Formatierungen, z. B. Absatzlinien, fallen sogar ganz unter den Tisch.

Die ursprüngliche, im InDesign-Dokument festgelegte Formatierung kann sich dadurch je nach Reader und Benutzereinstellung vollständig ändern. Sie sollten Ihre EPUB-Dateien möglichst in verschiedenen E-Book-Readern testen, damit Sie ein Gefühl für die Formatierungsmöglichkeiten bekommen.

Manche Sonderzeichen sind in einer anderen als der von Ihnen verwendeten Schrift eventuell nicht verfügbar. Solche nicht verfügbaren Sonderzeichen zeigen sich im E-Book-Reader beispielsweise als einfaches Quadrat oder als Fragezeichen. Verzichten Sie deshalb auf die Verwendung der erweiterten Zeichensätze in einigen OpenType-Schriften, z. B. auf Ornamente und echte Brüche.

2.4.2 Absatz- und Zeichenformate nutzen

Ein Format ist ein Satz von Formatierungsanweisungen, der unter einem eindeutigen Namen gespeichert ist und unter diesem jederzeit abgerufen werden kann. Alle Texte, denen Sie dasselbe Zeichen- oder Absatzformat zuweisen, werden exakt identisch formatiert. Wenn Sie an einem Format eine Änderung vornehmen, wird gleichzeitig das Aussehen sämtlicher damit formatierten Texte neu definiert. Es gibt zwei verschiedene Arten von Formaten für die Gestaltung von Texten:

- **Absatzformate** formatieren stets dem gesamten Absatz, in dem die Einfügemarke steht. Dieser Formattyp enthält neben der Schriftdefinition eventuell auch Tabstopps, Einzüge und sonstige Absatzformatierungen.
- **Zeichenformate** werden der ausgewählten Textpassage zugewiesen. Dieser Formattyp kann beispielsweise Definitionen des Schriftgrads und Schriftschnitts enthalten. Mit einem Zeichenformat lassen sich bestimmte Wörter oder auch einzelne Buchstaben in einem Absatz mit einer eigenen Schriftformatierung gestalten, auch wenn dem Absatz selbst ein Absatzformat zugewiesen wurde.

Nehmen wir als Beispiel ein Computerbuch wie dieses. Hier werden etwa Überschriften, Aufzählungen und Bildunterschriften mit Absatzformaten formatiert, Menübefehle und Tastenkombinationen hingegen mit Zeichenformaten.

Auch die meisten E-Books weisen eine solche konsistente Formatierung auf, z. B. könnte jedes Kapitel mit einer Kapitelnummer und einer Kapitelüberschrift beginnen. Es gibt verschiedene Überschriftenebenen, Bildunterschriften, Aufzählungen, Zitate, Fußnoten usw. Auch einzelne Wörter sollen möglicherweise ausgezeichnet werden, etwa URLs, Autorennamen, neu eingeführte Begriffe usw. (siehe Bild 2.10). Für alle diese unterschiedlichen Elementtypen erzeugen Sie Absatz- und Zeichenformate.

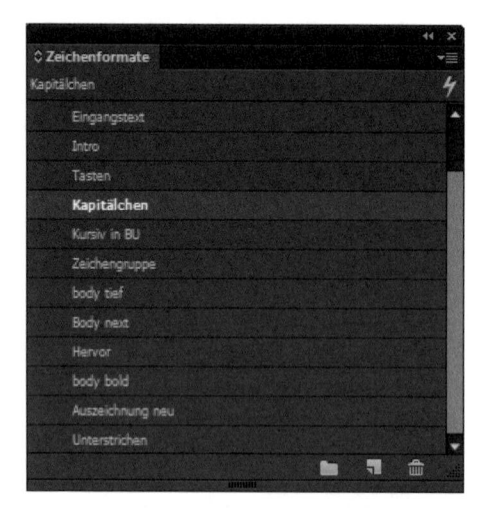

Bild 2.10
Formatieren Sie alle Texte mit Absatz- und Zeichenformaten – hier das Zeichenformate-Bedienfeld.

2.4.2.1 Konsequente Anwendung von Formaten

Ganz wichtig ist es, dass Sie die einmal erzeugten Formate konsequent anwenden. Sämtliche Auszeichnungen Ihres Texts werden im fertigen E-Book durch CSS-Stile (Cascading Stylesheets) definiert, wie sie aus dem Webdesign bekannt sind. InDesign nutzt die zugewiesenen Zeichen- und Absatzformate als Grundlage für die HTML-Tags und Cascading Stylesheets in der exportierten EPUB-Datei. Seit der Version CS5.5 übernimmt InDesign auch anspruchsvollere Formatierungen wie verschachtelte Formate, GREP-Stile und Initiale in die fertige Publikation.

> **CSS – Cascading Stylesheets**
>
> Ursprünglich ist HTML eine Sprache zur semantischen Strukturierung von Dokumenten. In Ermangelung besserer Möglichkeiten entwickelten Webdesigner die Kunst, HTML-Tags als Gestaltungsmittel zu nutzen und damit ausgefeilte Layouts aufzubauen. Das wichtigste Layout-Tool war die Tabelle mit Abstandhalterbildern. Auch unterschied sich die HTML-Darstellung im Netscape Navigator und im Internet Explorer so stark, dass manche Entwickler zwei Site-Versionen gestalteten und den verwendeten Browser per Script bestimmten, um dem Besucher die passende Site zu präsentieren. Das alles hatte den Nachteil, dass die wirklichen Stärken einer Auszeichnungssprache *ad absurdum* geführt wurden – nämlich die Möglichkeit, die Präsentation des Dokuments ohne großen Aufwand zu ändern, ohne dabei den Inhalt anzutasten. Der HTML-Code enthielt nicht nur die Inhalte, sondern auch die komplette Formatierung der Seite, häufig unentwirrbar ver-

flochten und mit Unmengen von redundanten `<table>`-, `<font>`- und sonstigen Tags versehen. Längst ist es üblich, den Inhalt einer Seite mittels CSS vollständig von ihrer Gestaltung zu trennen. Statt einer Datei mit ineinander verwobenen Präsentations- und Gestaltungelementen sind Inhaltsseiten und CSS-Dateien für die Gestaltung sauber getrennt. Ein weiterer Vorteil von CSS ist, dass der Endnutzer den Text über benutzerdefinierte Stylesheets passend zu seinen Anforderungen bzw. seinem Ausgabegerät darstellen kann.

2.4.2.2 Absatzformate erzeugen

Sie können Absatzformate von Grund auf neu erstellen. Möglicherweise finden Sie es jedoch praktischer, sich zunächst ein Textmuster anzufertigen und dieses dann in ein Absatzformat zu konvertieren.

2.4.2.2.1 Beispiel: Ein Absatzformat für den Grundtext erzeugen

Üblicherweise beginnen Sie mit der Definition des Grundtexts, weil dieser als Grundlage für viele weitere Absatzformate dienen kann, wie Sie in Abschnitt 2.4.2.2.2, „Aufeinander basierende Formate erstellen", sehen werden. Bereiten Sie dazu einen Musterabsatz mit den Zeichen- und Absatzformatierungen für den Grundtext Ihres Buchs vor.

Denken Sie auch an den Absatzabstand, den Sie über die Felder **Abstand davor** oder **Abstand danach** in der Einheit Pixel angeben.

> **HINWEIS:** Um eventuellen Darstellungsproblemen vorzubeugen, sollten Sie Ihre Formate möglichst so planen, dass Sie sich auf eines der beiden Abstandsfelder beschränken. Definieren Sie für alle Ihre Formate am besten entweder einen **Abstand davor** oder einen **Abstand danach**. Dabei sollten Sie berücksichtigen, dass im exportierten EPUB-Dokument die Abstände anders aussehen können.

Anschließend speichern Sie diese Merkmale in einem Absatzformat:

1. Lassen Sie die Einfügemarke im Absatz stehen und wählen Sie **Schrift/Absatzformate**.
2. Am unteren Rand des angezeigten Bedienfelds klicken Sie mit gedrückter **Alt**-Taste auf das Symbol **Neues Format erstellen**. Das Dialogfeld **Neues Absatzformat** wird geöffnet. Geben Sie in das Feld **Formatname** einen passenden Namen ein.
3. Bei Bedarf versehen Sie das Format mit einer Tastenkombination, mit der Sie es später schnell zuweisen können. Klicken Sie dazu in das Feld **Tastaturbefehl**. Am Mac drücken Sie eine der Tasten **Alt** oder **Umschalt** und dazu eine der Zifferntasten auf dem numerischen Block Ihrer Tastatur. Unter Windows schalten Sie die **Num-Taste** ein und drücken dann eine der Tasten **Strg**, **Alt** oder **Umschalt** sowie ebenfalls eine Zifferntaste auf dem numerischen Block.
4. Überprüfen Sie im Bereich **Formateinstellungen** die Formatierungsmerkmale des neuen Formats.

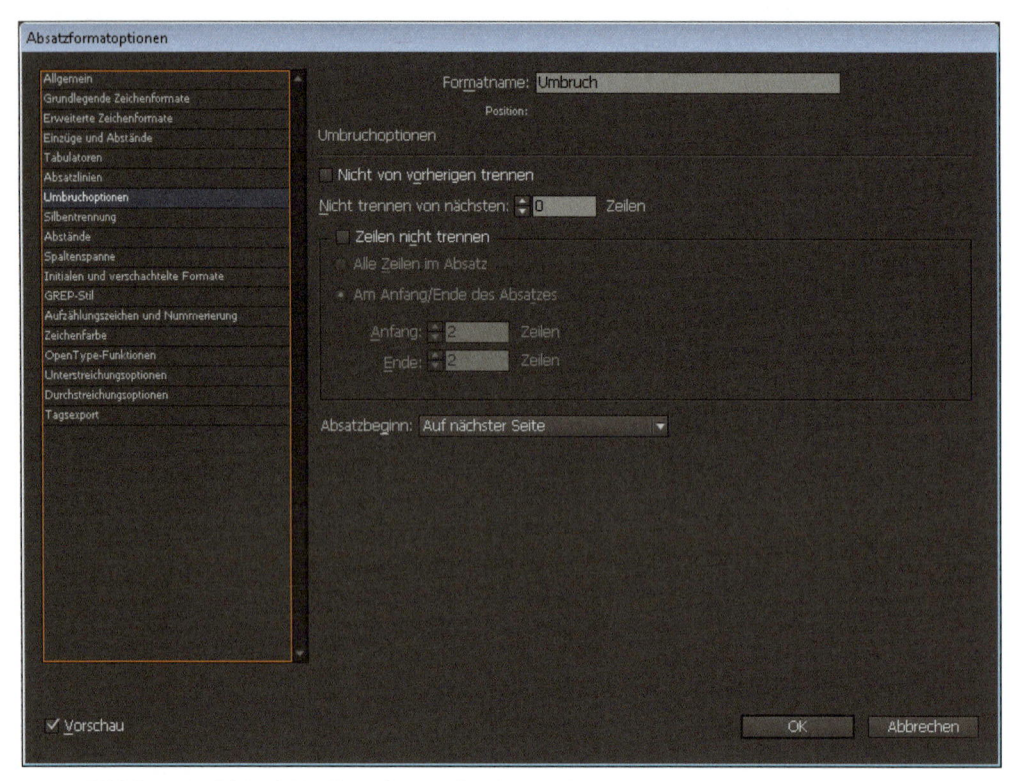

Bild 2.11 Im Dialogfeld „Absatzformate" definieren Sie das Aussehen Ihres Absatzes.

5. Falls Sie nicht zufrieden sind, können Sie die Formatierung jetzt noch ändern, indem Sie im linken Bereich des Dialogfelds die gewünschte Kategorie wählen. Sie haben hier sämtliche Optionen zur Absatz- und Zeichenformatierung, die InDesign Ihnen bietet (siehe Bild 2.11). Sobald alles stimmt, bestätigen Sie das Dialogfeld mit **OK**.

> **HINWEIS:** Achten Sie jedoch darauf, dass nicht alle Möglichkeiten bei der Definition von Absatzformaten für EPUB-Dokumente sinnvoll sind, weil manche davon im E-Book-Reader nicht angezeigt werden. Definitionen wie **Horizontal skalieren**, **Neigen** und **Absatzlinien** funktionieren im EPUB-Dokument nicht, **Kapitälchen**, **Silbentrennung** und **Erstzeileneinzüge** werden von manchen, aber nicht allen Readern angezeigt, Aufzählungen, Nummerierungen, Tabulatoren und Unterstreichungsoptionen funktionieren üblicherweise.

Jetzt müssen Sie nur noch die entsprechenden Absätze markieren bzw. anklicken und ihnen das neue Format mit einem Klick auf seinen Namen im Absatzformatebedienfeld zuweisen. Wenn Sie nach dem letzten mit dem Absatzformat formatierten Absatz die **Enter**-Taste drücken und weitere Texte eingeben, wird auch diesen automatisch das Absatzformat des vorhergehenden Absatzes zugewiesen.

> **PRAXISTIPP:** Komplexe Dokumente enthalten unter Umständen Dutzende von unterschiedlichen Formaten, wodurch das Bedienfeld sehr unübersichtlich werden kann. Eine große Hilfe sind Formatgruppen. Eine Formatgruppe erzeugen Sie über das Symbol **Neue Formatgruppe erstellen** am unteren Bedienfeldrand. Anschließend ziehen Sie die gewünschten Formate mit gedrückter Maustaste in die neue Formatgruppe. Mit dem Pfeilsymbol lässt sich der Inhalt der Formatgruppe wechselweise expandieren und einklappen.

2.4.2.2.2 Aufeinander basierende Formate erstellen

Ein bestehendes Format können Sie als Grundlage für ein anderes verwenden. Durch solche Abhängigkeiten gestalten Sie die Formate Ihres Dokuments bei Bedarf hierarchisch, sodass sich die Absätze bei der Texteingabe quasi von selbst formatieren. Mit importierten Textformaten funktioniert diese Technik allerdings nicht.

Nehmen wir an, Sie möchten jeden ersten Absatz nach einer Kapitelüberschrift mit einer Initiale versehen. Dann benötigen Sie zwei Absatzformate für den Textkörper:

1. Das Format für den Textkörper trägt im Beispiel den Namen **Grundtext**.
2. Achten Sie darauf, dass Sie in Ihrem Dokument nichts markiert haben, wenn Sie jetzt am unteren Rand des Absatzformatebedienfelds auf **Neues Format erstellen** klicken.
3. Doppelklicken Sie auf das neue Format und geben Sie ihm den Namen **Grundtext Erster**.
4. Öffnen Sie das Menü **Basiert auf** und wählen Sie das Format **Grundtext** (siehe Bild 2.12).

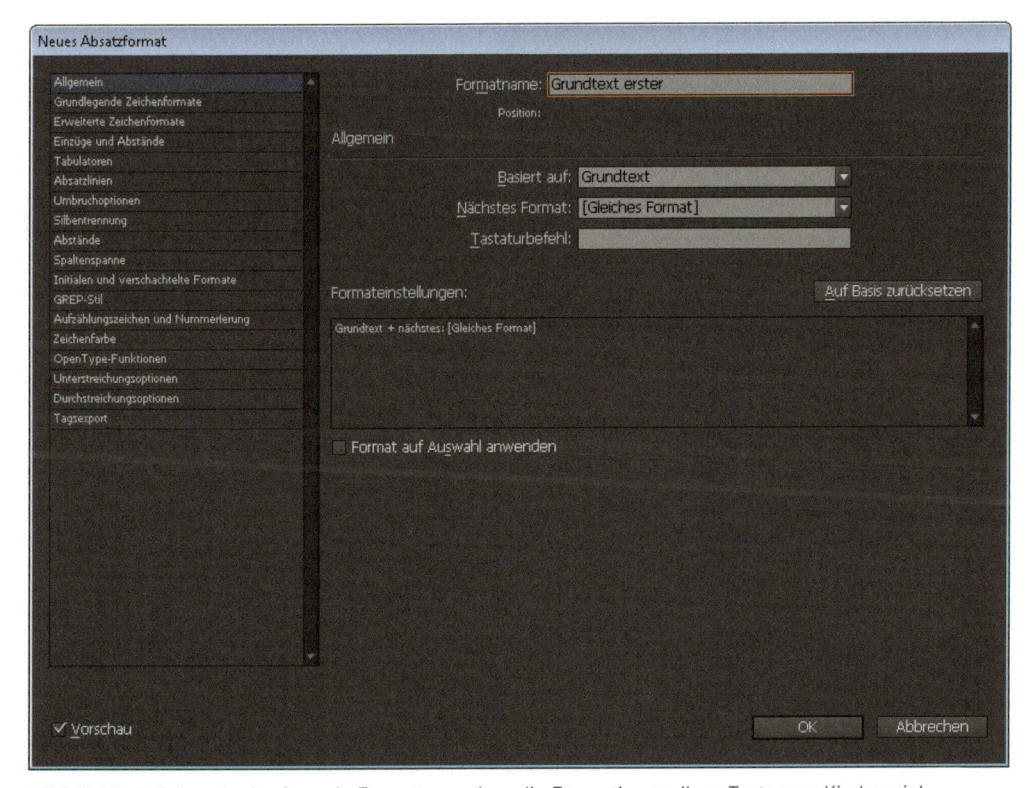

Bild 2.12 Aufeinander basierende Formate machen die Formatierung Ihrer Texte zum Kinderspiel.

5. In der Kategorienliste im linken Dialogfeldbereich wählen Sie dann **Initialen und verschachtelte Formate**. Legen Sie über das Feld **Zeilen** die gewünschte Initialhöhe fest – beispielsweise drei Zeilen. Über das Feld **Zeichen** definieren Sie, wie viele Zeichen das Initial umfassen soll. Bei Bedarf wählen Sie rechts daneben ein Zeichenformat aus, um das Initial zu formatieren. Sie können dieses auch direkt jetzt anlegen, indem Sie aus dem Menü **Zeichenformat** den Befehl **Neues Zeichenformat** wählen.
6. Bevor Sie mit **OK** bestätigen, überprüfen Sie die Auswirkungen dieser Arbeitsschritte noch einmal, indem Sie auf die Kategorie **Allgemein** klicken. Unter **Formateinstellungen** finden Sie eine Beschreibung der Formateigenschaften. Wenn Sie sich entschließen, dem Format **Grundtext** eine andere Schriftart zuzuweisen, ändert sich das Format **Grundtext erster** gleich mit. Dabei ändern sich alle Eigenschaften, die in beiden Formaten übereinstimmen. Nur die abweichenden Merkmale bleiben unverändert.
7. Mit der Schaltfläche **Auf Basis zurücksetzen** löschen Sie alle Formatierungen des untergeordneten Formats (im Beispiel **Grundtext erster**). Zurück bleiben die Formatierungen des übergeordneten Formats (im Beispiel **Grundtext**).

Bild 2.13 Ein Großteil der EPUB-Veröffentlichungen entfällt auf Romane und Kurzgeschichtensammlungen. Für diese Buchtypen benötigen Sie meist nur wenige Absatzformate.

2.4.2.2.3 Folgeformat festlegen

Zusätzlich können Sie auch ein Folgeformat bestimmen. Um bei unserem Beispiel zu bleiben: Nach dem ersten Absatz des Kapitels mit dem Format **Grundtext erster** soll ein Absatz mit dem Format **Grundtext** folgen. Aus diesem Grund verknüpfen Sie nun das Format **Grundtext erster** so mit dem Format **Grundtext**, dass beim Drücken der **Enter**-Taste nach einem **Grundtext erster**-Absatz automatisch das Format **Grundtext** aktiviert wird. Die Auswahl eines Folgeformats ist bei der Texterfassung sehr nützlich. Bei importiertem Text müssen Sie die Absatzformate hingegen manuell zuweisen.

1. Achten Sie darauf, dass Sie entweder keinen Text markiert haben oder dass sich die Einfügemarke in einem Absatz mit dem Format **Grundtext erster** befindet. Doppelklicken Sie im **Absatzformate**-Bedienfeld auf das Format **Grundtext erster**.
2. Öffnen Sie das Menü **Nächstes Format** und wählen Sie das Format **Grundtext**. Wenn Sie jetzt einen Absatz mit der Formatierung **Grundtext erster** durch Drücken der **Enter**-Taste abschließen, erhält der folgende Absatz automatisch die Formatierung **Grundtext** (siehe Bild 2.14).

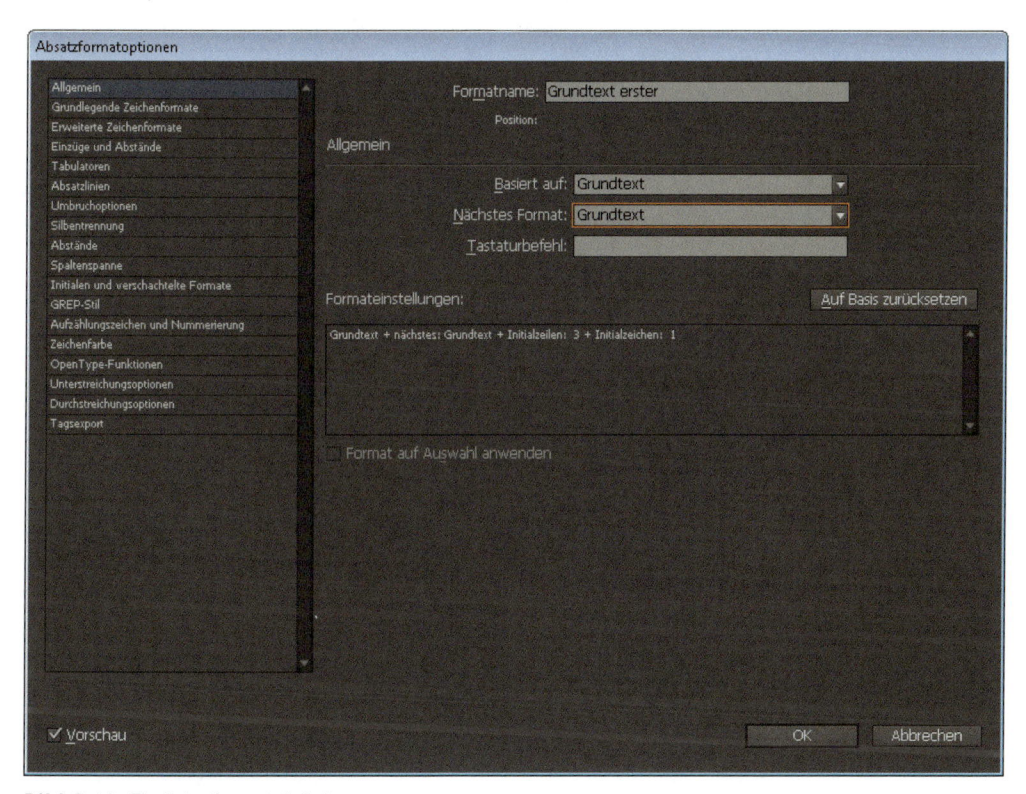

Bild 2.14 Ein Folgeformat definieren

Bild 2.15 Mit solchen EPUB-Dokumenten gibt es kaum Probleme in den unterschiedlichen Ausgabegeräten (hier in Calibre). Auch der Export von Initialen funktioniert gut.

2.4.2.2.4 Mehrere Absätze in einem Zug formatieren

Wenn Sie konsequent mit dieser Funktion gearbeitet haben, also grundsätzlich aufeinanderfolgenden Formaten ein Folgeformat zugewiesen haben, können Sie diese sogar in einem Zug zuweisen – beispielsweise eine Überschrift, den darauffolgenden Untertitel und den Fließtext.

1. Wählen Sie die Absätze aus, die Sie mit den Formaten versehen möchten.
2. Öffnen Sie im Absatzformatebedienfeld das Kontextmenü auf dem ersten Format.
3. Wählen Sie **[Formatname]** und dann **Nächstes Format anwenden** (siehe Bild 2.16).

Was hier anhand von zwei Formaten demonstriert wird, klappt auch mit mehreren aufeinanderfolgenden Formaten.

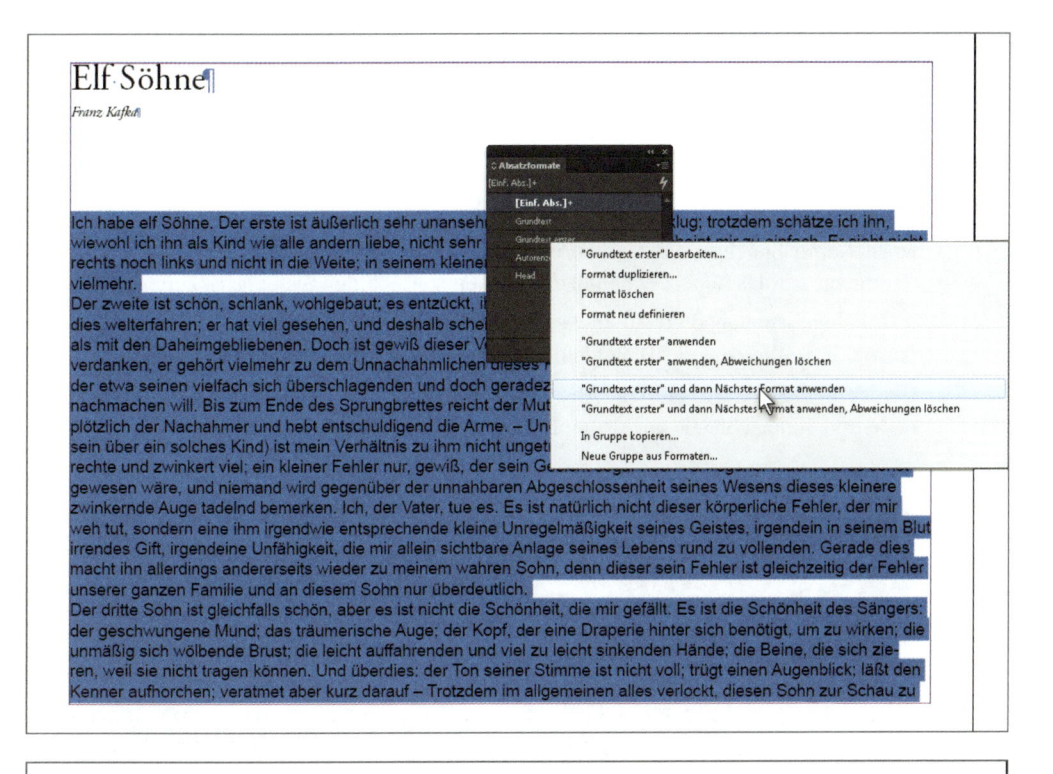

Bild 2.16 Mit Folgeformaten lassen sich mehrere Absätze in einem Zug formatieren.

2.4.2.3 Zeichenformate erstellen

Zeichenformate sind Formatierungsmuster, die nicht gleich für ganze Absätze, sondern nur für markierte Zeichen gelten. Ein Zeichenformat kann alle möglichen Formatierungsmerkmale enthalten. Es wirkt sich also auf Merkmale wie Schriftart und -größe, Schriftschnitt oder -farbe aus. Damit lassen sich bestimmte Zeichen in einem Absatz mit einer eigenen Schriftart gestalten, auch wenn der Absatz selbst durch ein Absatzformat formatiert ist.

1. Formatieren Sie Ihren Text entsprechend und markieren Sie die Textpassage, die als Grundlage für das neue Zeichenformat dienen soll. Wählen Sie **Schrift/Zeichenformate**.
2. Im Zeichenformatebedienfeld klicken Sie mit gedrückter **Alt**-Taste auf das Symbol **Neues Format erstellen**, um das Dialogfeld **Zeichenformatoptionen** zu öffnen (siehe Bild 2.17).
3. Überprüfen Sie – wie bei den Absatzformaten beschrieben – die Formatierungsmerkmale und ändern Sie sie gegebenenfalls. Bestätigen Sie mit **OK**.

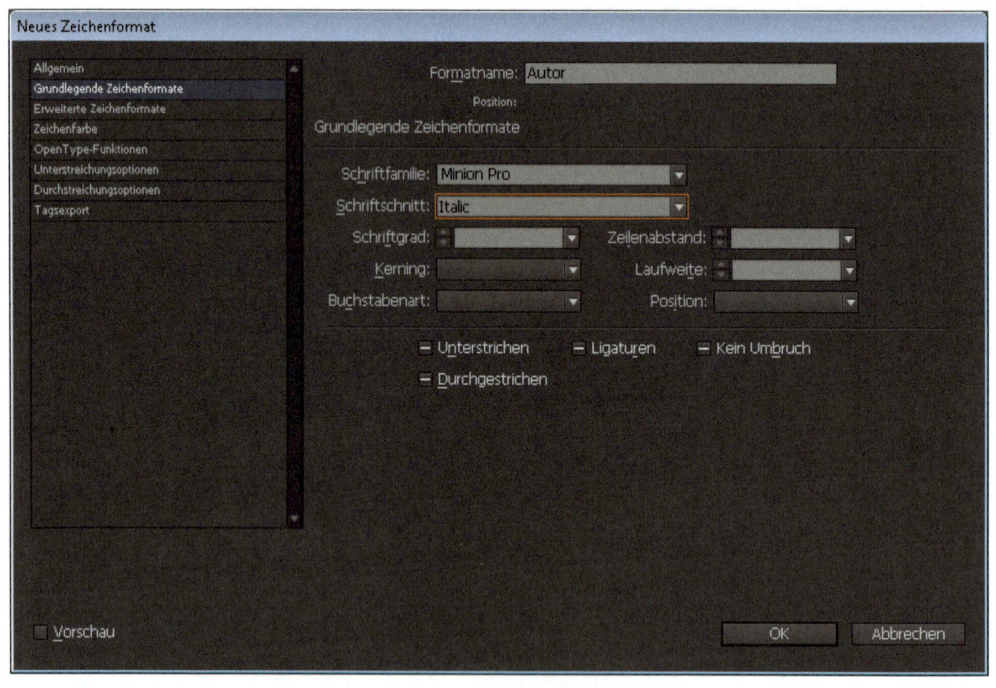

Bild 2.17 Ein Zeichenformat definieren

> **HINWEIS:** Sie müssen einem Zeichenformat nicht unbedingt eine eigene Schriftart zuweisen. In diesem Fall bleibt die Schriftart des mit dem Zeichenformat formatierten Texts unverändert.
>
> Diese Vorgehensweise hat jedoch ihre Tücken. Wenn Sie nur einen Schriftschnitt auswählen, z. B. Italic, und der entsprechende Absatz in einer Schrift ohne Kursive formatiert ist, erhalten Sie die Markierung für eine fehlende Schrift. Im Gegensatz zu manchen semiprofessionellen Programmen generiert InDesign keine unechten Kursive und andere Pseudo-Schriftschnitte, die lediglich aus schräg gestellten oder verdickten Buchstaben oder Ähnlichem bestehen.

Ein Konflikt kann auftreten, wenn Sie einen bereits formatierten Text mit einem Format versehen möchten. Dann erzielen Sie durch das Zuweisen des Formats eventuell nicht das gewünschte Aussehen. Sie sehen in diesem Fall vor dem Namen des Formats ein Pluszeichen. Dasselbe passiert auch, wenn Sie die Gestaltung eines mit einem Format versehenen Texts nachträglich manuell verändern (siehe Bild 2.18).

Bild 2.18
Das Pluszeichen signalisiert, dass dem markierten Text nicht nur ein Zeichenformat zugewiesen ist, sondern dass er zusätzlich auch noch manuelle Formatierungen erhalten hat.

Für eine einwandfreie Zuweisung der Formatvorlage bei gleichzeitiger Löschung sämtlicher vorheriger Formatierungen halten Sie beim Anklicken der gewünschten Formatvorlage im Bedienfeld zusätzlich die **Alt**-Taste gedrückt.

2.4.2.4 Formate ersetzen und austauschen

InDesign bietet eine sehr praktische Funktion, mit der Sie Absatz- und Zeichenformate beim Löschen ersetzen können:

Markieren Sie das Format, das Sie entfernen möchten, und klicken Sie am unteren Rand auf die Schaltfläche **Ausgewählte Formate löschen**. Falls das Format in Ihrem Dokument im Einsatz ist, haben Sie nun die Möglichkeit, es beim Löschen durch ein anderes vorhandenes Format zu ersetzen (siehe Bild 2.19). Die bisher mit dem gelöschten Format versehenen Texte erhalten ebenfalls das neue Format.

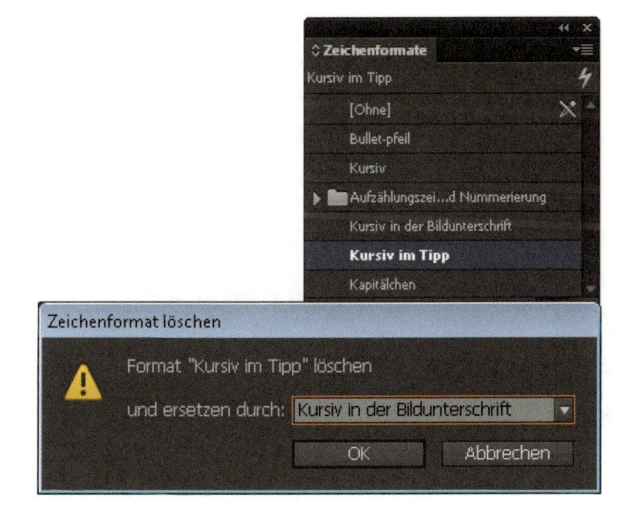

Bild 2.19
In Gebrauch befindliche Zeichen- und Absatzformate können Sie beim Löschen durch ein anderes vorhandenes Format ersetzen.

Wenn Sie Ihre Formate auch in weiteren Dokumenten benötigen, können Sie sie sehr schnell übertragen. Das funktioniert sowohl mit Zeichen- als auch mit Absatzformaten.

1. Öffnen Sie das Dokument, in das Sie die Formate eines bestehenden Dokuments importieren möchten.
2. Öffnen Sie das Bedienfeldmenü des Absatzformate- bzw. Zeichenformatebedienfelds und wählen Sie den Befehl **Absatzformate laden** bzw. **Zeichenformate laden**.
3. Wählen Sie das Dokument mit den gewünschten Formaten aus und aktivieren Sie die Formate, die Sie importieren möchten. Klicken Sie auf **OK**.
4. Die Formate erscheinen im Bedienfeld Ihres aktuellen Dokuments und sind damit einsatzbereit.

Fast genauso oft kommt es vor, dass Sie beispielsweise eine Serie von Dokumenten angefertigt haben, die alle mit denselben Formaten gestaltet sind. Im Grundtext haben Sie die Schriftart **Times** verwendet. Nun möchten Sie aber für alle Dokumente **Warnock Pro** statt **Times** verwenden. Hier gilt es, einen Formatkonflikt zu lösen. Die Vorgehensweise gleicht der beim Import von Formaten aus Textverarbeitungsprogrammen wie Microsoft Word (siehe Abschnitt 2.3.1, „Umgang mit Formatkonflikten").

1. Öffnen Sie eines der Dokumente.
2. Doppelklicken Sie im entsprechenden Formatbedienfeld auf das Format, das Sie ändern möchten.
3. Wählen Sie die neuen Formatierungseinstellungen aus und bestätigen Sie mit **OK**. Speichern Sie das Dokument.
4. Öffnen Sie eines der anderen Dokumente und wählen Sie aus dem Bedienfeldmenü des entsprechenden Formatbedienfelds den Befehl **Absatzformate laden** bzw. **Zeichenformate laden**.
5. Im folgenden Dialogfeld aktivieren Sie die Formatvorlage, die Sie importieren möchten. In der Spalte **Konflikte mit vorhandenen Formaten** weist InDesign Sie darauf hin, dass im Zieldokument bereits ein Format mit diesem Namen, aber anderen Formatierungseinstellungen vorhanden ist (siehe Bild 2.20).

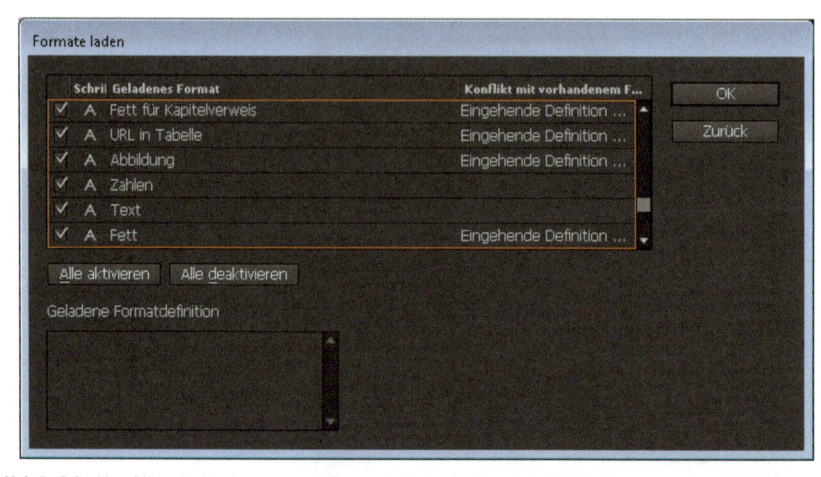

Bild 2.20 Konflikte beim Laden von Formaten lassen sich auf unterschiedliche Weise lösen.

6. Mit dem Standardeintrag **Eingehende Definition verwenden** würde der Import des aktualisierten Formats fehlschlagen. InDesign würde weiterhin die Formatdefinition des Zieldokuments verwenden. Wählen Sie deshalb den Eintrag **Autom. umbenennen**.
7. Sie erhalten im Formatbedienfeld ein Duplikat des Formats mit dem Namen **[Formatname] Kopie**. Diese Kopie entspricht den im Quelldokument angelegten Formatdefinitionen. Verwenden Sie die Kopie entweder direkt zur Neuformatierung oder löschen Sie das bestehende Format und ersetzen Sie es dabei durch die Kopie.

> **PRAXISTIPP:** Eine weitere rationelle Möglichkeit, Formate dokumentübergreifend zu synchronisieren, bietet die Arbeit mit dem Buchbedienfeld. Mehr darüber erfahren Sie in Abschnitt 2.7.1, „Buchdatei anlegen".

2.4.2.5 Verschachtelte Formate

Unter „verschachtelten Formaten" versteht InDesign Formate, die beispielsweise die ersten Wörter eines Absatzes in einer anderen Schriftart formatieren als den Rest dieses Absatzes.

> **U**nterhalb dieser Kategorie finden Sie eine wichtige Hilfe für eine gelungene Typografie. Sie enthält Markierungsfunktionen, die Sie bei Bedarf aktivieren. Bestimmte Fehler und Unregelmäßigkeiten wie Löcher im Blocksatz, Anhäufungen von Trennungen oder ersetzte Schriften werden dann in verschiedenen Farben markiert hervorgehoben. Bei aktiviertem Kontrollkästchen „Ersetzte Glyphen" sehen Sie Zeichenpaare, die durch Ligaturen ersetzt wurden. Wenn Sie mit Blocksatz arbeiten, sollten Sie auf jeden Fall das Kontrollkästchen „Silbentr. & Ausr.-Verletzungen" aktivieren. Diese Anzeige erleichtert Ihnen das Ausschließen von Blocksatz. Zeilen mit Löchern oder zu enge Zeilen werden gelb hervorgehoben. Je dunkler das Gelb, desto auffälliger ist das Problem.¶

Bild 2.21 Wenn Sie dem Beispiel folgen möchten, erstellen Sie sich einen Probeabsatz mit einer Initiale und formatieren die ersten drei Wörter fett.

Am einfachsten ist es, wenn Sie zunächst einen Absatz als Vorlage formatieren. Für unser Beispiel erstellen Sie einen Absatz mit einer Initiale, in dem überdies die ersten drei Wörter fett formatiert sind (siehe Bild 2.21). Diese Formatierung – die Initiale und die fette Formatierung der ersten drei Wörter – soll anschließend so in Formaten gespeichert werden, dass sie mit einem Klick auf beliebige Absätze übertragen werden kann.

1. Nachdem Sie den Absatz formatiert haben, wählen Sie den Initialbuchstaben aus und rufen im Menü des Zeichenformatebedienfelds den Befehl **Neues Zeichenformat** auf. Geben Sie dem neuen Format einen passenden Namen und bestätigen Sie mit **OK**.
2. Wählen Sie eines der drei fett formatierten Wörter aus und erstellen Sie daraus ein weiteres Zeichenformat.
3. Nach diesen Vorbereitungen erzeugen Sie das verschachtelte Format. Klicken Sie in den Absatz und wählen Sie aus dem Menü des Absatzformatebedienfelds den Befehl **Neues Absatzformat**. Geben Sie dem neuen Format im Dialogfeld einen passenden Namen.
4. Aktivieren Sie die Kategorie **Initialen und verschachtelte Formate**. Legen Sie im Feld **Zeilen** fest, wie viele Zeilen die Initiale hoch sein soll. Daneben wählen Sie das vorhin definierte Zeichenformat **Initiale** aus.
5. Klicken Sie anschließend auf die Schaltfläche **Neues verschachteltes Format**. Öffnen Sie das Menü **[Ohne]** und wählen Sie das Zeichenformat, das Sie für die Formatierung der ersten drei fett formatierten Wörter erstellt haben.

6. Aus dem nächsten Menü wählen Sie **bis** und geben rechts daneben „3 Wörter" ein, da die ersten drei Wörter des Absatzes in fett formatiert werden sollen (siehe Bild 2.22). Bestätigen Sie mit **OK**.

Probieren Sie es aus: Stellen Sie die Einfügemarke in einen Absatz und weisen Sie dem Absatz Ihr neues Absatzformat zu. InDesign verwendet nicht nur die Merkmale dieses Formats, sondern auch die darin verschachtelte Initiale und die drei Wörter in fetter Formatierung.

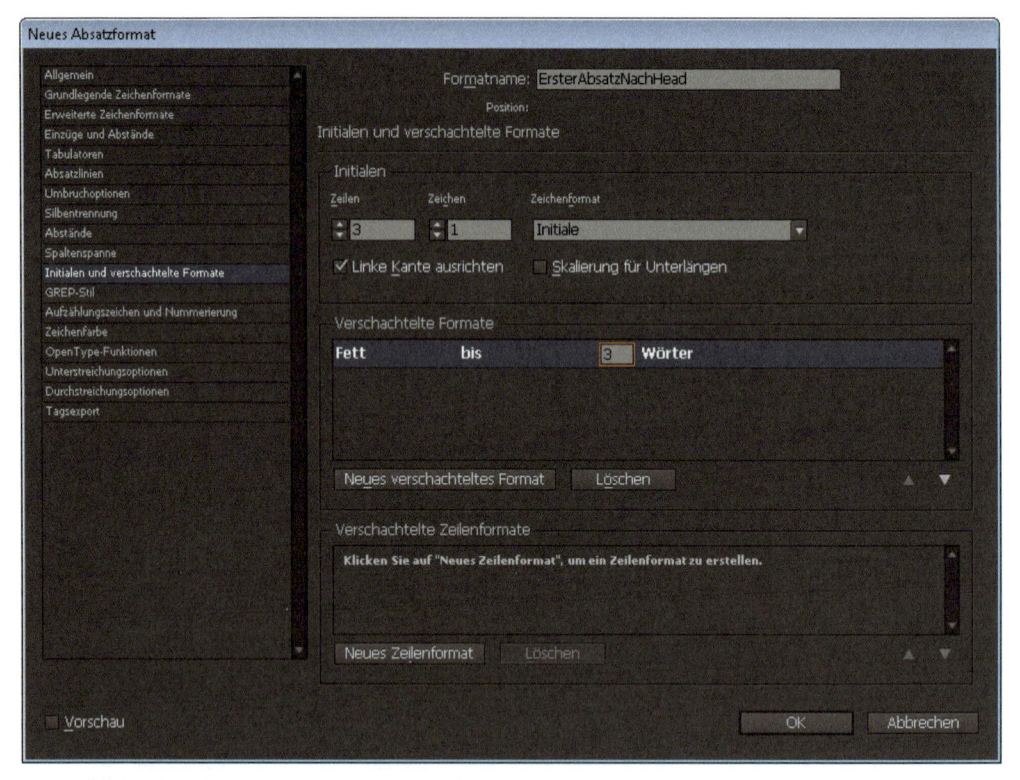

Bild 2.22 Ein verschachteltes Format mit einer Initiale erstellen

2.4.2.5.1 Verschachtelte Zeilenformate

Mit verschachtelten Zeilenformaten legen Sie fest, auf wie viele Zeilen eines Absatzes ein bestimmtes Zeichenformat angewandt werden soll.

Im Beispiel soll die erste Zeile des blauen Hinweis-Absatzes automatisch fett formatiert werden (siehe Bild 2.23). Sie ist in diesem Fall durch einen Zeilenumbruch (**Strg/ Befehl + Enter**) vom Rest des Absatzes mit dem Inhalt des Hinweises getrennt.

> **HINWEIS:** Beachten Sie, dass dieses Beispiel nur dann sinnvoll ist, wenn Sie beim späteren EPUB-Export in der Kategorie **Allgemein** das Kontrollfeld **Harte Zeilenumbrüche entfernen** deaktiviert lassen. Nicht alle Lesegeräte setzen die verschachtelten Zeilenformate um.

> Caslon. Diese Schriften werden automatisch mit InDesign installiert. Auch die Installation zusätzlicher OpenType-Fonts bereitet kaum Schwierigkeiten – sie unterscheidet sich nicht von der anderer Schriften. Kopieren Sie diese Schriften einfach in den Schriftenordner auf Ihrem System. Die OpenType-Schriften verhalten sich dann wie Type1- oder TrueType-Fonts (vorausgesetzt, die Bedingungen auf Betriebssystemebene stimmen; siehe oben).
>
> HINWEIS:
> Dokumente mit OpenType-Schriften lassen sich auf die übliche Weise exportieren oder drucken. Durch ihre plattformübergreifende Kompatibilität können Sie sie ohne Schriftersetzung auf jedem beliebigen Rechner mit InDesign öffnen – zum Beispiel am Mac, wenn Sie Ihr Dokument unter Windows erstellt haben, und umgekehrt.
>
> **OpenType und InDesign**
> InDesign ist gut für die Arbeit mit OpenType-Schriften gerüstet. Wie erwähnt, kann eine OpenType-Schrift viel mehr Zeichen kodieren als eine »normale« PostScript- oder TrueType-Schrift. Viele OpenType-Schriften enthalten echte Kapitälchen, Ligaturen, Brüche, Ornamente und fremdsprachige Zeichen. Das Ergebnis sind deutlich mehr Zeichen, als Sie über eine Computertastatur eingeben können.

Bild 2.23 Beispielabsatz für das verschachtelte Zeilenformat: Die erste blaue Zeile („Hinweis:") soll fett formatiert werden.

1. Erzeugen Sie ein Zeichenformat mit den Formatierungseigenschaften für die erste Zeile. Im Beispiel erhält es den Namen **Fett im Hinweis**.
2. Doppelklicken Sie im Absatzformatebedienfeld auf das den Absätzen zugewiesene Format.
3. In der Kategorie **Initialen und verschachtelte Formate** klicken Sie auf **Neues Zeilenformat**. Aus dem Menü **Ohne** wählen Sie das zuvor angelegte Zeichenformat aus.
4. In das Feld für die Zeilenanzahl geben Sie den gewünschten Wert ein, im Beispiel „1" (siehe Bild 2.24). Klicken Sie auf **OK** (siehe Bild 2.25).

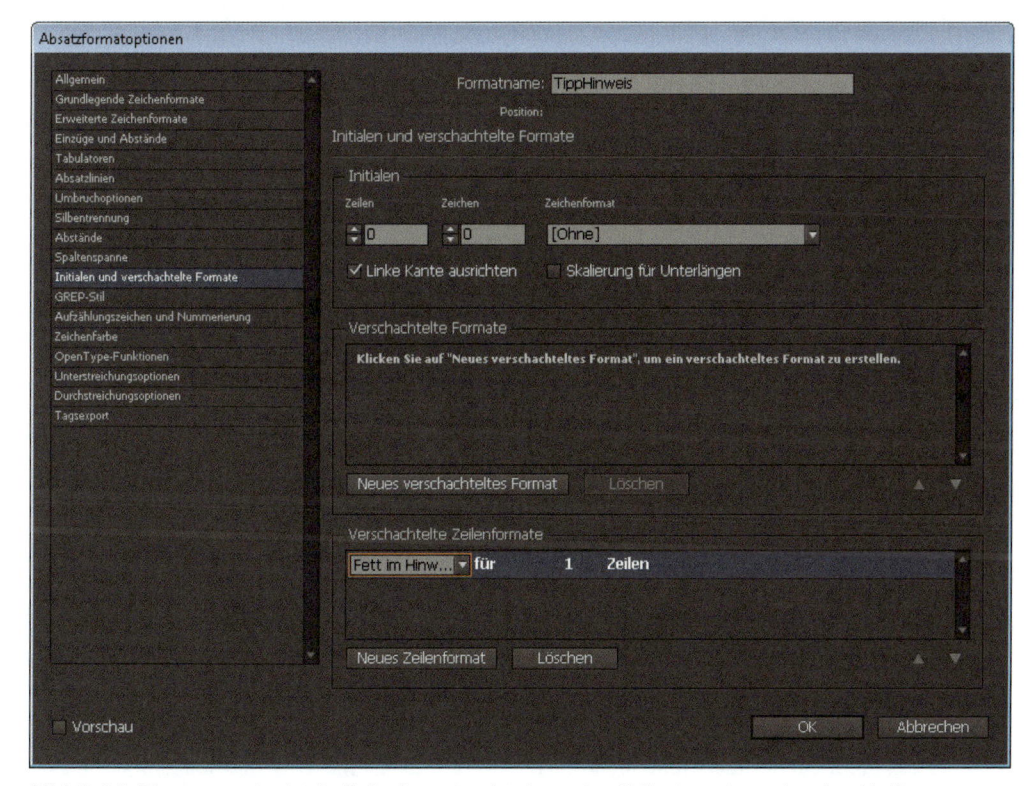

Bild 2.24 Dieses verschachtelte Zeilenformat weist der ersten Zeile der entsprechenden Absätze das Zeichenformat „Fett im Hinweis" zu.

> **HINWEIS:**
> Dokumente mit OpenType-Schriften lassen sich auf die übliche Weise exportieren oder drucken. Durch ihre plattformübergreifende Kompatibilität können Sie sie ohne Schriftersetzung auf jedem beliebigen Rechner mit InDesign öffnen – zum Beispiel am Mac, wenn Sie Ihr Dokument unter Windows erstellt haben, und umgekehrt.

Bild 2.25 Das Absatzformat mit dem Zeilenformat wurde zugewiesen.

2.4.2.5.2 Einen Schritt weiter: Verschachtelte Formatschleifen

Ein absolutes High-End-Feature ist die Möglichkeit, verschachtelte Formate in einer Schleife zu wiederholen.

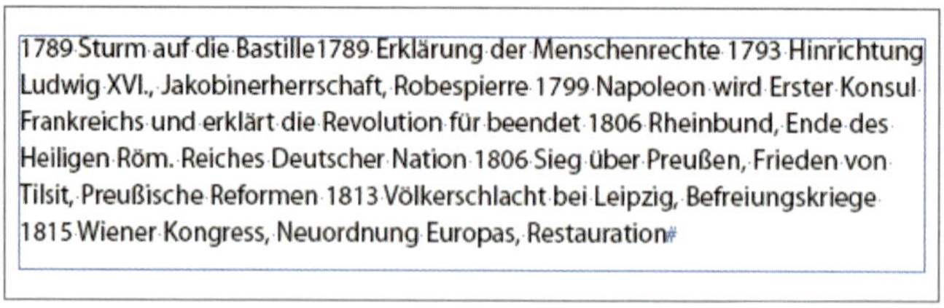

> 1789 Sturm auf die Bastille 1789 Erklärung der Menschenrechte 1793 Hinrichtung Ludwig XVI., Jakobinerherrschaft, Robespierre 1799 Napoleon wird Erster Konsul Frankreichs und erklärt die Revolution für beendet 1806 Rheinbund, Ende des Heiligen Röm. Reiches Deutscher Nation 1806 Sieg über Preußen, Frieden von Tilsit, Preußische Reformen 1813 Völkerschlacht bei Leipzig, Befreiungskriege 1815 Wiener Kongress, Neuordnung Europas, Restauration

Bild 2.26 Alle Zahlen sollen automatisch rot und fett formatiert werden.

Im Beispiel verwenden wir als Wechselzeichen Ziffern und Buchstaben. Weiterhin sind auch Zeichen wie Tabstopps, im Text eingebundene Grafiken und Geviertzeichen verfügbar. Alternativ geben Sie Ihr eigenes Wechselzeichen direkt in das Feld ein.

1. Erzeugen Sie zunächst ein Zeichenformat mit den Formatierungseigenschaften für die Zahlen. Im Beispiel erhält es den Namen **Zahlen**.
2. Anschließend erzeugen Sie ein neues Absatzformat, in dem Sie das verschachtelte Format anlegen.
3. In der Kategorie **Initialen und verschachtelte Formate** des Dialogfelds **Absatzformatoptionen** (siehe Bild 2.27) klicken Sie auf die Schaltfläche **Neues verschachteltes Format**. In diesem ersten verschachtelten Format legen Sie fest, wie der Text zwischen zwei Zahlen formatiert werden soll. Im ersten Menü lassen Sie **[Ohne]** stehen, weil dieser Text kein Zeichenformat erhalten soll.
4. Aus dem nächsten Menü wählen Sie **bis**, geben in das nächste Feld „1" ein und wählen aus dem letzten Menü das entsprechende Wechselzeichen **Ziffern**. Damit definieren Sie, dass die Formatierung **[Ohne]** bis zur nächsten Ziffer beibehalten werden soll.
5. Klicken Sie erneut auf die Schaltfläche **Neues verschachteltes Format**. Legen Sie hier fest, wie die Zahlen formatiert werden sollen.
6. Wählen Sie aus dem ersten Menü das vorhin definierte Zeichenformat **Zahlen**, dann wieder **bis** und „1" und schließlich wählen Sie als Wechselzeichen **Buchstaben**. Im Klartext wird der Text ab der ersten Ziffer bis zum nächsten Buchstaben mit dem Zeichenformat **Zahlen** formatiert.

Bis hierhin gleicht die Vorgehensweise dem im vorigen Abschnitt geschilderten Verfahren. Nun kommt die leistungsfähige Funktion ins Spiel:

1. Legen Sie ein drittes verschachteltes Format an und wählen Sie aus dem ersten Menü den Eintrag **[Wiederholen]**. Damit richten Sie die Schleife ein.
2. Geben Sie in der dritten Spalte an, wie viele Formate wiederholt werden sollen, im Beispiel „2".

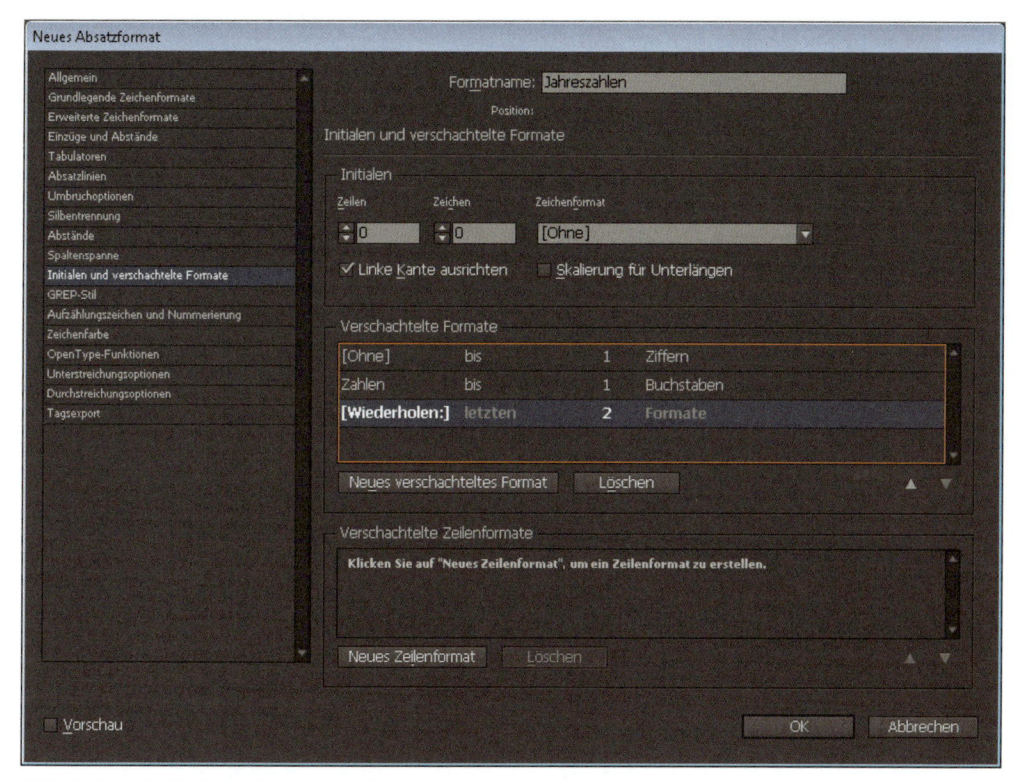

Bild 2.27 Alle Zahlen sollen automatisch rot und fett formatiert werden.

Die verschachtelten Formate werden nun automatisch bis zum Ende des Absatzes wiederholt (siehe Bild 2.28).

Bild 2.28 Dank der verschachtelten Formate hat sich der Absatz sozusagen selbst formatiert.

2.4.3 Tabellen

Wenn Ihr InDesign-Layout Tabellen enthält, werden auch diese in das EPUB-Dokument übernommen. Auf jedem Lesegerät bzw. in jeder E-Reader-Software werden Tabellen etwas anders dargestellt – egal, ob Sie Ihre Tabellen manuell formatiert oder mit Zellen- bzw. Tabellenformaten gearbeitet haben (siehe Bild 2.29 und Bild 2.30). Gerade hier sollten Sie deshalb vor der Ausgabe umfangreiche Tests durchführen.

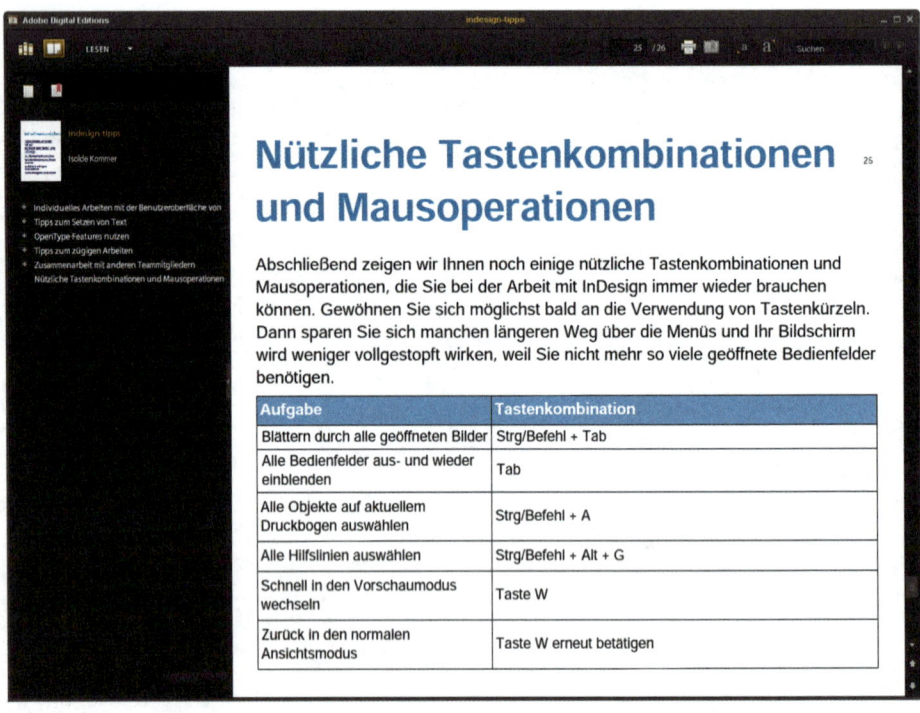

Bild 2.29 E-Book mit Tabelle in Adobe Digital Editions

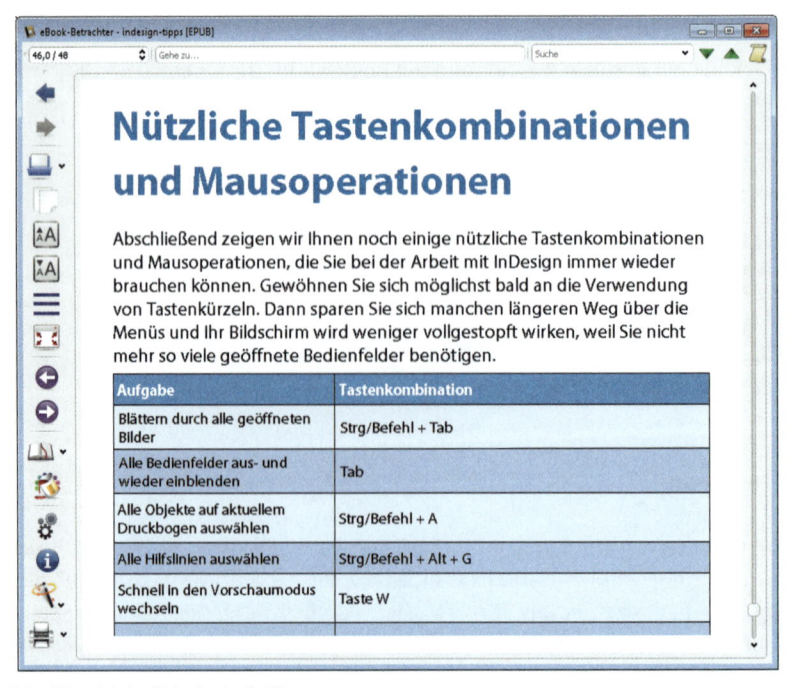

Bild 2.30 Die gleiche Tabelle in Calibre

2.4.4 Formate bestimmten HTML-Tags zuordnen

Sie können jedes InDesign-Absatzformat einem passenden Standard-HTML-Tag zuordnen. Diese Tag-Exportfunktion gibt Ihnen die Möglichkeit festzulegen, welches HTML-Tag mit einem bestimmten Absatzformat formatierter Text im EPUB-Dokument erhalten soll.

Auf diese Weise können Sie standardkonforme digitale Dokumente mit verbesserter Typografie erzeugen, ohne den Code später manuell ändern zu müssen. Dies ist eine bedeutende Verbesserung gegenüber frühen InDesign-Versionen, die alle Absätze in „<p>"-Tags exportierten und für die visuelle Darstellung Cascading Stylesheets verwendeten. Ein Nachteil dieses Ansatzes war, dass bestimmte Geräte (etwa Screenreader für sehbehinderte Nutzer) nicht in der Lage waren, semantische Informationen wie Haupt- oder Unterüberschriften zu finden, sodass die Ausgabe von mit InDesign erzeugten Dateien nicht optimal war. Nachdem die Zuordnung nun direkt in Absatz- und Zeichenformate eingebaut ist, bleibt die strukturierte HTML-Formatierung auch dann bestehen, wenn die InDesign-Datei bearbeitet wird.

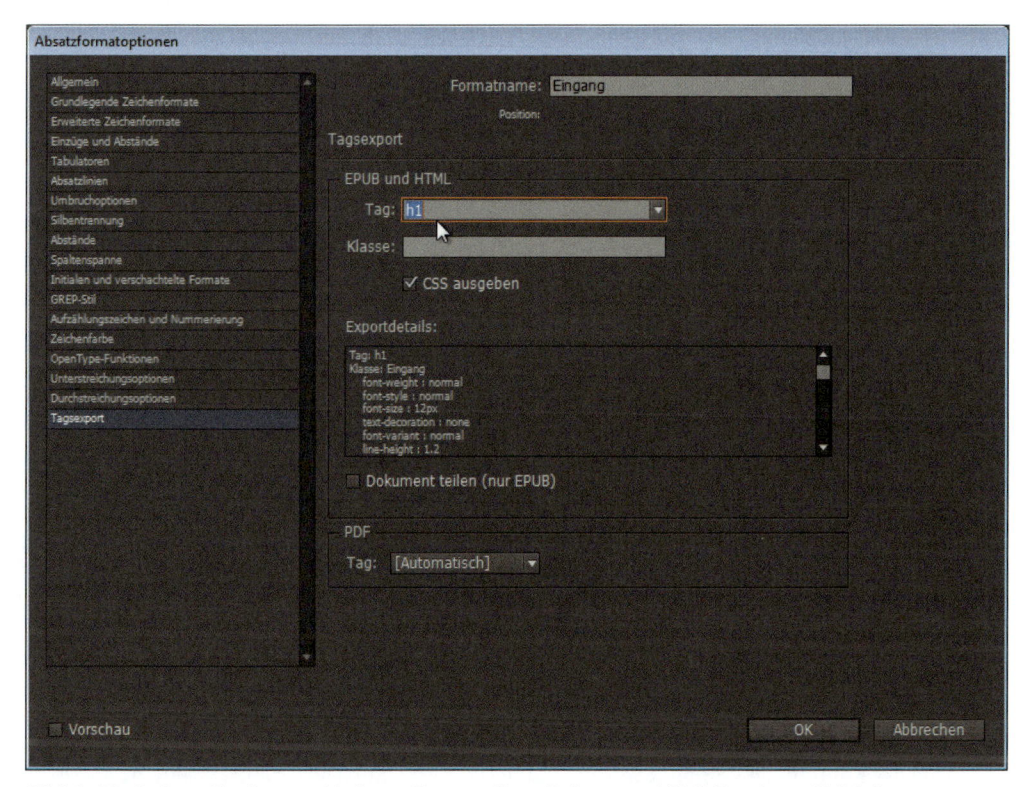

Bild 2.31 Ordnen Sie die verschiedenen Formate Ihres Dokuments HTML-Tags bzw. CSS-Stilen zu.

1. Aktivieren Sie im Dialogfeld **Absatzformatoptionen** bzw. **Zeichenformatoptionen** die Kategorie **Tagsexport**.
2. Legen Sie im Bereich **EPUB und HTML** fest, welches HTML-Tag für den mit dem aktuellen Format formatierten Text verwendet werden soll (siehe Bild 2.31). Die folgende Tabelle zeigt Ihnen, welche HTML-Tags für welchen Zweck geeignet sind.

HTML-Element	Einsatzgebiet
<p>	Textabsatz
<h1>	Überschrift Ebene 1
<h2>	Überschrift Ebene 2
<h3>	Überschrift Ebene 3
<h4>	Überschrift Ebene 4
<h5>	Überschrift Ebene 5
<h6>	Überschrift Ebene 6
<span>	Sammelcontainer für Inline-Elemente und Text, die dieselbe CSS-Formatierung erhalten sollen
<em>	Leichte Hervorhebung (etwa durch kursive Schrift oder durch Betonung bei der Sprachausgabe)
<strong>	Starke Hervorhebung (etwa durch fette Schrift oder durch Betonung bei der Sprachausgabe)

Diesem HTML-Tag wird eine CSS-Klasse mit den in InDesign für das Format definierten Formatierungen zugewiesen. Wenn Sie nichts anderes festlegen, erhält die Klasse den Namen des Formats. Dies ist in vielen Fällen recht praktisch, um bei der späteren Bearbeitung die Übersichtlichkeit zu wahren. Bei Bedarf können Sie den Klassennamen, der beim EPUB-Export generiert wird, jedoch im Feld **Klasse** selbst bestimmen.

In der Liste **Exportdetails** in Bild 2.31 sehen Sie eine Vorschau, wie die Formatierungen des InDesign-Formats in CSS umgesetzt werden.

2.4.4.1 Seitenumbrüche

Falls vor dem Absatzformat ein Seitenumbruch erfolgen soll, beispielsweise vor dem Format für die Kapitelüberschrift, vergessen Sie nicht, das Kontrollfeld **Dokument teilen (nur EPUB)** anzuklicken – es sei denn, Sie haben in den **Umbruchoptionen** für dieses Absatzformat die Option **Absatzbeginn auf nächster Seite** gewählt. Denn dann erhalten Sie seit InDesign CC auch im EPUB-Dokument einen Seitenumbruch.

Beim Export erstellt InDesign dann nach jedem Seitenumbruch einen separaten XHTML-Stream, statt gleich das gesamte Dokument in den Speicher zu laden. Dies erhöht die Performance des E-Book-Readers. Bei älteren Lesegeräten kann das sogar eine Notwendigkeit sein: Viele von ihnen können keine XHTML-Dateien anzeigen, die größer sind als 300 kB.

2.4.4.2 CSS nicht ausgeben

Außerdem können Sie auch ganz auf den Export von CSS-Definitionen verzichten, indem Sie das Kontrollfeld **CSS ausgeben** deaktivieren. Das kann sehr praktisch sein, wenn Sie es vorziehen, den CSS-Code später von Grund auf in einem HTML-Editor zu definieren oder wenn Sie bereits eine Stylesheet-Datei mit den für Ihr E-Book erforderlichen Stildefinitionen haben. Beim späteren Export können Sie bestimmen, dass diese mit in das E-PUB-Dokument eingepackt werden soll.

Der Name des Kontrollfelds könnte missverständlich sein. Ist es abgewählt, bedeutet das lediglich, dass keine Stildefinitionen aus den InDesign-Formatierungen erzeugt werden. Die Klassennamen in der XHTML-Datei werden trotzdem generiert.

Zur Verdeutlichung stellen Sie sich das folgende Szenario vor: Sie haben ein Stylesheet, das die Stildefinitionen für die beiden Überschriftenebenen – <h1> und <h2> – Ihres E-Books enthält, außerdem eine Stildefinition für den Buchtext (<p>-Tag) (siehe Bild 2.32).

Gehen Sie folgendermaßen vor:

1. Versehen Sie die Hauptüberschrift in Ihrem zum EPUB-Export bestimmten Dokument mit dem Export-Tag <h1>, die zweite Überschrift mit <h2>. Der Textkörper erhält automatisch das Export-Tag <p>. Deaktivieren Sie für alle drei Absatzformate das Kontrollfeld **CSS ausgeben**.
2. Wählen Sie **Datei/Exportieren** mit dem Dateiformat **EPUB**. In der Kategorie **Erweitert** deaktivieren Sie das Kontrollfeld **CSS generieren**. Außerdem klicken Sie auf die Schaltfläche **Stylesheet hinzufügen** und wählen die CSS-Datei, die die Definitionen für die Elemente <h1>, <h2> und <p> enthält.
3. Starten Sie den Export, und betrachten Sie das Ergebnis in der EPUB-Anzeige-Software – die Formatierung ist korrekt.

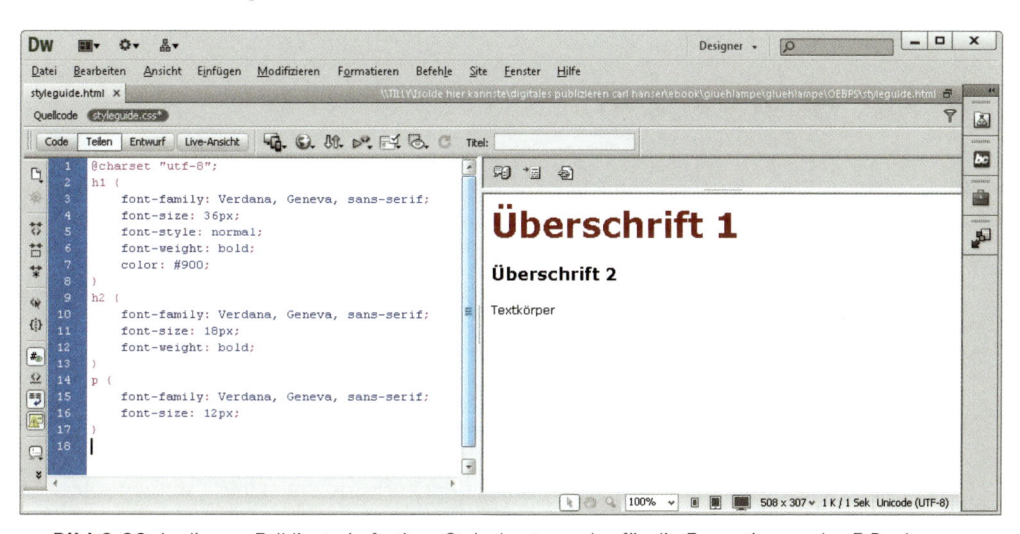

Bild 2.32 In diesem Fall liegt ein fertiges Stylesheet vor, das für die Formatierung des E-Books verwendet werden soll.

2.4.4.3 Alle Export-Tags gleichzeitig bearbeiten

Wenn Ihre Dokumente eine große Anzahl Zeichen- und Absatzformate enthalten, bietet InDesign den Befehl **Alle Exporttags bearbeiten**, den Sie im Bedienfeldmenü des Absatz- und des Zeichen- und seit InDesign CC auch des Objektformatebedienfelds finden.

Sie erhalten ein Dialogfeld, das alle Formatnamen auflistet und Ihnen die Möglichkeit gibt, die Zuordnung sämtlicher Formate zu ändern (siehe Bild 2.33).

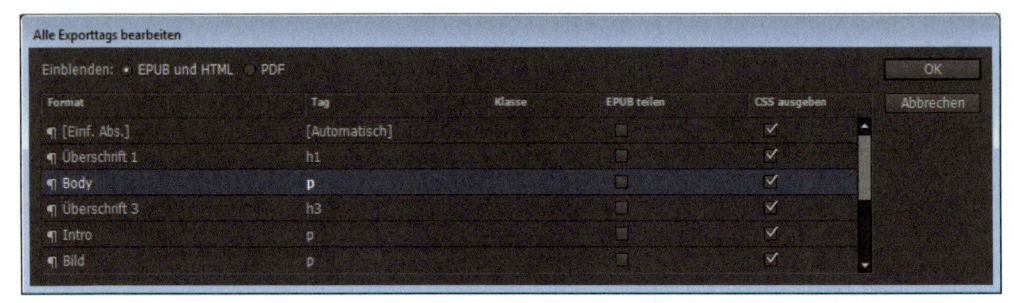

Bild 2.33 Wenn Ihr Dokument viele Formate enthält, können Sie diese auch alle in einem einzigen Dialogfeld zuordnen und bearbeiten.

> **HINWEIS:** Leider bietet InDesign auch in der Version CC keine Möglichkeit, den Tag-Export für Tabellen- und Zellenformate zu definieren, um damit feiner zu steuern, auf welche Weise diese Formatierung der Elemente per CSS umgesetzt wird.

■ 2.5 Abbildungen

Die meisten EPUB-Dokumente sind Romane ohne Illustrationen, enthalten oft aber zumindest ein Titelbild. Sie können aber für alle möglichen Genres EPUB-Veröffentlichungen mit Bildern und sogar Multimediadateien erstellen.

2.5.1 Pixelbilder

Recht problemlos sind Pixelbilder in Ihrem InDesign-Layout. Sie müssen sich jedoch unter anderem überlegen, wie groß die Bilder im fertigen EPUB-Dokument angezeigt werden sollen, ob sie eine feste Breite bekommen oder mit dem Dokument skaliert werden sollen usw.

Alle diese Einstellungen können Sie pauschal für sämtliche Bilder Ihres E-Books während des späteren EPUB-Exports (siehe Kapitel 7) vornehmen. Sie können dabei sogar wählen, dass InDesign für jedes einzelne Bild selbst bestimmen soll, welches Format geeignet ist. Die zuletzt genannte Option ist meist die schlechteste, da die InDesign-Entscheidungskriterien in vielen Fällen nicht nachvollziehbar sind. Aber auch die andere Möglichkeit – alle Bilder in ein und dasselbe Format zu konvertieren – scheidet in vielen Fällen aus, dann nämlich, wenn Sie sehr unterschiedliche Abbildungsarten in Ihrer Publikation haben.

Wenn Ihr geplantes E-Book nur wenige Bilder enthält – bei einem Roman oder Ähnlichem vielleicht sogar nur ein Titelbild –, dann lohnt es sich auf jeden Fall, für jedes einzelne Bild eigene Einstellungen festzulegen, die beim späteren Export angewandt werden. Dazu können Sie das Register **EPUB und HTML** des Befehls **Objekt/Objektexportoptionen** verwenden.

2.5.1.1 Spezielle Exportoptionen für Bilder definieren

Die Kategorie **EPUB und HTML** gibt Ihnen die Möglichkeit, verschiedene Konvertierungseinstellungen auf Objektbasis festzulegen. Außer Grafiken lassen sich die Exportoptionen auch Textrahmen und Gruppen zuweisen. Dadurch können Sie die Rasterung bestimmter Texteffekte wie **Schlagschatten** oder **Abgeflachte Kante und Relief** kontrollieren, wenn Sie Ihr Dokument später in das EPUB- oder HTML-Format exportieren.

Aktivieren Sie in der Kategorie **EPUB und HTML** des Dialogfelds **Objektexportoptionen** zunächst das Kontrollfeld **Benutzerdefinierte Rasterung**, um die Steuerelemente in diesem Dialogfeldbereich freizugeben (siehe Bild 2.34).

Bild 2.34 In der Kategorie „EPUB und HTML" der Objektexportoptionen bestimmen Sie unter anderem das Dateiformat und die Auflösung einzelner Bilder beim Export.

2.5.1.2 Größe von Bildern

Im Menü **Größe** legen Sie fest, ob Ihr Bild eine feste Größe erhalten oder relativ zur Breite des Anzeigegeräts bzw. des E-Reader-Fensters dargestellt werden soll. Im zuletzt genannten Fall vergrößern bzw. verkleinern sich die Bilder dynamisch, wenn Sie das Fenster des E-Readers auf Ihrem Computer größer oder kleiner ziehen oder wenn Sie auf Ihrem Mobilgerät die Ansicht vom Quer- ins Hochformat drehen (siehe Bild 2.35). Mit der Option **Fester Wert** werden die Bilder in der Größe exportiert, die Sie ihnen auf der InDesign-Layout-Seite gegeben haben.

In vielen Fällen ist es besser, das Bild relativ zur Seitenbreite einzurichten. Allerdings gibt es dabei auf verschiedenen Geräten Anzeigeprobleme – vor allem auf manchen Tablets, Smartphones, aber auch in EPUB-Programmen auf dem Computer. Die Bilder sehen durch die Skalierung nicht mehr optimal aus. Lesegeräte, die mit elektronischem Papier arbeiten, können Bilder hingegen recht gut skalieren.

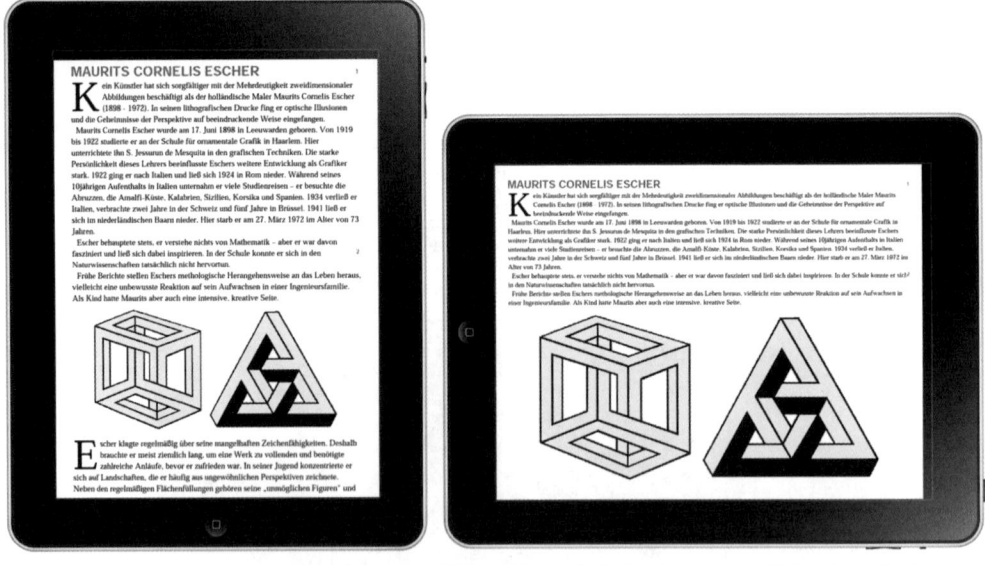

Bild 2.35 Relativ zur Seitenbreite: Das Bild wird je nach Breite der Anzeigefläche dynamisch skaliert.

2.5.1.3 Bildformate

Dokumente im EPUB- oder Amazon-E-Book-Format basieren auf HTML, und deshalb unterstützen sie nur die webtauglichen Bildformate JPEG, GIF, PNG und SVG. In der Kategorie **EPUB und HTML** (und beim späteren EPUB-Export) können Sie zwischen JPEG, GIF und seit InDesign CS5.5 auch PNG wählen. InDesign wandelt die Bilder in Ihrem Layout in das gewählte Format um. Es ist also gleichgültig, in welchem Format Sie die für Ihr E-Book bestimmten Abbildungen im Layout platzieren.

2.5.1.3.1 JPEG-Format

Das momentan wichtigste Format für Web-Bilder ist JPEG. Es eignet sich vor allem für fotorealistische Bilder mit bis zu 16,7 Millionen Farben. Bei JPEG-Bildern wird die Dateikomprimierung durch die Änderung der Bildqualität gesteuert: Je niedriger die Qualität, desto stärker kann die Datei komprimiert werden und desto kleiner wird die daraus resultierende Datei. Der Name rührt von der Joint Photographic Experts Group her, die den Kompressionsalgorithmus entwickelt hat. Streng genommen ist JPEG kein Dateiformat, sondern ein Kompressionsverfahren. Deshalb gibt es mehrere Grafikformate, die sich des JPEG-Kompressionsalgorithmus bedienen.

Beim Komprimieren trennt das JPEG-Format die Helligkeitsinformationen von den Farbtönen und speichert diese wie die Schwarz-Weiß-Version des Bilds ab. Feine Farbunterschiede, die das menschliche Auge meist ohnehin nicht wahrnehmen kann, werden eliminiert. JPEG komprimiert nicht zeilen-, sondern bereichsweise. Anders ausgedrückt: Flächen mit ähnlichen Farbtönen werden zusammengefasst. Je nach eingestellter Qualität variiert die Toleranz für „ähnliche" Pixel. Pixel, die innerhalb der Toleranzgröße eines bestimmten Farbtons liegen, passen sich an den Mittelwert der Gesamtfläche an. Durch dieses Verfahren gehen vor allem bei starker Kompressionseinstellung die subtilen Farbunterschiede des Originalbilds verloren. Je höher die Qualität eingestellt ist, desto weniger stark ist die Komprimierung, desto größer die Enddatei.

Anders als beispielsweise in Photoshop können Sie in InDesign leider keine stufenlose Qualitätseinstellung vornehmen. Sie haben die Wahl zwischen **Niedrig, Mittel, Hoch** und **Maximal**. **Hoch** ist in vielen Fällen eine gute Wahl.

Bei JPEG-Dateien lässt sich eine Progression festlegen (siehe Bild 2.36). Wählen Sie diese gegebenenfalls im Menü **Methode** aus. Das bedeutet, dass solche Bilder in aufeinanderfolgenden Schritten verbessert werden, wobei zunächst nur eine ganz grobe Vorschau angezeigt und das Bild dann immer besser dargestellt wird. Progressive JPEG-Bilder benötigen allerdings mehr Prozessorkapazität, und die Dateien sind zudem etwas größer als die nicht progressiver JPEGs.

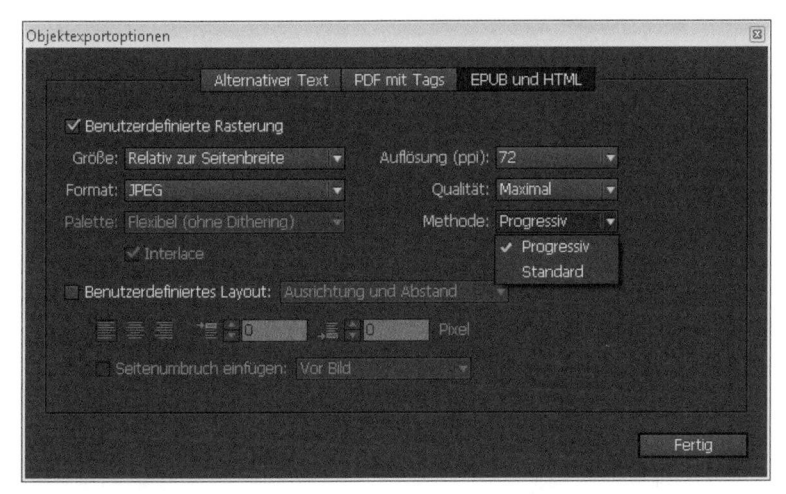

Bild 2.36 Bei gewählter Option „Progressiv" erhält der Leser den Eindruck, dass das Bild schneller geladen wird.

Der JPEG-Kompressionsvorgang ist, wie gesagt, mit Verlusten verbunden – immer gehen Bildinformationen verloren, die sich nicht mehr wiederherstellen lassen. In guten Qualitätsstufen (weniger komprimiert) nimmt das Auge diesen Informationsverlust allerdings wenig bis gar nicht wahr. In niedrigeren Qualitätsstufen (stärker komprimiert) kann es zu groben Unschärfen und Fehlfarben kommen. Ein entscheidender Vorteil von JPEG ist die Möglichkeit, auch RGB-Bilder zu komprimieren, während GIF-Bilder immer eine indizierte Palette haben. Außerdem ist eine weitaus höhere Kompressionsrate möglich als bei GIF (allerdings bei ziemlich schlechter Qualität). Die Kompressionsrate von JPEG liegt bei ca. 10:1 bis 20:1, die von GIF bei ca. 3:1.

Bilder mit scharf abgegrenzten Flächen lassen sich weniger gut im JPEG-Format komprimieren. Je weicher hingegen die Kanten sind, desto besser ist die Kompression, sprich, desto kleiner wird das resultierende JPEG-Bild.

2.5.1.3.2 GIF-Format

Besonders geeignet ist das GIF-Format für Vorlagen, die auf Vektoren basieren bzw. über große gleichfarbige Farbflächen verfügen (Illustrationen, Vektorformen, Text). Die Komprimierbarkeit eines Bilds hängt nämlich – grob gesagt – von seinem Detailreichtum ab. Große einfarbige Farbflächen lassen sich im GIF-Format besser komprimieren als unregelmäßig gemusterte, wie z. B. fotorealistische Bilder.

> **PRAXISTIPP:** Für größere Fotos sollte dieses Format nicht verwendet werden; stattdessen empfiehlt sich JPEG oder PNG.

Das GIF-Format bedient sich des Lempel-Ziv-Welch-Kompressions-Algorithmus, kurz LZW. Dieser Algorithmus ersetzt horizontale Sequenzen gleichfarbiger Pixel durch eine Zahl, die ausdrückt, wie lang diese gleichfarbige Sequenz ist.

Die Grafik wird dabei linienweise gescannt. Die Pixelmuster werden untersucht. Für jedes sich wiederholende Muster hält der Algorithmus fest, wie oft es in einer Zeile vorkommt. Horizontale Linien werden gleich zeilenweise komprimiert, wodurch sich die Dateigröße noch weiter reduziert. Daraus folgt: Verlängern Sie gleichfarbige Sequenzen, um Ihre Grafiken möglichst stark komprimierbar zu machen.

GIF-Dateien haben stets eine Farbtiefe von höchstens 8 Bit. Wie groß Ihre GIF-Datei wird, hängt stark von der Farbtiefe ab.

- Am meisten Bildfarben bleiben erhalten, wenn Sie die **Palette Flexibel (Ohne Dithering)** wählen (siehe Bild 2.37). Beim Export eines Bilds in das GIF-Format können alle Zwischentöne, die durch Verläufe und Glättung (Antialiasing) zustande kommen und nicht in der Farbpalette enthalten sind, durch das Rastern vorhandener Farben simuliert werden. Dabei werden die Hauptfarben gestreut (gemischt). Diesen Vorgang nennt man Dithering. Das Dithering vergrößert die Datei, da kaum Pixel mit gleichen Farbwerten aufeinanderfolgen.

- Bei Auswahl der Option **Flexibel** erhalten die exportierten Bilder jedoch kein Dithering. Dies hat den Nachteil, dass Ihre Bilder möglicherweise ein gezacktes, aufgepixeltes Aussehen erhalten.

- Wählen Sie deshalb **System (Mac)** oder **System (Win)**, wenn Sie Wert auf Dithering legen. Beide Paletten enthalten 256 Farben, und zwar jeweils die Farbpalette des jeweiligen Betriebssystems. Eine Alternative ist die websichere Palette. Diese reserviert die 216 auf Windows- und Mac-Plattformen gleich darstellbaren Farben (oder weniger) für das eigentliche Bild.

Die Pixel einer GIF-Datei werden normalerweise von oben nach unten gespeichert. Wenn Sie Ihr Bild mit dem Kontrollfeld **Interlace** als Interlaced GIF exportieren, werden die Pixel nicht in linearer Reihenfolge, sondern gleich in größeren Blöcken gespeichert. Die Folge ist, dass das Bild beim Betrachten im Browser erst in einer groben Vorschau, dann in immer feineren Ansichten (in insgesamt drei Durchläufen) dargestellt wird, bis es schließlich vollständig und korrekt angezeigt wird. Dies ist bei großen GIF-Bildern von Vorteil, da der Betrachter mit dem immer besseren Vorschaubild schon einmal einen groben Eindruck vom zu erwartenden Bild hat.

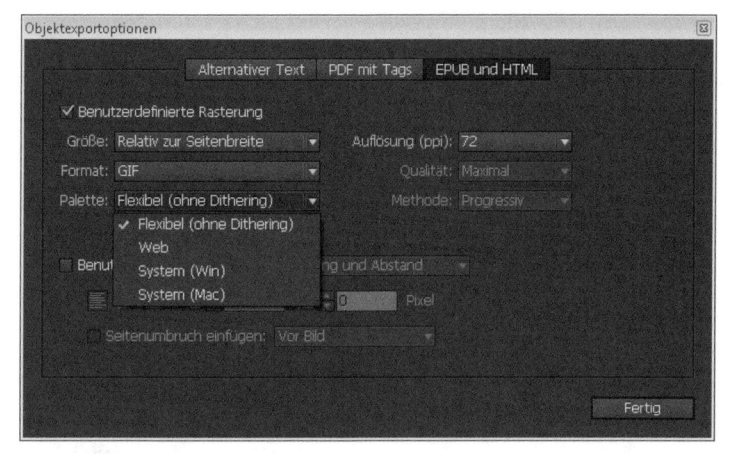

Bild 2.37 Palettenoptionen für den GIF-Export

2.5.1.3.3 PNG-Format
Der Vorteil des PNG-Formats ist, dass es verlustfrei ist. Deshalb finden Sie auch keine Konvertierungseinstellungen für dieses Format. Aus diesem Grund komprimiert es jedoch schwächer als das JPEG-Format. Das PNG-Format unterstützt transparente Farben (Alphakanäle) für Bilder bis zu 16,778 Millionen Farben.

2.5.1.4 Bildauflösung (ppi)
Im Menü **Auflösung (ppi)** können Sie seit InDesign CS5.5 eine Bildauflösung bis zu 300 dpi auswählen. Die Eingabe eigener Werte ist nicht möglich; Sie haben die Wahl zwischen 72, 96, 150 und 300 dpi (siehe Bild 2.38).

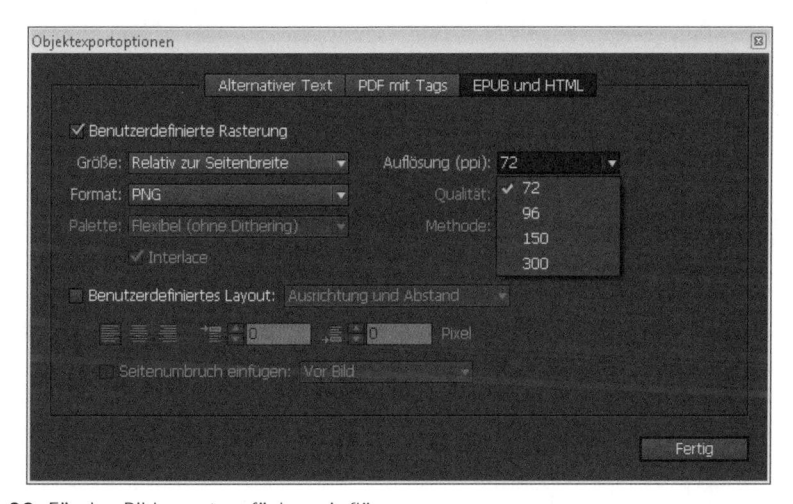

Bild 2.38 Für den Bildexport verfügbare Auflösungen

Die geeignete Auflösung für Ihr Bild hängt vorwiegend davon ab, ob die Bilder auf dem Ausgabegerät des Nutzers skaliert werden sollen. Dann sollten Sie hier eine höhere Auflösung wählen – achten Sie aber darauf, dass Sie recht große Dateien erhalten, wenn Sie 300 ppi wählen. Außerdem bringt es wenig, wenn die Originalauflösung Ihres Bilds (bzw. die effektive Auflösung, wenn Sie beim späteren Export in der Kategorie **Bild** das Kontrollfeld **Aussehen aus Layout beibehalten** aktivieren) niedriger ist, als die im Feld **Auflösung** gewählte ppi – Sie würden damit keine Verbesserung erzielen, sondern möglicherweise sogar das Gegenteil erreichen.

> **HINWEIS:** Wenn Sie in Ihrem E-Book ganzseitige Bilder zeigen möchten, sollten Sie vorab die richtige Größe für Ihre Bilder definieren. Leider ist es nicht möglich, Bilder zu erstellen, die auf allen verfügbaren Bildschirmen und Ausgabegeräten perfekt aussehen. Es geht eher darum, dass Ihre Bilder auf jedem Gerät akzeptabel und auf so vielen wie möglich hervorragend aussehen. Auf den meisten momentan verfügbaren Geräten sehen die Abmessungen 800 x 600 Pixel gut aus. Dies entspricht dem bei Anzeigegeräten vieler Klassen weit verbreiteten Seitenverhältnis von 4:3.

2.5.1.5 Benutzerdefiniertes Layout

Unter **Benutzerdefiniertes Layout** legen Sie fest, wie die Bilder im fertig exportierten Dokument ausgerichtet sein und welche Abstände sie von den umgebenden Elementen haben sollen.

Wenn Sie nichts anderes einstellen, werden die Bilder beim EPUB-Export standardmäßig zentriert, und diese Ausrichtungsart hat sich beim E-Book-Design mehr oder weniger etabliert. Wenn Sie in der Kategorie **EPUB und HTML** das Kontrollfeld **Benutzerdefniertes Layout** aktivieren, können Sie aber auch eine rechts- oder linksbündige Bildausrichtung definieren.

Ebenso geben Sie hier Abstände vor und nach den Bildern hinzu. Benötigen Ihre Bilder noch mehr Raum auf der E-Book-Seite, können Sie seit InDesign CC sogar einen **Seitenumbruch einfügen** – vor, nach oder auch vor und nach dem Bild (siehe Bild 2.39). Dies kann bei großen oder seitenfüllenden Bildern praktisch sein. Zwar erzeugen viele E-Reader vor einem großen Bild automatisch einen Seitenumbruch, um es im Ganzen darzustellen, andere zeigen jedoch nur einen Teil des Bilds, und der Benutzer muss selbst nach unten scrollen, um die Abbildung im Ganzen anzuzeigen.

Schließlich gibt Ihnen das Menü direkt neben **Benutzerdefiniertes Layout** die Möglichkeit, Ihre Bilder **Links schwebend** oder **Rechts schwebend** anzuordnen, sodass es auf der entsprechenden Seite vom Text umflossen wird. Dies ist die einzige Möglichkeit, schon beim Export einen Textumfluss für Bilder festzulegen (ansonsten müssten Sie in den CSS-Code der fertigen EPUB-Datei eingreifen). Gut geeignet ist diese Option vor allem für kleinformatige Grafiken, etwa Icons.

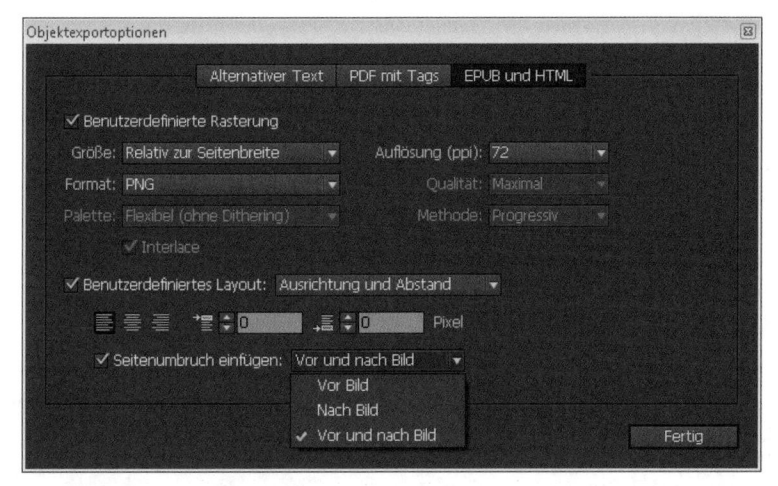

Bild 2.39 Im Bereich „Benutzerdefiniertes Layout" legen Sie das Bild-Layout im E-Book fest.

2.5.1.6 Einstellungen in einem Objektformat speichern

Die einmal vorgenommenen Einstellungen im Dialogfeld **EPUB und HTML** speichern Sie seit InDesign CC am besten in einem Objektformat, wenn Sie sie häufiger benötigen. Dann können Sie sie künftig allen weiteren Objekten mit einem einzigen Klick zuweisen.

- Markieren Sie das fertig gestaltete und mit Objektexportoptionen versehene Objekt.
- Am unteren Rand des Objektformate-Bedienfelds klicken Sie auf die Schaltfläche **Neues Format erstellen**. Wenn Sie dabei gleich das Dialogfeld anzeigen möchten, halten Sie zusätzlich die **Alt**-Taste gedrückt. Hier benennen Sie Ihr neues Objektformat und versehen es mit einer Tastenkombination.
- Sie können die Formatierung des Objekts jetzt noch anpassen, indem Sie im linken Bereich des Dialogfelds die gewünschte Kategorie wählen. Gegebenenfalls deaktivieren Sie die Kontrollfelder vor den Kategorien, die im Objektformat nicht enthalten sein sollen, das heißt, deren Merkmale durch das Zuweisen des Stils an einem bestimmten Objekt nicht geändert werden sollen.

> **PRAXISTIPP:** Sehr praktisch ist die Möglichkeit, ein bestehendes Objektformat als Grundlage für ein anderes Objekt zu verwenden. Durch solche Abhängigkeiten können Sie die Objektformate Ihres Dokuments so geschickt hierarchisch gestalten, dass sich die Elemente beim Anlegen quasi von selbst formatieren. Wählen Sie dazu aus dem Menü **Basiert auf** im Dialogfeld **Objektformatoptionen** das entsprechende Format aus.
>
> Bei Bedarf versehen Sie das Format mit einer Tastenkombination, mit der Sie es später zuweisen können. Klicken Sie dazu in das Feld **Tastaturbefehl**. Am Mac drücken Sie eine der Tasten **Alt** oder **Umschalt** und dazu eine der Zifferntasten auf dem numerischen Block Ihrer Tastatur. Unter Windows schalten Sie die **Num**-Taste ein und drücken dann eine der Tasten **Strg**, **Alt** oder **Umschalt** und ebenfalls eine Zifferntaste auf dem **Num**-Block.

- Wechseln Sie in die Kategorie **EPUB und HTML** im unteren linken Bereich des Dialogfelds. Prüfen Sie noch einmal die Formatierungen und ändern Sie sie gegebenenfalls noch ab (siehe Bild 2.40).

- Aktivieren Sie in der Gruppe **Grundattribute** die Kategorie **Tagsexport**. Analog zu den Absatz- und Zeichenformaten können Sie nun ein HTML-Element auswählen, mit dessen Hilfe die mit dem Objektformat versehenen Elemente in HTML umgesetzt werden sollen. Sie haben die Wahl zwischen <div> und <span>. <div> erzeugt einen HTML-Container, der per CSS frei auf der HTML-Seite positioniert werden kann. <span> ist einfach ein zusammenfassendes Element, das dazu gedacht ist, mit CSS-Formatierungen gestaltet zu werden.

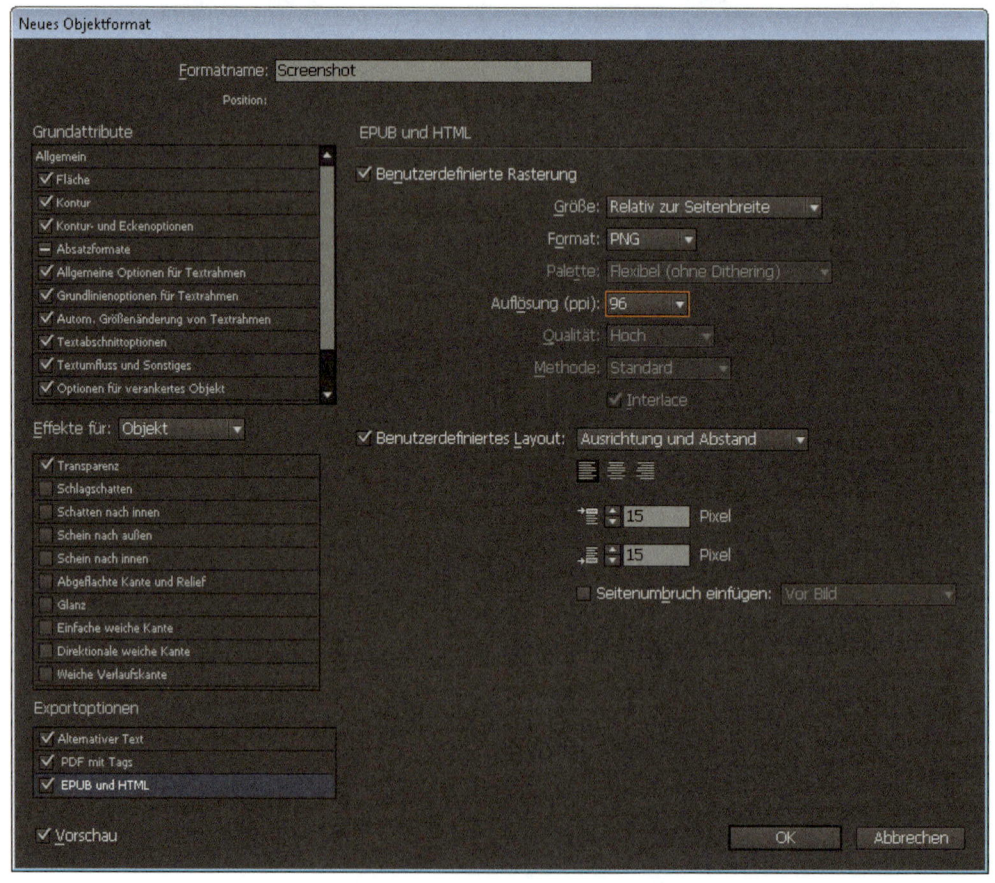

Bild 2.40 Speichern Sie die Objektexportoptionen seit InDesign CC am besten in einem Objektformat.

- Wenn Sie nichts anderes festlegen, erhält die Klasse den Namen des Absatzformats, was in vielen Fällen recht praktisch ist, um bei der späteren Bearbeitung die Übersicht zu wahren. Bei Bedarf können Sie den Klassennamen, der beim EPUB-Export generiert wird, jedoch im Feld **Klasse** selbst bestimmen (siehe Bild 2.41).

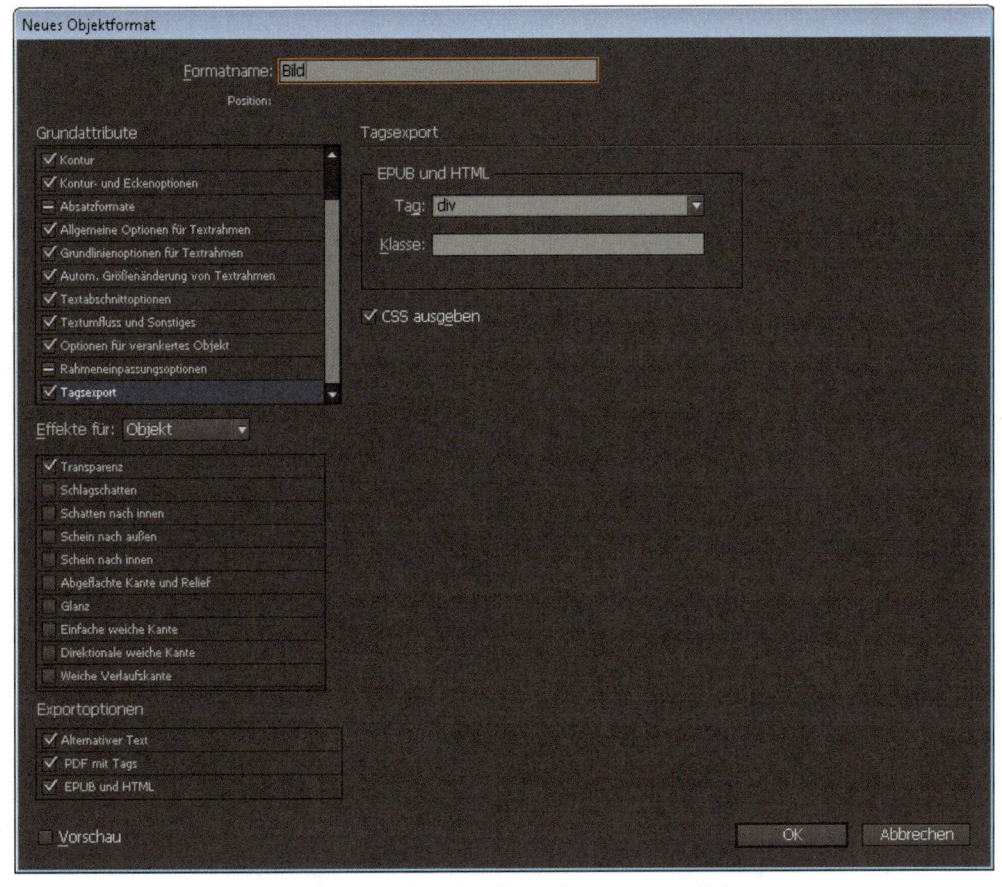

Bild 2.41 Auch für Objektformate ist seit InDesign CC der Tagsexport verfügbar.

2.5.2 Vektorgrafiken

2.5.2.1 In InDesign gezeichnete Elemente

Beachten Sie, dass in InDesign gezeichnete Elemente wie etwa Rahmen ohne Text, Pfade, Form- oder Pfadtext usw. im EPUB-Dokument nicht umgesetzt werden. Pfadtext etwa wird als normaler Text exportiert, die Pfadform geht verloren. Dasselbe gilt auch für viele aus Illustrator eingefügte Vektorgrafiken. Es gibt jedoch eine Möglichkeit, solche Elemente trotzdem in das EPUB-Dokument zu exportieren:

Wählen Sie das gewünschte Objekt aus und wählen Sie aus dem Menü **Objekt** den Befehl **Objektexportoptionen** bzw. schreiben Sie seit InDesign CC die Definition gleich in das Objektformat, das Sie dem markierten Objekt zugewiesen haben. Aktivieren Sie das Register **EPUB und HTML** und wählen Sie das Kontrollfeld **Benutzerdefinierte Rasterung**. Beim EPUB- oder HTML-Export wird das Objekt dann in eine Rastergrafik umgewandelt.

> **HINWEIS:** Am Layout-Objekt in InDesign ändert sich durch Ihre Einstellungen im Dialogfeld **Objektexportoptionen** bzw. der Kategorie EPUB und HTML der **Objektformatoptionen** nichts.

2.5.2.2 SVG-Format

Das SVG-Format unterscheidet sich deutlich von den bisher genannten Bildformaten GIF, JPEG und PNG, denn es ist vektorbasiert. Das heißt, dass es auflösungsunabhängig ist – SVG-Grafiken können beliebig gezoomt werden, ohne dass ein Qualitätsverlust eintritt. Dadurch sind sie bestens für Schaubilder geeignet, in die der Leser möglicherweise zur genaueren Betrachtung hineinzoomen möchte. Darüber hinaus sind die XML-basierten SVG-Grafiken durchsuchbar. Wenn der Nutzer im Lesegerät also nach einem bestimmten Begriff sucht, erhält er einen entsprechenden Treffer auf die SVG-Grafik, wenn der gesuchte Text in dieser vorkommt. Nicht zuletzt ist auch die Dateigröße von SVG-Grafiken normalerweise deutlich geringer als die der pixelbasierten Formate. Sie können Ihre Adobe-Illustrator-Grafiken beispielsweise im SVG-Format speichern.

Leider können Sie in InDesign keine SVG-Grafiken platzieren. Das stellt jedoch kein großes Hindernis dar, denn es ist sehr einfach, die Abbildungen noch nachträglich in das EPUB-Dokument einzufügen. Die genaue Vorgehensweise erläutert Ihnen Abschnitt 7.3.4.6, „SVG-Grafiken einfügen".

2.5.3 Grafiken mit Alt-Texten versehen

Gerade für sehbehinderte oder ganz blinde Nutzer stellen digitale Veröffentlichungen aller Art eine wichtige Chance und Informationsquelle dar. Da EPUB-Dokumente aus validem XHTML bestehen, sind sie prinzipiell für die alternativen Ausgabegeräte sehbehinderter Nutzer zugänglich. Selbst Tablets und Smartphones besitzen heutzutage Funktionen zur Sprachausgabe.

Vollständig blinde Benutzer interessiert das Aussehen eines EPUB-Dokuments überhaupt nicht. Ihnen kommt es lediglich darauf an, wie das Dokument strukturiert ist. Ein Screenreader oder ein anderes alternatives Ausgabegerät muss problemlos darauf zugreifen können.

Bei einem Screenreader handelt es sich um Software, die die Elemente – ob es sich nun um Grafiken, Texte oder den Aufbau der Bildschirmseite an sich handelt – auswertet. Das Ergebnis dieser Interpretation wird an ein Ausgabemedium übermittelt, z. B. einen Sprachsynthesizer, der den auf dem Bildschirm angezeigten Text vorliest. Eine andere Möglichkeit ist die Braillezeile (siehe Bild 2.42), eine Hardware-Komponente, die die Informationen des Screenreaders in der Brailleschrift, der Punktschrift für Blinde, ausgibt.

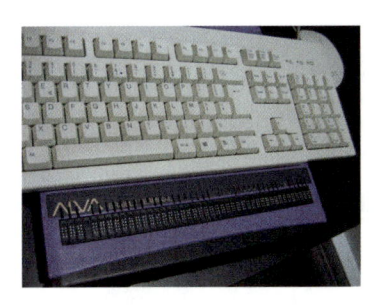

Bild 2.42
Braillezeile (Quelle: *Wikipedia.de*, veröffentlicht unter einer Creative-Commons-Lizenz)

Benutzer mit Restsehvermögen benutzen möglicherweise keine Sprachausgabe, sondern eine Bildschirmlupe (siehe Bild 2.43) oder ein Großbildsystem. Das ist eine Spezialanwendung bzw. eine Hardware-Lösung, die den Bildschirminhalt pixelweise vergrößert. Wie groß der Bildschirminhalt wiedergegeben wird, kann der Benutzer individuell steuern. Hinzu kommen weitere Einstellmöglichkeiten wie Kontraständerung usw. Ein solches Großbildsystem kann auch mit der Sprachausgabe kombiniert werden, was bei starken Sehbehinderungen vorteilhaft ist.

Bild 2.43
Bildschirmlupe

Aus diesen Gründen sollten Sie allen grafischen Elementen in Ihrer EPUB-Veröffentlichung eine alternative Beschreibung hinzufügen. Hierzu verwenden Sie ein sogenanntes Alt-Tag, dem Sie als Wert den gewünschten Alternativtext zuweisen. Alt-Texte werden immer dann verwendet, wenn das zugehörige Bild aus irgendwelchen technischen Gründen oder aufgrund einer Behinderung des Nutzers nicht angezeigt werden kann. Die Sprachausgabe beispielsweise liest diesen Text dem sehbehinderten Nutzer des EPUB-Dokuments vor.

Wenn Sie es hingegen versäumen, Alt-Texte hinzuzufügen, werden Bilder und Mediendateien vom alternativen Ausgabegerät einfach ignoriert.

1. Aktivieren Sie das Auswahlwerkzeug und klicken Sie das gewünschte Bild in Ihrem Dokument an. Wählen Sie **Objekt/Objektexportoptionen**.
2. Im Register **Alternativer Text** öffnen Sie das Menü **Quelle für alternativen Text**.
3. Um selbst einen Alternativtext einzugeben, wählen Sie die Option **Benutzerdefiniert**. Geben Sie in das Feld darunter den gewünschten Alternativtext ein (siehe Bild 2.44).

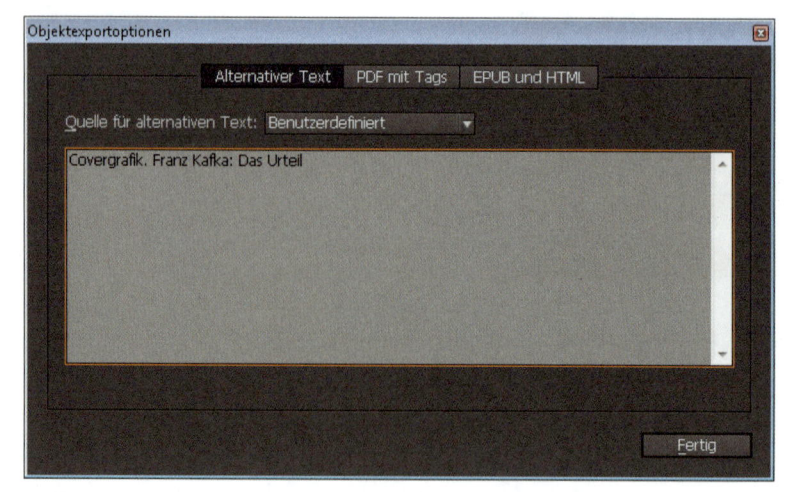

Bild 2.44 Alt-Texte lassen sich in InDesign seit der Version CS5.5 komfortabel über ein Dialogfeld zuweisen.

Alternativ können Sie auch die XMP-Daten des Bilds verwenden, um den Alternativtext zu erzeugen. Dies kann – vor allem, wenn Ihre Publikation sehr viele Bilder enthält – eine sehr praxisnahe Lösung sein.

Der XMP-Standard (XMP = eXtensible Metadata Plattform) ist ein Metadaten-Modell, das von Adobe entwickelt und im Jahr 2001 veröffentlicht wurde. Es ist recht breit anerkannt. Solchen Metadateninformationen – etwa Titel, Autor, Copyright-Status und Beschreibung – können Sie beispielsweise Bilddateien anhängen. Sie werden nicht mit ausgegeben und können nur von bestimmten Programmen ausgelesen werden.

Mit allen Programmen der Creative Cloud bzw. Creative Suite können Sie auf die Metadaten der geöffneten Datei zugreifen. Über die Adobe Bridge oder auch Adobe Lightroom können Sie sogar nicht geöffnete Dateien mit Metadaten versehen.

Gerade die Metadaten-Beschreibung („description") eignet sich sehr gut für den Alt-Text. Gehen Sie folgendermaßen vor, wenn Sie alle Bilder in Ihrem InDesign-Projekt mit Alt-Texten aus der Metadaten-Beschreibung versehen möchten:

Am besten sorgen Sie dafür, dass sich alle Bilder Ihres Projekts in demselben Ordner befinden. Am einfachsten kommen Sie zum Ziel, indem Sie den Befehl **Datei verpacken** wählen (wenn Sie mit einem einzelnen InDesign-Dokument arbeiten). Verwenden Sie die Buchfunktion, markieren Sie mit gedrückter **Umschalt**-Taste alle Dokumente im Buchbedienfeld, öffnen anschließend das Bedienfeldmenü und wählen hier den Befehl **Buch für Druck verpacken**.

InDesign sucht alle Bestandteile Ihres Projekts zusammen – InDesign-Dokumente, Schriften und Bilddateien – und kopiert sie in einen Ordner Ihrer Wahl.

Steuern Sie diesen Ordner über Adobe Bridge an. Klicken Sie das erste Bild an. Im Register **Metadaten**, das standardmäßig im rechten unteren Bereich des Adobe Bridge-Programmfensters angezeigt wird, expandieren Sie den Bereich **IPTC Core** über den Dreieckpfeil. Scrollen Sie nach unten zum Feld **Beschreibung** und geben Sie den gewünschten Alternativtext ein (siehe Bild 2.45).

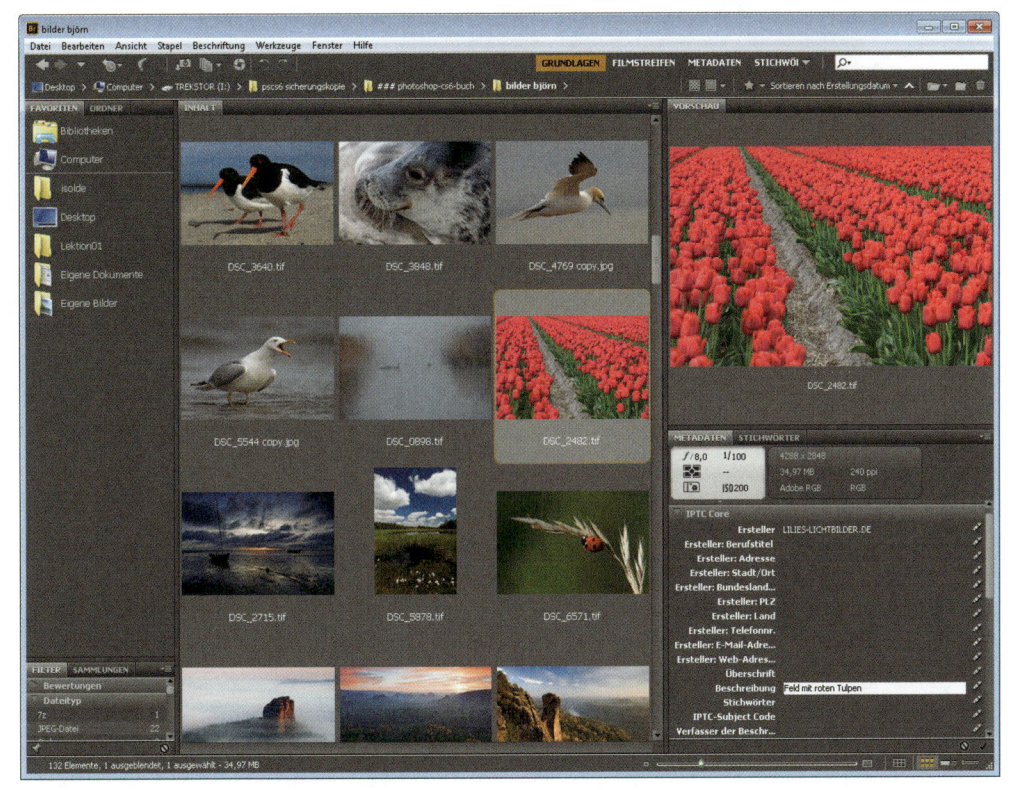

Bild 2.45 Am bequemsten geben Sie Metadaten über Adobe Bridge ein, weil Sie die einzelnen Bilder in diesem Programm dazu nicht öffnen müssen.

Wiederholen Sie diesen Vorgang mit allen Bildern Ihrer Publikation.

Zurück in InDesign können Sie bei markiertem Bild aus dem Register **Alternativer Text** des Dialogfelds **Objektexportoptionen** die Option **Aus XMP:Beschreibung** wählen. Die von Ihnen in Bridge für dieses Bild eingegebene Beschreibung wird verwendet.

Sie können auch mehrere Bilder markieren – alle, die auf Ihrer Arbeitsfläche sichtbar sind, bevor Sie die Option **Aus XMP:Beschreibung** wählen. Möglicherweise sollten Sie deshalb eine recht geringe Zoomstufe wählen; dann passen mehrere Druckbögen auf den Bildschirm. Sie erhalten die Meldung **[Auswahl verfügt nicht über einen eindeutigen Metadatentext.]**. Wenn Sie die Bilder anschließend einzeln markieren, sehen Sie die aus den XMP-Daten gezogenen jeweiligen Beschriftungen (siehe Bild 2.46).

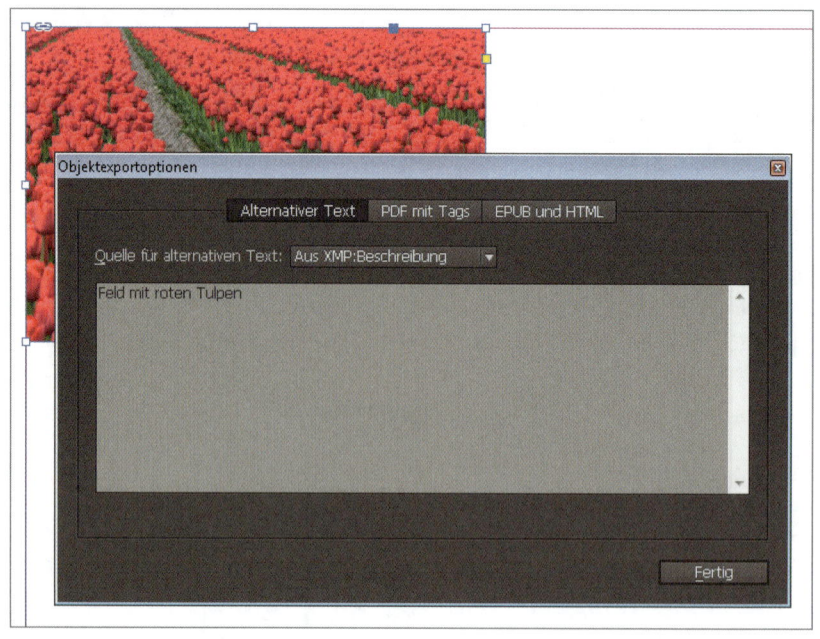

Bild 2.46 Praktische Rationalisierungsmöglichkeit: Die Alt-Texte können aus den Metadaten der Bilder gezogen werden.

Seit InDesign CC können Sie diese Arbeit sogar über ein Objektformat erledigen, sodass Sie die Bilder im Layout nicht einzeln markieren müssen. Doppelklicken Sie im Objektformate-Bedienfeld auf das entsprechende Objektformat, aktivieren Sie die Kategorie **Alternativer Text** und wählen Sie als **Quelle für alternativen Text** die Option **Aus XMP:Beschreibung**.

2.5.4 Bildbeschriftungen rationell hinzufügen

Metadaten bieten Ihnen aber nicht nur die Möglichkeit, Alt-Texte rationell einzufügen. Vielmehr können Sie die Metadaten auch direkt in Ihr Layout einfügen, um beispielsweise Bildbeschriftungen oder Copyright-Hinweise anzubringen (siehe Bild 2.47).

Bild 2.47 Copyright-Informationen können bequem über Metadatenbeschriftungen realisiert werden.

Damit das Ganze funktioniert, müssen die platzierten Dateien mit den entsprechenden Metadaten versehen sein. Im vorhergehenden Abschnitt haben Sie bereits erfahren, was Metadaten sind und wie Sie Ihre Dateien in Adobe Bridge mit Metadaten versehen.

Nachdem Sie sich vergewissert haben, dass die platzierten Bilder mit den entsprechenden Metadaten versehen sind, fügen Sie die Beschriftungen in InDesign ein.

1. Wählen Sie **Objekt/Beschriftungen/Beschriftung einrichten**.
2. Im Bereich **Metadatenbeschriftung** bestimmen Sie, welche Informationen in der Bildunterschrift stehen sollen. Im Beispiel soll dies die Copyright-Information sein. **Davor** und **danach** fügen Sie bei Bedarf einen Text Ihrer Wahl ein (siehe Bild 2.48).

Bild 2.48 Die Beschriftung einrichten

3. Mit einem Klick auf die **Plus**-Schaltfläche im rechten Dialogfeldbereich können Sie weitere Metadaten hinzufügen. Im Dialogfeld erscheint daraufhin eine neue Zeile, aus der Sie die gewünschte Metadatenart auswählen können, im Beispiel das von der Kamera gelieferte Aufnahmedatum.
4. Im Bereich **Position und Format** bestimmen Sie, wie Ihre Bildunterschrift aussehen soll. Wählen Sie die gewünschte **Ausrichtung** (Copyright-Informationen werden häufig gestürzt am rechten Bildrand angebracht; dann müssen Sie Bild und Beschriftung aber über die Kategorie **HTML und EPUB** der Objektexportoptionen bzw. der Objektformatoptionen zu einer Einheit zusammenfassen) und ändern Sie im Feld **Versatz** ggf. den Abstand zwischen Bild und Beschriftung. Weiterhin können Sie ein **Absatzformat** für die Beschriftung bestimmen und die Bildunterschrift auf einer eigenen **Ebene** einrichten bzw. die **Beschriftung mit Bild gruppieren**.
5. Bestätigen Sie das Dialogfeld mit **OK**.
6. Jetzt markieren Sie die Bilder, die Sie mit der Beschriftung versehen möchten, und öffnen das Menü **Objekt/Beschriftungen**. Sie haben nun die Wahl zwischen einer statischen und einer dynamischen Beschriftung. Die zuletzt Genannte wird aktualisiert, sobald Sie die Bildverknüpfung ändern. Bei der statischen Beschriftung ist das nicht möglich. Wählen Sie den gewünschten Befehl, um die Beschriftung an der im Dialogfeld definierten Stelle einzufügen.

> **HINWEIS:** Im Dialogfeld **Datei/Platzieren** finden Sie ebenfalls die Möglichkeit, eine statische Beschriftung für das platzierte Bild zu erstellen.

Achten Sie darauf, dass sich der Bild- und der Beschriftungstextrahmen überlappen bzw. berühren. Ist dies nicht der Fall, erhalten Sie statt der Beschriftung den Text **<Keine überschneidende Verknüpfung>**. Ziehen Sie den Textrahmen auf das Bild, sodass die Beschriftung korrekt angezeigt wird.

Benötigen Sie in Ihrem Dokument verschiedene Arten von Beschriftungen, gehen Sie über das Dialogfeld **Schrift/Textvariablen/Definieren**. Die bereits für das Dokument definierten Beschriftungen werden hier aufgelistet, und zwar jede im Dialogfeld **Beschriftung einrichten** erzeugte Zeile als eigene Textvariable (siehe Bild 2.49).

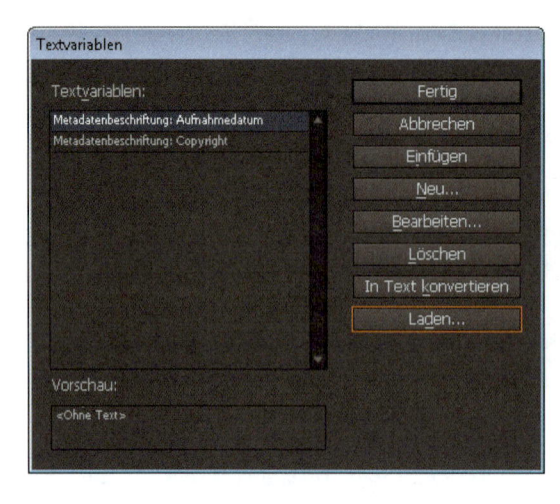

Bild 2.49
Alle einmal eingerichteten Beschriftungen werden im Dialogfeld „Textvariablen" angezeigt.

1. Zum Einfügen einer Beschriftung über das Menü **Schrift/Textvariablen** erzeugen Sie einen Textrahmen und positionieren ihn so, dass er das entsprechende Bild berührt oder überlappt.
2. Klicken Sie mit dem Textwerkzeug in den Textrahmen und wählen Sie **Schrift/Textvariablen/Einfügen**.
3. Fügen Sie die gewünschte Textvariable an der Stelle der Einfügemarke ein.

Leider ist diese Möglichkeit nicht ganz so komfortabel, weil die verschiedenen Ausrichtungsmöglichkeiten usw. hier natürlich wegfallen. Sie müssen diese manuell einstellen.

■ 2.6 Layout und Reihenfolge der Inhalte

Nicht praktikabel wäre es, ein komplexes Layout mit frei positionierten Elementen in InDesign zu entwerfen und dieses als EPUB-Dokument zu exportieren. Nur extrem einfache Layouts werden auch als EPUB-Datei annähernd genauso aussehen wie Ihre InDesign-Layout-Datei. Formatierungen, wie Randbemerkungen und Bilder in der Marginalie, werden in der EPUB-Datei neu positioniert, wenn Sie sie nicht im Haupttext verankern.

Grundsätzlich wird die Elementreihenfolge im EPUB-Dokument durch den Stand der Objekte im InDesign-Dokument bestimmt. Diese Objekte sollten in einer klar erkennbaren

Reihenfolge angeordnet sein, weil InDesign das Dokument beim Export normalerweise von oben nach unten und von links nach rechts analysiert. Der gesamte Inhalt wird dann in einem kontinuierlichen Fluss dargestellt. Außerdem verwenden manche E-Book-Reader ihr eigenes Layout-System. In Adobe Digital Editions etwa wird das Layout automatisch zweispaltig dargestellt, wenn der Schriftgrad unter eine bestimmte Punktgröße geht. In anderen Readern wiederum können Sie die Breite der Seitenränder selbst einstellen. Kalkulieren Sie also ein, dass sich das Layout Ihres E-Books je nach verwendetem Reader ändert.

Bei sehr vielen EPUB-Veröffentlichungen – Romanen oder Kurzgeschichten beispielsweise – stellt das überhaupt kein Problem dar, weil die Objekt- und Seitenreihenfolge im EPUB-Dokument der Reihenfolge im InDesign-Dokument vollkommen entsprechen. Komplexere Layouts erfordern jedoch einige Vorarbeiten, bevor Sie das Dokument exportieren.

2.6.1 Möglichkeit 1: Objekte verankern

Eine gute Methode besteht darin, dass Sie in sämtliche Inhalte Ihres InDesign-Dokuments eine einzige Textkette aus verknüpften Textrahmen einfügen.

Das gilt auch für Abbildungen. Verankern Sie alle Bilder im Dokument in dieser Textkette. Sonst laufen Sie Gefahr, dass sich die Grafiken im fertigen EPUB-Dokument nicht mehr beim zugehörigen Text befinden, sondern an einer willkürlichen Stelle oder sogar erst am Ende des Dokuments.

2.6.1.1 Objekte im Text einbinden

Besonders leicht haben Sie es, wenn Sie InDesign ab der Version CS5.5 nutzen:

1. Wählen Sie ein außerhalb des Textflusses befindliches Objekt mit dem Auswahlwerkzeug aus.
2. Achten Sie darauf, dass die Option **Schrift/Verborgene Zeichen einblenden** aktiviert ist. Dann sehen Sie in der rechten oberen Ecke des Objekts ein kleines Quadrat in der aktuellen Ebenenfarbe. Sie müssen dieses Rechteck nur greifen und es mit gedrückter **Umschalt**-Taste an die gewünschte Stelle in Ihrem Text ziehen. Das Objekt wird an dieser Stelle eingefügt.

Das Element verhält sich nun wie eine Textzeile. Das Objekt wird auf der Grundlinie des Texts eingefügt und erhält denselben Zeilenabstand. Falls Sie einen fixen Zeilenabstand angegeben haben, wird das Element deshalb nach oben ragen und Teile des Texts verdecken. In diesem Fall entfernen Sie beispielsweise den Zeilenabstand über das Feld **Zeilenabstand** des Zeichenbedienfelds, nachdem Sie es wie ein Textzeichen ausgewählt haben. Auch sonst können Sie die verankerte Grafik wie ein Schriftzeichen formatieren, und sie erhält stets die Absatzformatierungen des Absatzes, in den sie eingefügt ist. Sie erhalten damit einen recht guten Überblick, wie das Dokument als EPUB-Dokument aussehen wird.

Wenn Sie einen verankerten Rahmen als solchen bearbeiten möchten, um beispielsweise seine Form und Größe zu ändern, wählen Sie ihn mit dem Auswahlwerkzeug oder dem Direktauswahlwerkzeug statt mit dem Textwerkzeug aus.

2.6.1.2 Objekte im Text verankern

Sie haben aber noch eine weitere Möglichkeit, die vor allem dann interessant ist, wenn Sie ein ausgefeilteres Layout wünschen, wenn Sie etwa ein bereits vorhandenes Dokument mit Hinweiskästen und Abbildungen auf der Randspalte für den EPUB-Export aufbereiten möchten.

Dabei muss das Element nicht unbedingt mit dem Text in der Zeile stehen, sondern kann sich genauso gut an einer ganz anderen Stelle befinden – beispielsweise in der Randspalte des Dokuments. Wichtig ist lediglich eine Verankerung des Elements in dem Absatz, zu dem es gehört. Der Stand des Elements muss dabei nicht zwingend geändert werden.

Dazu wählen Sie den gewünschten Rahmen aus und ziehen Sie das erwähnte Quadrat ohne gedrückte Umschalt-Taste an die gewünschte Stelle in Ihrem Text. Das Objekt wird an dieser Stelle verankert, verbleibt aber an seiner Originalposition. Sie erkennen dies daran, dass das Rechtecksymbol durch ein Ankersymbol ersetzt wird. Wenn Sie **Ansicht/Extras/Textverkettungen einblenden** aktivieren, sehen Sie außerdem eine gestrichelte Linie vom Element bis zu der Stelle, an der es verankert ist (siehe Bild 2.50).

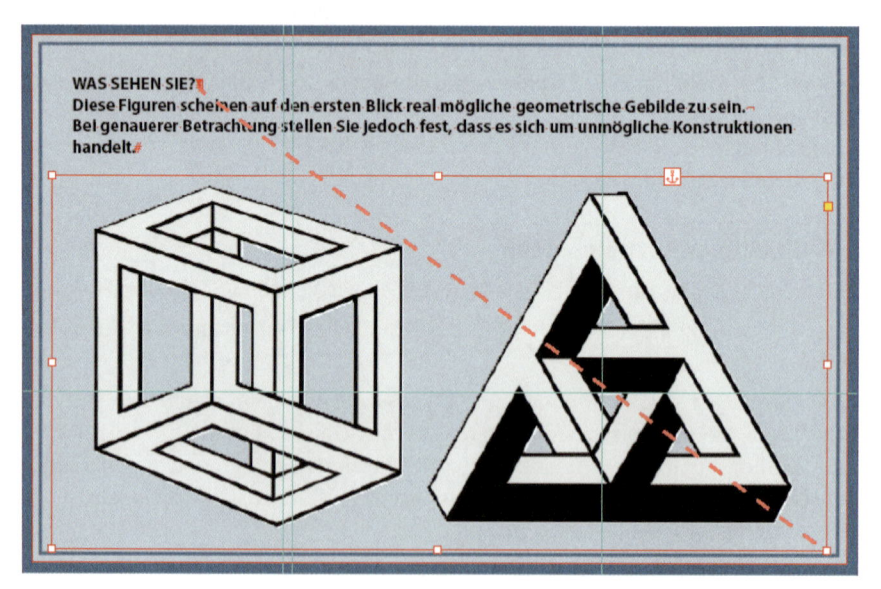

Bild 2.50 Das Bild wurde nach dem Text „WAS SEHEN SIE?" verankert.

Beim EPUB-Export erscheint das verankerte Objekt stets an der Verankerungsstelle – völlig egal, wo es sich im Layout befindet, selbst wenn es auf der Montagefläche liegt (siehe Bild 2.51).

Bild 2.51 Im EPUB-Reader erscheint das Bild nun direkt nach dem Text „WAS SEHEN SIE?"

Ein verankertes Objekt lässt sich nachträglich wieder aus dem Textfluss herausnehmen. Markieren Sie dazu das Objekt mit dem Auswahlwerkzeug und wählen Sie den Befehl **Objekt/Verankertes Objekt/Lösen**. Es ist nun unabhängig von dem Text, in dem es verankert war, und wird nicht mehr mit diesem verschoben.

In InDesign bis zur Version CS5 mussten Sie über das Dialogfeld **Optionen für verankertes Objekt** gehen, um Objekt zu verankern. Aber auch in den aktuelleren Versionen ist diese Option noch vorhanden und erweist sich oft als nützlich.

1. Positionieren Sie den Cursor an der Stelle, an der Sie die Grafik einfügen möchten. Binden Sie die Grafik anschließend mit **Datei/Platzieren** an der Stelle der Einfügemarke in den Text ein.
2. Klicken Sie sie mit dem Auswahlwerkzeug an und wählen Sie **Objekt/Verankertes Objekt/Optionen** (der Befehl **Verankertes Objekt** ist auch im Kontextmenü des Rahmens verfügbar).
3. Im folgenden Dialogfeld nehmen Sie die gewünschten Einstellungen für die Positionierung des verankerten Objekts vor (siehe Bild 2.52).

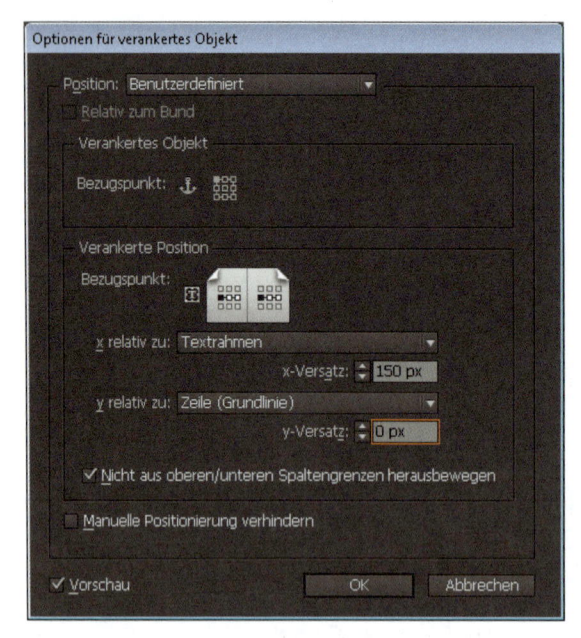

Bild 2.52
Über das Dialogfeld „verankerte Objekte" können Sie die Objektverankerung genau abstimmen.

4. Bestimmen Sie, ob das Objekt in der Textspalte **Links, Rechts** oder **Zentriert** ausgerichtet werden soll.

5. **Benutzerdefiniert**: Wie oben erwähnt, ist das benutzerdefinierte Positionieren besonders geeignet für Bilder und andere Objekte, die Sie außerhalb des Textrahmens positionieren möchten und die trotzdem mit dem zugehörigen Text verschoben werden sollen – also etwa Marginalien in Fachpublikationen. Gerade bei benutzerdefinierter Positionierung empfiehlt sich die Aktivierung des Kontrollfelds **Vorschau** am unteren Rand des Dialogfelds.

Die genaue Position der Verankerung relativ zum Text lässt sich in einem Objektformat speichern, sodass Sie es Ihren Objekten jederzeit schnell und bequem zuweisen können.

2.6.2 Möglichkeit 2: Artikelbedienfeld

Seit der Version CS5.5 bietet InDesign eine weitere, intuitive Methode, die Exportreihenfolge für EPUB (und auch PDF)-Dokumente festzulegen: Die Definition der Seitenobjektreihenfolge über das Artikelbedienfeld (**Fenster/Artikel**).

Mit dem Artikelbedienfeld können Sie vom Original-Layout unabhängige Beziehungen zwischen Seitenelementen erzeugen. Dies stellt eine große Zeitersparnis dar, weil auch visuell orientierte Gestalter problemlos die Texte, Bilder und Grafiken in ihrer Layout-Datei organisieren und die Exportreihenfolge für das EPUB-Format festlegen können. Das Artikelbedienfeld bietet Ihnen sehr einfache und intuitive Möglichkeiten, das Aussehen Ihrer EPUB-Dokumente nach Ihren Wünschen zu gestalten, ohne dass Sie etwas an der Original-Layout-Datei (siehe Bild 2.53) ändern müssten.

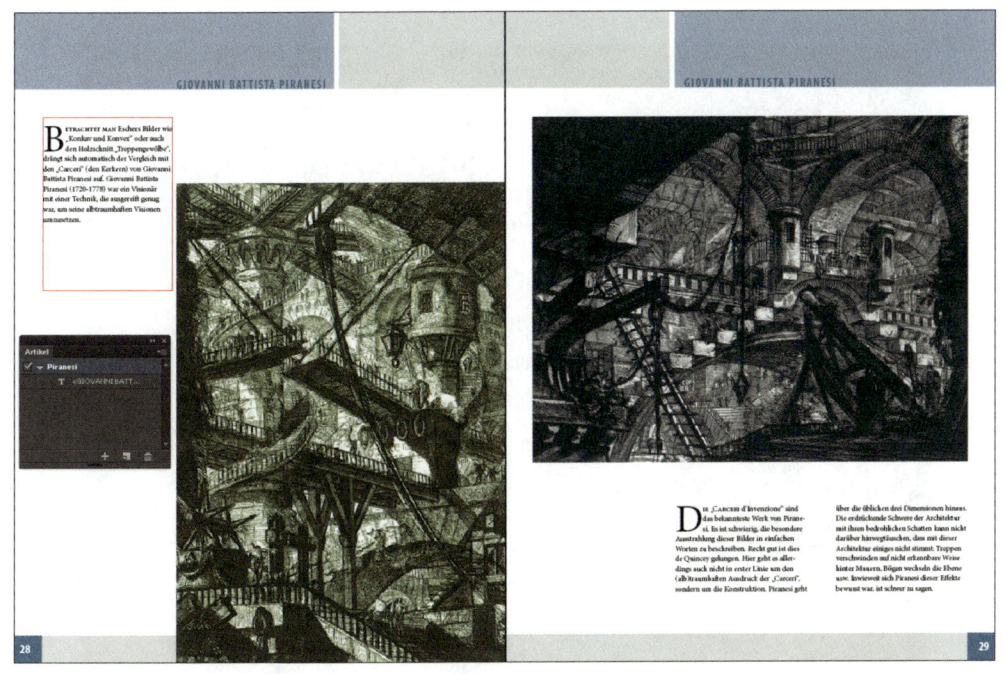

Bild 2.53 Ein frei angeordnetes Layout wie dieses können Sie für den EPUB-Export auch mithilfe des Artikelbedienfelds strukturieren.

Grundsätzlich ist es beim späteren Export nicht möglich, nur einzelne Seiten eines Dokuments zu exportieren oder bestimmte Elemente vom Export auszuschließen. Sie können aber vorbeugen. Ziehen Sie nur die Elemente, die exportiert werden sollen, in das Artikelbedienfeld. Alle Elemente, die sich anschließend nicht in diesem Bedienfeld befinden, werden auch nicht exportiert, wenn Sie beim späteren Export InDesign mitteilen, dass die Struktur des EPUB-Dokuments aufgrund des Artikelbedienfelds erzeugt werden soll. In der Kategorie **Allgemein** des Dialogfelds **EPUB-exportieroptionen** aktivieren Sie im Bereich **Inhaltsreihenfolge** das Optionsfeld **Wie Artikelbedienfeld** (siehe Bild 2.54). Dann verwendet InDesign beim EPUB-Export die von Ihnen im Artikelbedienfeld festgelegte Reihenfolge der Artikel. Einzelheiten über den Export erfahren Sie in Kapitel 7.

Um von Anfang an eine saubere Struktur im Artikelbedienfeld zu erzielen, sollten Sie für jeden inhaltlichen Abschnitt einen eigenen Artikel anlegen. Bei einer buchähnlichen Publikation sollten Sie beispielsweise für jedes Kapitel einen eigenen Artikel vorsehen, der die Kapitelüberschrift, den Text, die Abbildungen usw. dieses Kapitels enthält.

1. Öffnen Sie das Artikelbedienfeld. Aktivieren Sie das Auswahlwerkzeug und klicken Sie auf das Element, das in Ihrem EPUB- oder HTML-Dokument als Erstes angezeigt werden soll, beispielsweise die Kapitelüberschrift.
2. Ziehen Sie das Element mit gedrückter Maustaste in das Artikelbedienfeld. Das Dialogfeld **Neuer Artikel** wird angezeigt (siehe Bild 2.55).
3. Vergeben Sie einen passenden Namen. Achten Sie darauf, dass das Kontrollfeld **Beim Exportieren berücksichtigen** aktiviert ist, und klicken Sie auf **OK**.

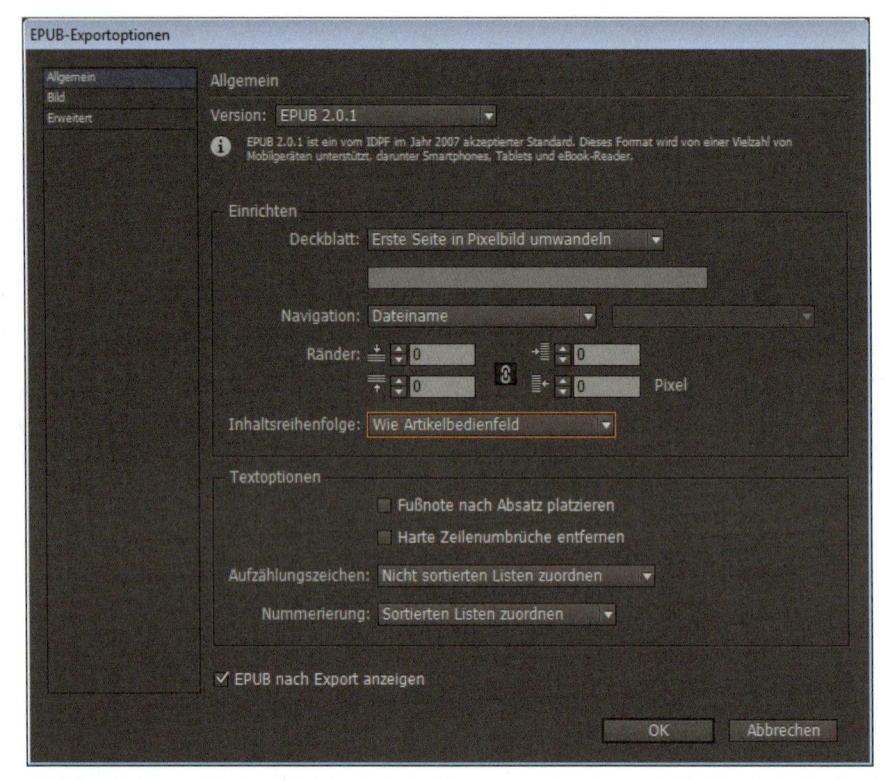

Bild 2.54 Achten Sie darauf, dass Sie beim Exportieren das Optionsfeld „Wie Artikelbedienfeld" aktivieren.

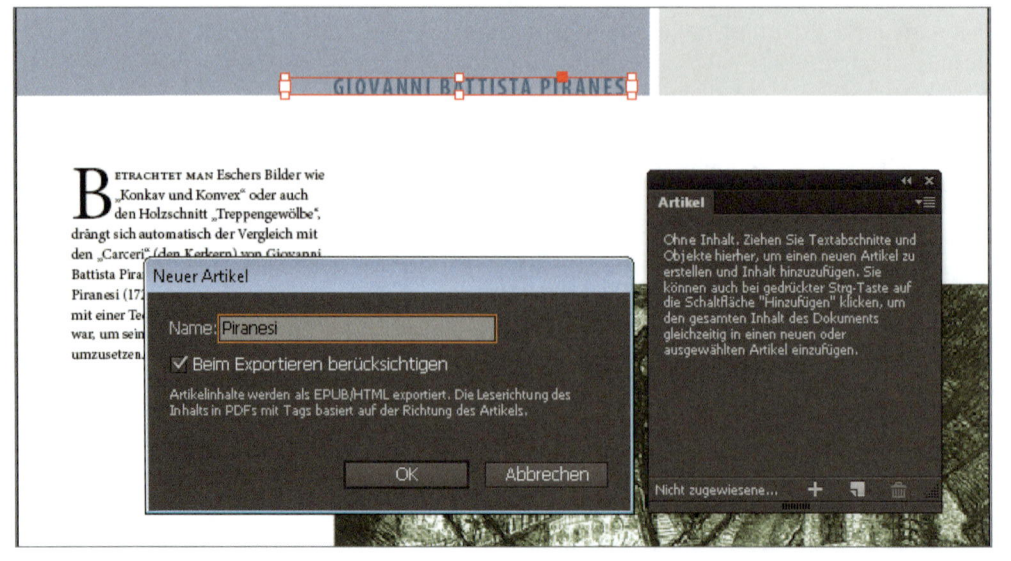

Bild 2.55 Nachdem Sie das erste Element in das Artikelbedienfeld gezogen haben, geben Sie ihm im Dialogfeld „Neuer Artikel" einen passenden, übergeordneten Namen (dieser Name taucht nur im Artikelbedienfeld auf, nicht in der fertigen EPUB-Veröffentlichung).

4. Das Element wird im Artikelbedienfeld angezeigt (siehe Bild 2.56).

Bild 2.56
Das erstellte Element wird im Artikelbedienfeld angezeigt.

5. Wählen Sie mit dem Auswahlwerkzeug das Element aus, das in der Reihenfolge als Nächstes kommen soll. Ziehen Sie dieses Element so unter das erste Element im vorhandenen Artikel, dass unter diesem eine Linie angezeigt wird (siehe Bild 2.57). Diese signalisiert Ihnen, dass das neue Element beim Freigeben der Maustaste in demselben Artikel, aber unter dem bereits vorhandenen Element dieses Artikels einsortiert wird.

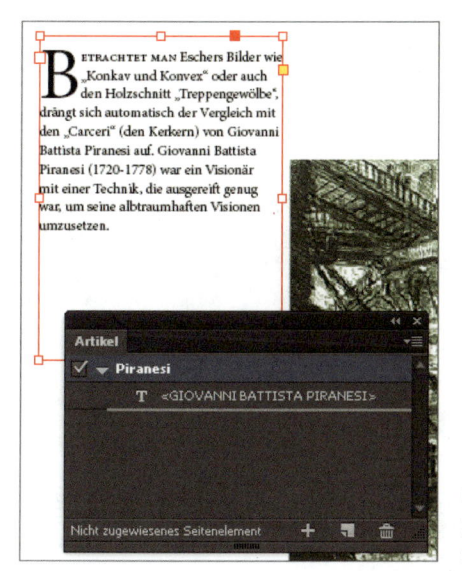

Bild 2.57
Ziehen Sie das zweite Element in den vorhandenen Artikel.

6. Lassen Sie die Maustaste los. Das Element wird im Artikelbedienfeld unter dem zuerst hinzugefügten Element einsortiert (siehe Bild 2.58).

Bild 2.58
Das nächste Element wird der Liste hinzugefügt.

Fahren Sie so fort, bis Sie alle zum Artikel gehörenden Elemente hinzugefügt haben. Bei verketteten Textrahmen müssen Sie nur einen der Rahmen in das Artikelbedienfeld ziehen – InDesign fügt automatisch die gesamte Textkette hinzu.

Elemente, die Sie nicht in das EPUB-Dokument aufnehmen möchten, lassen Sie einfach weg.

Bild 2.59 Die tatsächliche Reihenfolge der Elemente in Ihrem InDesign-Dokument spielt für die Anordnung im Artikelbedienfeld überhaupt keine Rolle – in dieser Abbildung folgt der Künstler Escher im Artikelbedienfeld auf Piranesi.

> **PRAXISTIPP:** Sie können übrigens auch mehrere Elemente markieren und sie mit gedrückter Maustaste gleichzeitig in einen Artikel ziehen.
>
> Wenn Sie mit gedrückter **Strg/Befehl**-Taste auf das **Plus**-Zeichen am unteren Rand des Artikelbedienfelds klicken, werden alle Elemente in Ihrem gesamten Dokument in das Artikelbedienfeld aufgenommen – entweder im momentan ausgewählten Artikel oder (wenn Sie zuvor an eine leere Stelle des Artikelbedienfelds geklickt haben) in einem neuen Artikel.

2.6 Layout und Reihenfolge der Inhalte

Möchten Sie Elemente nicht in den vorhandenen Artikel aufnehmen, sondern einen neuen Artikel erstellen, ziehen Sie das erste Element des neuen Artikels an eine leere Stelle des Artikelbedienfelds. Sie erhalten dann wieder das Dialogfeld **Neuer Artikel** und fahren fort wie oben beschrieben.

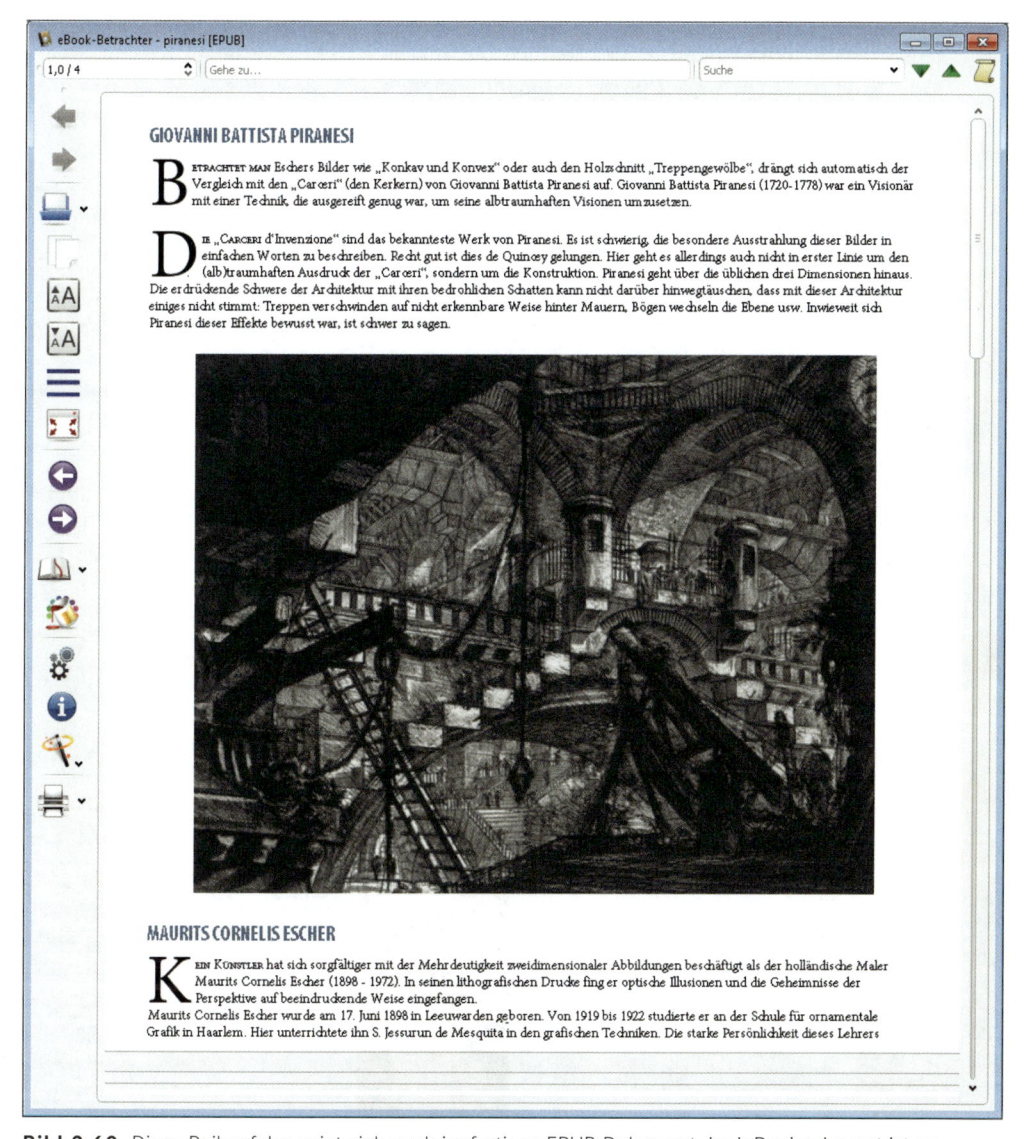

Bild 2.60 Diese Reihenfolge zeigt sich auch im fertigen EPUB-Dokument. Im InDesign-Layout ist es genau umgekehrt.

> **PRAXISTIPP:** Bei Bedarf schließen Sie bestimmte Elemente im Artikelbedienfeld vom Export aus. Deaktivieren Sie dazu einfach das Kontrollfeld vor dem jeweiligen Element.

2.6.3 Möglichkeit 3: XML-Tags

Die exakteste Methode zum Festlegen der Inhaltsreihenfolge sind XML-Tags. Sie versehen die Inhalte mit Tags und ordnen die Tags anschließend in der XML-Struktur des Dokuments an.

Diese Tags können in den unterschiedlichsten Anwendungen verarbeitet werden. Dabei bleibt zwar nicht das Layout Ihres Dokuments erhalten, aber doch dessen Strukturierung, z. B. Überschriften, Bilder, Bildbeschriftungen und deren Reihenfolge (vorausgesetzt, Sie haben Ihr Dokument in InDesign korrekt mit Tags versehen).

Im Moment ist XML die geradlinigste Möglichkeit, ein in InDesign gestaltetes Dokument für das Multi-Channel-Publishing aufzubereiten. Mit keiner anderen Technologie schaffen Sie es, das Layout Ihrer Dokumente so schnell unterschiedlichen Anforderungen anzupassen, z. B. aus ein- und demselben Dokument eine Print-, eine Bildschirm-PDF- und eine HTML- oder EPUB-Version zu erstellen. Die Trennung von Inhalt, Layout und Logik kann kompromisslos durchgeführt werden.

InDesign bietet Ihnen die Möglichkeit, Ihre Dokumente auf einfache und unkomplizierte Weise mit solchen XML-Tags zu versehen, ohne dass Sie sich dazu tiefer gehend mit XML, Tags oder anderen Dingen, die in den Code-Bereich fallen, befassen müssten.

Gerade, wenn Sie mit Katalogen, Büchern oder anderen Publikationen arbeiten, die immer die gleichen Elemente in derselben Anordnung enthalten – beispielsweise Headline, Untertitel, Artikeltext, Bilder, Bildunterschriften –, ist die Nutzung von Tags ideal (siehe Bild 2.61).

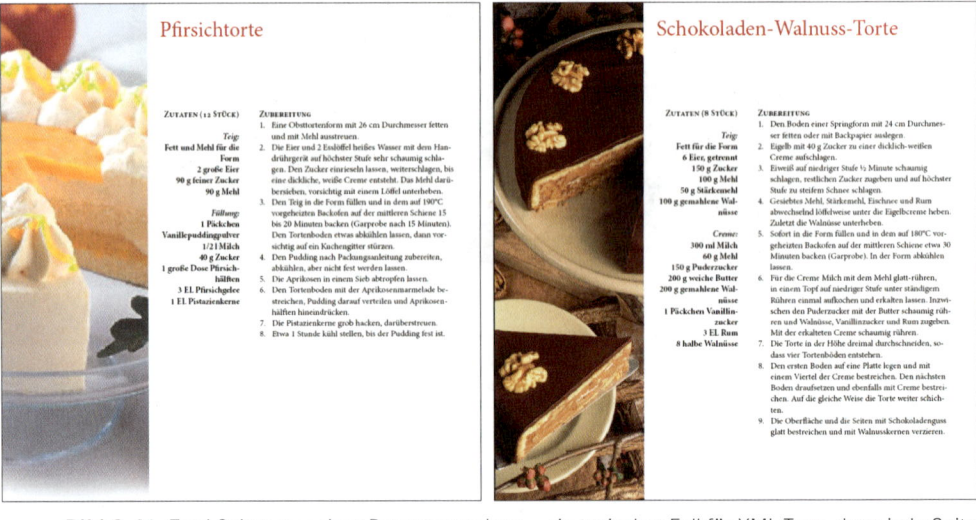

Bild 2.61 Zwei Seiten aus einer Rezeptsammlung – ein typischer Fall für XML-Tags, denn jede Seite besteht aus exakt den gleichen Elementen.

Möglicherweise ist Ihr Dokument auch schon mit Tags versehen – der Content von Katalogen usw. wird heutzutage häufig einer Datenbank entnommen, indem deren Daten in XML exportiert und anschließend in InDesign importiert werden. Dabei bleibt die XML-Struktur im InDesign-Dokument unverändert erhalten. Falls Sie ein Dokument mit einer solchen

Struktur haben, können Sie es unmittelbar in EPUB (und in weitere Formate) exportieren, ohne sich Gedanken über die richtige Reihenfolge der Inhalte machen zu müssen.

> **PRAXISTIPP:** Sie können schnell herausfinden, ob Ihr Dokument mit Tags versehen ist oder eine XML-Struktur beinhaltet. Wählen Sie dazu einfach **Ansicht /Struktur/Struktur einblenden**, um im linken Programmfensterbereich die Dokumentstruktur anzuzeigen. Wenn hier außer „Root" noch mehr zu sehen ist, ist Ihr Dokument bereits strukturiert.

2.6.3.1 Was ist XML?

Die Auszeichnungssprache XML (Extensible Markup Language) soll für einen reibungslosen Austausch zwischen Plattformen, Anwendungen und Medien sorgen. Ihre Spezifikation wurde Anfang 1997 vom W3C verabschiedet.

Obwohl HTML immer wieder erweitert wurde, ist diese Sprache dennoch ziemlich eingeschränkt – besonders was das Layout und die Gestaltung von Dokumenten angeht. Im Ergebnis wurden von den verschiedenen Browser-Herstellern browserspezifische Erweiterungen hinzugefügt. Leider konnten diese Erweiterungen nicht von jedem Browser gedeutet werden. Dieses Problem sollte XML in den Griff bekommen. Der Sinn hinter XML ist, dass Erweiterungen nicht mehr innerhalb von HTML definiert, sondern von einem neuen Verfahren übernommen werden. Die Strukturen dieses Verfahrens können in beliebigen Dokumenten untergebracht werden.

Bei XML handelt es sich – im Unterschied zu HTML – eigentlich nicht um eine eigene Seitenbeschreibungssprache. Es ist vielmehr ein Metadialekt, der Entwickler befähigt, Seitenbeschreibungssprachen zu bilden, z. B. für die bessere Darstellung von Formeln. Die Grundlage von XML ist die Seitenbeschreibungssprache SGML (Standard Generalized Markup Language).

Nachfolgend eine kurze Einführung in die Funktionsweise von XML, ohne dass wir allzu sehr ins Detail gehen möchten.

XML folgt einem sehr einfachen Grundprinzip. Das Ziel der Sprache ist es, Informationen zu beschreiben. XML ist eine sogenannte Metasprache, weil sie anwendungsbezogen Inhalte und deren Strukturen beliebiger Art beschreibt. Neben dieser beschreibenden Funktion bietet XML flexible Mechanismen für die Aufbereitung von Inhalten für unterschiedlichste Medien.

Im Gegensatz zu vielen anderen Auszeichnungssprachen (z. B. HTML), erlaubt XML es Ihnen, eigene Tags für die Bestandteile Ihrer Dokumente zu erzeugen. Dabei erhält jedes Dokument die drei Teile Inhalt, Struktur und Layout. Erst durch diese Trennung wird es möglich, Inhalte auf unterschiedliche Art und Weise darzustellen, ohne dass dazu etwas am zugrunde liegenden XML-Dokument geändert werden müsste. Ein XML-Dokument kann also sowohl in InDesign als auch in HTML dargestellt werden.

Der große Vorteil dabei ist gerade, dass die XML-Datei keinerlei Informationen darüber enthält, wie sie dargestellt werden soll, sondern nur darüber, wie die enthaltenen Elemente hierarchisch aufeinander folgen und strukturiert sind. Dadurch lassen sich die XML-Daten mit äußerst geringem Aufwand in die verschiedensten Layouts integrieren.

Ein XML-Dokument kann mit einfachen Texteditoren bearbeitet werden. Ein XML-Dokument besteht aus Elementen, die meist **nodes** oder **Knoten** genannt werden. Diese Knoten werden durch Tags beschrieben. Zwischen den Tags finden sich gegebenenfalls Attribute, wie Sie es eventuell auch von HTML kennen.

Die Struktur eines XML-Dokuments ist stammbaumähnlich hierarchisch. In Anlehnung an dieses Bild werden die untergeordneten Elemente auch als Kinder (**child nodes**) bezeichnet. Gleichgeordnete **child nodes**, die alle zu einem übergeordneten Knoten (**parent node**) gehören, nennt man Geschwister (**siblings**). Der oberste Knoten im XML-Dokument ist immer die Wurzel (**root**).

2.6.3.2 Tags erstellen

Zuerst erstellen Sie die benötigten Tags:

1. Zeigen Sie das Tags-Bedienfeld an. Bis auf den standardmäßigen Eintrag **Root** ist es leer (falls Ihr Dokument noch nicht mit XML-Tags versehen wurde).
2. Klicken Sie am unteren Rand des Bedienfelds auf die Schaltfläche **Neues Tag**. Geben Sie einen geeigneten Namen für Ihr erstes XML-Tag ein und drücken Sie die Enter-Taste.

> **HINWEIS:** Verzichten Sie bei der Benennung von XML-Tags auf Umlaute und Sonderzeichen.

3. Erstellen Sie Tags für alle Elementarten, die für die Struktur des Dokuments wichtig sind. Sie werden im Tags-Bedienfeld in alphabetischer Reihenfolge dargestellt. Die Reihenfolge und die hierarchischen Beziehungen der Tags sind momentan noch nicht wichtig (siehe Bild 2.62).

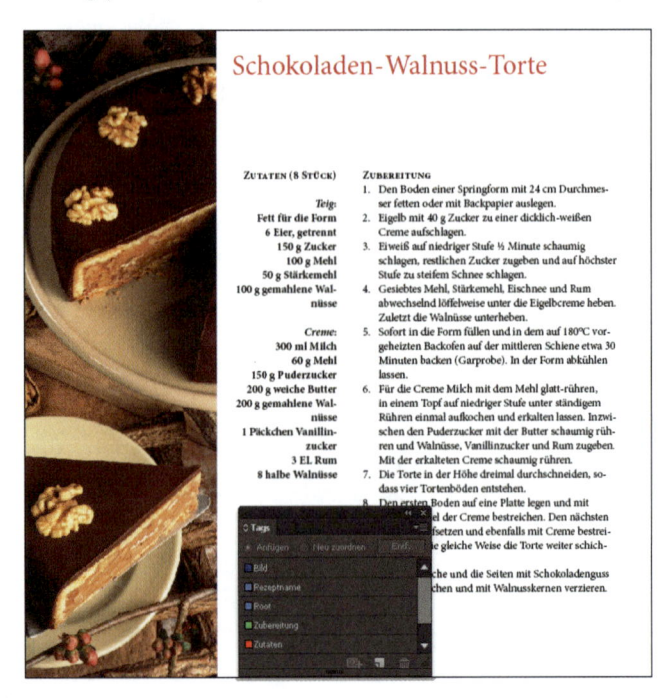

Bild 2.62
Alle von Ihnen erstellten Tags werden im Tags-Bedienfeld angezeigt. Jedem ist zur besseren Unterscheidung eine eigene Farbe zugeordnet.

Beachten Sie, dass Sie nicht für jedes einzelne Layout-Element ein Tag anlegen sollten, sondern je ein Tag für jeden Elementtyp. Also sollten Sie beispielsweise nicht für jedes Bild der abgebildeten Rezeptsammlung ein Tag anlegen, sondern einfach ein einziges „Bild"-Tag für diesen Elementtyp – gleichgültig, wie viele Bilder in der Publikation enthalten sind.

> **PRAXISTIPP:** Wenn Sie in einem Produktionsteam arbeiten, legen Sie meist nicht auf eigene Faust Tags an. Vielmehr existiert in einem solchen Workflow höchstwahrscheinlich bereits ein Satz XML-Tags, den Sie für Ihr Dokument verwenden. Importieren Sie ihn zu diesem Zweck in Ihr Dokument, indem Sie im Bedienfeldmenü des Tags-Bedienfelds den Befehl **Tags laden** wählen.

2.6.3.3 Layout-Elemente mit Tags versehen

Sobald Sie alle notwendigen Tags erstellt haben, weisen Sie diese den Inhalten zu:

1. Zeigen Sie zunächst mit **Ansicht/Struktur/Struktur einblenden** die Strukturansicht Ihres Dokuments am linken Fensterrand an.
2. Wählen Sie mit dem Auswahlwerkzeug den ersten Rahmen, den Sie mit einem Tag versehen möchten. Im Tags-Bedienfeld klicken Sie auf das entsprechende Tag.
3. Betrachten Sie die Struktur Ihres Dokuments im linken Programmfensterbereich. Das zugewiesene Tag wurde hinzugefügt. Dass es dem gerade ausgewählten Element zugewiesen wurde, sehen Sie an der Unterstreichung des Tag-Namens. Die Struktur lässt sich über die kleinen Pfeile expandieren und wieder einklappen.
4. Versehen Sie auf diese Weise auf allen Dokumentenseiten sämtliche Elemente, die in die Struktur aufgenommen werden sollen, mit Tags.

Sie können sich anzeigen lassen, welche Tags, welchen Elementen zugewiesen sind. Wählen Sie dazu **Ansicht/Struktur/Rahmen mit Tags einblenden**. Jetzt sehen Sie auf einen Blick, welche Rahmen Sie mit Tags versehen haben. Die Farbe des Rahmens entspricht der Farbe des ihm zugewiesenen Tags im Tags-Bedienfeld (siehe Bild 2.63).

2.6.3.4 Tag-Reihenfolge ändern und übergeordnete Tags hinzufügen

Die Reihenfolge im Strukturbereich spiegelt die Exportreihenfolge in das EPUB-Dokument wider (siehe Bild 2.64). Gegebenenfalls sortieren Sie die Tags per Drag and Drop innerhalb des Strukturbereichs um, um die Reihenfolge zu ändern.

Außerdem können Sie die Struktur gegebenenfalls verbessern, indem Sie übergeordnete Elemente hinzufügen:

1. Wählen Sie aus dem Bedienfeldmenü des Strukturbereichs den Befehl **Neues übergeordnetes Element**.
2. Im folgenden Dialogfeld bestimmen Sie ein Tag für das Element. Es kann sich dabei auch um nicht zugewiesene Tags handeln.
3. Per Drag and Drop können Sie anschließend andere Elemente im Strukturbereich dem übergeordneten Tag hierarchisch unterordnen.

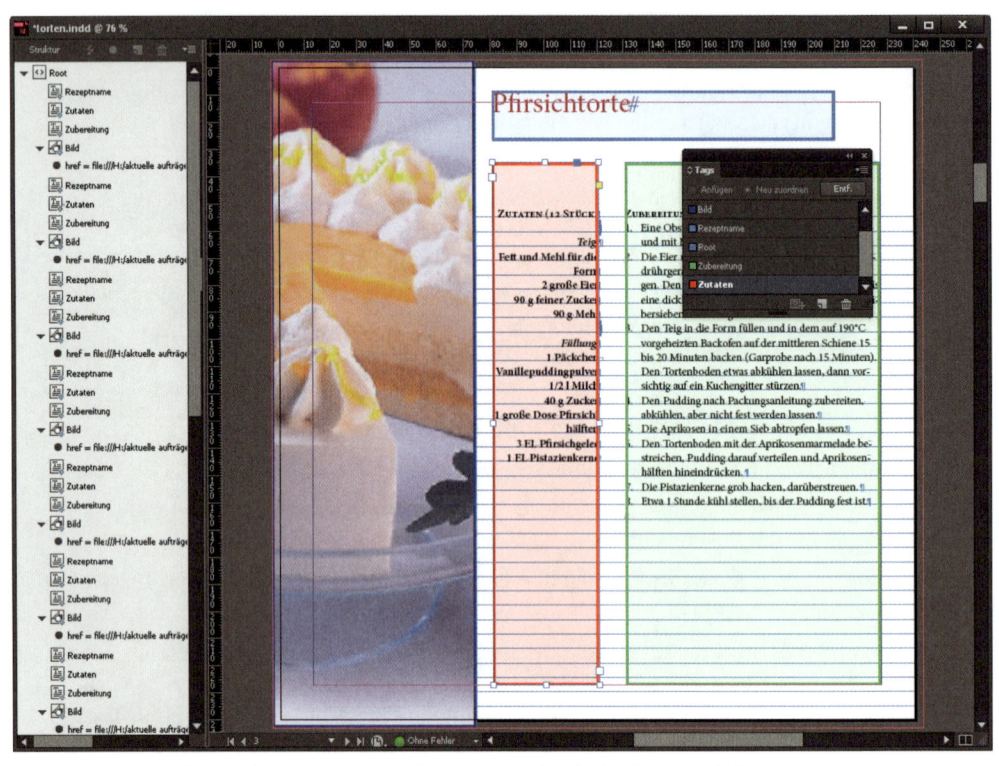

Bild 2.63 Die mit Tags versehenen Elemente werden farbig hervorgehoben.

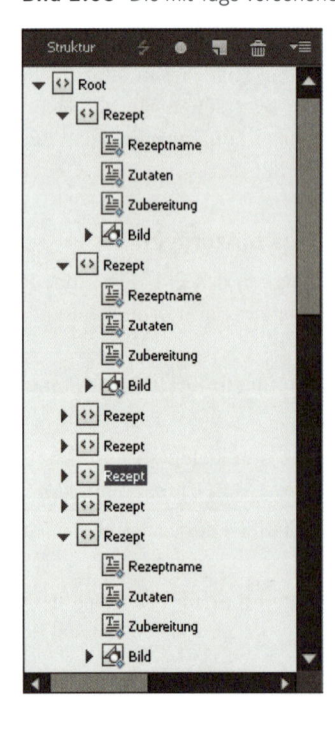

Bild 2.64
Über die Dreieckpfeile vor den Elementen können Sie die Struktur ein- und ausklappen.

> **PRAXISTIPP:** Wenn Sie mehrere Elemente ohne Tags in Ihrem Layout auswählen und dann am unteren Rand des Tags-Bedienfelds auf das Symbol **Tags automatisch erstellen** klicken, identifiziert InDesign die Inhaltstypen automatisch und fügt entsprechende Tags für diese Inhalte hinzu. Textrahmen werden beispielsweise standardmäßig mit dem Tag **Textabschnitt** versehen, Bildrahmen mit dem Tag **Image**. Diese automatische Benennung können Sie über den Bedienfeldmenübefehl **Tag-Vorgabeoptionen** ändern und hier die Namen der von Ihnen selbst erzeugten Tags angeben (siehe Bild 2.65). Nach dieser Vorarbeit kann die automatische Funktion eine große Hilfe beim Erzeugen der Tags sein, erfordert aber auf jeden Fall eine Nachkontrolle.

Bild 2.65
Über die Tag-Vorgabeoptionen geben Sie der automatischen Tag-Funktion vor, welche Tags für bestimmte Elemente verwendet werden sollen.

Beim E-PUB-Export müssen Sie InDesign explizit mitteilen, dass die XML-Struktur als Sortierreihenfolge für die Elemente im EPUB-Dokument verwendet werden soll. Im Register **Allgemein** des Dialogfelds **EPUB-Exportoptionen** wählen Sie dazu aus dem Menü **Inhaltsreihenfolge** die Option **Wie XML-Struktur** (siehe Bild 2.66).

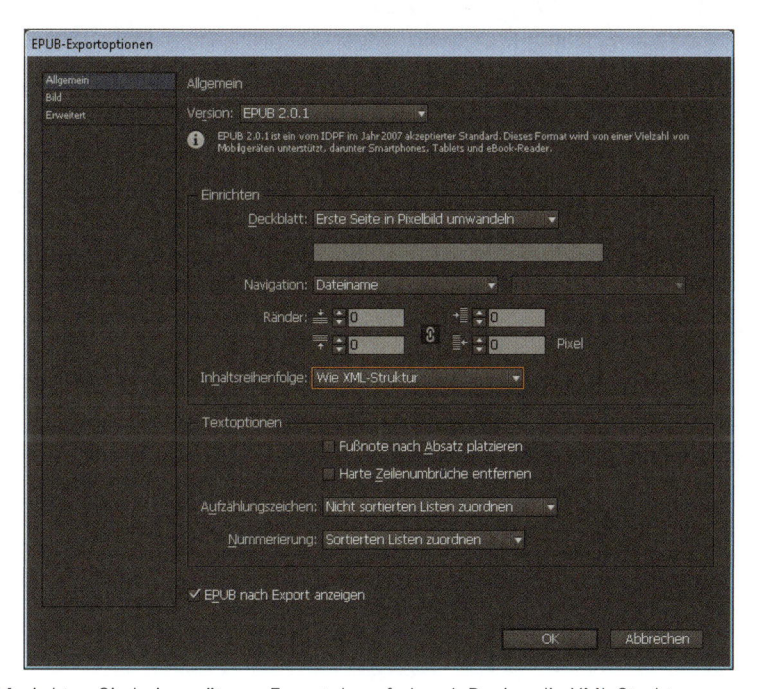

Bild 2.66 Achten Sie beim späteren Export darauf, dass InDesign die XML-Struktur verwendet.

2.6.4 Formate XML-Tags zuordnen

Für einfache und kurze Dokumente ist die gezeigte Vorgehensweise gut geeignet. In längeren oder detailreichen Dokumenten wäre es jedoch äußerst mühsam, wenn Sie jede einzelne Überschrift manuell mit einem Tag versehen müssen.

Deshalb bietet InDesign noch eine weitere Möglichkeit. Sie setzt jedoch voraus, dass Sie Ihr Dokument konsistent mit Formaten gestaltet haben.

1. Vergewissern Sie sich, dass Sie im Tags-Bedienfeld alle für die Dokumentstruktur benötigten Tags erstellt haben.
2. Nun wählen Sie aus dem Tags-Bedienfeldmenü den Befehl **Formate zu Tags zuordnen**. Im gleichnamigen Dialogfeld ordnen Sie die entsprechenden Formate den vorhandenen Tags zu.

Bestätigen Sie mit **OK**, versieht InDesign selbstständig alle mit den angegebenen Formaten versehenen Elemente mit den entsprechenden Tags.

> **PRAXISTIPP:** Besonders geschickt gehen Sie vor, wenn Sie Formate und Tags jeweils identisch benannt haben. Dann genügt ein Klick auf die Schaltfläche **Nach Name zuordnen** und InDesign findet die entsprechenden Format-Tag-Paare automatisch.

■ 2.7 Kapitel organisieren

Denken Sie daran, dass der EPUB-Reader in InDesign manuell erzeugte Seitenumbrüche ignoriert. Diese werden im fertig exportierten elektronischen Dokument nicht dargestellt. Falls Sie tatsächlich Seitenumbrüche benötigen, weil beispielsweise ein neues Kapitel beginnt, bietet InDesign verschiedene Möglichkeiten. Wie Sie mit Absatzformaten Seitenumbrüche erzeugen, haben Sie bereits erfahren.

2.7.1 Buchdatei anlegen

Eine der besten Lösungen, vor allem für umfangreichere E-Books, besteht darin, dass Sie nach jedem Seitenumbruch ein neues Dokument beginnen.

Ihr E-Book könnte also beispielsweise aus einem Dokument für das Cover, einem für die Titelseite, einem für das Impressum, einem für das Inhaltsverzeichnis und je einem Dokument für die einzelnen Kapitel bestehen. Diese Dokumente fassen Sie in einer Buchdatei zusammen, aus der heraus Sie später die EPUB-Datei erzeugen (siehe Bild 2.67).

Bild 2.67
Wenn Sie Seitenumbrüche benötigen, können Sie für jeden Umbruch ein neues Dokument anlegen und die Dateien in einer Buchdatei sammeln.

Unter einem Buch versteht InDesign eine umfassende Datei mit der Endung **.indb**. Der Inhalt dieser Datei besteht lediglich aus Verweisen auf die zum Gesamtdokument gehörenden Dateien, z.B. sämtliche Einzelkapitel eines Handbuchs. Besonders praktisch an dieser Technik ist, dass Sie die Dokumente sowohl einzeln als auch in ihrer Gesamtheit über die Buchdatei öffnen und bearbeiten können. Dazu müssen Sie nur die **.indb**-Datei laden, die sehr wenig Speicher benötigt.

2.7.1.1 Ein Buch erstellen

Um mehrere Dateien zu einem Buch zusammenzufassen, gehen Sie folgendermaßen vor:

1. Wählen Sie **Datei/Neu/Buch**. Geben Sie dem Buch einen Namen und wählen Sie einen Ablageort.
2. Nachdem Sie mit **Speichern/Sichern** bestätigt haben, zeigt InDesign auf dem Bildschirm das Buchbedienfeld an. Dieses noch leere Bedienfeld enthält als Registernamen den soeben vergebenen Buchnamen. #
3. Fügen Sie über das Symbol **Dokumente hinzufügen** sämtliche Dokumente zum Bedienfeld hinzu, die Sie in Ihr Buch aufnehmen möchten. Wie üblich, nehmen Sie mit der **Umschalt**- bzw. der **Strg/Befehl**-Taste eine Mehrfachauswahl vor. Falls die Buchkapitel mit einer älteren InDesign-Version bearbeitet wurden, werden sie in das aktuelle Format umgewandelt und müssen anschließend neu gesichert werden (Sie erhalten jeweils eine entsprechende Aufforderung).
4. Sobald Sie mit der Schaltfläche **Öffnen** bestätigen, erscheinen die Bücher in der ausgewählten Reihenfolge im Bedienfeld. Sie werden gemäß ihrem Seitenumfang und ihrer Reihenfolge automatisch paginiert. Für E-PUB-Dokumente ist dies an und für sich irrelevant, kann aber doch Ihrer Orientierung über den Gesamtumfang und die Kapitelaufteilung des Buchs dienen.

2.7.1.2 Buchdateien organisieren

Bei Bedarf ändern Sie die Reihenfolge der Kapitel per Drag and Drop. Die Seitennummerierung ändert sich dann entsprechend. Über die Schaltfläche **Dokumente entfernen** nehmen Sie im Bedienfeld ausgewählte Dokumente gegebenenfalls wieder aus dem Buch heraus. Dabei werden nur die Buchliste und die Pagina aktualisiert. Der Datei auf der Festplatte geschieht nichts.

Durch einen Doppelklick auf ein Dokument-Symbol im Bedienfeld öffnet sich die entsprechende Datei. Welche Buchdokumente gerade geöffnet sind, zeigt das Bedienfeld Ihnen am Buchsymbol (bis Version CS6) bzw. am Punkt (ab Version CC) in der Zeile des jeweiligen Dokuments.

Einzelne Bücher speichern Sie über das Bedienfeldmenü mit dem Befehl **Buch speichern** bzw. – wenn Sie eine Kopie anfertigen möchten – **Buch speichern unter**. Der Befehl **Buch speichern** sichert lediglich die Buchdatei selbst und nicht die einzelnen Buchdokumente.

Ein Buchdokument, das Sie bei geschlossenem Buchbedienfeld bearbeitet und gespeichert oder bei dem Sie die Paginierung geändert haben, erhält im Buchbedienfeld ein gelbes Warndreieck. Buchdokumente, die die Buchdatei nicht finden kann – die Sie also etwa auf der Festplatte verschoben, umbenannt oder ganz gelöscht haben –, erhalten ein Fragezeichensymbol. Ein solches Dokument klicken Sie im Bedienfeld an und wählen aus dem Kontextmenü den Befehl **Dokument ersetzen**. Im folgenden Dialogfeld suchen Sie das richtige Dokument heraus.

2.7.1.3 Die Formatquelle

Alle Dokumente der Buchdatei sollten sich im Allgemeinen dieselben Zeichen-, Absatz- und Objektformate sowie dieselben Farbfelder teilen. Erst dann ist ein wirklich komfortables Arbeiten mit dem Buch gewährleistet. Wenn Sie beispielsweise ein Format in einem bestimmten Kapitel aktualisieren, können Sie das Buch synchronisieren – dann greift die Formatänderung im gesamten Buch.

In diesem Zusammenhang ist die sogenannte **Formatquelle** wichtig. Es handelt sich dabei um eines der Dokumente in der Buchdatei, und zwar standardmäßig das zuerst hinzugefügte. Sie erkennen es an dem kleinen Formatquellensymbol links neben dem Dokumentsymbol.

Das als Formatquelle verwendete Dokument können Sie jederzeit ändern, indem Sie einfach in das Kästchen links neben einem anderen Dokumentsymbol klicken. Nun werden die Formatvorlagen und Farbfelder bei einer neuerlichen Synchronisierung aus diesem Dokument entnommen.

2.7.1.3.1 Buchdokumente mit der Formatquelle synchronisieren

Damit alle Dokumente des Buchs die Formate, Objektstile und Farbdefinitionen der Formatquelle erhalten, „synchronisieren" Sie sie mit der Formatquelle.

1. Wählen Sie die entsprechenden Dokumente im Buchbedienfeld aus (die Dokumente müssen nicht geöffnet sein) und klicken Sie anschließend auf das Symbol **Formate und Farbfelder mit Formatquelle synchronisieren** am unteren Rand des Bedienfelds.
2. Die Formate, Objektformate und Farbfelder aus der Formatquelle werden in sämtliche Dokumente des Buchs übernommen. Sind die Elemente in den Dokumenten bereits vorhanden, werden sie gemäß den Definitionen in der Formatquelle aktualisiert.

Sie können hier aber auch genauer differenzieren:

1. Wählen Sie aus dem Bedienfeldmenü den Befehl **Synchronisierungsoptionen**, um das gleichnamige Dialogfeld zu öffnen (siehe Bild 2.68).
2. Legen Sie mithilfe der Kontrollfelder fest, welche Features aus der Formatquelle übertragen werden sollen und welche nicht.

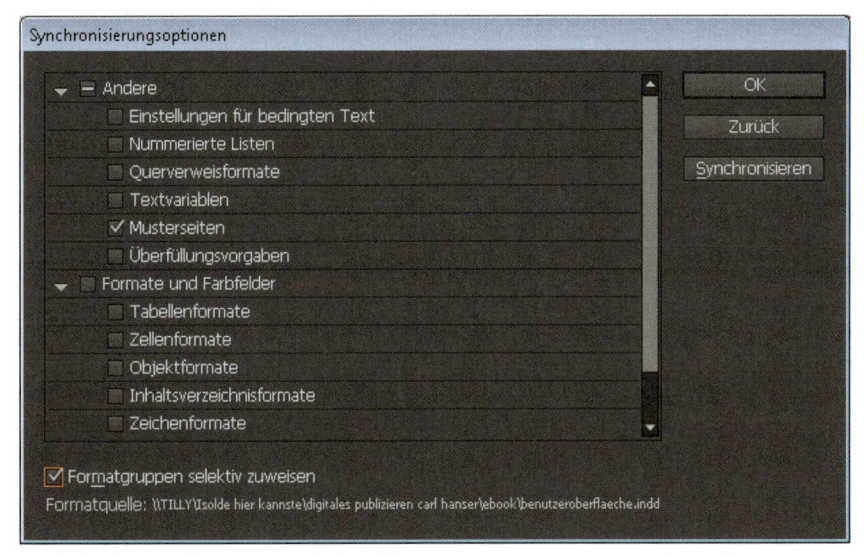

Bild 2.68 Nur die Musterseiten sollen synchronisiert werden.

Nehmen wir an, Ihre Formatquelle enthält ein Absatzformat mit dem Namen „Grundtext". Es befindet sich in der Formatgruppe **Formate für Fließtext**. Auch in einem der zu synchronisierenden Dokumente befindet sich ein Absatzformat mit dem Namen „Grundtext", jedoch ist es in keiner Formatgruppe untergebracht und seine Definitionen weichen vom Format „Grundtext" in der Formatquelle ab:

Aktivieren Sie das Kontrollfeld **Formatgruppen selektiv zuweisen** im unteren Bereich des Dialogfelds **Synchronisierungsoptionen**. Dann ersetzt InDesign beim Synchronisieren das Absatzformat **Grundtext** korrekt mit dem Absatzformat aus der Formatquelle, statt ein zusätzliches Absatzformat anzulegen. Das Absatzformat **Grundtext** befindet sich anschließend in der neu angelegten **Gruppe Formate für Fließtext**.

2.8 Montagefläche, Übersatztext und Musterseiten

Sicherlich wissen Sie, dass Objekte auf der Montagefläche ohne Dokumentberührung nicht mit ausgegeben werden, weder bei der Druckausgabe, noch beim PDF- oder EPUB-Export – selbst dann nicht, wenn Sie sie in das Artikelbedienfeld gezogen haben. Es gibt jedoch eine kleine, aber wichtige Ausnahme:

Sämtliche verankerten Objekte werden in das EPUB-Dokument exportiert – auch wenn sie auf der Montagefläche liegen.

Das kann durchaus von Vorteil sein, denn Sie können in ein und derselben InDesign-Datei Inhalte für den Druck bzw. den PDF-Export und für den EPUB-Export bereitstellen. Sie haben beispielsweise die folgenden Möglichkeiten:

- Benötigen Sie bestimmte Elemente nur im EPUB-Dokument, aber nicht in der gedruckten oder der PDF-Version, ziehen Sie diese auf die Montagefläche und verankern sie an der entsprechenden Stelle im Text.
- Nehmen Sie, wie in Abschnitt 2.6.2, „Möglichkeit 2: Artikelbedienfeld", bereits erläutert, nur diejenigen Elemente in das Artikelbedienfeld auf, die im EPUB-Dokument ausgegeben werden sollen. Elemente, die nur im Druck oder im PDF-Dokument vorhanden sein sollen, lassen Sie außen vor.
- Eine weitere Methode, um bestimmte Elemente wie Hintergrundbilder usw. vom EPUP-Export auszuschließen: Platzieren Sie diese einfach auf einer separaten Ebene und blenden Sie die Ebene aus.

2.8.1 Übersatztext

Ähnliches gilt für Übersatztext. Dieser wird in Druck und PDF nicht ausgegeben, wohl aber in die EPUB-Datei. Das heißt, dass Sie Inhalte, die nur im EPUB-Dokument auftauchen sollen, nicht aber im gedruckten oder PDF-E-Book, in Übersatztext unterbringen können.

Diese Lösung ist nicht „schön", weil Sie dadurch beim Preflight stets eine Fehlermeldung erhalten, aber sie funktioniert.

Um leichter mit absichtlich eingesetztem Übersatztext arbeiten zu können, verwenden Sie am besten den Textmodus. Sie aktivieren ihn mit dem Befehl **Bearbeiten/Im Textmodus bearbeiten** oder der Tastenkombination **Strg/Befehl + Y**. InDesign öffnet nun ein weiteres Fenster, das einem schlichten Texteditor gleicht und das den Inhalt der aktuellen Textkette enthält (siehe Bild 2.69). Mit **Bearbeiten/In der Layoutansicht bearbeiten** gelangen Sie jederzeit wieder in das Layout Ihres Dokuments zurück.

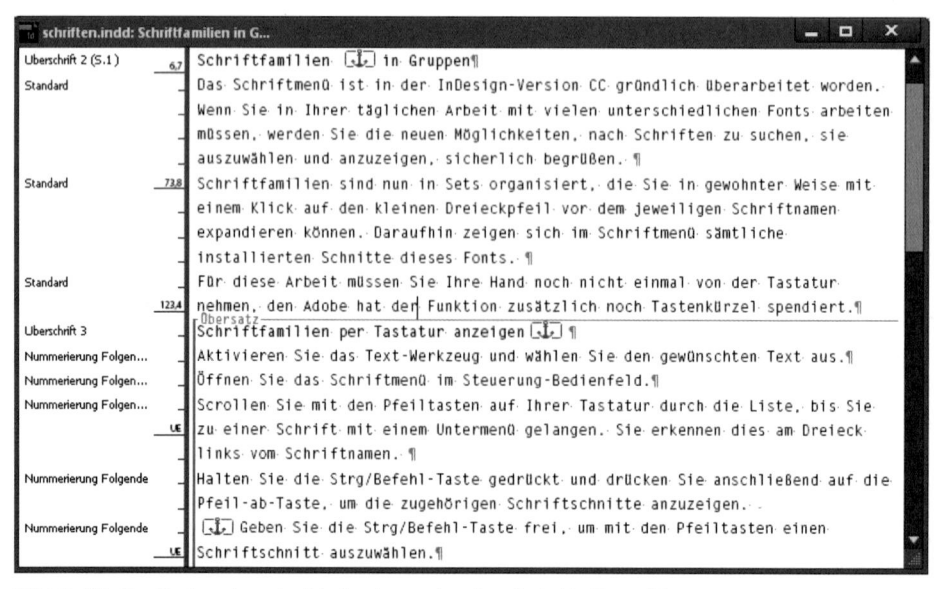

Bild 2.69 Der Textmodus erlaubt eine besonders komfortable Texteditierung.

Eine senkrechte rote Linie zeigt Ihnen im Textmodus den Übersatztext. Verankerungsstellen werden durch Ankersymbole dargestellt.

> **PRAXISTIPP:** Wenn Sie viel mit dem Textmodus arbeiten, ändern Sie die darin verwendete Schrift gegebenenfalls in der Kategorie **Textmodus-Anzeige** der InDesign-Voreinstellungen.

2.8.2 Verweise auf Seitenzahlen

Beachten Sie, dass Sie alle Verweise auf Seitenzahlen, wie „siehe Abbildung auf Seite [#]", „Fortsetzung auf Seite [#]" usw., aus Ihrer Publikationen entfernen sollten, bevor Sie sie als EPUB-Dokument ausgeben. Der EPUB-Reader kennt keine feste Paginierung. Die Anzahl der Seiten des E-Books ändert sich je nachdem, in welcher Größe und mit welchem Schriftgrad der Benutzer es angezeigt. Sie sollten es sich deshalb zur Gewohnheit machen, möglichst mit direkten Verweisen auf den Inhalt zu arbeiten. Dasselbe gilt für Textvariablen, die aufgrund von Seiten oder Abschnitten erzeugt wurden.

2.8.3 Musterseitenobjekte

Wichtig ist auch, dass Texte und Grafiken auf einer Musterseite (z. B. Kopf- und Fußzeilen und die ohnehin überflüssigen Seitenzahlen), ebenfalls nicht in die EPUB-Datei aufgenommen werden.

Im Grunde genommen ist das eine gute Sache. Sie müssen sich nicht um Elemente wie Seitenzahlen, Hintergrundgrafiken usw. kümmern, die in einem EPUB-Dokument nichts verloren haben. Weil sie nicht exportiert werden, können Sie sie einfach ignorieren.

Wenn Sie aus irgendeinem Grund ein bestimmtes Musterseitenelement in Ihre EPUB-Datei aufnehmen möchten, lösen Sie es vor dem Export mit der Tastenkombination **Strg/Befehl + Umschalt + Klick** von der Musterseite.

> **PRAXISTIPP:** Möchten Sie alle Musterseitenelemente auf dem aktuellen Druckbogen lösen, wählen Sie aus dem Bedienfeldmenü des Seitenbedienfelds den Befehl **Alle Musterseitenobjekte übergehen**.

3 Struktur und Layout für PDF-Dokumente

Der PDF-Export ist eine sinnvolle Möglichkeit, InDesign-Dokumente in ein digitales Format zu exportieren und dabei das Layout eins zu eins beizubehalten. Anders als EPUB- oder HTML-Dateien gewährleisten PDF-Dokumente eine meist hundertprozentige Übereinstimmung mit dem Ursprungsdokument. Zudem bietet PDF zusätzliche Features, die im EPUB-Format nur schwer oder gar nicht zu verwirklichen sind. Der Anwender kann die Dokumente zoomen, Vektorgrafiken lassen sich leicht einbinden und werden in bester Qualität dargestellt, erweiterte interaktive Elemente sowie Formulare können problemlos integriert (wenn auch nicht in jedem PDF-Anzeigeprogramm richtig dargestellt) werden.

Der deutlichste Vorzug von PDF-Dateien ist, dass Sie vorhandene Materialien – etwa Prospekte oder Kataloge – ohne großen Aufwand oder notfalls auch ganz ohne Layout-Änderungen in digitaler Form veröffentlichen können.

■ 3.1 Layout anlegen

Bereits beim Anlegen des Layouts sollten Sie einige grundlegende Voraussetzungen beachten. Auch in diesem Kapitel gehen wir zunächst davon aus, dass Sie ein ganz neues Dokument für Ihre PDF-Publikation beginnen. Details zur Arbeit mit Dokumenten für unterschiedliche Ausgabezwecke liefert Ihnen Kapitel 4.

> **HINWEIS:** Für die Arbeit mit interaktiven PDF- (und SWF-)Dokumenten bietet sich der Arbeitsbereich **Interaktiv für PDF** an.

1. Erzeugen Sie ein neues Dokument und wählen Sie aus dem Menü **Zielmedium** die Option **Web**, um die Maßeinheiten auf Pixel und den Transparenz-Füllraum auf RGB zu setzen (siehe Bild 3.1).
2. Das Kontrollfeld **Doppelseite** wählen Sie ab.

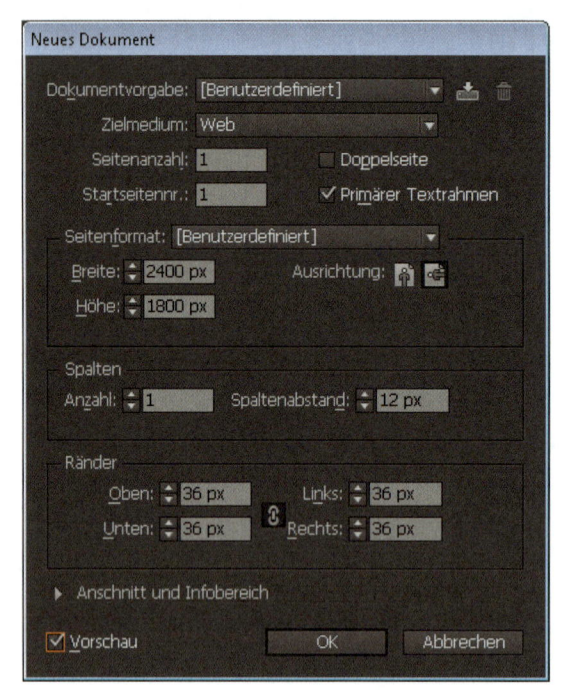

Bild 3.1
Geeignete Layout-Einstellungen für eine interaktive PDF-Datei

3. Wenn Ihre interaktiven PDF-Dokumente Pixelbilder enthalten, sollten Sie im Menü **Seitenformat** eine Auflösung wählen, die eine gute Darstellung auf modernen Computerbildschirmen und Tablets und dabei gegebenenfalls noch ein Zoomen der Seite ermöglicht, für den Fall, dass der Anwender beispielsweise Bilddetails näher in Augenschein nehmen will. Entscheiden Sie sich also für ein entsprechend großes Seitenformat – beispielsweise 2400 × 1800 Pixel. Das Display des iPad 3/4 etwa hat Pixelabmessungen von 2048 × 1536 Pixel.

> **PRAXISTIPP:** Ähnliches gilt für die Vorbereitung von Bildern für PDF-Dokumente, die auf Mobilgeräten angezeigt werden sollen. Da beispielsweise bereits das iPad 3 eine Auflösung von 264 ppi hat, sollten Sie heutzutage durchaus von einer Bildauflösung von 300 dpi ausgehen – genau wie im Druck. Auf Mobilgeräten erhalten Sie dann eine sehr gute Darstellung. Verabschieden Sie sich also von der Vorstellung, dass für digitale Medien grundsätzlich eine Auflösung von 72 ppi ausreicht.
>
> Gut geeignet ist für digitale Bildschirmdokumente das Querformat. Es signalisiert dem Betrachter von vornherein, dass die Publikation speziell für den Bildschirm gestaltet wurde und nicht einfach ein zweckentfremdetes Print-Dokument ist. Falls die Lesezeichen (siehe Abschnitt 5.2.3, „Lesezeichen") ein wesentlicher Navigationsmechanismus in Ihrer Publikation sind, könnte auch ein quadratisches Layout angemessen sein (siehe Bild 3.2).

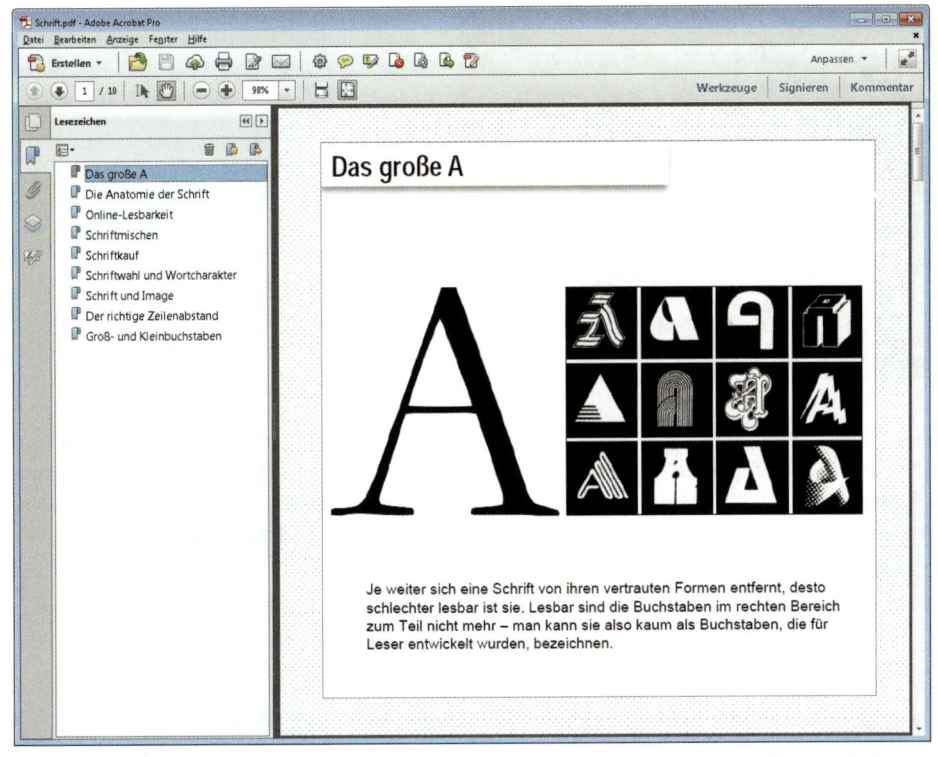

Bild 3.2 Auch ein quadratisches Layout könnte gut geeignet sein – zumindest für Nutzer, die keine Breitbildmonitore nutzen.

■ 3.2 Buchdatei erstellen

Auch für E-Books im PDF-Format sollten Sie möglichst das Buchbedienfeld nutzen. Ausführliche Informationen haben Sie bereits in Abschnitt 2.7.1, „Buchdatei anlegen", erhalten.

Der einzige wesentliche Unterschied ist, dass PDF-Dokumente im Gegensatz zu EPUB-Veröffentlichungen üblicherweise mit Seitenzahlen versehen sind, weshalb Sie den relevanten Funktionen des Buchbedienfelds etwas Aufmerksamkeit schenken sollten.

3.2.1 Paginierung bearbeiten

In der Grundeinstellung beginnt die Seitennummerierung im ersten Dokument des Buchbedienfelds mit der Seitenzahl 1 (siehe Bild 3.3). Beim Ändern der Dokumentreihenfolge im Buchbedienfeld werden die Seitenzahlen der darin enthaltenen Dateien entsprechend angepasst.

Bild 3.3
Standardmäßig beginnt die Paginierung des ersten Dokuments im Buchbedienfeld bei 1; die übrigen Dokument werden fortlaufend durchnummeriert.

Sollte etwas anderes eingestellt sein, wählen Sie aus dem Bedienfeldmenü des Buchbedienfelds den Befehl **Seitennummerierungsoptionen für Buch**. Im folgenden Dialogfeld lassen Sie das Kontrollfeld **Seitenzahlen und Abschnittsnummerierung automatisch aktualisieren** aktiviert, wenn die Buchdateien automatisch durchnummeriert werden sollen.

Gestalten Sie ursprünglich für den Druck bestimmte PDF-Dokumente für den Bildschirm um, kann es gut sein, dass im Dialogfeld **Seitennummerierungsoptionen für Buch** das Optionsfeld **Auf nächster ungerader Seite fortfahren** aktiviert ist. Sie sollten dies durch die Option **Von vorherigem Dokument fortfahren** ersetzen (siehe Bild 3.4).

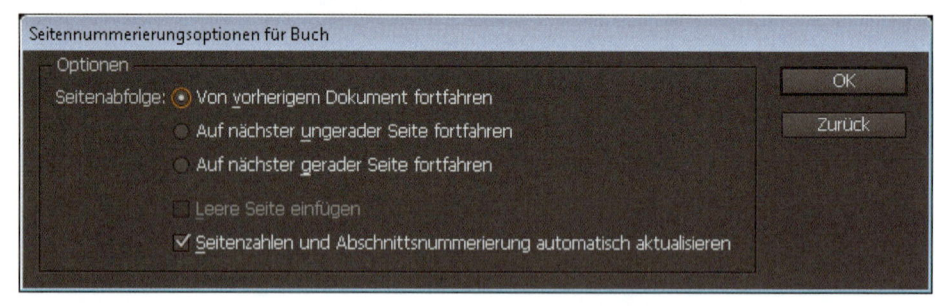

Bild 3.4 Für Bildschirm-PDF-Dokumente wählen Sie als „Seitenabfolge" die Option „Von vorherigem Dokument fortfahren".

Hintergrund: In Büchern beginnen Kapitel für gewöhnlich auf einer ungeraden (rechten) Seite, sodass die davorliegende gerade (linke) Seite gelegentlich leer bleibt, falls das vorhergehende Kapitel auf einer ungeraden Seite endet. Damit Sie sich darum nicht kümmern und eventuell manuell Vakatseiten (leere Seiten) zwischen den einzelnen Kapiteln einfügen müssen, bestimmen Sie im Bereich **Seitenabfolge**, wie die Nummerierung beim Wechsel von einem zum anderen Dokument fortgeführt werden soll.

Bei aktiviertem Optionsfeld **Von vorherigem Dokument fortfahren** hängt InDesign die Kapitel einfach ohne Vakatseiten aneinander, gleichgültig, ob sie dann auf einer geraden oder einer ungeraden Seite fortgeführt werden – die geeignete Option für Bildschirm-PDFs, in denen Vakatseiten überflüssig sind. Bei aktivierter Option **Auf nächster ungerader Seite fortfahren** würde InDesign hingegen automatisch eine Vakatseite erzeugen, wenn die letzte Seite eines Dokuments ungerade ist.

3.2.1.1 Seitennummerierung für ein einzelnes Dokument ändern

Möchten Sie die Paginierung für ein einzelnes Dokument abändern, doppelklicken Sie im Buchbedienfeld auf die Seitennummern des entsprechenden Dokuments. Im folgenden Dialogfeld aktivieren Sie das Optionsfeld **Seitennummerierung beginnen bei** und nehmen in der Gruppe **Seitenzahlen** Ihre Einstellungen vor (siehe Bild 3.5).

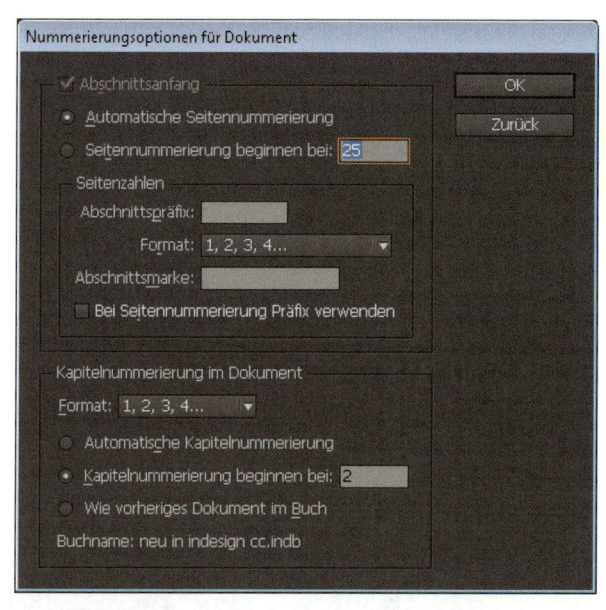

Bild 3.5 Seitennummerierungsoptionen für ein einzelnes Dokument

- Bei regulären Kapiteln lassen Sie am besten das Optionsfeld **Automatische Seitennummerierung** aktiviert, damit sie im Stil der übrigen Kapitel fortlaufend nummeriert werden.
- Soll ein Dokument hingegen anders als die übrigen Dokumente formatiert werden – möglich wäre das beispielsweise bei Anhängen oder Inhaltsverzeichnissen – aktivieren Sie das Kontrollfeld **Seitennummerierung beginnen bei** und geben daneben ein, bei welcher Ziffer die Nummerierung beginnen soll (verwenden Sie ruhig eine arabische Ziffer, auch wenn Sie gleich im Anschluss ein anderes Zahlenformat wählen werden).

Aus dem Menü **Format** wählen Sie ein Zahlenformat. Sie können sich für große oder kleine lateinische Ziffern und andere Formate entscheiden. Bei Bedarf fügen Sie über das Eingabefeld **Abschnittsmarke** die Kapitelnummer ein.

3.2.2 PDF-Dokumente für alternative Ausgabegeräte optimieren

Oft geht man davon aus, dass das Layout von PDF-Dokumenten unverrückbar feststeht. Das ist nicht richtig, denn Sie können Ihre PDF-Dateien so einrichten, dass der Text sich an das jeweilige Ausgabegerät anpasst und entsprechend umbrochen wird. Der Vorteil ist, dass der Nutzer dann nicht mehr horizontal scrollen muss, um die Textzeilen zu lesen.

Diese Funktionalität gibt es sowohl in Adobe Acrobat Pro als auch im Adobe Reader für sämtliche Ausgabegeräte. In den Desktop-Versionen dieser Programme wählen Sie **Anzeige/ Zoom/Umfließen**. Sie sehen den Seiteninhalt nun in einer einzigen Spalte, die über die gesamte Fensterbreite reicht. Wenn Sie die Fensterbreite ändern, fließt der Text mit, wird also breiter oder schmaler. Dies ist besonders sinnvoll, wenn ein PDF-Dokument beispielsweise auf dem verhältnismäßig winzigen Display eines Smartphones angezeigt wird.

> **HINWEIS:** Auf mobilen Versionen des Adobe Readers aktivieren Sie die Umfließen-Ansicht, indem Sie einmal auf den Bildschirm tippen, um die Titelleiste und die Schaltflächen anzuzeigen. Dann tippen Sie am oberen Rand auf das Symbol für die Ansichtsmodi und wählen die Umfließen-Ansicht aus dem angezeigten Menü.

Im Umfließen-Modus werden Texte und Bilder wie bei einer EPUB-Datei in ihrer strukturellen Reihenfolge angezeigt (siehe Bild 3.6 und Bild 3.7). Multimedia kann in dieser Ansicht nicht dargestellt werden. Acrobat macht dies ziemlich gut – in den meisten Fällen werden die Elemente in der Umfließen-Ansicht in der richtigen Reihenfolge angezeigt, ohne dass Sie in die Struktur eingreifen müssen. In dieser Hinsicht ist das PDF- dem EPUB-Format überlegen.

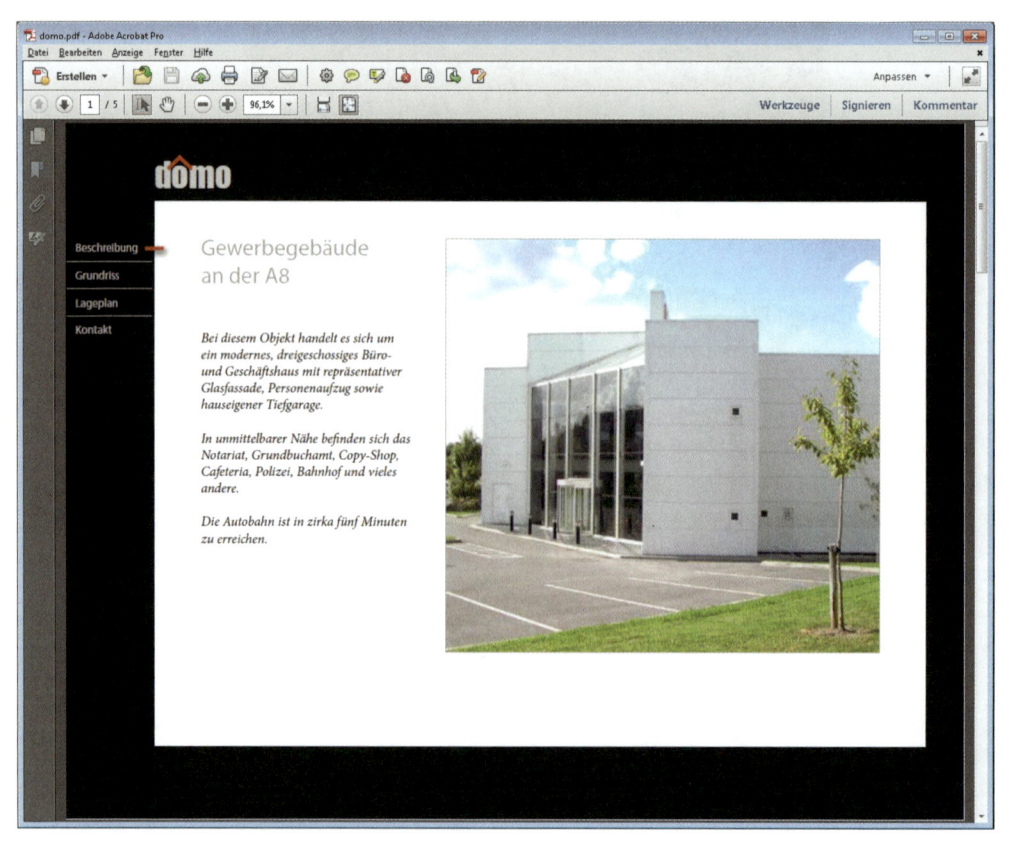

Bild 3.6 Normale Ansicht in Adobe Acrobat

Bild 3.7
Nicht besonders schön, aber lesbar und in der richtigen Reihenfolge: dasselbe Dokument in der Umfließen-Ansicht

Wenn Sie feststellen, dass die Elemente Ihres Dokuments in der Umfließen-Ansicht nicht in der richtigen Reihenfolge angezeigt werden, sollten Sie die entsprechenden Maßnahmen ergreifen.

Die Mehrarbeit lohnt sich auf jeden Fall: Durch die Aufbereitung Ihrer PDF-Dokumente mit den nachfolgend erläuterten Techniken stellen Sie nicht nur sicher, dass Ihre Dokumente von Smartphones usw. einwandfrei dargestellt werden können, sondern auch von den alternativen Ausgabegeräten sehbehinderter Nutzer (siehe auch Abschnitt 2.5.3, „Grafiken mit Alt-Texten versehen"). Wie bereits erwähnt, sind diese Anwender für Sie als Gestalter digitaler Dokumente aller Art eine wichtige Zielgruppe.

3.2.3 Barrierefreie PDF-Dokumente

Anders als EPUB- oder HTML-Dokumente, die an sich schon über eine Art grundlegende Zugänglichkeit verfügen (ein Screenreader kann zumindest Texte und Struktur der Seite interpretieren), sind PDF-Dokumente wegen der möglicherweise fehlenden Linearität der Inhalte nicht notgedrungen von alternativen Ausgabegeräten sinnvoll verwertbar.

3.2.3.1 Tags erstellen

Damit der Dokumenttext von Bildschirmlesehilfen und ähnlichen Hilfsmitteln erfasst und auf eine für den Benutzer sinnvolle Weise präsentiert werden kann, muss das Dokument entsprechend strukturiert sein.

Der Begriff „Struktur" bedeutet in diesem Zusammenhang einen hierarchischen Aufbau von Anweisungen, durch die der Inhalt des Dokuments charakterisiert wird – etwa die Lesereihenfolge, das Vorhandensein und die Bedeutung wichtiger Elementen wie Abbildungen, Listen, Tabellen usw. Auch in PDF-Dokumenten können Sie die Strukturinformation in Form von XML-basierten Tags realisieren.

Wie Sie Ihr InDesign-Dokument mit Tags versehen, haben Sie bereits in Abschnitt 2.6.3, „Möglichkeit 3: XML-Tags", erfahren. Hier nutzen wir die ebenfalls schon kurz angesprochene Möglichkeit, Dokumente automatisch mit Tags zu versehen:

1. Zeigen Sie mit **Fenster/Hilfsprogramme/Tags** das Tags-Bedienfeld an.
2. Wählen Sie **Ansicht/Struktur/Struktur einblenden**, um im linken Bereich des InDesign-Anwendungsfensters den Strukturbereich anzuzeigen. Wenn Ihr Dokument noch keine Tags enthält, erscheint hier nur das übergeordnete Root-Tag (siehe Bild 3.8).

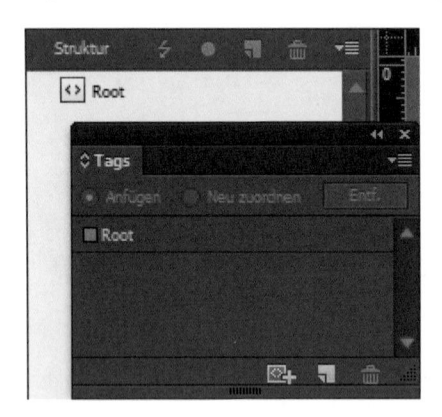

Bild 3.8
Das Tags-Bedienfeld mit dem Root-Tag. Der dahinter liegende Strukturbereich ist bis auf das standardmäßige Root-Tag noch leer.

3. Öffnen Sie das Bedienfeldmenü des Strukturbereichs und wählen Sie **Objekte ohne Tags hinzufügen**.
4. Je nach Komplexität Ihres Dokuments arbeitet InDesign eine Weile. Dann erscheint im Strukturbereich der neu erstellte Strukturbaum, den Sie über die kleinen Dreiecksymbole expandieren können.
5. Sehen Sie sich das Tags-Bedienfeld an. Hier hat InDesign dem Dokument eine Anzahl von farblich codierten Tags hinzugefügt. Diese Tags entsprechen den Elementen in Ihrem Dokument.
6. Um dies zu visualisieren, wählen Sie nun den Befehl **Ansicht/Struktur/Rahmen mit Tags einblenden**. Die farbigen Rahmen zeigen Ihnen auf einen Blick, welche Elemente mit welchen Tags versehen wurden (siehe Bild 3.9).

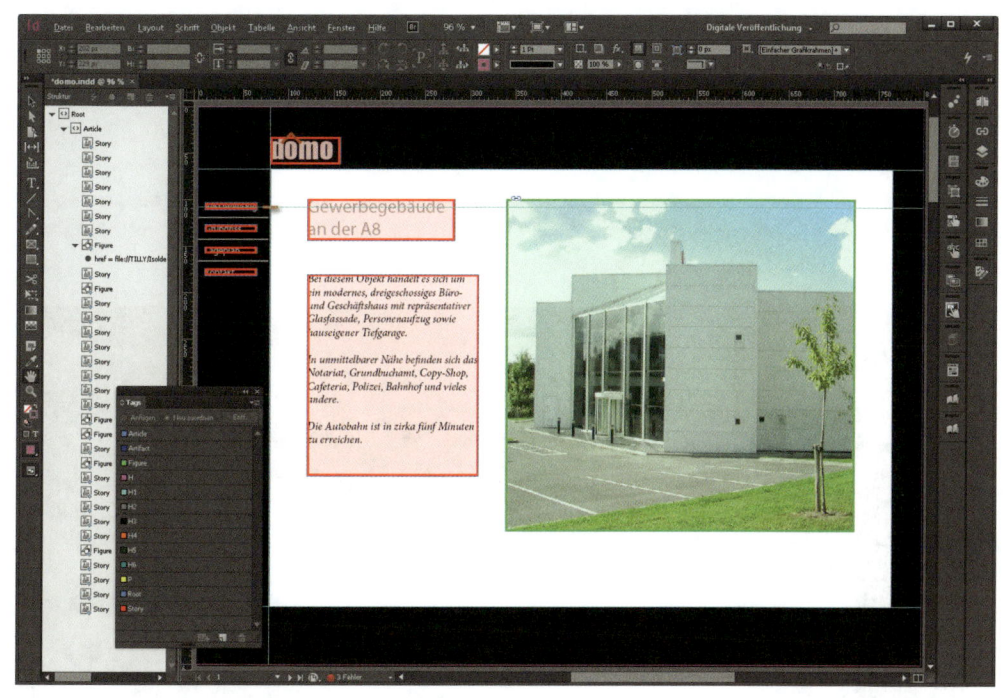

Bild 3.9 InDesign hat das Dokument in Eigenregie mit Tags versehen.

Wenn Sie bestimmen möchten, welche Elemente auf der Seite zu einzelnen Tags im Strukturbereich gehören, markieren Sie das Element und klicken mit der rechten Maustaste. Wählen Sie aus dem Kontextmenü den Befehl **In Struktur markieren**.

Umgekehrt können Sie im Strukturbereich beispielsweise ein **Figure**-Tag doppelt anklicken (Figure steht für Abbildung). Dann wird das jeweilige Bildelement auf der Seite angesteuert.

3.2.3.2 Auf intelligent gesetzte Tags kommt es an

Das automatische Tagging alleine bringt jedoch nur bei sehr einfach aufgebauten Dokumenten zufriedenstellende Ergebnisse; und bei solchen Dokumenten stellt sich die Frage, warum man sie überhaupt als PDF zur Verfügung stellen sollte statt einfach im EPUB- oder HTML-Format. Die beiden zuletzt genannten Formate wären in jedem Fall von der Handhabung her einfacher für Benutzer mit Behinderungen und für die Darstellung auf Smartphones usw.

Bei komplexeren Layouts ist menschliche Intelligenz gefragt, um zumindest sicherzustellen, dass die automatischen Tags korrekt gesetzt wurden. Fehler in der Tag-Struktur des Dokuments – auch solche, die auf den ersten Blick marginal erscheinen – führen schnell dazu, dass eine Datei für bestimmte Ausgabegeräte schlichtweg unverständlich wird. Verwenden Sie für solche Layouts die in Abschnitt 2.6.3.2, „Tags erstellen", erläuterte Technik des manuellen Taggings.

3.2.3.3 Mit dem Artikelbedienfeld barrierefreie PDF-Dokumente erstellen

Auch das Artikelbedienfeld kann als Hilfsmittel für barrierefreie PDF-Dokumente dienen. Erstellen Sie die benötigten Artikel und sortieren Sie die Elemente in der richtigen Reihenfolge ein (siehe Bild 3.10). Wie das genau geht, haben Sie bereits in Abschnitt 2.6.2, „Möglichkeit 2: Artikelbedienfeld", erfahren.

Damit die Artikelreihenfolge im PDF-Dokument berücksichtigt wird, aktivieren Sie im Bedienfeldmenü des Artikelbedienfelds den Befehl **Für Leserichtung in PDF mit Tags verwenden**.

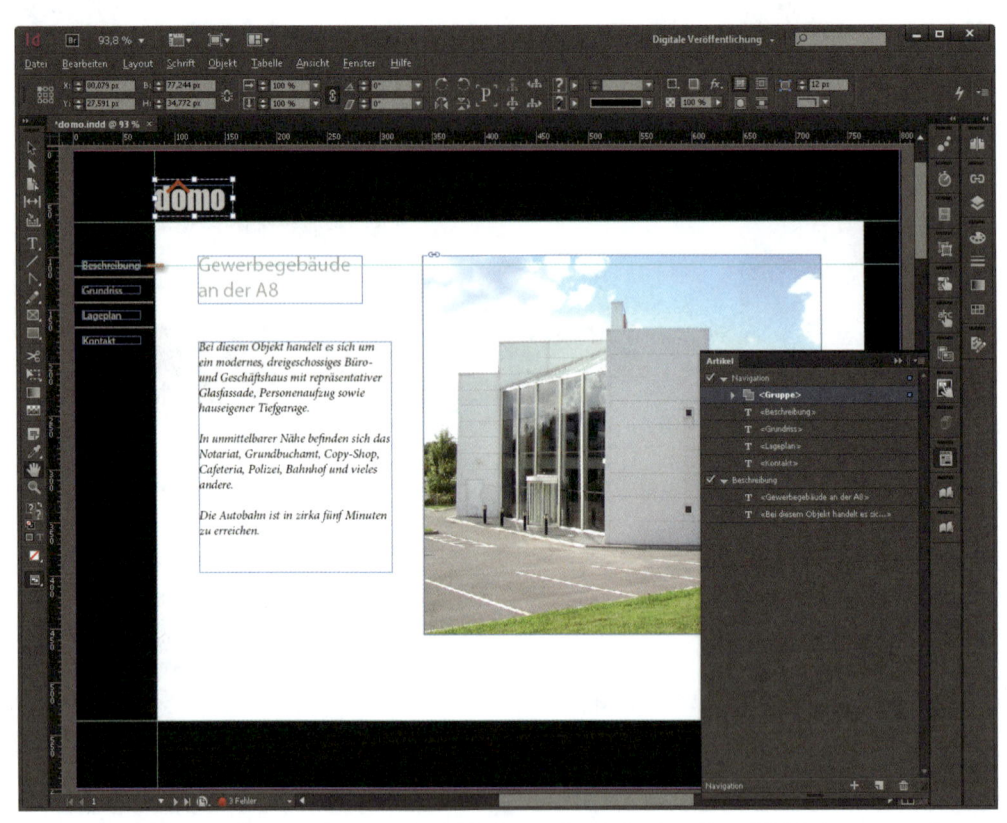

Bild 3.10 Auch über das Artikelbedienfeld können Sie die Struktur Ihres PDF-Dokuments aufbauen.

3.2.3.4 Grafiken mit Alt-Texten versehen

Achten Sie darauf, dass der Screenreader grafische Elemente beschreiben kann, die wichtige Konzepte im Dokument illustrieren. Dazu müssen Sie den Grafiken Alt-Texte hinzufügen. Der Screenreader liest dem sehbehinderten Nutzer des fertigen PDF-Dokuments diese Texte vor. Bilder und Mediendateien werden vom Screenreader nicht erkannt, wenn Sie den Tag-Eigenschaften keinen Alternativtext hinzufügen.

Zum Hinzufügen von Alt-Texten verwenden Sie den Befehl **Objekt/Objektexportoptionen**, den Sie in Abschnitt 2.5.1.1, „Spezielle Exportoptionen für Bilder definieren", bereits kennengelernt haben.

Vergessen Sie dabei eventuelle Video- und Audioobjekte in Ihrer PDF-Datei nicht. Auch diese sollten zumindest einen Alternativtext erhalten, besser noch ein Transkript.

> **HINWEIS:** Viele Audio- und Videoschnittprogramme geben Ihnen die Möglichkeit, Transkripte in die Multimediadatei einzubetten oder sie mit ihr zu verknüpfen.

3.2.3.5 Schriftverwendung

In einem barrierefreien PDF-Dokument müssen die Schriften ausreichend viele Informationen enthalten, damit alle Zeichen entnommen werden können. Acrobat wandelt entnommene Zeichen in Unicode-Text um, wenn Sie ein PDF-Dokument mit einer Bildschirmlesehilfe lesen. Die Entnahme scheitert, wenn Acrobat nicht bestimmen kann, wie die Schrift den Unicode-Zeichen zuzuweisen ist. Verwenden Sie für Ihre InDesign-Dokumente am besten OpenType-Schriften, um diese Probleme zu vermeiden.

4 Multi-Channel-Publishing

Gerade in der heutigen Zeit müssen viele Layouts an die verschiedensten Ausgabebedingungen angepasst werden. Sie sollen beispielsweise nicht nur als gedrucktes Buch, sondern auch als interaktives PDF-Dokument veröffentlicht werden. Oder Sie benötigen für eine interaktive Magazin-App ein Layout im Hochformat und eines im Querformat, damit die Nutzer ihr Tablet während des Lesens drehen können (mehr über Magazin-Apps erfahren Sie in Kapitel 9).

Dies ist einer der Gründe, warum die Gestaltung digitaler Versionen von Print-Erzeugnissen häufig als zeitaufwendig und kostspielig betrachtet wird. Sie können sich die Arbeit jedoch deutlich erleichtern. InDesign bietet Ihnen Funktionen, die Ihnen helfen, vorhandene Inhalte für unterschiedliche Ausgabeformate wiederzuverwenden.

■ 4.1 Liquid Layouts einsetzen

Liquid Layouts lassen sich gut mit den in Abschnitt 4.2, „Alternative Layouts einsetzen", erläuterten alternativen Layouts kombinieren. Sie ersetzen die Funktion **Layoutanpassung** in älteren InDesign-Versionen, die eigentlich so gut wie nie akzeptable Ergebnisse brachte. Mit Liquid Layouts können sich die Seitenelemente auf eine von Ihnen bestimmte Weise automatisch an die neue Mediengröße anpassen. Die Funktion ist somit ideal geeignet, wenn Sie Layouts für unterschiedliche digitale Anzeigegeräte erstellen möchten.

Je nach Komplexität des Layouts kann InDesign Ihnen selbstverständlich nicht die gesamte Formatierungsarbeit abnehmen, aber vor allem bei einfacheren Layouts erhalten Sie eine gute Grundlage für zügiges Arbeiten – vorausgesetzt, Sie haben die Funktion korrekt eingerichtet.

Bevor Sie die Seitengröße ändern, weisen Sie den Seitenelementen eine sogenannte Liquid Layout-Regel zu. Diese definiert, wie die Objekte auf die Skalierung reagieren sollen – Sie können beispielsweise festlegen, ob die Objekte einfach verschoben oder doch eher mit der Seite skaliert werden sollen.

Es gibt fünf Layout-Regeln für Liquid Layouts:
- Skalieren
- Erneut zentrieren
- Objektbasiert
- Hilfslinienbasiert
- Gesteuert durch Musterseite

Um eine dieser Regeln anzuwenden, wählen Sie die zu skalierende Seite mit dem Seitenwerkzeug aus (siehe Bild 4.1), öffnen im Steuerungsbedienfeld (siehe Bild 4.2) oder im Liquid-Layout-Bedienfeld (siehe Bild 4.3) das Menü **Liquid-Seiten-Regel** und wählen die gewünschte Option. Das heißt also, dass Sie jeder Seite eine andere Layout-Regel zuweisen können. Auch Musterseiten können Sie mit Layout-Regeln versehen (bis auf die Liquid Layout-Regel **Gesteuert durch Musterseite**, es sei denn, Sie wenden diese auf eine Musterseite an, die auf einer anderen Musterseite basiert).

Bild 4.1
Damit Sie Zugriff auf die Liquid Layouts erhalten, wählen Sie im Werkzeugbedienfeld das Seitenwerkzeug aus.

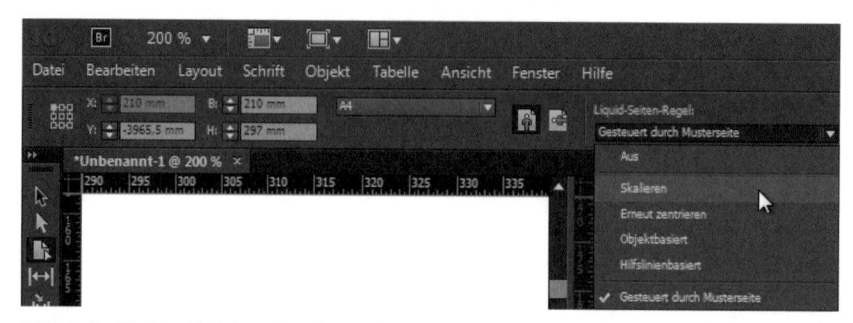

Bild 4.2 Die Liquid-Seiten-Regeln erreichen Sie entweder über das Steuerungsbedienfeld ...

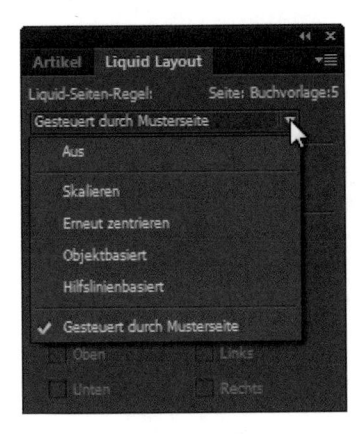

Bild 4.3
... oder über das Liquid Layout-Bedienfeld.

4.1.1 Liquid Layout-Regel: Skalieren

Diese Regel ist am einfachsten. Sobald Sie die Seitengröße ändern, werden sämtliche Seitenelemente einfach skaliert. Beachten Sie, dass dies wirklich auf alle Objektbestandteile zutrifft, auch auf Konturstärken und Schriftgrößen (mit allen anderen Regeln können Sie die Abmessungen der Textrahmen selbst ändern, aber nicht die Größe der darin enthaltenen Schrift).

Die Liquid Layout-Regel **Skalieren** eignet sich demnach ideal, wenn Sie nicht die Proportionen, sondern die Abmessungen Ihres Layouts ändern möchten. Ein typisches Anwendungsgebiet sind interaktive Magazin-Anwendungen, z.B. die Anpassung eines Layouts für iPad 1 oder 2 an ein iPad-3/4-Layout usw. (siehe Bild 4.4 und 4.5 auf der nächsten Seite). Selbst wenn das Seitenverhältnis der einzelnen Geräte nicht ganz exakt übereinstimmt, nimmt Ihnen die Regel **Skalieren** viel Arbeit ab. Oft sind anschließend nur noch minimale Anpassungen nötig.

1. Markieren Sie die gewünschte Seite mit dem Seitenwerkzeug.
2. Öffnen Sie im Steuerungsbedienfeld oder im Liquid Layout-Bedienfeld das Menü **Liquid-Seiten-Regel**. Wählen Sie die Option **Skalieren**.
3. Testen Sie das Verhalten der Seitenobjekte, indem Sie die Seite bei weiterhin aktiviertem Seitenwerkzeug an den Anfassern größer bzw. kleiner ziehen. Wenn Sie mit gedrückter **Umschalt**-Taste an einem der Eckanfasser ziehen, erzielen Sie eine proportionale Skalierung der Seite.

> **HINWEIS:** Beachten Sie dabei, dass die Skalierung der Seitenelemente stets proportional erfolgt. Ändern Sie die Seitengröße nicht proportional, fügt InDesign zusätzlichen Weißraum neben oder über/unter den Seitenelementen hinzu.

Wie bereits erwähnt: Um eine Seitenskalierung nicht nur zu testen, sondern tatsächlich zuzuweisen, ziehen Sie die Anfasser mit gedrückter **Alt**-Taste.

Bild 4.4 Das ursprüngliche Layout wurde für das iPad mit dem Seitenformat 4:3 gestaltet.

Bild 4.5 Mit der Liquid-Seiten-Regel **Skalieren** wird das Layout bestmöglich an das Android-10-Zoll-Format angepasst, sodass anschließend nur noch kleinere Anpassungen notwendig sind.

4.1.2 Liquid Layout-Regel: Erneut zentrieren

Die nächste Regel im Menü **Liquid-Seiten-Regel** ist die Option **Erneut zentrieren** (siehe Bild 4.6). Die Seitenobjekte werden in diesem Fall nicht skaliert, sondern lediglich im Zentrum der skalierten Seiten platziert. Diese Option brauchen Sie normalerweise nur, wenn Sie der Seite rundum mehr Rand hinzugeben oder Rand entfernen möchten.

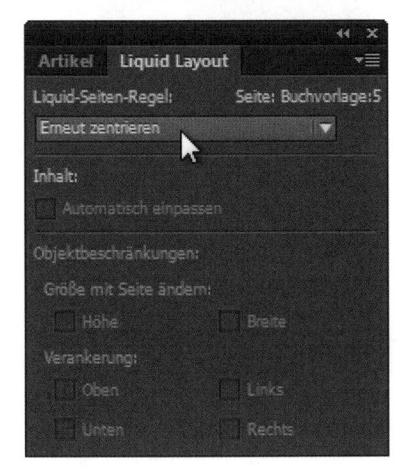

Bild 4.6
Mit der Liquid-Seiten-Regel „Erneut zentrieren" bleibt die Größe aller Objekte unverändert – InDesign gibt einfach Seitenrand hinzu bzw. verkleinert diesen.

4.1.3 Liquid Layout-Regel: Objektbasiert

Flexibler, aber auch deutlich komplexer, ist die Liquid-Seiten-Regel **Objektbasiert**. Mit ihr können Sie das Verhalten jedes Objekts während der Layout-Anpassung genau definieren.

Bild 4.7 Weitreichende Einstellmöglichkeiten bietet Ihnen die Liquid-Seiten-Regel „Objektbasiert".

Nachdem Sie diese **Liquid-Seiten-Regel** (siehe Bild 4.7) ausgewählt haben, aktivieren Sie das Seitenwerkzeug und markieren das Layout-Element, dessen Verhalten beim Ändern der Seitengröße Sie bestimmen möchten (siehe Bild 4.8 auf der nächsten Seite).

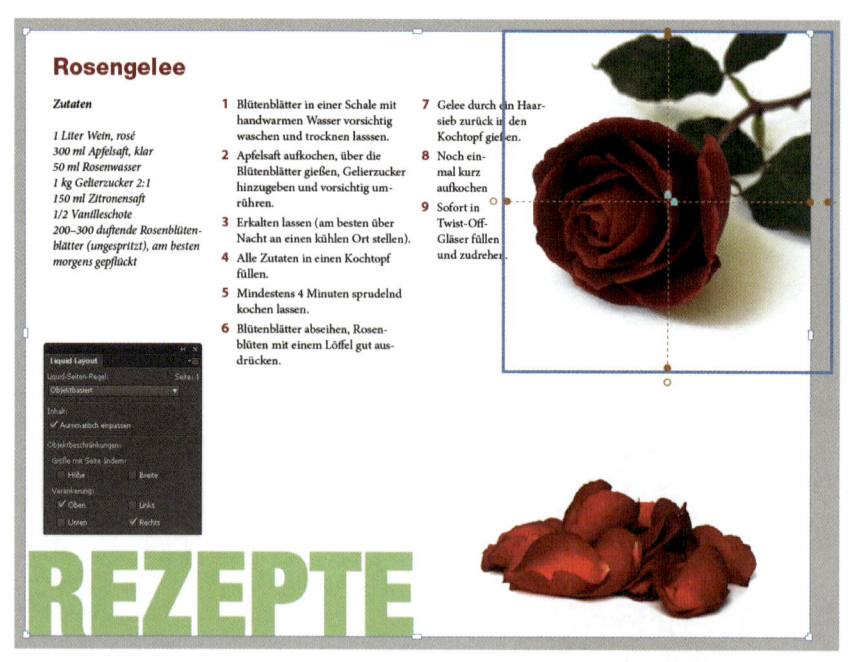

Bild 4.8 Alle Objekte wurden mithilfe der Liquid-Seiten-Regel „Objektbasiert" an den jeweils nächstliegenden Objekträndern „festgepinnt".

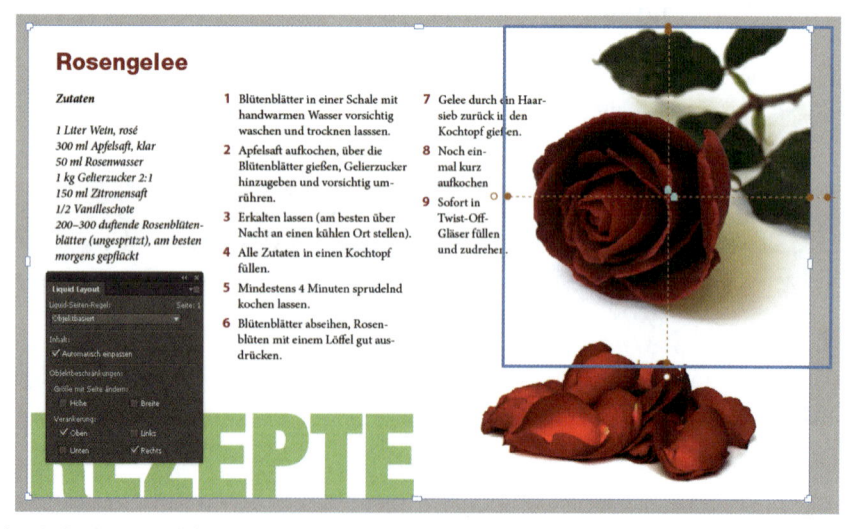

Bild 4.9 Dadurch verlief die Konvertierung des iPad-Layouts in das Kindle Fire/Nook-Format komplikationslos.

Nun sehen Sie am markierten Objekt verschiedene visuelle Hilfen. Mit diesen kontrollieren Sie, auf welche Weise dieses Element auf eine Veränderung der Seitengröße reagieren wird.

- Klicken Sie auf einen unausgefüllten Kreis (siehe Bild 4.10), erhält er eine Füllung und fixiert das Objekt an der Seitenkante – der Abstand zwischen dem Objekt und der dem

Kreis nächstgelegenen Seitenkante bleibt statisch (siehe Bild 4.11). Alternativ können Sie das entsprechende Kontrollkästchen im Bereich **Verankerung** des Liquid Layout-Bedienfelds wählen. Mit einem weiteren Klick oder durch das Deaktivieren des entsprechenden Kontrollfelds lösen Sie das Objekt wieder von der Seitenkante.

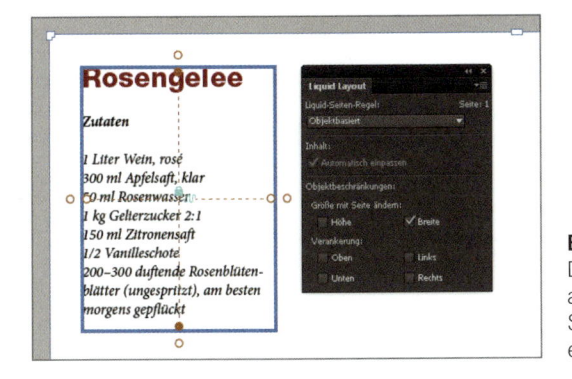

Bild 4.10
Die Entfernung des Textrahmens von allen Seitenrändern ist flexibel, wie Sie an den vier unausgefüllten Kreisen erkennen.

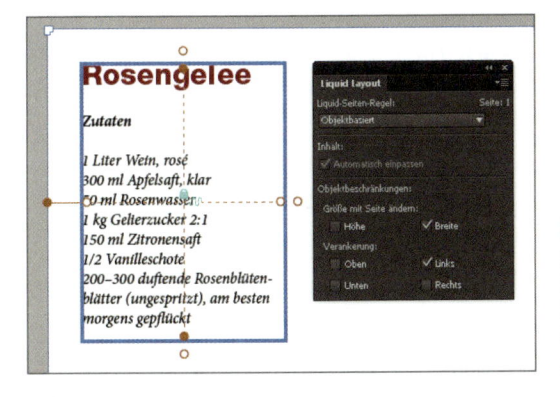

Bild 4.11
Hier wurde der Textrahmen an den linken Seitenrand „angepinnt". Das heißt, dass sein Abstand vom linken Seitenrand beim Skalieren der Seite unverändert bleibt.

- Klicken Sie auf eines der Schlosssymbole innerhalb des ausgewählten Objekts, wird es zu einem wellenförmigen Federsymbol. Dies signalisiert, dass das Objekt in dieser Richtung skaliert werden kann. Alternativ klicken Sie im Liquid Layout-Bedienfeld auf das entsprechende Kontrollfeld im Bereich **Größe mit Seite ändern**. Klicken Sie beispielsweise auf das Schloss an einer waagerechten Linie, sodass es sich in eine Feder verwandelt, oder aktivieren Sie das Kontrollfeld **Breite**, wird das Element bei einer Verbreiterung des Seitenlayouts ebenfalls in die Breite skaliert. Das Schlosssymbol an der waagerechten Linie oder das deaktivierte Kontrollfeld **Breite** würde diese Breitenskalierung hingegen verhindern.

> **HINWEIS:** Beachten Sie auch, dass es nicht möglich ist, gleichzeitig das Federsymbol für die Breitenskalierung einzuschalten und das Objekt sowohl am rechten als auch am linken Seitenrand zu fixieren. Wenn Sie das Objekt bei aktiviertem Federsymbol an beiden Seitenrändern fixieren wollten, würde das Federsymbol wieder zum Schlosssymbol.

Wichtig ist auch das Kontrollfeld **Automatisch einpassen** im Liquid Layout-Bedienfeld. Es ist nur für Grafikrahmen aktiv. Sie bestätigen mit diesem Kontrollfeld, dass das Bild mit seinem Rahmen skaliert wird – je nachdem, welche Rahmeneinpassungsoptionen Sie ihm zugewiesen haben.

4.1.4 Liquid Layout-Regel: Hilfslinienbasiert

Die Liquid Layout-Regel **Hilfslinienbasiert** ist ähnlich leistungsfähig, aber nicht so komplex wie die Regel **Objektbasiert**. Sie eignet sich sehr gut für Hintergrundbilder oder Tonflächen, die stets den Hintergrund ausfüllen sollen usw.

Dazu gibt es in InDesign seit der Version CS6 neben den herkömmlichen Linealhilfslinien auch sogenannte Liquid-Hilfslinien.

- Um eine Liquid-Hilfslinie zu erstellen, aktivieren Sie das Seitenwerkzeug und ziehen eine Hilfslinie aus dem horizontalen bzw. dem vertikalen Seitenlineal (das Sie bei Bedarf mit **Strg/Befehl + R** einblenden). Die Liquid-Hilfslinie wird gestrichelt dargestellt (im Gegensatz zur durchgezogenen Linealhilfslinie).
- Alternativ erzeugen Sie eine reguläre Linealhilfslinie und zeigen mit dem Auswahlwerkzeug darauf. Am linken bzw. oberen Hilfslinienende zeigt sich ein kleines Symbol. Klicken Sie dieses an, um die Linealhilfslinie in eine Liquid-Hilfslinie zu verwandeln.

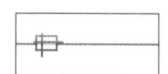

Bild 4.12
Mit einem Klick auf dieses Symbol verwandeln Sie eine normale in eine Liquid-Hilfslinie.

Wenn Sie eine Liquid-Hilfslinie erstellen, wird die Liquid-Seiten-Regel automatisch in **Hilfslinienbasiert** geändert (siehe Bild 4.13).

Bild 4.13 Sobald Sie eine Liquid-Hilfslinie erstellt haben, stellt InDesign automatisch die Liquid-Seiten-Regel „Hilfslinienbasiert" ein.

- Sobald eine vertikale Liquid-Hilfslinie ein Seitenobjekt berührt, wird sich beim Verändern der Seitenbreite die Breite des Objekts ebenfalls ändern.
- Berührt eine horizontale Liquid-Hilfslinie ein Seitenobjekt, wird dieses beim Ändern der Seitenhöhe ebenfalls höher skaliert.
- Alle Seitenobjekte, die nicht von einer Liquid-Hilfslinie berührt werden, bleiben vollständig unverändert.

> **HINWEIS:** Sie können Liquid-Hilfslinien zwar mit dem Seitenwerkzeug erstellen, aber nicht wie gewohnt mit einem Klick auswählen. Um eine Liquid-Hilfslinie mit dem Seitenwerkzeug auszuwählen, müssen Sie zusätzlich die **Strg/Befehl**-Taste gedrückt halten.

> Sie können Ihrem Layout auch mehrere Liquid-Hilfslinien hinzufügen. Beachten Sie jedoch, dass die Hilfslinienkonstruktion schnell komplex und ihre Auswirkungen damit schwer vorhersehbar werden.

Wenn ein Textrahmen durch die Liquid-Hilfslinien breiter oder schmaler wird, kann es schnell passieren, dass die Textspalten zu breit oder zu schmal werden, sodass das Lesen erschwert wird.

1. Dem können Sie abhelfen, indem Sie den Textrahmen mit dem Auswahlwerkzeug anklicken und den Befehl **Objekt/Textrahmenoptionen** wählen.
2. Aus dem Menü **Spalten** wählen Sie **Flexible Breite**. Nun ist das Eingabefeld **Anzahl** gesperrt, während das Eingabefeld **Maximum** freigegeben wird. Der in dieses Feld eingegebene Wert bestimmt, wie breit die einzelnen Spalten maximal werden dürfen, bevor dem Textrahmen eine weitere Spalte hinzugefügt wird (siehe Bild 4.14).

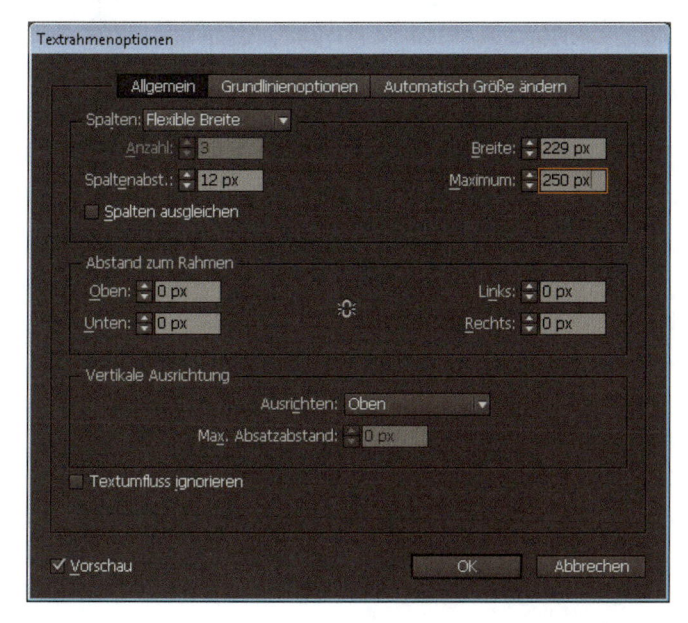

Bild 4.14
Die Spaltenbreite bestimmen Sie im Dialogfeld „Textrahmenoptionen".

Nachdem Sie Ihren Textrahmen auf diese Weise vorbereitet haben, versehen Sie ihn mit einer senkrechten Liquid-Hilfslinie. Wenn Sie nun die Seitengröße ändern, werden dem Textrahmen ab einem gewissen Punkt automatisch Spalten hinzugefügt oder Spalten entfernt (siehe Bild 4.15 und 4.16).

> **HINWEIS:** Diese Funktion eignet sich z. B. sehr gut, wenn Sie – wie in Kapitel 9 erläutert – mit der Adobe Digital Publishing Suite interaktive Magazin-Anwendungen erzeugen und hier unterschiedliche Layouts für Hoch- und Querformat und für verschiedene Displaygrößen erzeugen.

Bild 4.15 Die senkrechte Liquid-Hilfslinie schneidet das Rosenfoto und den dreispaltigen Textrahmen, die waagerechte Hilfslinie nur das Rosenfoto.

Bild 4.16 Abbildung und dreispaltiger Text wurden beim Skalieren des Layouts ebenfalls skaliert. Die beiden anderen Texte sind unverändert geblieben, weil sie nicht von der Hilfslinie geschnitten wurden.

4.1.5 Liquid Layout-Regel: Gesteuert durch Musterseite

Wenn Sie im Menü **Liquid-Seiten-Regel** die Option **Gesteuert durch Musterseite** auswählen (siehe Bild 4.17), wird die der Musterseite zugewiesene Liquid-Seiten-Regel angewandt, gleichgültig, was Sie für die Dokumentseitenobjekte ausgewählt haben.

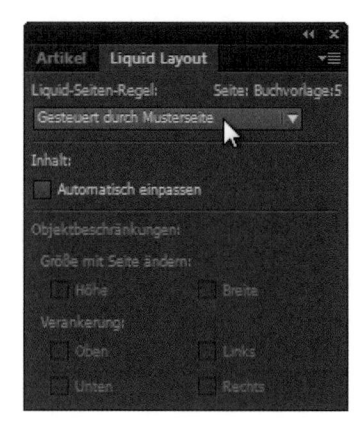

Bild 4.17
Die Option „Gesteuert durch Musterseite" wurde im Liquid Layout-Bedienfeld ausgewählt.

■ 4.2 Alternative Layouts einsetzen

Nehmen Sie das eingangs geschilderte, einfache Szenario: Ein Buch soll in verschiedenen Formaten veröffentlicht werden. Nehmen wir an, Sie haben alles fertig – Sie haben ein Dokument für die Druckausgabe und eines für das digitale Format erstellt. Nun sollen buchstäblich in letzter Minute verschiedene Bildunterschriften und andere Texte geändert werden. Ärgerlich und aufwendig – Sie müssen beide Dateien bearbeiten. So etwas kommt eigentlich ständig vor.

Eine Lösung für dieses Problem sind die sogenannten alternativen Layouts. Sie können in einer einzigen InDesign-Datei mehrere Layouts für unterschiedliche Seiten- oder Bildschirmgrößen erstellen. In der Grundeinstellung sind die Elemente des alternativen Layouts – Texte, Bilder usw. – mit den Elementen des ursprünglichen Layouts verknüpft. Wenn Sie also etwas im Original-Layout ändern, spiegelt sich diese Änderung im alternativen Layout wider.

Außerdem können Sie Bilder über das Verknüpfungenbedienfeld in sämtlichen alternativen Layouts schnell ersetzen.

4.2.1 Alternatives Layout erstellen

1. Öffnen Sie Ihr Dokument und zeigen Sie mit der **F12**-Taste das Seitenbedienfeld an. Aus dem Bedienfeldmenü wählen Sie den Befehl **Alternatives Layout erstellen**.
2. Im folgenden Dialogfeld (siehe Bild 4.18) geben Sie einen passenden Namen für das alternative Layout ein. Darunter ist das bisherige Standard-Layout bereits als Quelle ausgewählt.

3. Geben Sie die gewünschten Abmessungen für das neue Layout ein und stellen Sie die Ausrichtung ein.
4. Beachten Sie die Auswahlmöglichkeiten im Abschnitt **Optionen**. Hier legen Sie fest, wie die Seiteninhalte im alternativen Layout behandelt werden sollen. Sie können beispielsweise anhand von Liquid-Seiten-Regeln festlegen, ob und auf welche Weise die Seitenelemente skaliert werden sollen.

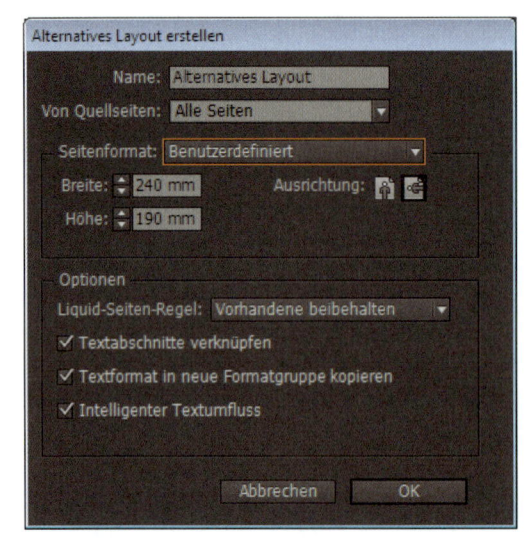

Bild 4.18
Im Dialogfeld „Alternatives Layout erstellen" legen Sie die Einzelheiten für das neue Layout fest.

5. Lassen Sie die drei Kontrollfelder aktiviert. Das erste sorgt dafür, dass die Textelemente des neuen Layouts mit denen des alten Layouts verknüpft sind, das zweite erzeugt eine neue Formatgruppe für die Duplikate der ursprünglichen Absatz-, Zeichen-, Objekt-, Tabellen- und Zellenformate. Bei aktiviertem Kontrollfeld **Intelligenter Textfluss** werden – falls erforderlich – neue Seiten in das neue Layout eingefügt, wenn der Text aus dem bisherigen Layout zu lang ist. Genauso werden bei Bedarf eventuell überflüssige Seiten mit leerem Mustertextrahmen gelöscht.
6. Klicken Sie auf **OK**, um das alternative Layout zu erstellen. Alle Inhalte aus dem ersten werden in das zweite Layout kopiert und anhand der Liquid-Seiten-Regeln im Dialogfeld **Alternatives Layout erstellen** entsprechend angepasst (verschoben oder skaliert).
7. Nun müssen Sie die Formatierung der alternativen Seiten meist mehr oder weniger justieren, damit die Inhalte passen (siehe Bild 4.19).

4.2.2 Alternative Layouts nutzen

- Wie Bild 4.20 zeigt, sind alle Formate aus dem ersten Layout dupliziert und in eine neue Formatgruppe eingefügt worden. Auf diese Weise dürfte es Ihnen nicht mehr schwerfallen, die Formate für das neue Layout entsprechend abzuändern.

Bild 4.19 Im Seitenbedienfeld werden die alternativen Layouts nebeneinander angezeigt.

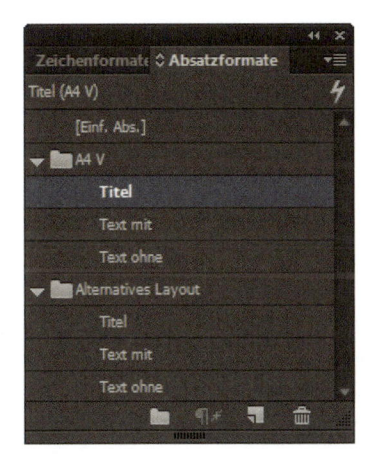

Bild 4.20
Jedes der alternativen Layouts hat seinen eigenen Satz Absatzformate erhalten.

- Sehen Sie sich das Seitenbedienfeld an: Die Seitenminiaturen sind nun in zwei Spalten angeordnet. Links sehen Sie das ursprüngliche, rechts das neue Layout (Sie können gegebenenfalls natürlich weitere Layouts erstellen, die dann ebenfalls neue Spalten im Seitenbedienfeld erhalten).
- Beachten Sie auch, dass jedes neue Layout seinen eigenen Musterseitensatz erhalten hat.
- Wenn Sie den Namen eines Layouts im Seitenbedienfeld ändern möchten, klicken Sie einmal darauf, geben Sie einen passenden Namen ein und drücken die Eingabetaste.

> **PRAXISTIPP:** Vergleichen Sie bei Bedarf die beiden Layouts direkt nebeneinander. Klicken Sie dazu im Seitenbedienfeld auf das Menü über einem der beiden Layouts und wählen Sie den Befehl **Fenster für Layoutvergleich teilen**.

4.2.3 Textänderungen in alternativen Layouts vornehmen

Jetzt nehmen wir an, dass es zu der erwähnten gefürchteten Last-Minute-Textänderung kommt.

1. Da Sie sich im Dialogfeld **Alternatives Layout erstellen** für eine Verknüpfung der Textabschnitte entschieden haben, müssen Sie den Text nur im Quell-Layout ändern.
2. Sobald Sie dies getan haben, zeigt Ihnen das Verknüpfungenbedienfeld ein gelbes Warndreieck neben dem entsprechenden Textabschnitt (siehe Bild 4.21).

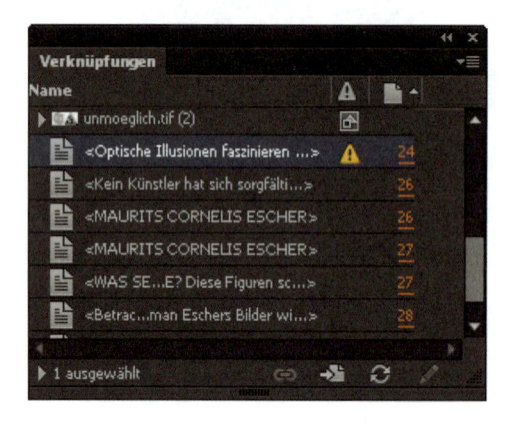

Bild 4.21
Der Text im Quell-Layout wurde geändert. Er hat deshalb im Verknüpfungenbedienfeld ein gelbes Warnsymbol erhalten. Mit einem Doppelklick auf das Warnsymbol können Sie den Text im alternativen Layout aktualisieren.

3. Mit einem Doppelklick auf das gelbe Warndreieck aktualisieren Sie den Text im anderen Layout bzw. in den anderen Layouts.

> **PRAXISTIPP:** Sie können den Text vor der Bestätigung selbstverständlich auch erst mit dem Symbol **Gehe zu Verknüpfung** am unteren Rand des Verknüpfungenbedienfelds ansteuern und prüfen, ob es durch die Textänderung Probleme mit Übersatztext geben wird.

4.2.4 Dokumente mit alternativen Layouts ausgeben

Mit einer Ausnahme ist es gleichgültig, in welchem Format Sie Ihr Dokument ausgeben – immer können Sie im Exportdialog angeben, welches Layout Sie auswählen möchten. Nur beim EPUB-/HTML-Export können Sie keine Seitenbereiche oder Abschnitte auswählen. Im Grunde genommen ist ein Layout ein Abschnitt, vergleichbar den Dokumentabschnitten, die Sie über den Befehl **Layout/Nummerierungs- und Abschnittsoptionen** einrichten.

Öffnen Sie im jeweiligen Export-Dialogfeld das Menü **Bereich**. Hier werden die Layouts Ihres Dokuments aufgeführt. Wählen Sie das Gewünschte aus (siehe Bild 4.22).

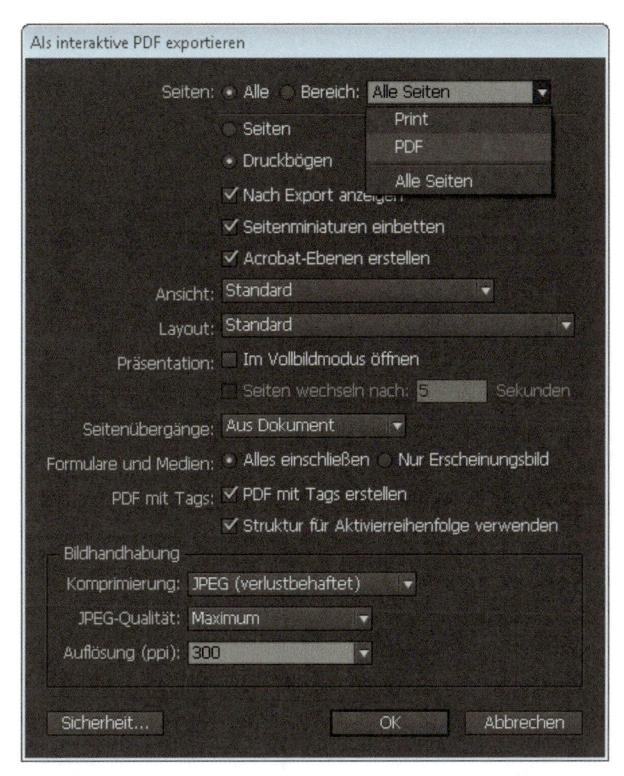

Bild 4.22 Im Dialogfeld „Als interaktive PDF exportieren" können Sie sich für die Ausgabe eines der alternativen Layouts entscheiden.

5 Interaktive Elemente

Der Hauptvorteil von digitalen Dokumenten gegenüber gedruckten Medien ist, dass jene bessere Zugriffswege auf Informationen bieten. Dazu müssen die Zugriffsmöglichkeiten jedoch gut strukturiert sein. Durch die digitale Veröffentlichung von Dokumenten entstehen einige Probleme, die in Print-Medien unbekannt sind. Wenn Sie beispielsweise ein Buch durcharbeiten, können Sie an einer interessanten Stelle ein „Eselsohr" hineinknicken und dann auf einer anderen Seite weiterlesen. Diese Möglichkeiten sind in digitalen Dokumenten so nicht gegeben. Sie sollten den Benutzer deshalb mit möglichst komfortablen, vom Betrachter leicht nachvollziehbaren Navigationsmöglichkeiten versorgen. InDesign bietet Ihnen verschiedene Möglichkeiten, wie z. B. Hyperlinks, Schaltflächen, interaktive Inhaltsverzeichnisse und PDF-Lesezeichen.

■ 5.1 Navigationsmöglichkeiten für EPUB-Dokumente

5.1.1 Hyperlinks und Querverweise

Die meisten Hyperlinks und Querverweise können problemlos in das EPUB-Format exportiert werden (mehr über das Erstellen von Hyperlinks erfahren Sie in Abschnitt 5.2.4, „Hyperlinks").

InDesign exportiert alle Querverweise und konvertiert sie in anklickbare Hyperlinks. Hyperlinks, die zu Webseiten springen, die E-Mail-Adressen, Dateien und Textanker ansteuern, werden ebenfalls exportiert. Hyperlinks zu bestimmten Seiten im aktuellen Dokument werden jedoch verworfen, weil die InDesign-Dokumentseiten in der Reader-Anwendung keine Bedeutung haben.

Außerdem sollten Sie im Hinterkopf behalten, dass einige E-Book-Reader Hyperlinks und Querverweise vollständig ignorieren. Die Hyperlinks sollten deshalb nicht essenziell für das Verständnis und die Nutzung Ihres E-Books sein. Wenn Sie z. B. auf weiterführende Informationen im Web verweisen möchten, sollten Sie deshalb nicht schreiben: „Weiterführende Informationen finden Sie **hier**", sondern besser: „Weiterführende Informationen finden Sie auf **www.mehrinfo.biz**".

5.1.2 Inhaltsverzeichnisse für E-Books

Bei EPUB-E-Books gibt es zwei Arten von Inhaltsverzeichnissen: das „traditionelle" Inhaltsverzeichnis am Anfang eines Buchs und das Navigations-Inhaltsverzeichnis des E-Book-Readers, das beispielsweise auf der linken Seite des Bildschirms angezeigt wird (siehe Bild 5.1).

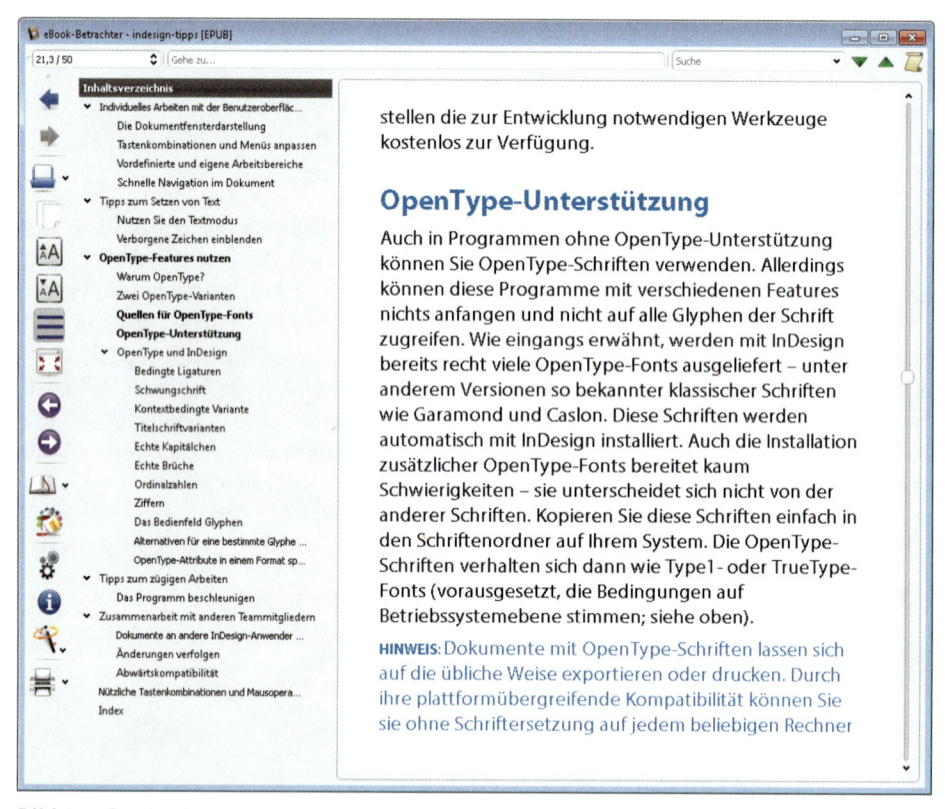

Bild 5.1 Das Navigations-Inhaltsverzeichnis wird im E-Book-Reader, hier in Calibre, angezeigt.

5.1.2.1 Inhaltsverzeichnis für die ersten Buchseiten erstellen

Viele E-Books enthalten beispielsweise am Dokumentanfang ein „traditionelles" Inhaltsverzeichnis. Falls Sie Ihr EPUB-Dokument später in ein Kindle-Format konvertieren möchten, um es im Amazon Store zum Download anzubieten, ist dies sogar erforderlich.

Mit der Inhaltsverzeichnisfunktion von InDesign erstellen Sie automatisch ein komplettes, übersichtlich gestaltetes Inhaltsverzeichnis. Für die Zusammenstellung des Inhaltsverzeichnisses werden üblicherweise die Überschriften des Dokuments verwendet. InDesign unterstützt eine unbegrenzte Anzahl von Inhaltsverzeichnissen. Aus diesem Grund können Sie neben einem normalen Inhaltsverzeichnis auch weitere Verzeichnisse, wie etwa Listen von Abbildungen oder Tabellen, alphabetisierte Listen zu bestimmten Themen usw. hinzufügen.

Damit diese Arbeit zu einem Kinderspiel wird, treffen Sie zunächst einige Vorbereitungen.

5.1.2.1.1 Absatzformate zuweisen

Die Grundlage für das Inhaltsverzeichnis sind Absatzformate – mit anderen Worten: Jeder Text, dem Sie ein bestimmtes Absatzformat zugewiesen haben, kann in das Inhaltsverzeichnis aufgenommen werden. Formatieren Sie Ihr Dokument bzw. dessen Überschriften deshalb komplett mit Absatzformaten.

5.1.2.1.2 Bestandteile des Gesamtwerks in einer Buchdatei zusammenfassen

Falls Sie Ihr Werk in mehrere Dokumente aufgeteilt haben, z. B. eines für jedes Kapitel, sollten Sie es in einer Buchdatei zusammenfassen. Wie es geht, haben Sie bereits in Abschnitt 2.7.1, „Buchdatei anlegen", erfahren. Erzeugen Sie dabei am besten ein neues Dokument für das Inhaltsverzeichnis und fügen Sie dieses ebenfalls in das Buchbedienfeld ein. Ziehen Sie es an die erste Stelle im Bedienfeld (siehe Bild 5.2).

Bild 5.2
Fassen Sie alle Kapitel Ihres Gesamtwerks zu einem Buch zusammen.

Anschließend doppelklicken Sie auf das Inhaltsverzeichnis-Dokument, um es zu öffnen.

5.1.2.1.3 Absatzformate für das Inhaltsverzeichnis erstellen

In den meisten Fällen sollen die Inhaltsverzeichniseinträge anders formatiert werden als die Überschriften im Text. Daher legen Sie jetzt auch für die Inhaltsverzeichniseinträge Absatzformate an.

1. Geben Sie entsprechende Beispieltexte ein – einen Absatz für die geplante erste Überschriftenebene, einen für die zweite usw.
2. Formatieren Sie alle Beispielabsätze über das Zeichen- und das Absatzbedienfeld nach Ihren Wünschen.
3. Klicken Sie in die vorbereitete Überschrift der Ebene 1 und dann im Absatzformatebedienfeld mit gedrückter **Alt**-Taste auf das Symbol **Neues Format erstellen**.
4. Geben Sie einen passenden Namen ein, z. B. „Inhaltsverzeichnis U1" (siehe Bild 5.3). Bestätigen Sie mit **OK**.

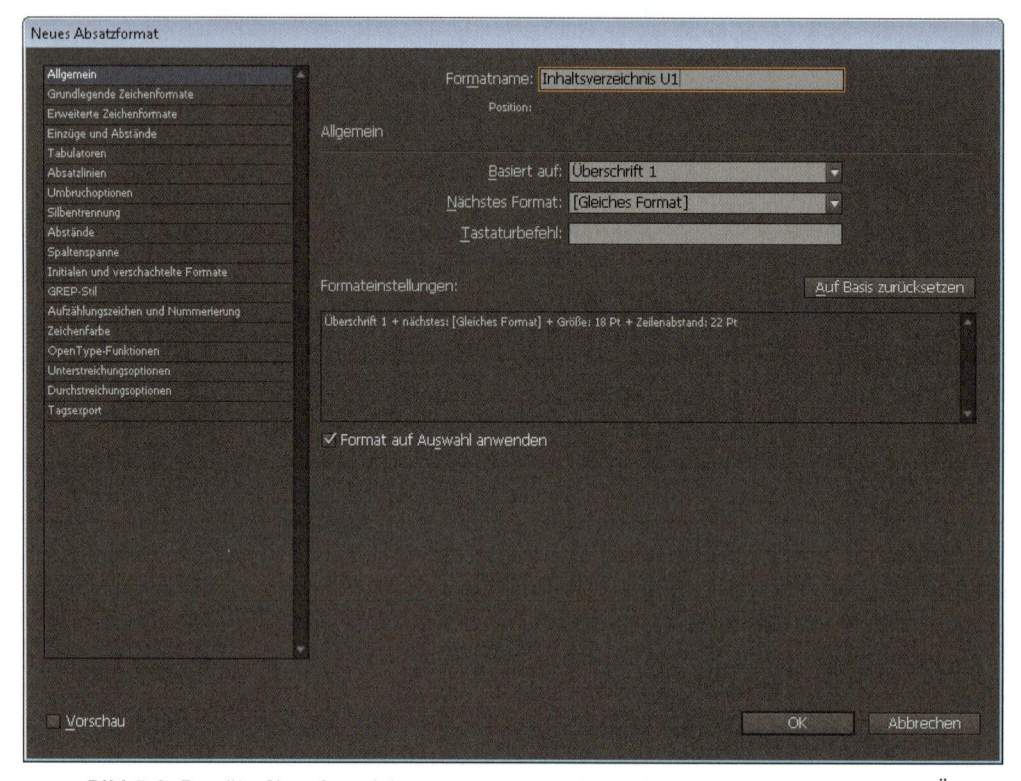

Bild 5.3 Erstellen Sie aufgrund der vorgenommenen Formatierungen Absatzformate für alle Überschriftenebenen.

5. Wiederholen Sie die Schritte 3 und 4 für die übrigen Überschriftenebenen, sodass Sie am Schluss für jedes Überschriftenformat ein eigenes Absatzformat angelegt haben (siehe Bild 5.4).

Bild 5.4
Alle drei Überschriftenebenen haben ein eigenes Absatzformat erhalten.

Der Vorteil dieser Vorgehensweise ist unter anderem, dass Sie dem einmal erstellten Inhaltsverzeichnis gegebenenfalls sehr schnell ein neues Aussehen verleihen können, indem Sie einfach die verwendeten Absatzformate abändern.

5.1.2.1.4 Layout des Inhaltsverzeichnisses festlegen

Legen Sie nun fest, wie das Inhaltsverzeichnis aussehen soll.

1. Wählen Sie **Layout/Inhaltsverzeichnis** (siehe Bild 5.5).
2. Die Schaltfläche **Mehr Optionen** schaltet weitere Einstellmöglichkeiten hinzu. Wenn Sie ein Gesamtinhaltsverzeichnis für Dokumente, die über das Buchbedienfeld verwaltet werden, erstellen möchten, aktivieren Sie das Kontrollfeld **Buchdokumente einschließen**.
3. Geben Sie den Titel für das Inhaltsverzeichnis ein. Wenn Sie das Feld **Titel** leer lassen, erhält Ihr Inhaltsverzeichnis überhaupt keine Überschrift.
4. Daneben wählen Sie aus dem Menü **Format** ein Absatzformat, mit dem der Titel des Inhaltsverzeichnisses formatiert werden soll. Gegebenenfalls erstellen Sie über die Option **Neues Absatzformat** – ebenfalls im Menü **Format** verfügbar – ein neues Format für den Inhaltsverzeichnistitel.
5. Der Bereich **Formate** im Inhaltsverzeichnis ist der Schlüssel zur gelungenen Gliederung des Inhaltsverzeichnisses. Im Feld **Andere Formate** sind alle im Dokument bzw. im Buch definierten Absatzformate aufgelistet. Wählen Sie hier die Formate, mit denen Absätze formatiert sein müssen, damit sie in das Inhaltsverzeichnis aufgenommen werden. Beginnen Sie am besten mit der übergeordneten Inhaltsverzeichnisüberschrift und klicken Sie auf die Schaltfläche **Hinzufügen**, um sie in die Liste **Absatzformate einschließen** aufzunehmen.
6. Wiederholen Sie den Vorgang für alle Absatzformate, die in das Inhaltsverzeichnis aufgenommen werden sollen.

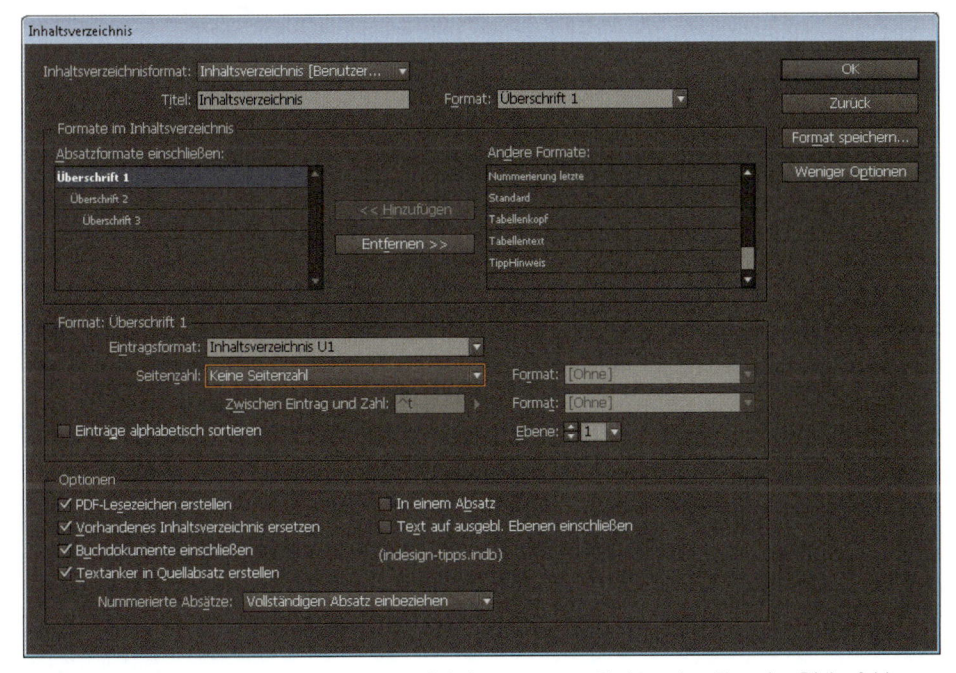

Bild 5.5 Die Formatierung des Inhaltsverzeichnisses steuern Sie komplett über das Dialogfeld „Inhaltsverzeichnis".

7. Sie sehen, dass die Formate in der Reihenfolge des Hinzufügens untereinander eingerückt werden. Dies stellt auch die Hierarchie des fertigen Inhaltsverzeichnisses dar. Falls Sie die Absatzformate in der falschen Reihenfolge eingefügt haben, ziehen Sie sie in der Liste mit gedrückter Maustaste nach oben oder nach unten. Nehmen Sie dann die hierarchische Sortierung der Formate über das Eingabefeld **Ebene** vor – die 1 steht für die oberste Überschriftenebene, die 2 für die nächste usw.

8. Legen Sie fest, welche Formate zur Formatierung der Inhaltsverzeichniseinträge verwendet werden sollen. In Abschnitt 5.1.2.1.3, „Absatzformate für das Inhaltsverzeichnis erstellen", haben Sie die notwendigen Absatzformate ja bereits angelegt. Wählen Sie den ersten Eintrag in der Liste **Absatzformate einschließen** aus und klicken Sie anschließend im Menü **Eintragsformat** in der Gruppe **Format** auf das entsprechende Absatzformat.

9. Das Menü **Seitenzahl** ist für EPUB-Dateien irrelevant. Bei dieser Publikationsart werden die Seitenzahlen verworfen, weil der E-Book-Reader das Dokument neu umbricht. Aus diesem Grund sollten Sie aus dem Menü **Seitenzahl** die Option **Keine Seitenzahl** wählen.

10. Wiederholen Sie diesen Vorgang für die übrigen Absatzformate in der Liste **Absatzformate einschließen**.

11. Lassen Sie das Kontrollfeld **Einträge alphabetisch sortieren** deaktiviert, erstellen Sie ein übliches Inhaltsverzeichnis, bei dem die Einträge in der Reihenfolge ihres Erscheinens im Dokument angezeigt werden.

> **PRAXISTIPP:** Für bestimmte Einsatzzwecke kann es sinnvoll sein, das Kontrollfeld zu aktivieren: Wenn InDesign ein Inhaltsverzeichnis erzeugt, werden automatisch Hyperlinks erstellt, die die Inhaltsverzeichniseinträge mit dem zugehörigen Text verknüpfen. Beim Export der EPUB-Datei bleiben diese Hyperlinks erhalten, sodass der Leser auf den Inhaltsverzeichniseintrag klicken und zur entsprechenden Überschrift springen kann. Deshalb können Sie mit der Möglichkeit, die Einträge alphabetisch zu sortieren, die verschiedensten Listen erzeugen – z. B. eine Liste mit Personennamen oder eine mit Tabellenbeschriftungen. Sie müssen im Text nur die entsprechenden Absatzformate zugewiesen haben.

12. In der Grundeinstellung befindet sich jeder Inhaltsverzeichniseintrag in seinem eigenen Absatz. Alternativ erzeugen Sie ein Inhaltsverzeichnis, in dem nur die erste Überschriftenhierarchie in einem eigenen Absatz steht. Die nächsten Überschriftenebenen werden komplett in einem einzigen Absatz zusammengefasst. Aktivieren Sie dazu das Kontrollfeld **In einem Absatz**.

13. Das Kontrollfeld **Text auf ausgebl. Ebenen einschließen** sollten Sie normalerweise ausgeblendet lassen.

14. Wenn Sie mit InDesign ab Version CC arbeiten, sollten Sie das Kontrollfeld **Textanker in Quellabsatz erstellen** markieren. Dadurch springt der E-Book-Reader beim Auswählen einer Kategorie im Inhaltsverzeichnis direkt zum zugehörigen Absatzanfang.

15. Klicken Sie jetzt auf die Schaltfläche **Format speichern** und geben Sie einen passenden Namen ein. Nur wenn ein Inhaltsverzeichnisformat vorhanden ist, kann InDesign neben dem von Ihnen erstellten auch das Inhaltsverzeichnis des EPUB-Readers generieren.

16. Sobald Sie mit **OK** bestätigen, überprüft InDesign alle Dokumente Ihres Buchs und stellt das Inhaltsverzeichnis zusammen. Dieses hängt nun an der Einfügemarke. Mit einem Klick fügen Sie es in den Mustertextrahmen des vorbereiteten Dokuments ein (siehe Bild 5.6).

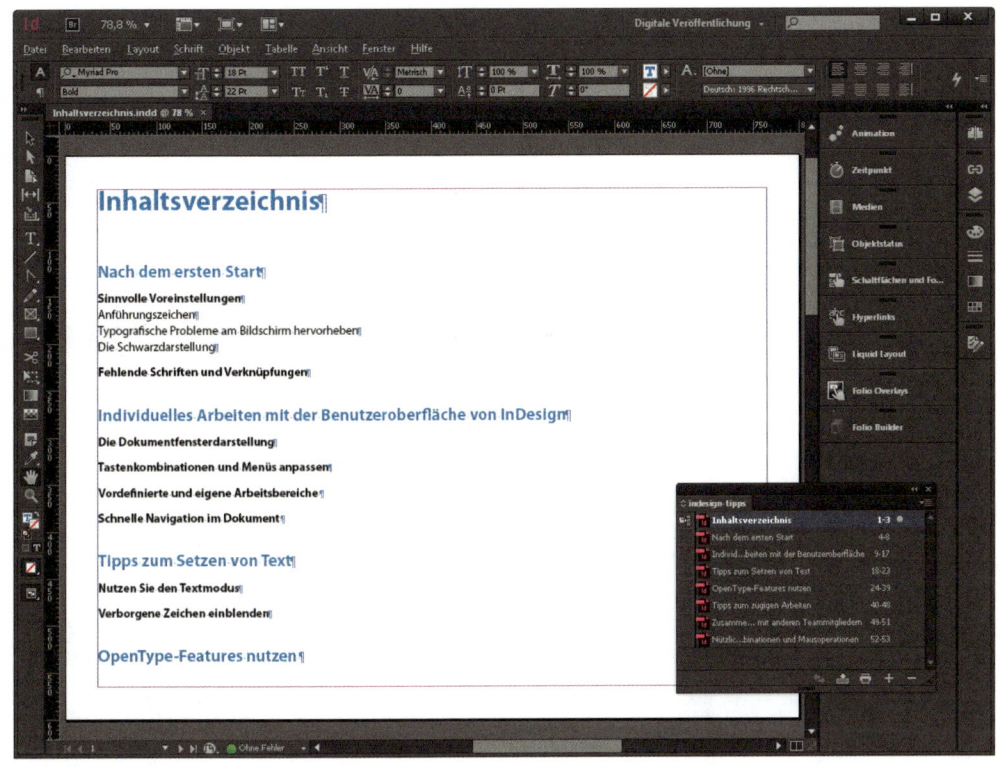

Bild 5.6 Das fertig formatierte Inhaltsverzeichnis wird mit einem Klick in das InDesign-Dokument eingefügt. Beachten Sie, dass Sie für EPUB-Inhaltsverzeichnisse keine Seitenzahlen benötigen.

5.1.2.2 Inhaltsverzeichnis des E-Book-Readers vorbereiten

Das Inhaltsverzeichnis am Anfang Ihres E-Books ist damit fertig. Für das Inhaltsverzeichnis des E-Book-Readers sind an dieser Stelle keine weiteren Schritte nötig.

InDesign verwendet dazu das Inhaltsverzeichnisformat, das Sie vor dem Einfügen des Inhaltsverzeichnisses in Ihr Dokument definiert haben und generiert das Inhaltsverzeichnis automatisch beim Export des E-Books, wie Sie in Kapitel 7 sehen werden.

5.2 Navigationsmöglichkeiten für PDF- und SWF-Dokumente

Ein wichtiger Navigationsmechanismus in PDF-Dokumenten sind die Lesezeichen. Sie bieten nicht nur einfachen Zugriff auf die einzelnen Abschnitte Ihres E-Books, sondern haben gleichzeitig auch den angenehmen Nebeneffekt, dass der Benutzer den allgemeinen Aufbau des Dokuments immer im Auge behält (siehe Bild 5.7). Verknüpfungen durch Lesezeichen eignen sich sehr gut für die Hauptnavigation in Ihrem Dokument – der Umgang mit ihnen ist so komfortabel, dass auch Einsteiger normalerweise problemlos damit zurechtkommen.

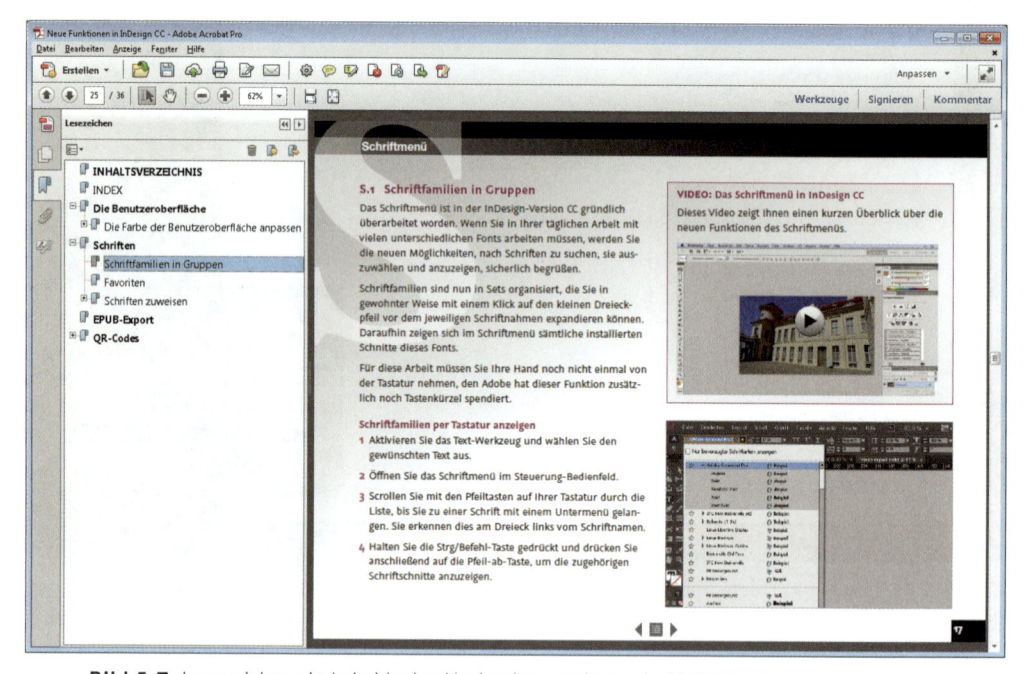

Bild 5.7 Lesezeichen sind ein ideales Navigationswerkzeug in PDF-E-Books.

Voraussetzung dafür ist, dass die Lesezeichen entsprechend sinnvoll angelegt sind – üblich und empfehlenswert sind etwa hierarchisch gegliederte Lesezeichen für die Überschriften des E-Books und vielleicht noch für wichtige Schaubilder und/oder Tabellen.

Da Lesezeichen hierarchisch verschachtelt sein können und der Benutzer die Ebenen einzeln expandieren und einklappen kann, bieten sich vielfältige Möglichkeiten, die Struktur des PDF-Dokuments individuell anzuzeigen. Im Druck sind die Lesezeichen nicht sichtbar, sodass sie das Erscheinungsbild des Ausdrucks nicht stören.

Versehen Sie alle wichtigen Bereiche Ihres PDF-Dokuments mit Lesezeichen – dazu gehören etwa alle Kapitelüberschriften, das Inhaltsverzeichnis, der Index, wichtige Abbildungen oder Tabellen.

Allerdings sind Lesezeichen kein vollständiger Ersatz für ein Inhaltsverzeichnis (sowie möglicherweise auch Abbildungs- und ähnliche Verzeichnisse am Ende des Dokuments).

Die Lesezeichen eines längeren E-Books ergeben eine lange Scroll-Liste. Ein detailliertes Inhaltsverzeichnis stellt die Überschriften des E-Books übersichtlicher dar, selbst wenn es mehrere Seiten lang ist. Das Inhaltsverzeichnis sollte deshalb genauso detailliert sein wie die Lesezeichen.

Manche Benutzer drucken das E-Book auch lieber aus. Da die Lesezeichen nicht mit ausgedruckt werden, ist das Inhaltsverzeichnis in diesem Fall unbedingt erforderlich.

> **HINWEIS:** Vergessen Sie nicht, ein Lesezeichen anzubringen, das zum Inhaltsverzeichnis führt, damit der Benutzer dieses jederzeit ansteuern kann. Versehen Sie das Inhaltsverzeichnis am besten mit Hyperlinks (mehr darüber erfahren Sie in Abschnitt 5.2.1, „Inhaltsverzeichnis mit Hyperlinks erzeugen").

Bei Fachpublikationen sollten Sie auch einen Index am Ende des Dokuments nicht vergessen. Dessen Seitenzahlen werden beim PDF-Export von InDesign automatisch mit Hyperlinks versehen.

5.2.1 Inhaltsverzeichnis mit Hyperlinks erzeugen

In Abschnitt 5.1.2, „Inhaltsverzeichnisse für E-Books", haben Sie bereits erfahren, wie Sie Inhaltsverzeichnisse für EPUB-Veröffentlichungen erzeugen. Für PDF-Inhaltsverzeichnisse nutzen Sie die gleiche Technik, mit ein paar kleinen Unterschieden.

Der wichtigste Unterschied ist die Tatsache, dass PDF-Dokumente üblicherweise Seitenzahlen enthalten. Also bietet es sich an, diese auch im Inhaltsverzeichnis darzustellen. Am besten definieren Sie das Aussehen der Seitenzahlen in den Absatzformaten, die Sie für die Formatierung der Inhaltsverzeichniseinträge verwenden:

1. Geben Sie entsprechende Beispieltexte ein – einen Absatz für die geplante erste Überschriftenebene, einen für die zweite usw.
2. Trennen Sie die Beispielseitenzahl jeweils durch einen Tabstopp vom zugehörigen Text (siehe Bild 5.8 auf der nächsten Seite).
3. Formatieren Sie alle Beispielabsätze über das Zeichen-, das Absatz- und das Tabulatorenbedienfeld (**Schrift/Tabulatoren**) nach Ihren Wünschen.

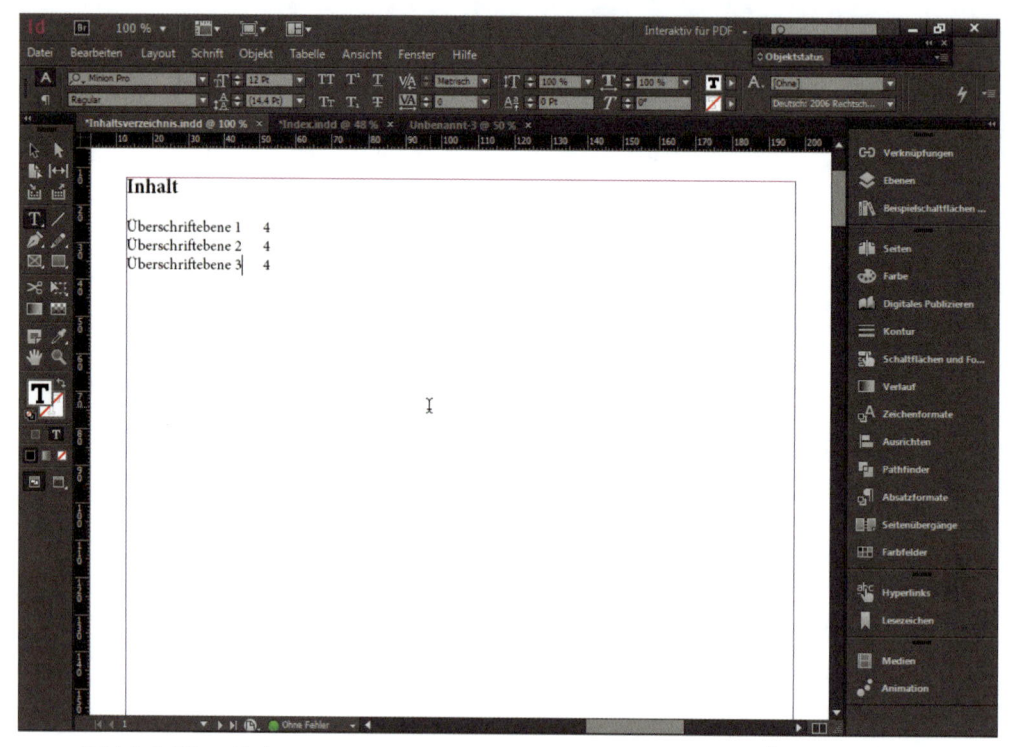

Bild 5.8 Fügen Sie in das Inhaltsverzeichnisdokument Dummy-Texte für alle Überschriftenebenen ein.

Wichtig ist die entsprechende Einrichtung der Tabstopps für die Seitenzahlen. Setzen Sie zwischen die Verzeichniseinträge und die Seitenzahlen zur leichteren Orientierung Füllzeichen – Punkte sind hierfür bestens geeignet.

1. Wählen Sie die Beispielabsätze aus und schalten Sie mit **Schrift/Tabulatoren** (Umschalt + Strg/Befehl + T) das Tabulatorenbedienfeld ein.
2. Klicken Sie am oberen Bedienfeldrand auf das Symbol für den rechtsbündigen Tabulator.
3. In das Feld **X** geben Sie ein, auf welche Linealposition der Tabulator gesetzt werden soll. Alternativ klicken Sie in die weiße Leiste über dem Lineal im Bedienfeld.
4. Im Feld **Füllzeichen** definieren Sie eventuell ein Füllzeichen (meist einen Punkt) für den Raum zwischen dem Text vor und nach dem Tabulator. Solche Füllzeichen führen das Auge durch das Inhaltsverzeichnis, Verzeichniseintrag und zugehörige Seitenzahl lassen sich besser zuordnen.
5. Bestätigen Sie mit der **Return**-Taste. Alle standardmäßig eingerichteten Tabstopps vor diesem ersten benutzerdefinierten Tabstopp werden entfernt. Bei Bedarf können Sie den Tabstopp auf dem Lineal nun noch mit gedrückter Maustaste an eine andere Stelle ziehen (siehe Bild 5.9).

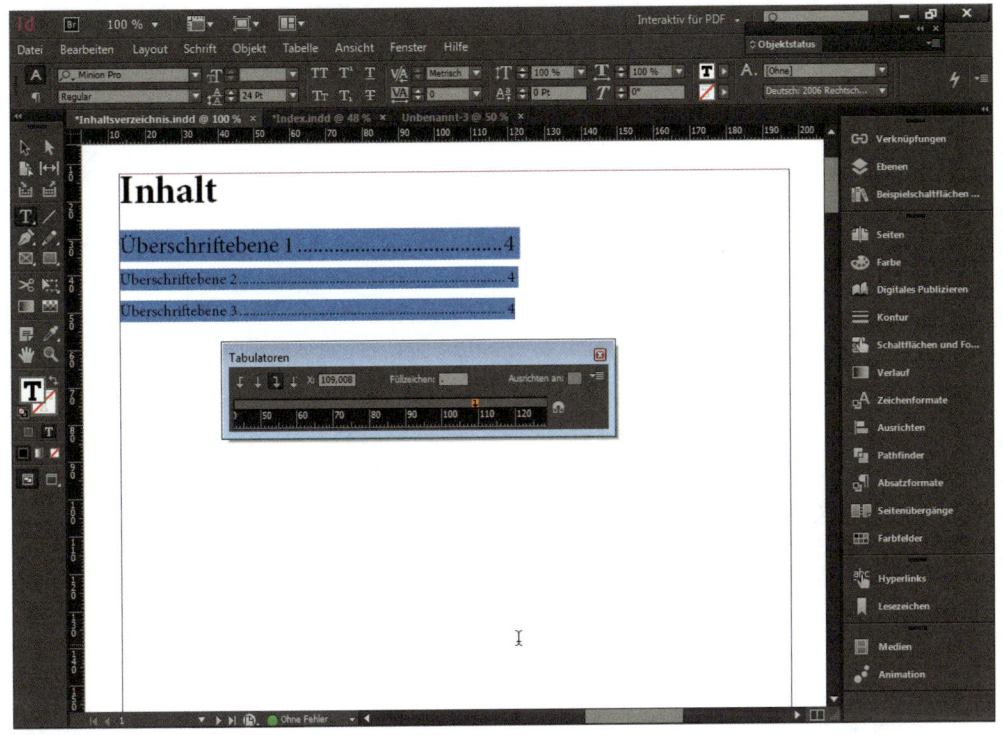

Bild 5.9 Formatieren Sie die Beispielabsätze so, wie die entsprechenden Überschriftenebenen im Inhaltsverzeichnis aussehen sollen.

Diese Formatierungen speichern Sie nun in Absatzformaten für die einzelnen Überschriftenebenen.

1. Im Feld **Seitenzahl** des Dialogfelds **Inhaltsverzeichnis** legen Sie fest, an welcher Stelle die Seitenzahlen positioniert werden sollen – normalerweise nach dem Eintragstext.
2. Rechts vom Feld **Seitenzahl** finden Sie das Menü **Format**, in dem Sie der Seitenzahl ein eigenes Zeichenformat zuweisen können. Haben Sie bisher noch kein geeignetes Zeichenformat erstellt, scrollen Sie ganz ans Ende der Pull-down-Liste und wählen **Neues Zeichenformat**.
3. Im Feld **Zwischen Eintrag und Zahl** legen Sie fest, wie Eintragstext und zugehörige Seitenzahl voneinander getrennt werden sollen. Sie können entweder ein Steuerzeichen direkt in das Feld eingeben oder auf den kleinen Pfeil rechts vom Feld klicken. Hier bietet Ihnen InDesign eine ganze Reihe von Sonderzeichen zur Auswahl. Üblich ist es z. B., den Platz zwischen Inhaltsverzeichniseintrag und Seitenzahl durch Punkte aufzufüllen. Da Sie die Punkte bereits im Absatzformat für die einzelnen Eintragsformate festgelegt haben, geben Sie in das Feld **Zwischen Eintrag und Zahl** einfach ein Tab-Zeichen (^t) ein.
4. Aktivieren Sie bei Inhaltsverzeichnissen für Bildschirm-PDFs das Kontrollfeld **PDF-Lesezeichen erstellen**. Dann werden sämtliche Inhaltsverzeichniseinträge im fertig exportierten PDF-Dokument zu Lesezeichen, mit deren Hilfe der Benutzer im Dokument navigieren kann.

> **HINWEIS:** Ausführliche Informationen über Lesezeichen erhalten Sie in Abschnitt 5.2.3, „Lesezeichen".

5.2.1.1 Inhaltsverzeichnis nach Änderungen an den Buchdateidokumenten aktualisieren

Bei Bedarf lässt sich das Inhaltsverzeichnis jederzeit aktualisieren, wenn Sie die Überschriften in Dokumenten geändert haben:

1. Wählen Sie **Layout/Inhaltsverzeichnis aktualisieren**.
2. Ein Meldungsfenster informiert Sie über die Aktualisierung des Inhaltsverzeichnisses (siehe Bild 5.10).

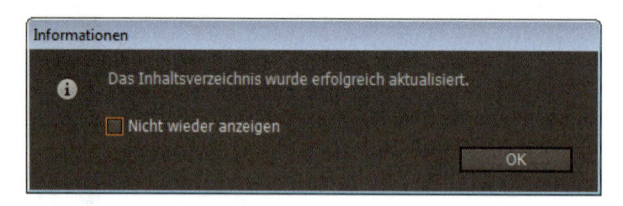

Bild 5.10
InDesign teilt Ihnen mit, dass das vorhandene Inhaltsverzeichnis aktualisiert wurde.

Die Möglichkeit der Aktualisierung von Inhaltsverzeichnissen ist auch dann wichtig, wenn Sie eine vorhandene Print-Publikation nun als Bildschirm-PDF ausgeben möchten und das bestehende Inhaltsverzeichnis mit abgewähltem Kontrollfeld **PDF-Lesezeichen erstellen** erzeugt haben. Auch in diesem Fall müssen Sie das Inhaltsverzeichnis nicht neu erstellen. Es genügt, wenn Sie es mit den richtigen Einstellungen aktualisieren. Klicken Sie an einer beliebigen Stelle in das Inhaltsverzeichnis und gehen Sie folgendermaßen vor:

1. Wählen Sie **Layout/Inhaltsverzeichnis** und klicken Sie gegebenenfalls auf die Schaltfläche **Mehr Optionen**.
2. Aktivieren Sie das Kontrollfeld **PDF-Lesezeichen erstellen**. Dann legt InDesign beim Export aufgrund der Inhaltsverzeichniseinträge im gesamten Dokument Lesezeichen an, mit deren Hilfe der Benutzer im Dokument navigieren kann.
3. Klicken Sie auf **OK**, um das Inhaltsverzeichnis zu aktualisieren.

5.2.1.1.1 Lokale Formatierungen im Inhaltsverzeichnis

Mit der bisher geschilderten Vorgehensweise erzeugen Sie ein gut gestaltetes Inhaltsverzeichnis. Trotzdem müssen auch fertige Inhaltsverzeichnisse häufig noch nachbearbeitet werden.

Ein typisches Problem: Sie erstellen ein umfangreiches Dokument und erzeugen dann mit **Layout/Inhaltsverzeichnis** ein Inhaltsverzeichnis. Leider werden auch in den Überschriften verwendete lokale Formatierungen in das Inhaltsverzeichnis übernommen. Und wenn Sie erzwungene Zeilenumbrüche (**Umschalt + Eingabe**) verwendet haben (häufig der besseren Optik wegen bei zwei- oder mehrzeiligen Überschriften), tauchen auch diese im Inhaltsverzeichnis auf (siehe Bild 5.11).

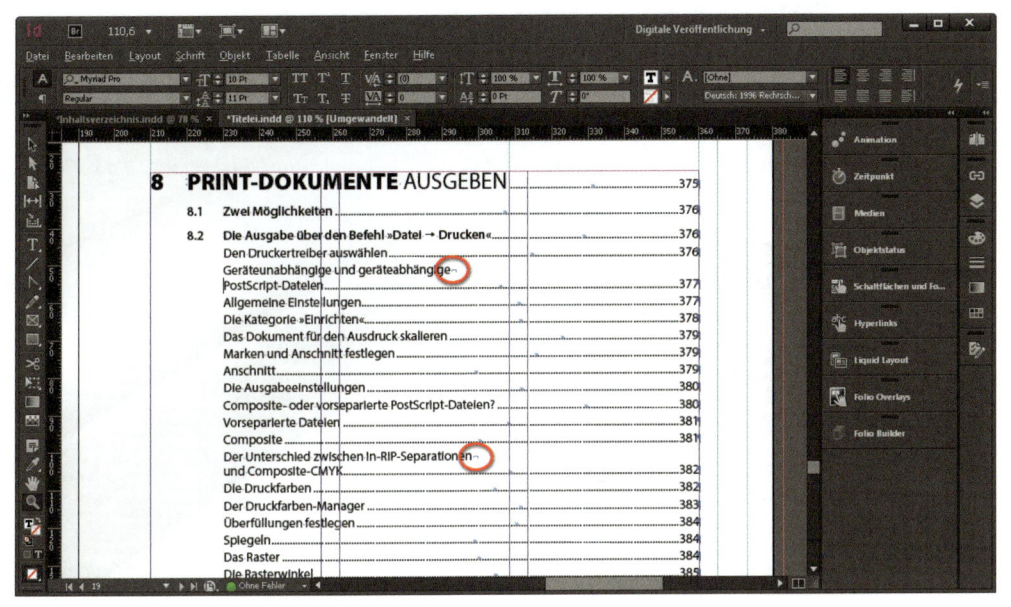

Bild 5.11 Erzwungene Zeilenumbrüche erscheinen ebenfalls im Inhaltsverzeichnis.

Leider lassen sich diese Probleme nicht im Vorfeld verhindern. Es gibt keine Möglichkeit, ein Inhaltsverzeichnis zu erstellen und dabei automatisch unerwünschte Formatierungen und Umbrüche zu entfernen. Aber Sie können diese relativ schnell im Nachhinein entfernen oder auch die Überschriften gleich so einrichten, dass Sie später nicht mehr so viel bereinigen müssen.

Zunächst erfahren Sie, unter welchen Umständen lokale Formatierungen in Ihr Inhaltsverzeichnis übernommen werden:

- Alle lokalen Formatierungen, die Sie einem Teil Ihrer Überschrift zugewiesen haben, werden in das Inhaltsverzeichnis übernommen.
- Lokale Formatierungen, die Sie der gesamten Überschrift (einschließlich ihrer Absatzmarke) zugewiesen haben, werden nicht in das Inhaltsverzeichnis übernommen.
- Zeichenformate werden immer in das Inhaltsverzeichnis übernommen, gleichgültig, ob Sie sie nur einem Teil oder der gesamten Überschrift zugewiesen haben.

So entfernen Sie sämtliche lokalen Formatierungen und Zeichenformate aus Ihrem Inhaltsverzeichnis:

1. Klicken Sie in das Inhaltsverzeichnis und drücken Sie die Tastenkombination **Strg/Befehl + A**, um es auszuwählen.
2. Klicken Sie am unteren Rand des Absatzformatebedienfelds auf das Symbol **Abweichungen in Auswahl löschen** (siehe Bild 5.12).

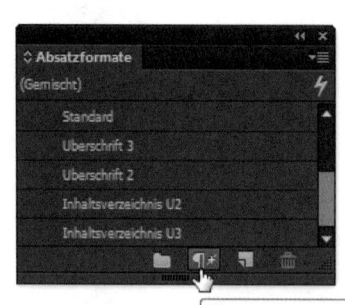

Bild 5.12
Manuelle Formatierungen können Sie über das Symbol „Abweichungen in Auswahl löschen" entfernen.

3. Aktivieren Sie dann bei weiterhin markiertem Inhaltsverzeichnis das Zeichenformatebedienfeld und klicken Sie auf **[Ohne]**, um auch alle Zeichenformate zu entfernen (siehe Bild 5.13).

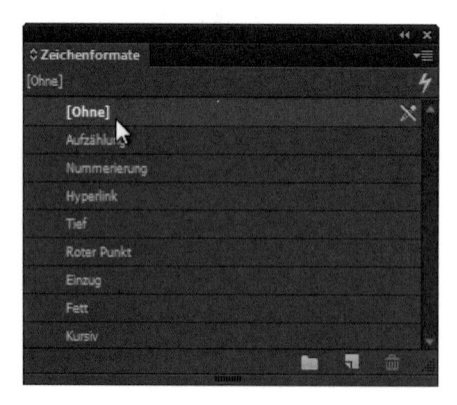

Bild 5.13
So entfernen Sie Zeichenformate aus einem markierten Text.

5.2.1.1.2 Harte Zeilenumbrüche entfernen

Wenn Sie harte Zeilenumbrüche (**Umschalt + Eingabe**) in Ihren Überschriften verwendet haben, löschen Sie diese folgendermaßen aus Ihrem Inhaltsverzeichnis:

1. Wählen Sie **Bearbeiten/Suchen/Ersetzen** oder drücken Sie die Tastenkombination **Strg/Befehl + F**.
2. In das Feld **Suchen nach** geben Sie **^n** ein. Dies ist das Steuerzeichen für einen harten Zeilenumbruch. Geben Sie in das Feld **Ändern in** ein Leerzeichen ein.
3. Aus dem Menü **Durchsuchen** wählen Sie **Textabschnitt**, sodass nur Ihr Inhaltsverzeichnis durchsucht wird (siehe Bild 5.14).

Bild 5.14 So ersetzen Sie die harten Zeilenumbrüche in Ihrem Inhaltsverzeichnis.

4. Achten Sie darauf, dass sich die Einfügemarke im Inhaltsverzeichnis befindet, und klicken Sie auf **Alle Ändern**.

Nun gibt es an den Stellen, an denen die harten Zeilenumbrüche entfernt wurden, eventuell doppelte Leerzeichen. Diese entfernen Sie mit den folgenden Schritten:

1. Im Feld **Suchen nach** löschen Sie die Eingabe ^n und tippen stattdessen zwei Leerzeichen ein. Das Leerzeichen im Feld **Ändern in** lassen Sie stehen.
2. Klicken Sie auf die Schaltfläche **Alle ändern**.

5.2.1.1.3 Gestaltung des Inhaltsverzeichnisses auch für andere Publikationen verwenden

Wenn Sie immer dasselbe PDF-Design layouten, erstellen Sie am besten ein Inhaltsverzeichnisformat, das Sie anschließend für beliebig viele Dokumente verwenden können. In einem solchen Inhaltsverzeichnisformat können Sie alle Optionen im Dialogfeld **Inhaltsverzeichnis** speichern.

1. Wählen Sie **Layout/Inhaltsverzeichnisformate**. Im gleichnamigen Dialogfeld klicken Sie auf die Schaltfläche **Neu** und geben dem neuen Format einen Namen.
2. Das Dialogfeld **Inhaltsverzeichnisformat** gleicht dem zuvor besprochenen Dialogfeld **Inhaltsverzeichnis**. Nehmen Sie die entsprechenden Einstellungen vor und bestätigen Sie mit **OK**.

Falls Sie bereits ein fertiges Inhaltsverzeichnis erstellt haben, das Ihnen gefällt, geht der folgende Weg wahrscheinlich schneller:

1. Öffnen Sie das Dokument mit dem Inhaltsverzeichnis und wählen Sie **Layout/Inhaltsverzeichnis**.
2. Kontrollieren Sie noch einmal, ob alle Optionen korrekt eingestellt sind, und klicken Sie auf die Schaltfläche **Format speichern**.
3. Geben Sie dem Format einen Namen und klicken Sie auf **OK** (siehe Bild 5.15).

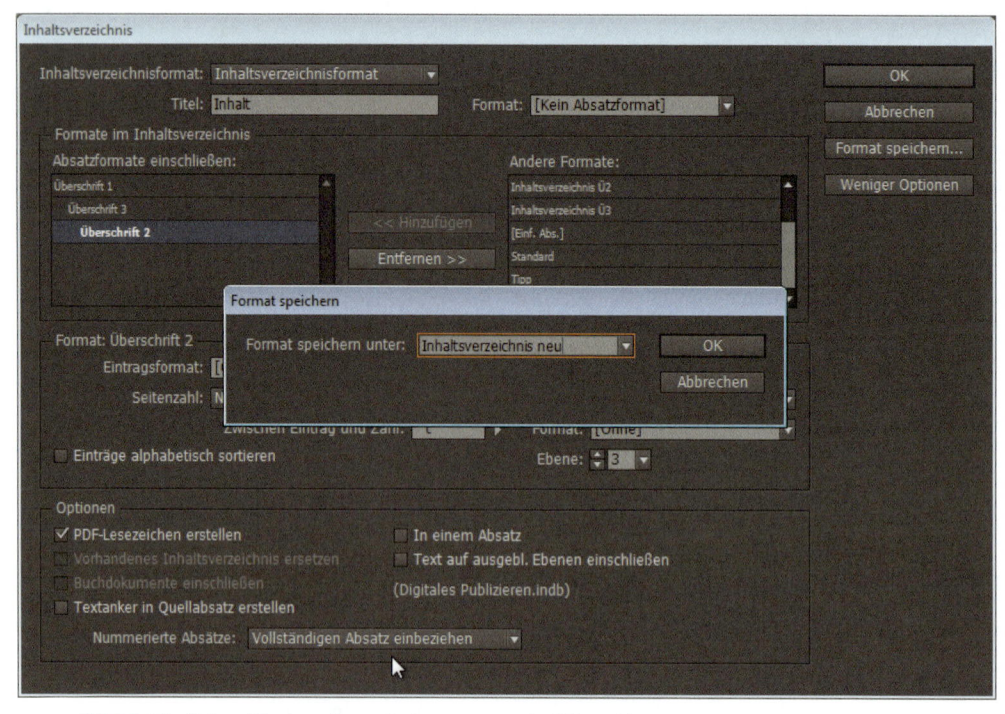

Bild 5.15 Geben Sie dem Format einen aussagekräftigen Namen.

Von nun an ist es für alle InDesign-Dokumente verfügbar und kann über das Menü **Inhaltsverzeichnisformat** des Dialogfelds **Inhaltsverzeichnis** bzw. über das Dialogfeld **Inhaltsverzeichnisformate** mit der Befehlsfolge **Layout/Inhaltsverzeichnisformate** abgerufen werden (siehe Bild 5.16).

Bild 5.16
Das neue Format lässt sich über das Feld „Formate" buchübergreifend abrufen.

5.2.2 Index mit Hyperlinks erzeugen

In langen Fachpublikationen ist ein Index, der wichtige Stichwörter alphabetisch sortiert und mit der entsprechenden Seitenzahl auflistet, unverzichtbar. In InDesign erstellen Sie sowohl einfach gegliederte als auch wissenschaftliche Indizes mit Hierarchien und Querverweisen.

5.2.2.1 Indexbedienfeld

Zum Zusammenstellen der Indexeinträge benötigen Sie das Indexbedienfeld. Öffnen Sie dieses mit **Fenster/Schrift & Tabellen/Index**.

Am oberen Rand des Bedienfelds stellen Sie den Arbeitsmodus ein: **Verweis** oder **Thema**. Im Allgemeinen arbeiten Sie bei aktiviertem Kontrollfeld **Verweis**, um normale Indexeinträge zu erstellen. Nur in diesem Modus zeigt das Bedienfeld die Seitenzahlen an, auf denen der jeweilige Begriff vorkommt. Im Modus **Thema** bearbeiten Sie die Einträge dagegen thematisch (manche Anwender finden es praktisch, zunächst im Modus **Thema** die Themen anzulegen und später im Modus **Verweis** zu arbeiten, weil es ihnen dann leichter fällt, einen konsistenten Index zu erzeugen) (siehe Bild 5.17).

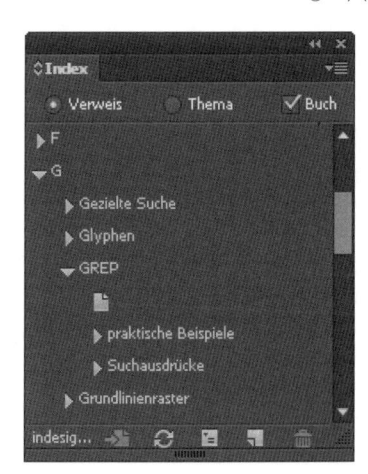

Bild 5.17
Indexbedienfeld mit einigen Einträgen

5.2.2.2 Indexeinträge definieren

1. Aktivieren Sie zunächst im Indexbedienfeld das Kontrollfeld **Buch**. Dann berücksichtigt InDesign automatisch sämtliche Buchdokumente für den Index. Nachdem Sie den Modus **Verweis** aktiviert haben, wählen Sie im Layout das Wort aus, das Sie indizieren möchten. Klicken Sie am unteren Rand des Indexbedienfelds auf das Symbol **Neuen Indexeintrag erstellen**.

2. Im Dialogfeld **Neuer Seitenverweis** sehen Sie das ausgewählte Wort im Feld 1 der Themenstufen. Möchten Sie einen mehrgliedrigen Index wie in Fachbüchern erstellen, können Sie jetzt noch einen oder auch mehrere Untereinträge festlegen, die Sie in die Felder **Themenstufen** eingeben (siehe Bild 5.18).

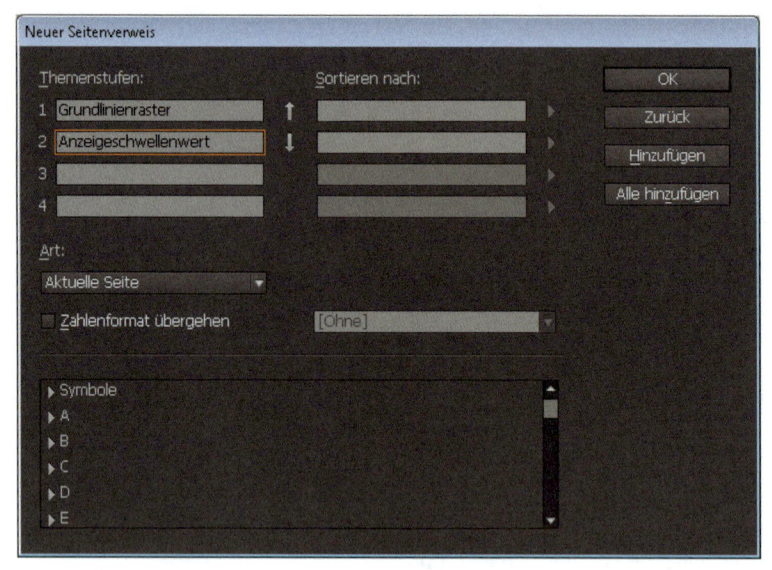

Bild 5.18 Feld 1 der Themenstufen stellt den Haupteintrag dar.

> **HINWEIS:** Auch wenn Sie bereits einen Eintrag mit Untereintrag erstellt haben, können Sie diesem weitere Untereinträge hinzufügen. Geben Sie dazu im Dialogfeld **Neuer Seitenverweis** in das Feld 1 erneut den Haupteintrag ein und darunter den neuen Untereintrag.

5.2.2.3 Weitere Optionen für Indexeinträge

- Soll sich der Indexeintrag nur auf die aktuelle Seite beziehen, lassen Sie im Menü **Art** den Eintrag **Aktuelle Seite** stehen.
- Manchmal möchten Sie im Index ganze Seitenbereiche angeben, z. B. **Drahtmodelle; 104–116**. Für diese Darstellungsweise bietet InDesign gleich eine ganze Reihe von Optionen, die Sie im Menü **Art** finden. **Bis Dokumentende** weitet den Seitenbereich beispielsweise von der Auswahl bis zum Ende des Dokuments aus (siehe Bild 5.19).
- Querverweise gehören ebenfalls zu einem guten Index. Nehmen wir an, in Ihrem Dokument verwenden Sie den Begriff **Grundlinienraster**, dann sollten Sie auch einen Querverweis für den Begriff **Raster** einfügen, falls der Leser im Index eher nach diesem Wort sucht. Dazu wählen Sie im Menü unter den verschiedenen **Siehe auch**-Einträgen.
- Klicken Sie auf **OK**, um den Indexeintrag in das Bedienfeld einzufügen. Im Indexbedienfeld erscheint eine alphabetische Liste und der gerade hinzugefügte Eintrag wird – gegebenenfalls mit seiner Seitenzahl – unter dem richtigen Buchstaben einsortiert.
- Über die grauen Pfeile klappen Sie Einträge und Buchstaben auf die gewohnte Weise ein und expandieren sie wieder. Fügen Sie auf diese Weise sämtliche Indexeinträge hinzu.

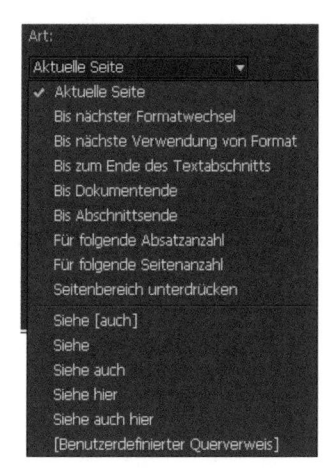

Bild 5.19
Im oberen Abschnitt des Menüs finden Sie die Einträge für Verweise auf Seitenbereiche, im unteren Abschnitt die Einträge für Querverweise.

> **PRAXISTIPP:** Für einfache Indexeinträge mit Seitenverweis und ohne weitere Optionen können Sie auch die Tastenkombination **Umschalt + Strg/Befehl + Alt + Ö** betätigen. Dann öffnet InDesign das Dialogfeld gar nicht erst, sondern fügt den Indexeintrag direkt dem Bedienfeld hinzu. Mit **Umschalt + Strg/Befehl + Alt + Ä** erzeugen Sie auf dieselbe Weise einen Indexeintrag für Eigennamen. Markieren Sie beispielsweise die beiden Wörter **Henry Miller** und betätigen die genannte Tastenkombination, so erhalten Sie den Indexeintrag **Miller, Henry**.

5.2.2.4 Alle Vorkommen eines bestimmten Suchbegriffs zum Index hinzufügen

Zusätzlich gibt es eine Indizierungsfunktion, die Ihnen unter Umständen eine Menge Arbeit erspart: Bei Bedarf fügen Sie alle Vorkommen eines bestimmten Suchbegriffs im Buch oder Einzeldokument zum Index hinzu. Wählen Sie hier nur ausgesprochene Fachbegriffe, da der Index bei der Verwendung von Wörtern, die sehr häufig vorkommen, unübersichtlich wird.

1. Wählen Sie den entsprechenden Suchbegriff im Dokument aus.
2. Im Indexbedienfeld klicken Sie auf das Symbol **Neuen Indexeintrag erstellen**.
3. Klicken Sie im Dialogfeld auf die Schaltfläche **Alle hinzufügen**.

InDesign durchsucht das gesamte Dokument bzw. sämtliche Buchdateien und legt jedes Mal, wenn es eine Entsprechung für den ausgewählten Text findet, einen weiteren Indexeintrag fest.

Bei dieser Vorgehensweise kann es zu Dopplungen kommen. InDesign setzt an einer Stelle, an der Sie bereits manuell einen Indexeintrag definiert haben, einen weiteren Eintrag. Im fertigen Index wirkt sich das aber nicht aus, InDesign erstellt nur einen einzigen Verweis auf dieselbe Seite.

5.2.2.5 Index erzeugen

Generieren Sie nun den Index. Legen Sie am besten ein neues Indexdokument dafür an. Dieses sollte sich üblicherweise am Ende des Buchbedienfelds befinden. Möchten Sie ein Einzeldokument indizieren, bereiten Sie am Schluss des Dokuments eine leere Seite vor.

1. Klicken Sie im Indexbedienfeld auf das Symbol **Index generieren**. Diesen Befehl finden Sie auch im Bedienfeldmenü.
2. Geben Sie im oberen Bereich des Dialogfelds den Titel für den Index ein und weisen Sie ihm ein Absatzformat zu. Falls Sie ein Buch erstellt haben, aktivieren Sie das Kontrollfeld **Buchdokumente einschließen**.
3. Schalten Sie über die Schaltfläche **Mehr Optionen** weitere Auswahlmöglichkeiten hinzu.
4. Der Eintrag **Verschachtelt** im Menü darunter erzeugt einen wissenschaftlichen Index mit Untereinträgen (siehe Bild 5.20). In diesem Fall wählen Sie über den Bereich **Stufenformat** die Absatzformate für die verschiedenen Einrückungen aus. Wählen Sie hingegen **In einem Absatz**, werden mehrgliedrige Einträge so formatiert, wie es Bild 5.21 zeigt.

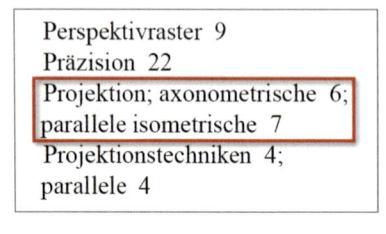

Bild 5.20
Beispiel eines verschachtelten Index

Bild 5.21
Dieser Index wurde mit der Option „In einem Absatz" erstellt.

Weitere Formatierungen nehmen Sie über die Gruppen **Stufenformat** und **Indexformat** vor.

5. In der Gruppe **Stufenformat** wählen Sie für die Indexeinträge der einzelnen Stufen separate, selbst gestaltete Absatzformate. Alternativ bietet InDesign Ihnen automatisch generierte Formate mit den **Indexstufen 1** bis **4**.
6. Auch in der Gruppe **Indexformat** gibt InDesign automatische Formate vor, die Sie bei Bedarf über die Menüs durch eigene Formate austauschen.
7. Das Kontrollfeld **Indexabschnittsüberschriften einschließen** aktivieren Sie, damit InDesign vor jedem neuen alphabetischen Abschnitt den entsprechenden Buchstaben einfügt.
8. Wählen Sie zusätzlich das Kontrollfeld **Leere Indexabschnitte einschließen**, wenn Sie auch Buchstaben ohne Indexeinträge mit einer Indexüberschrift versehen möchten.

9. In der Gruppe **Eintragstrennzeichen** definieren Sie die Zeichen, durch die Sie die einzelnen Stufen trennen möchten. Neben Kommata und Strichpunkten können Sie hier auch verschiedene Geviertabstände und -striche verwenden. Wählen Sie diese entweder über die jeweiligen Menüs aus oder geben Sie das entsprechende Sonderzeichen direkt in die Eingabefelder ein. Die Tabelle informiert Sie über die hier verfügbaren Sonderzeichen.

Sonderzeichen	Eintragskennzeichen
^8	Aufzählungszeichen
^p	Absatzende
^n	Harter Zeilenumbruch
^t	Tabulatorzeichen
^h	Ende des verschachtelten Formats
^_	Geviertstrich
^m	Geviertleerzeichen
^=	Halbgeviertstrich
^>	Halbgeviertleerzeichen
^f	Ausgleichsleerzeichen
^|	$1/24$-Geviertleerzeichen
^s	Geschütztes Leerzeichen
^<	Achtelgeviertleerzeichen
^-	Bedingter Bindestrich
^~	Geschützter Trennstrich

10. Erstellen Sie den Index abschließend mit einem Klick auf die Schaltfläche **OK**. Er hängt an der Einfügemarke.
11. Fügen Sie ihn mit einem Klick in einen vorhandenen Textrahmen ein oder erstellen Sie mit einem Mausklick oder durch Klicken und Ziehen einen neuen Textrahmen (siehe Bild 5.22 auf der nächsten Seite).

> **HINWEIS:** Beim Export als interaktive PDF-Datei werden die Seitenzahlen des Index automatisch zu funktionstüchtigen Hyperlinks. Mehr über den Export erfahren Sie in Kapitel 8.

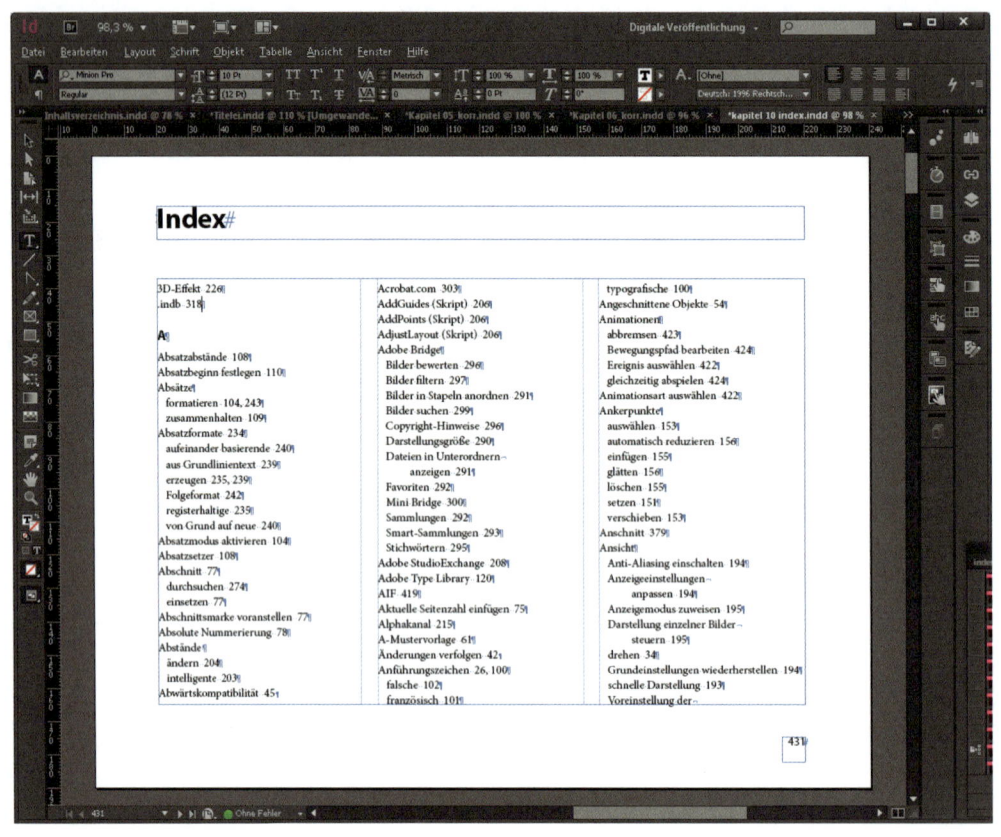

Bild 5.22 Der fertige Index

5.2.2.6 Index aktualisieren

Mitunter kommt es vor, dass Sie die Indexeinträge nachträglich erweitern oder verändern möchten. Öffnen Sie das besprochene Dialogfeld erneut und achten Sie darauf, dass das Kontrollfeld **Vorhandenen Index ersetzen** aktiviert ist. Damit werden neue Indexeinträge hinzugefügt, gelöschte entfernt und die Seitenzahlen aktualisiert.

5.2.2.7 Mehrere Indizes erzeugen

Eigentlich können Sie in InDesign nur einen einzigen Index erzeugen. Recht häufig benötigen Sie aber nicht nur ein Sachregister, sondern beispielsweise auch noch ein Personenregister. Hier ist ein Workaround notwendig:

1. Öffnen Sie das Dokument oder das Buch, das Sie mit dem Index versehen möchten. Falls Sie an einer Buchdatei arbeiten, aktivieren Sie im Indexbedienfeld das Kontrollfeld **Buch**.

2. Beginnen Sie mit dem Sachregister. Markieren Sie im Text das erste Wort, das Sie in den Index aufnehmen möchten.

3. Klicken Sie am unteren Rand des Bedienfelds auf **Neuen Indexeintrag erstellen**.

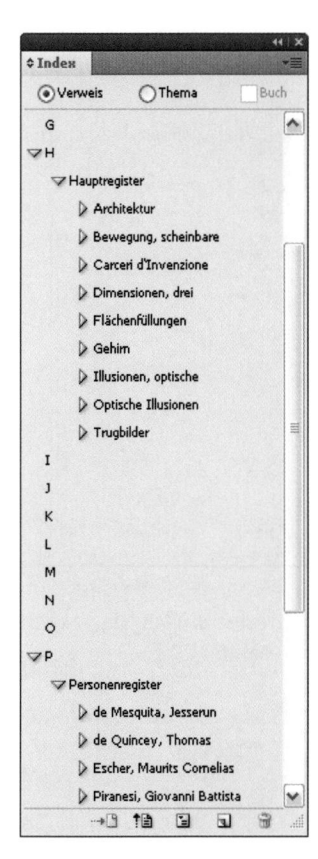

Bild 5.23
Erzeugen Sie einen Haupteintrag für das Hauptregister und einen für das Personenregister.

4. Im folgenden Dialogfeld klicken Sie auf den Abwärtspfeil, damit das markierte Wort auf der **Themenstufe 2** erscheint. In das Feld **Themenstufe 1** geben Sie **Hauptregister** ein.
5. Falls Sie einen zweistufigen Index benötigen, geben Sie in das Feld **Themenstufe 3** bei Bedarf noch einen Untereintrag ein. Fügen Sie auf dieselbe Weise alle übrigen Stichwörter für den Hauptindex ein.
6. Nun folgt das Personenregister. Hier geben Sie in das Feld **Themenstufe 1** jeweils **Personenregister** ein, in das Feld **Themenstufe 2** den Personennamen selbst. Wenn Sie fertig sind, darf das Indexbedienfeld als Haupteinträge lediglich die Bezeichnungen der gewünschten Register enthalten (siehe Bild 5.23 auf der nächsten Seite).

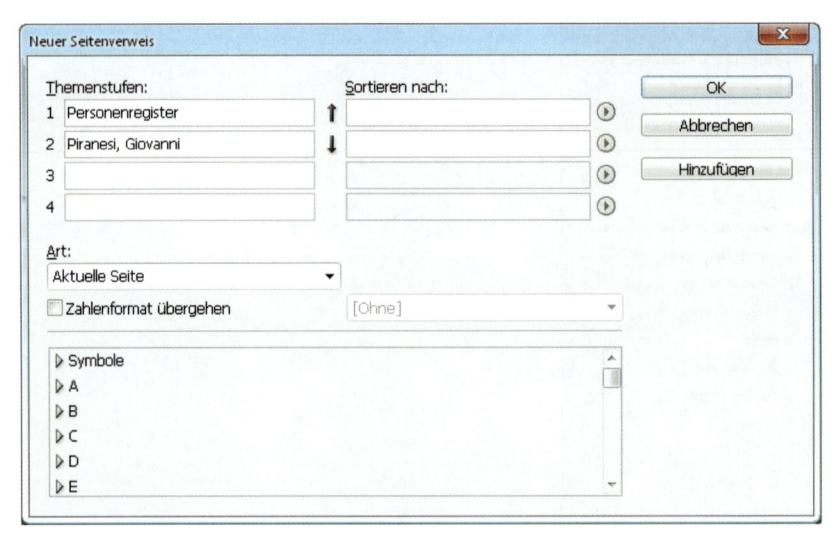

Bild 5.24 Brauchen Sie mehrere Indizes, müssen Sie zu einem Trick greifen.

7. Erzeugen Sie jetzt den Index (siehe Bild 5.25). Die Stichwörter sind in der richtigen alphabetischen Sortierung unter den einzelnen Registern gesammelt.

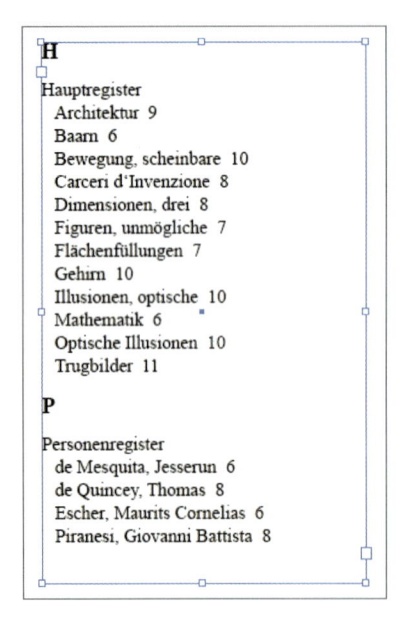

Bild 5.25
Der Gesamtindex wurde erstellt.

8. Sie müssen daraus jetzt nur noch zwei einzelne Indizes erzeugen. Löschen Sie die Registerbuchstaben, formatieren Sie die Wörter **Hauptregister** und **Personenregister** als Indexüberschriften und fügen Sie an den entsprechenden Stellen neue Registerbuchstaben ein (siehe Bild 5.26).

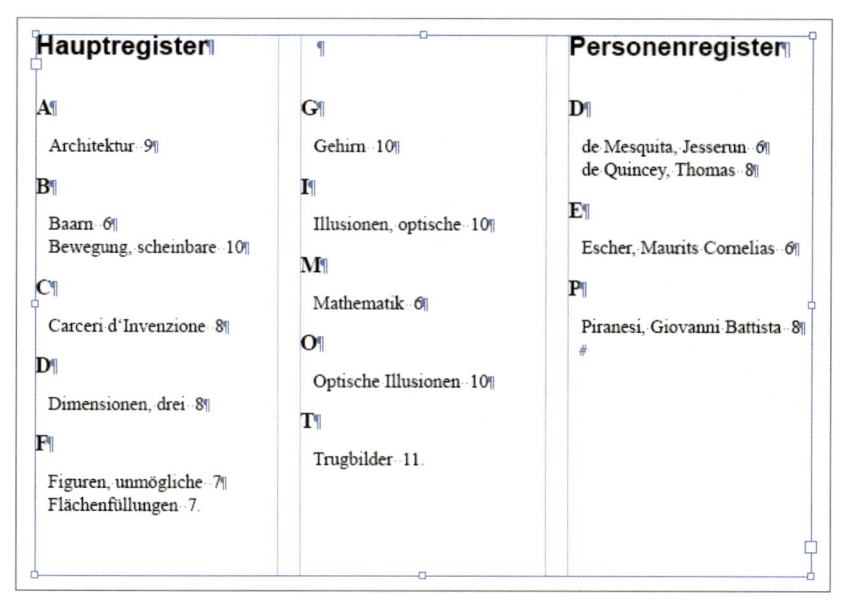

Hauptregister		Personenregister
A	**G**	**D**
Architektur 9	Gehirn 10	de Mesquita, Jesserun 6
B	**I**	de Quincey, Thomas 8
Baarn 6	Illusionen, optische 10	**E**
Bewegung, scheinbare 10	**M**	Escher, Maurits Cornelias 6
C	Mathematik 6	**P**
Carceri d'Invenzione 8	**O**	Piranesi, Giovanni Battista 8
D	Optische Illusionen 10	
Dimensionen, drei 8	**T**	
F	Trugbilder 11	
Figuren, unmögliche 7		
Flächenfüllungen 7		

Bild 5.26 Indexbuchstaben und -überschriften wurden manuell eingefügt.

5.2.3 Lesezeichen

Wenn Sie Ihr Inhaltsverzeichnis gemäß der Anleitung in Abschnitt 5.2.1, „Inhaltsverzeichnis mit Hyperlinks erzeugen", über den Befehl **Layout/Inhaltsverzeichnis** erzeugen, erstellt InDesign beim Export des PDF-Dokuments automatisch Lesezeichen für jeden Inhaltsverzeichniseintrag. Die Lesezeichen deuten dabei nicht auf den Inhaltsverzeichniseintrag selbst, sondern auf das Vorkommen des Eintrags im Dokumenttext.

5.2.3.1 Lesezeichen für Inhaltsverzeichnis und Index erzeugen

Außer den aus dem Inhaltsverzeichnis erstellten Lesezeichen sollte Ihr E-Book über ein Lesezeichen für das Inhaltsverzeichnis selbst und eines für den Index verfügen. Dann kann der Benutzer diese wichtigen Buchelemente schnell und unkompliziert ansteuern. Diese Lesezeichen fügen Sie manuell ein:

1. Wählen Sie **Fenster/Interaktiv/Lesezeichen**, um das Lesezeichenbedienfeld zu öffnen.
2. Öffnen Sie im Buchbedienfeld das Dokument mit dem Inhaltsverzeichnis.
3. Im Lesezeichenbedienfeld werden alle bereits vorhandenen Lesezeichen aufgeführt. Dies sind die durch das Inhaltsverzeichnis erzeugten Lesezeichen. Wie Sie erkennen können, sind sie hierarchisch gegliedert. Klicken Sie auf das Dreiecksymbol vor dem ersten Lesezeichen für die erste Hauptüberschrift. Es wird expandiert und gibt die darin verschachtelten Lesezeichen für die untergeordneten Überschriften frei (siehe Bild 5.27).

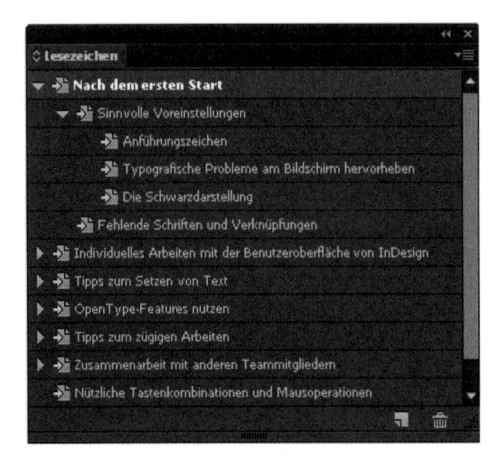

Bild 5.27
Im Lesezeichenbedienfeld sehen Sie alle im Dokument vorhandenen Lesezeichen.

4. Klicken Sie im Bedienfeld auf das Lesezeichen, unter dem Sie das neue Lesezeichen einfügen möchten. Sowohl das Inhaltsverzeichnis- als auch das Index-Lesezeichen sollten sich ganz am Anfang der Lesezeichenliste befinden, damit der Anwender schnell darauf zugreifen kann. Expandieren Sie deshalb das erste Lesezeichen der Liste – in Bild 5.27 **Nach dem ersten Start** – mit einem Klick auf das kleine Dreiecksymbol und achten Sie darauf, dass es markiert ist.

> **HINWEIS:** Wenn Sie nichts markieren, wird das neue Lesezeichen ganz am Ende der Liste eingefügt.

5. Klicken Sie mit dem Auswahlwerkzeug auf den Textrahmen mit dem Inhaltsverzeichnis.
6. Klicken Sie im Lesezeichenbedienfeld auf das Symbol **Neues Lesezeichen erstellen**. InDesign erstellt das Lesezeichen und sortiert es an letzter Stelle unter dem Haupteintrag ein. Überschreiben Sie den Lesezeichennamen mit **Inhaltsverzeichnis** und drücken Sie die **Enter**-Taste (siehe Bild 5.28).

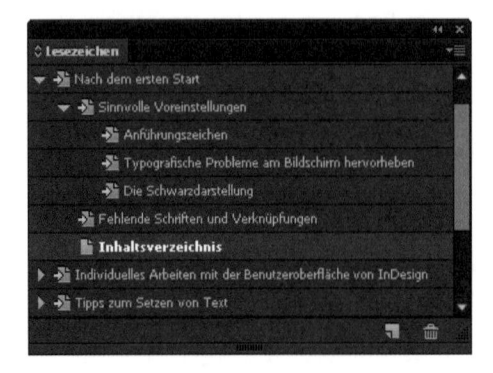

Bild 5.28
Geben Sie dem Lesezeichen einen aussagekräftigen Namen.

7. Um das Lesezeichen an die gewünschte Position am Anfang der Lesezeichenliste zu verschieben, klicken Sie es an und ziehen es mit gedrückter Maustaste ganz nach oben. Ein schwarzer Balken zeigt Ihnen, an welcher Stelle es einsortiert wird, wenn Sie die Maustaste loslassen.

8. Das Lesezeichen für den Index wird automatisch erzeugt, wenn Sie den Index – wie es ratsam ist – in das automatisch generierte Inhaltsverzeichnis aufgenommen haben. Sie sollten nur darauf achten, dass das Index-Lesezeichen direkt nach dem Inhaltsverzeichnis folgt. Klicken Sie das Index-Lesezeichen deshalb an und halten Sie die Maustaste gedrückt. Ziehen Sie direkt unter das Inhaltsverzeichnis-Lesezeichen (siehe Bild 5.29).

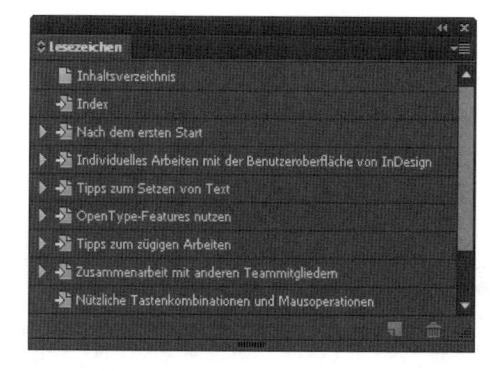

Bild 5.29
Verschieben Sie das Index-Lesezeichen an die gleichgeordnete Position unter das Inhaltsverzeichnis-Lesezeichen.

Testen Sie das Inhaltsverzeichnis- und das Index-Lesezeichen mit Doppelklicks.

HINWEIS: In Kapitel 8 erfahren Sie, wie Sie die Lesezeichen nach dem PDF-Export in Acrobat mit erweiterter Interaktivität versehen und wie Sie die Darstellung noch weiter anpassen können.

5.2.4 Hyperlinks

Eine weitere wichtige Navigationsmöglichkeit sind Hyperlinks, die Sie unter anderem aus HTML-Webseiten kennen. Auch PDF- und SWF-Dokumente können solche Hyperlinks enthalten.

Wie gezeigt, kann InDesign das Inhaltsverzeichnis und den Index eines E-Books automatisch mit Hyperlinks versehen, sodass der Nutzer jeden Eintrag/jede Seitenzahl anklicken oder antippen kann und jeweils auf der richtigen Seite landet.

Außerdem können Sie bei Bedarf auch freie Hyperlinks in Ihr E-Book einfügen. Jede Verknüpfung besteht aus dem aktiven (anklickbaren oder antippbaren) Objekt und einem Sprungziel. Als Sprungziel wählen Sie eine Seite bzw. eine Stelle im aktuellen Dokument oder eine beliebige www-Adresse.

5.2.4.1 Aussehen von Hyperlinks definieren

Von der optischen Seite her ist es günstig, wenn die Hyperlinks im gesamten Dokument auf einen Blick als solche erkennbar sind. Konsistenz ist hier ebenso wichtig wie in jedem anderen Design-Bereich. Haben Sie sich beispielsweise entschieden, einen Hyperlinktext dunkelrot und unterstrichen darzustellen, sollten Sie diesen Stil im gesamten Dokument beibehalten. So sieht der Anwender stets auf einen Blick, was eine Verknüpfung ist und was nicht. Andererseits sollten die Hyperlinks auch nicht so stark hervortreten, dass sie den Lesefluss stören.

Unterstreichungen sind für Textverknüpfungen vom Usability-Standpunkt her empfehlenswert, besonders wenn der Linktext noch blau formatiert ist. Selbst ein Einsteiger versteht in kürzester Zeit, dass blauer und unterstrichener Text anklickbar bzw. antippbar ist – diese Merkmale sind im World Wide Web zum Standard geworden. Leider stören diese Auszeichnungen eventuell Ihre Gestaltung. Wägen Sie je nach Zielgruppe Ihres Dokuments ab. Sehr übersichtlich ist es, wenn Sie für interne, auf Seiten im aktuellen Dokument verweisende Links und externe Links zwei unterschiedliche Gestaltungsvarianten wählen. Am besten formatieren Sie Ihre Hyperlinks mit Zeichenformaten (siehe Bild 5.30).

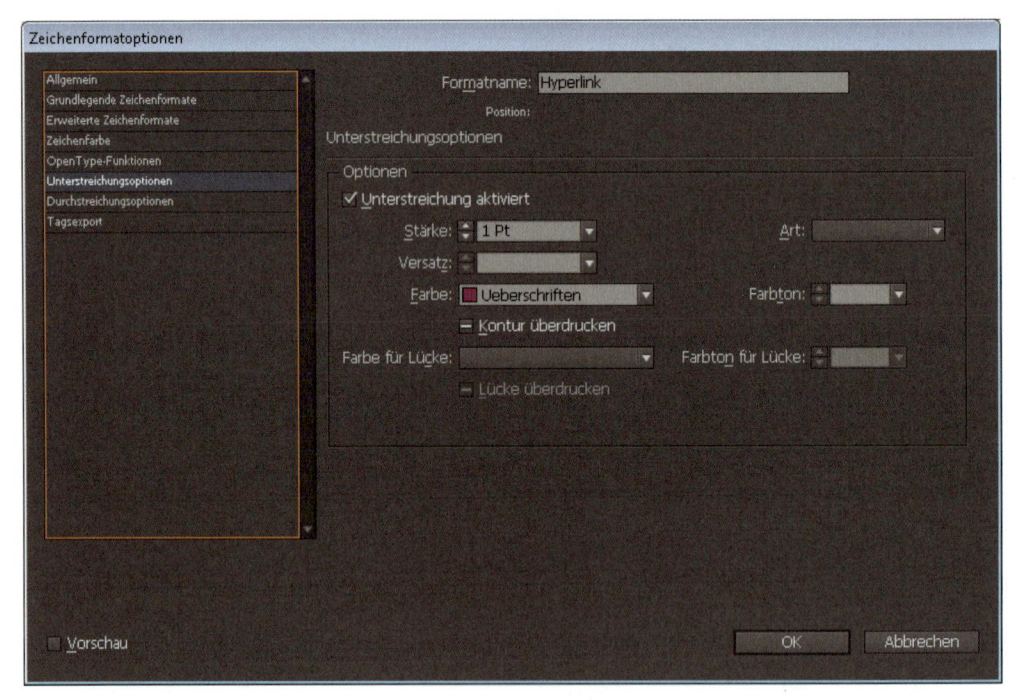

Bild 5.30 Das Aussehen der Hyperlinks im Dokument definieren Sie am besten über ein Zeichenformat. In der Kategorie „Unterstreichungsoptionen" können Sie unter anderem eine von der Textfarbe abweichende Unterstreichungsfarbe definieren.

5.2.4.2 Hyperlinkziele erstellen

Bevor Sie Ihr Dokument mit Hyperlinks versehen, erstellen Sie am besten die entsprechenden Hyperlinkziele. Das sind die Dokumentteile oder auch Webadressen (URLs), die angesteuert werden sollen, wenn der Benutzer auf einen Hyperlink klickt oder tippt. Ein Hyperlinkziel kann ein Textanker sein (das ist ein bestimmtes Wort oder ein Absatzanfang im Dokument), eine Seite im aktuellen Dokument oder auch eine URL, also eine eindeutige Adresse im Internet.

5.2.4.2.1 Hyperlinkziele zu einer Seite im aktuellen Dokument anlegen

Wir beginnen mit dem Erstellen eines Hyperlinkziels des Typs **Seite**. Wählen Sie im Menü **Art** die Option **Seite**. In das Feld **Seite** geben Sie die Seitenzahl ein, die Sie mit dem Hyperlink ansteuern möchten. Möchten Sie die gewählte Seitenzahl automatisch als Name des Hyperlinkziels bestimmen, aktivieren Sie das Kontrollfeld **Name mit Seitenzahl**. Ansonsten geben Sie den gewünschten Namen selbst ein (siehe Bild 5.31).

Bild 5.31 Bevor Sie Hyperlinks erstellen, definieren Sie am besten das Hyperlinkziel – hier eine bestimmte Seite im aktuellen Dokument.

Im Feld **Zoom-Einstellung** bestimmen Sie, in welcher Vergrößerungsstufe die angesteuerte Seite im fertigen PDF-Dokument dargestellt werden soll. Durch die Option, eine Zoomstufe anzugeben, eröffnen sich Ihnen interessante Möglichkeiten (bei einem Stadtplan könnten Sie beispielsweise einen Link auf ein Bilddetail anbringen).

- Mit dem Eintrag **Fester Wert** zeigen Sie die aktuelle Vergrößerungsstufe und Seitenposition an.
- Mit dem Eintrag **Ansicht einpassen** wird der gesamte sichtbare Bereich der Seite, mit **In Fenster einpassen** die aktuelle Seite im Zielfenster dargestellt.
- **Breite einpassen** oder **Höhe einpassen** passen die Seite in der Breite bzw. in der Höhe in das Zielfenster ein.
- Mit **Sichtbaren Bereich einpassen** wird die Zielseite so vergrößert, dass ihre Ränder abgeschnitten werden.
- **Zoom übernehmen** bedeutet, dass die vom Anwender eingestellte Zoomstufe beibehalten wird.

5.2.4.2.2 Hyperlinkziel zu einem Anker anlegen

Sprungziele müssen Sie nicht unbedingt durch eine feste Seitenzahl angeben. Das ist sogar eher unpraktisch, denn nach dem nachträglichen Löschen oder Einfügen von Seiten in Ihrem Dokument stimmen die Hyperlinks nicht mehr. Versehen Sie lieber eine bestimmte Dokumentposition mit einem Namen und verwenden Sie diesen als Hyperlinkziel.

Besonders vorteilhaft an benannten Zielen ist, dass Sie problemlos Seiten in einem Dokument hinzufügen oder löschen können, ohne dass sich die benannten Ziele ändern und damit die Hyperlinks zu ihnen ungültig würden.

Bevor Sie ein Hyperlinkziel zu einem benannten Ziel anlegen können, müssen Sie in Ihrem Dokument einen Textanker erstellen.

1. Markieren Sie die entsprechende Textpassage. Wählen Sie im Bedienfeldmenü des Hyperlinksbedienfelds den Befehl **Neues Hyperlinkziel**.

2. Im Menü **Art** klicken Sie auf den Eintrag **Textanker**.
3. Kontrollieren Sie den **Namen** – der in der Grundeinstellung Ihrer Textauswahl entspricht – und korrigieren Sie ihn gegebenenfalls (siehe Bild 5.32).

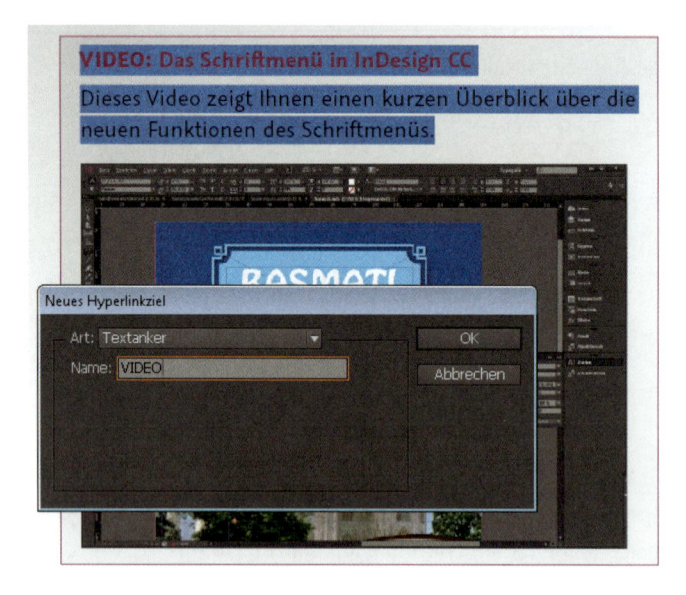

Bild 5.32 Einen Textanker erstellen Sie, indem Sie den gewünschten Text auswählen und dann im Dialogfeld „Neues Hyperlinkziel" einen passenden Namen eingeben.

5.2.4.2.3 Hyperlinkziel zu einer Adresse im Internet
Auch ein Hyperlinkziel zu einer Adresse im Internet können Sie einrichten. Das ist z. B. in digitalen Katalogen und ähnlichen Dokumenten sehr praktisch. Sie können hier beispielsweise auf eine Webseite mit aktuellen Sonderangeboten oder Ähnlichem verweisen. Beim Anklicken oder Antippen des Links öffnet sich der Standardbrowser des Benutzers und steuert die angegebene URL an.

Wählen Sie aus dem Menü **Art** die Option **URL** und geben Sie in das Feld **URL** die vollständige Internetadresse ein. Vergeben Sie einen passenden Namen.

> **PRAXISTIPP:** Geben Sie die gesamte Webadresse ein, da anders als bei Ihrem Browser das **http://** nicht automatisch hinzugefügt wird.

5.2.4.2.4 Hyperlinkziele bearbeiten
Die Hyperlinkziele werden nicht im Hyperlinksbedienfeld angezeigt. Um ein Hyperlinkziel zu bearbeiten, wählen Sie aus dem Bedienfeldmenü den Befehl **Hyperlinkzieloptionen**. Ganz oben wählen Sie den Namen des Ziels, das Sie bearbeiten möchten. Nehmen Sie Ihre Änderungen vor und bestätigen Sie mit **OK**.

5.2.4.3 Hyperlinks definieren und bearbeiten

Jetzt erstellen Sie die eigentlichen Hyperlinks. Sie können dazu Layout-Rahmen, platzierte Button-Grafiken oder auch einzelne Wörter verwenden.

1. Wählen Sie das Element aus, das als Hyperlink dienen soll.
2. Klicken Sie im Hyperlinksbedienfeld auf das Symbol **Neuen Hyperlink erstellen**.
3. Im Menü **Verknüpfen mit** des Dialogfelds **Neuer Hyperlink** (siehe Bild 5.33) definieren Sie, worauf der Hyperlink verweisen soll: auf eine **Seite** im aktuellen oder einem anderen InDesign-Dokument, eine **URL**, eine **Datei**, eine **E-Mail** oder einen **Textanker**. Bei ausgewählter Option **Freigegebenes Ziel** haben Sie im Menü **Name** Zugriff auf alle im ausgewählten Dokument angegebenen Hyperlinkziele, ob dies nun zuvor definierte Textanker oder Webadressen sind (wie Sie Webadressen automatisch als URL-Hyperlinks definieren, erfahren Sie in Abschnitt 5.2.4.3.1, „Hyperlinks automatisch aus URLs im Text generieren"). Wenn Sie auf ein Ziel in einem anderen Dokument verweisen möchten, müssen sich beide exportierten Dokumente in demselben Ordner befinden.

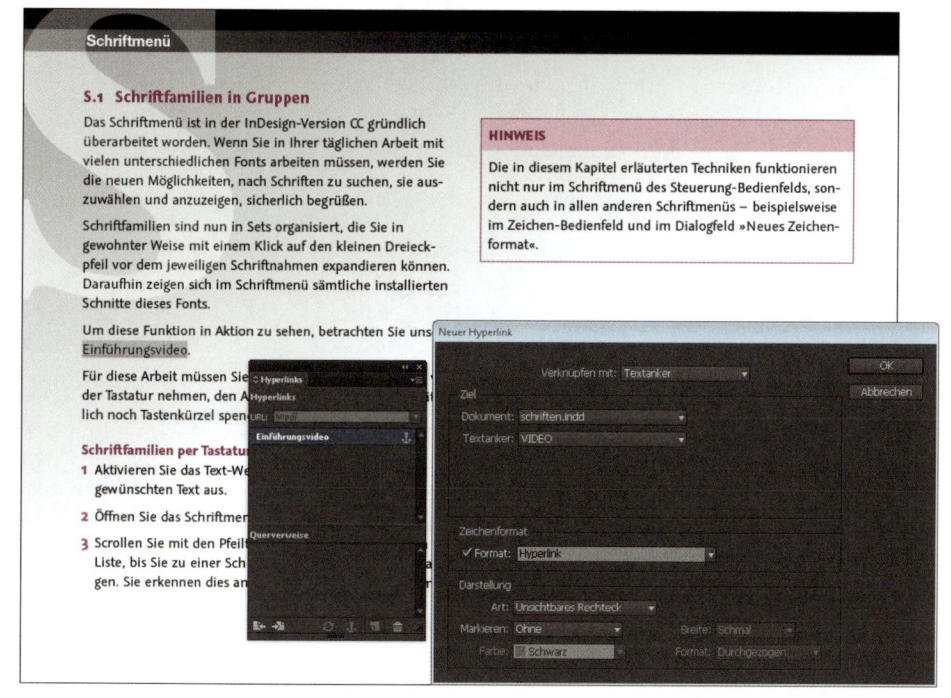

Bild 5.33 Im Dialogfeld „Neuer Hyperlink" legen Sie fest, was passieren soll, wenn der Benutzer auf den Link klickt oder tippt.

4. Im Bereich **Ziel** definieren Sie den Hyperlink genauer. Denken Sie bei einem URL-Hyperlink erneut daran, dass Sie für Webseiten **http://** voranstellen müssen. Für E-Mail-Adressen ist *kein* vorangestelltes **mailto://** notwendig.
5. Vergessen Sie nicht, im Menü **Format** das zuvor für die Darstellung der Hyperlinks definierte Zeichenformat auszuwählen. Im Bereich **Darstellung** können Sie gegebenenfalls zusätzliche Anzeigeoptionen für den Hyperlink definieren.
6. Klicken Sie auf **OK**, um den Hyperlink zu erzeugen.

5.2.4.3.1 Hyperlinks automatisch aus URLs im Text generieren

Das Anlegen zahlreicher manueller URL-Hyperlinks kann durchaus zeitraubend sein. InDesign bietet Ihnen jedoch eine Funktion, mit der Sie schnell und ohne die Schreibweise zu kontrollieren aus den URL-Angaben in Ihrem Dokument funktionierende Hyperlinks erzeugen können. Wählen Sie aus dem Bedienfeldmenü des Hyperlinksbedienfelds einfach den Befehl **URLs in Hyperlinks konvertieren** (siehe Bild 5.34).

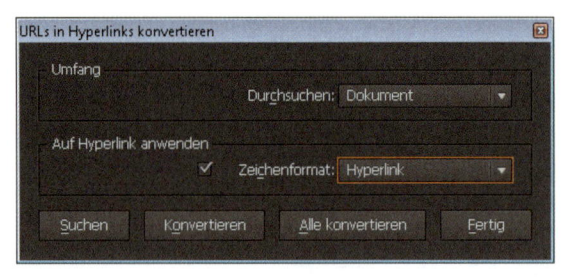

Bild 5.34 URLs und E-Mail-Adressen können automatisch in funktionierende Hyperlinks konvertiert werden.

Wählen Sie auch in diesem Dialogfeld das vorbereitete Zeichenformat aus und klicken Sie auf **Alle konvertieren**. InDesign wandelt jetzt sämtliche URLs in Ihrem Dokument in korrekte Hyperlinks um, auch ftp- und mailto-Angaben.

> **PRAXISTIPP:** Wenn Sie einen Microsoft-Word-Text mit Hyperlinks in InDesign platzieren, werden diese korrekt in das Hyperlinksbedienfeld übernommen, sodass hier – bis auf eine eventuelle Kontrolle – kein Handlungsbedarf mehr besteht.

5.2.4.3.2 Hyperlinks in InDesign testen

Die fertigen Hyperlinks können Sie nun direkt in InDesign testen. Wählen Sie einen Hyperlink im Bedienfeld aus und klicken Sie auf die Schaltfläche **Gehe zum Ziel des ausgewählten Hyperlinks oder Querverweises**. InDesign steuert das Hyperlinkziel an. Klicken Sie danach auf die Schaltfläche **Gehe zur Quelle des ausgewählten Hyperlinks oder Querverweises**, gelangen Sie zurück zur Quellseite.

5.2.4.3.3 Hyperlinks bearbeiten

Sämtliche Hyperlinks werden im Hyperlinksbedienfeld angezeigt. Mit einem Doppelklick auf den Namen eines Hyperlinks öffnen Sie das Dialogfeld **Hyperlink bearbeiten**, das dem bereits bekannten Dialogfeld **Neuer Hyperlink** gleicht.

Hyperlinks auf externen URLs aktualisieren Sie schnell, indem Sie aus dem Bedienfeldmenü den Befehl **Hyperlink aktualisieren** wählen.

5.2.5 Schaltflächen

Anstelle von Hyperlinks können Sie auch Schaltflächen verwenden. Der Vorteil von Schaltflächen gegenüber „normalen" Hyperlinks ist, dass Sie sie gegebenenfalls mit unterschiedlichem Rollover-Effekten versehen können, beispielsweise einer Farb- oder Effektänderung des Buttons, wenn dieser berührt oder angeklickt wird. Bei Texthyperlinks sind solche Effekte nur sehr eingeschränkt zu verwirklichen.

Zudem lassen sich Schaltflächen auch für das Abspielen von Medienclips verwenden (mehr darüber in Kapitel 6). So verwirklichen Sie auch anspruchsvolle Interaktionen in Ihren PDF- und SWF-Dokumenten.

5.2.5.1 Vordefinierte, interaktive Schaltflächenelemente einsetzen

Prinzipiell können Sie jedes InDesign-Objekt als Schaltfläche verwenden, indem Sie es auswählen und dann über den Befehl **Objekt/Interaktiv/In Schaltfläche umwandeln** in eine Schaltfläche konvertieren. Alternativ klicken Sie am unteren Rand des Schaltflächen-Bedienfelds (**Fenster/Interaktiv/Schaltflächen und Formulare**) auf das Symbol **Objekt in Schaltfläche konvertieren**.

Mit den **Beispielschaltflächen** im Bedienfeldmenü des Schaltflächenbedienfelds bietet InDesign Ihnen überdies eine ganze Reihe von vorgefertigten Buttons (siehe Bild 5.35). Ziehen Sie diese einfach aus der nun angezeigten Bibliothek in Ihr Dokument. Auch Ihre eigenen Buttonkreationen können Sie in diese Bibliothek aufnehmen, indem Sie sie mit gedrückter Maustaste aus dem Dokumentfenster in das Bibliotheksbedienfeld ziehen.

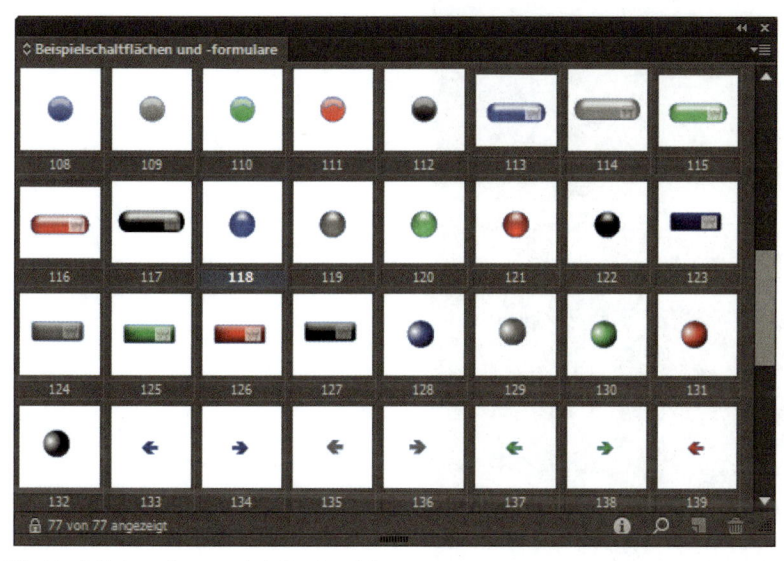

Bild 5.35 Vordefinierte Buttons in InDesign CC

5.2.5.2 Layoutelemente in Buttons konvertieren

Jedes Objekt in Ihrem InDesign-Layout können sie als Schaltfläche verwenden – beispielsweise eine gezeichnete Form oder eine in Photoshop oder Illustrator gestaltete und im InDesign-Dokument platzierte Button-Grafik. Wenn sich Ihre Schaltflächengrafik aus mehreren Objekten zusammensetzt, gruppieren Sie diese vorher mit **Strg/Befehl + G**.

1. Zeigen Sie mit **Fenster/Interaktiv/Schaltflächen und Formulare** das Schaltflächen- und Formularebedienfeld an.
2. Markieren Sie das vorgesehen Objekt und klicken Sie am unteren Rand des Bedienfelds auf das Symbol **in Schaltfläche umwandeln**. Im oberen Bereich des Schaltflächenbedienfelds geben Sie der Schaltfläche einen Namen.

5.2.5.3 Schaltflächen mit Interaktivität versehen

Wählen Sie im Menü **Ereignis** des Schaltflächen- und Formularebedienfelds (siehe Bild 5.36) einen Auslöser, z. B. das standardmäßig eingestellte Loslassen der Maustaste nach dem Klick bzw. Antippen eines Buttons. Dies ist das Verhalten, das der Anwender normalerweise von einem Button erwartet, weil sich Schaltflächen am Computer bzw. auf dem Tablet ebenso verhalten. InDesign bietet darüber hinaus die folgenden Auslöser:

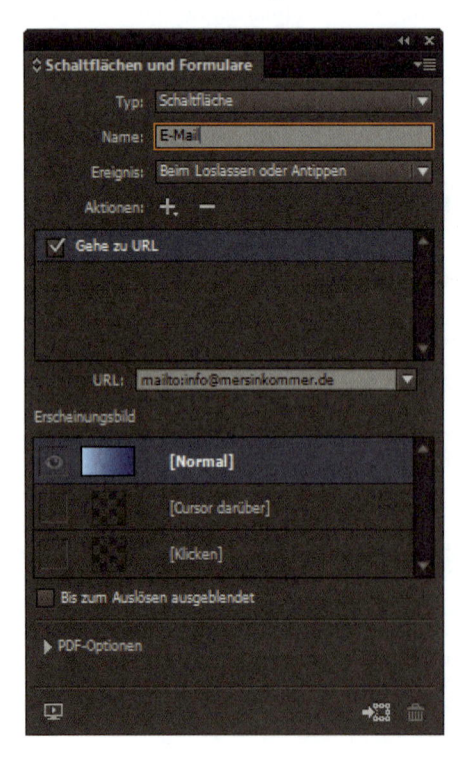

Bild 5.36
Hier wurde ein E-Mail-Button erzeugt.

Tabelle 5.1 Ereignisse für Schaltflächen

Option	Erläuterung
Beim Loslassen oder Antippen	Die Aktion wird ausgeführt, sobald der Anwender nach dem Klick die Maustaste freigibt oder sobald er die Schaltfläche auf dem Tablet bzw. Smartphone antippt.
Bei Klick	Die Aktion wird bereits ausgeführt, wenn der Anwender beim Klicken die Maustaste drückt, also bevor er die Maustaste wieder loslässt.
Bei Rollover	Die Aktion wird ausgeführt, sobald der Benutzer auf den Button zeigt.
Bei Rolloff	Die Aktion wird ausgeführt, sobald der Mauszeiger auf den Button zeigt und diesen dann wieder verlässt.
Feld aktivieren (PDF)	Die Aktion wird ausgeführt, sobald der Fokus durch eine Mausaktion oder mittels der Tabulatortaste auf den Button gesetzt wird.
Feld deaktivieren (PDF)	Die Aktion wird ausgeführt, sobald der Fokus auf einen anderen Button verschoben wird.

> **HINWEIS:** Diese Tabelle zeigt auch den Hauptvorteil von Schaltflächen gegenüber Hyperlinks: Bei Letzteren gibt es keine Möglichkeit, verschiedene Auslöser zu definieren. Die Aktion wird immer beim Loslassen der Maustaste nach einem Klick auf den Hyperlink (bzw. beim Antippen des Hyperlinks) ausgeführt.

Nach der Auswahl des Ereignisses klicken Sie auf die **Plus**-Schaltfläche und weisen die Aktion zu, die ausgelöst werden soll.

Tabelle 5.2 zeigt die Möglichkeiten.

Tabelle 5.2 Aktionen für InDesign-Buttons

Option	Erläuterung
Gehe zu Ziel	Das angegebene Lesezeichen bzw. der Hyperlinkanker im Dokument wird angesteuert.
Gehe zu erster, letzter, nächster, vorheriger Seite	Mit diesen Aktionen steuern Sie ein Ziel im aktuellen PDF-/SWF-Dokument an.
Gehe zu URL	Diese Aktion verwenden Sie, um eine Internetseite im Browser zu öffnen.
Schaltflächen und Formulare ein-/ausblenden	Blendet einen Bereich der aktuellen oder auch eine ganz andere Schaltfläche ein und wieder aus.
Audio	Spielt die angegebene Audiodatei ab, stoppt sie oder lässt sie pausieren (mehr über Mediendateien erfahren Sie in Kapitel 6).
Video	Spielt den angegebenen Movieclip ab, stoppt ihn oder lässt ihn pausieren.
Animation	Spielt eine SWF-Animation ab oder lässt sie anhalten (mehr über Animationen erfahren Sie in Kapitel 8).

Tabelle 5.2 Aktionen für InDesign-Buttons *(Forts.)*

Option	Erläuterung
Gehe zu Seite (nur SWF)	Steuert die nächste Seite des SWF-Dokuments an.
Gehe zu Status	Steuert einen bestimmten Status eines Multistatus-Objekts an.
Gehe zu nächstem/ vorherigem Status	Steuert den nächsten/vorherigen Status eines Multistatus-Objekts an.
Formular zurücksetzen	Setzt die Eingaben in einem PDF-Formular auf die Standardwerte zurück.
Gehe zu nächster, vorheriger Ansicht	Diese beiden Aktionen gleichen von der Funktion her den Vorwärts- und Zurück-Schaltflächen im Browser. Wie dort, wird auch im PDF-Dokument die Schaltfläche **Gehe zu nächster Ansicht** erst freigegeben, wenn der Benutzer schon einmal auf die Schaltfläche **Gehe zu vorheriger Ansicht** geklickt hat.
Datei öffnen	Öffnet eine beliebige Datei, deren Anwendungsprogramm auf dem Benutzerrechner installiert sein muss.
Formular drucken	Druckt ein PDF-Formular aus.
Formular senden	Sendet ein PDF-Formular ab.
Ansichtszoom	Zeigt die angegebene Seite in einer bestimmten Zoomstufe und einem bestimmten Seitenlayout an.

Bei Bedarf fügen Sie nun ein weiteres Verhalten hinzu, indem Sie einen anderen Auslöser wählen und eine entsprechende Aktion einstellen. Sogar ein und demselben Auslöser können Sie mehrere Aktionen zuweisen.

5.2.5.4 Reaktive Buttons

Für den Anwender ist es hilfreich, wenn beim Zeigen auf eine Schaltfläche oder bei deren Anklicken bzw. Antippen „etwas passiert", wenn sie also beispielsweise eine andere Farbe erhält oder eingedrückt erscheint. Jede Schaltfläche kann drei Zustände einnehmen:

- **Normal**, wenn sich der Mauszeiger nicht über der Schaltfläche befindet,
- **Cursor darüber**, wenn der Anwender den Mauszeiger auf der Schaltfläche positioniert,
- **Klicken**, wenn der Anwender auf die Schaltfläche klickt.

In der Grundeinstellung verfügt ein selbst erstellter Button nur über den Zustand **Normal**. Möchten Sie weitere Status hinzufügen, verfahren Sie wie folgt:

1. Wählen Sie Ihre Schaltfläche aus. Im Schaltflächenbedienfeld klicken Sie auf **Cursor darüber**, um der Schaltfläche diesen Zustand hinzuzufügen.
2. Ein weiterer Klick auf **Klicken** komplettiert die Schaltfläche mit dem Klicken-Zustand (siehe Bild 5.37).

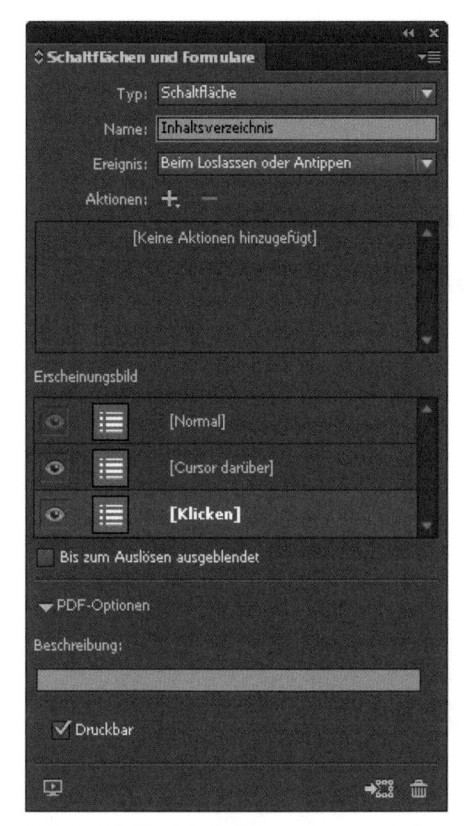

Bild 5.37 Die Schaltflächenzustände sind definiert, aber noch nicht gestaltet.

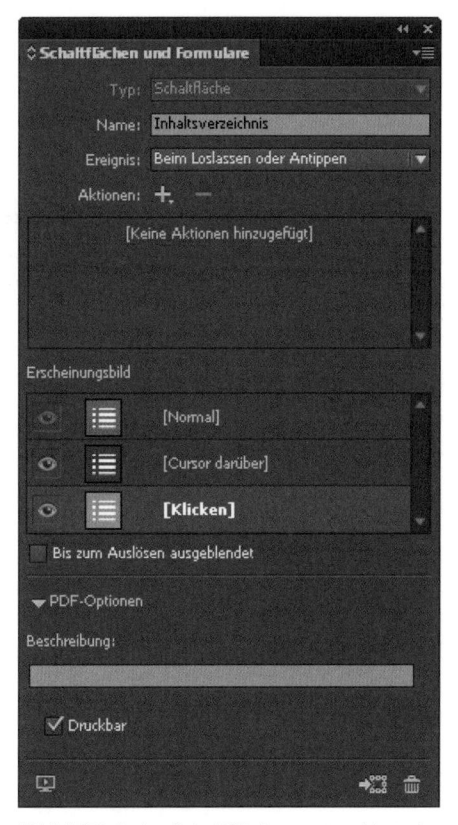

Bild 5.38 Jeder Schaltflächenzustand hat ein anderes Aussehen erhalten.

Gestalten Sie die einzelnen Erscheinungsbilder, indem Sie sie aktivieren und das Schaltflächenobjekt im Dokument jeweils umformatieren. Sie können hier beispielsweise mit den verschiedenen InDesign-Effekten wie **Schlagschatten** oder **Schein nach außen** arbeiten oder einfach Flächenfarbe und Umriss der einzelnen Schaltflächenzustände ändern (siehe Bild 5.38).

5.2.5.5 Schaltflächen voranzeigen

Nun testen Sie Ihre Schaltfläche direkt in InDesign. Zeigen Sie dazu das SWF-Vorschau-Bedienfeld an. In der rechten unteren Ecke dieses Dialogfelds – das Sie an seinem rechten unteren Eckanfasser größer ziehen können – sehen Sie drei Schaltflächen; von links nach rechts:

- Auswahlvorschaumodus einrichten
- Druckbogenvorschaumodus einrichten
- Dokumentvorschaumodus einrichten

Wenn Sie auf die Schaltfläche **Auswahlvorschaumodus einrichten** und dann auf das dreieckige Startsymbol (**Vorschau abspielen**) in der linken unteren Bedienfeldecke klicken, wird das aktuell ausgewählte Objekt in das SWF-Format konvertiert und größtmöglich in der Vorschau dargestellt (siehe Bild 5.40). Klicken Sie stattdessen auf **Druckbogenvorschaumodus einrichten** bzw. **Dokumentvorschaumodus einrichten**, wird der ganze Druckbogen oder sogar das ganze Dokument in der Vorschau dargestellt. Nur im **Dokumentvorschaumodus** funktionieren seitenübergreifende Aktionen, wie beispielsweise das Ansteuern der nächsten oder vorigen Seite per Schaltfläche (siehe Bild 5.39).

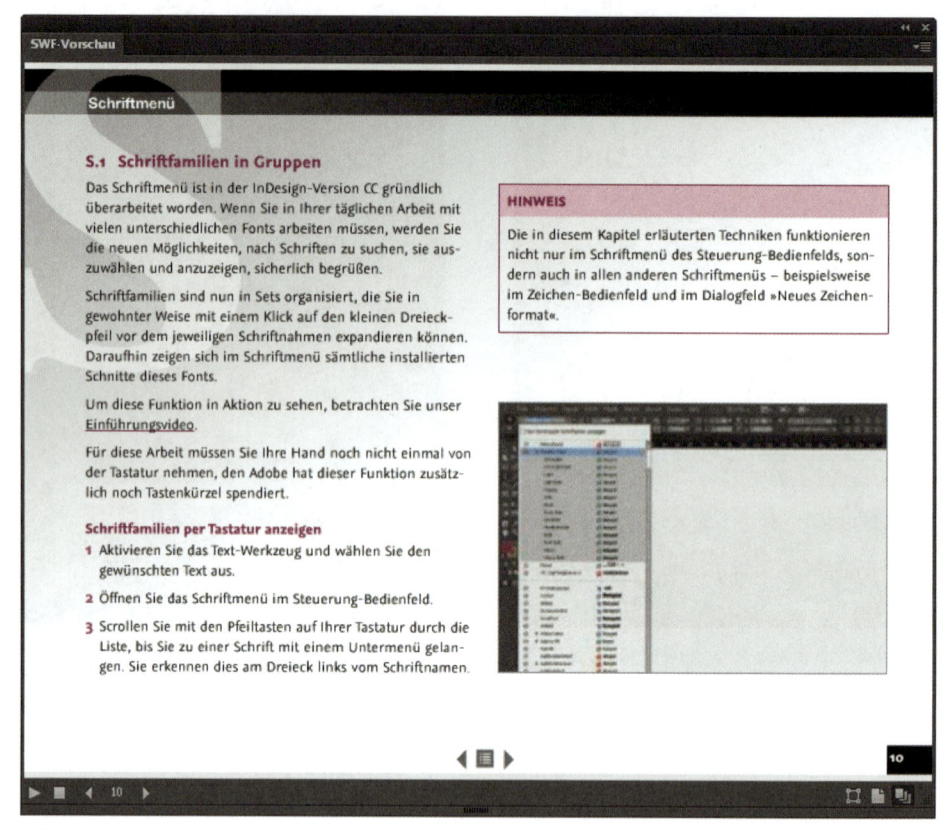

Bild 5.39 Im Dokumentvorschaumodus der SWF-Vorschau testen Sie bei Bedarf die seitenübergreifende Funktionalität Ihres Dokuments.

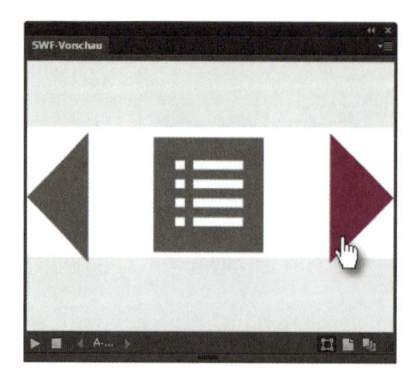

Bild 5.40
Kommt es Ihnen nur auf das Rollover-Verhalten einer oder mehrerer Schaltflächen an, schalten Sie den Auswahlvorschaumodus ein, um die markierten Objekte größtmöglich im Bedienfeld anzuzeigen.

5.2.5.6 Schaltflächen für die globale Navigation

Schaltflächen für die globale Navigation im Dokument, z. B. **Vor, Zurück, Inhaltsverzeichnis** usw., bringen Sie auf der Musterseite Ihres Dokuments an. Dann erscheinen und funktionieren sie im exportierten PDF- bzw. SWF-Dokument auf jeder Seite, die auf der entsprechenden Musterseite beruht (siehe Bild 5.41).

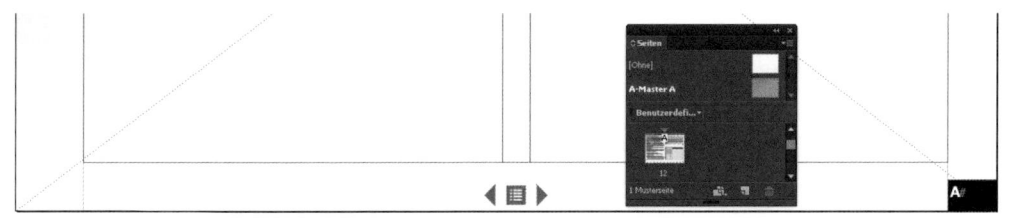

Bild 5.41 Globale Navigation auf der Musterseite, bestehend aus Zurück-, Vorwärts- und Inhaltsverzeichnis-Button

- Den **Vor**-Button auf der Musterseite versehen Sie über die **Plus**-Schaltfläche im Schaltflächen- und Formularebedienfeld mit der Aktion **Gehe zu nächster Seite** (siehe Bild 5.42).

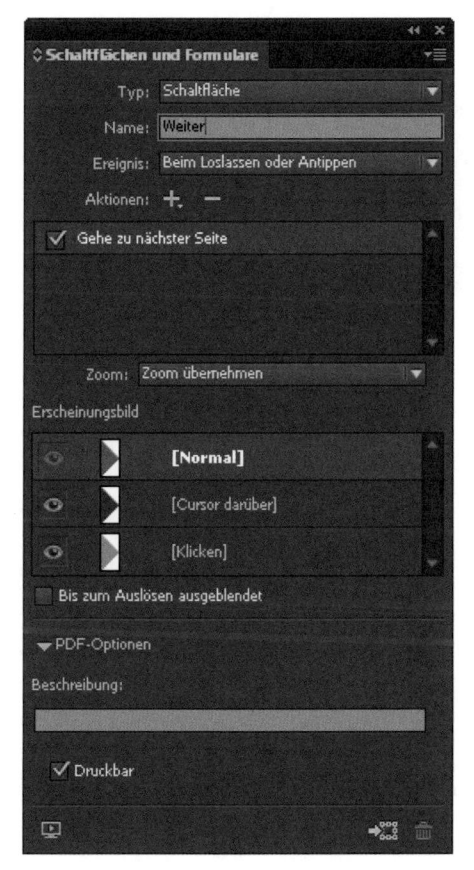

Bild 5.42
Definition für den Weiter-Button

- Der **Zurück**-Button erhält die Aktion **Gehe zu vorheriger Seite**.
- Für den Button, der den Nutzer zum Inhaltsverzeichnis bringt, müssen Sie etwas anders vorgehen – abhängig davon, ob Sie Ihre Publikation in einer Buchdatei organisiert haben oder nicht (die nachfolgend gezeigten Techniken eignen sich auch für Buttons, die beispielsweise zum Index, zu bestimmten Abschnitten, zum Cover oder sonstigen Dokumentstellen führen sollen).

5.2.6 Inhaltsverzeichnis-Button erstellen

Wenn Sie nur eine einzige InDesign-Datei für Ihr geplantes PDF-Dokument erstellt haben, gehen Sie folgendermaßen vor:

1. Zeigen Sie die Seite mit dem Inhaltsverzeichnis an und wählen Sie den Textrahmen aus.
2. Wählen Sie aus dem Bedienfeldmenü des Hyperlinksbedienfelds den Befehl **Neues Hyperlinkziel**.
3. Vergewissern Sie sich, dass im Menü **Art** die Option **Seite** gewählt ist. In das Feld **Name** geben Sie einen geeigneten Namen für das Hyperlinkziel ein.
4. Aus dem Menü **Zoom-Einstellung** wählen Sie **Zoom übernehmen**. So vermeiden Sie es, dem Leser eine bestimmte Zoomeinstellung aufzudrängen; stattdessen bleibt seine eigene erhalten (siehe Bild 5.43).

Bild 5.43
Die Definition für den Weiter-Button

5. Klicken Sie auf **OK**.
6. Zeigen Sie die Musterseite mit dem Inhaltsverzeichnis-Button an.
7. Wählen Sie den Button aus und klicken Sie im Schaltflächen- und Formularebedienfeld auf das **Plus**-Symbol. Wählen Sie die Aktion **Gehe zu Ziel**.
8. Im Menü **Dokument** ist bereits der Name des aktuellen Dokuments voreingestellt. Öffnen Sie das Menü **Ziel** und wählen Sie das soeben erstellte Hyperlinkziel aus.

Wenn Sie die Dateien für Ihr geplantes PDF-Dokument mithilfe des Buchbedienfelds organisiert haben, ist das Verfahren sehr ähnlich:

1. Öffnen Sie das Inhaltsverzeichnisdokument und das Kapiteldokument, das Sie im Buchbedienfeld als Formatquelle definiert haben.
2. Zeigen Sie die Musterseite des Kapiteldokuments an. Erstellen Sie die benötigten Schaltflächen.
3. Wechseln Sie zum Dokument mit dem Inhaltsverzeichnis und klicken Sie mit dem Auswahlwerkzeug in den Textrahmen.

4. Erzeugen Sie, wie in der vorhergehenden Schritt-für-Schritt-Anleitung beschrieben, ein Hyperlinkziel mit der **Art Seite**. Klicken Sie auf **OK**.
5. Wechseln Sie zur Musterseite der geöffneten Formatquelle Ihrer Buchdatei. Wählen Sie den vorbereiteten Button aus und klicken Sie im Schaltflächen- und Formularebedienfeld auf das **Plus**-Symbol. Wählen Sie die Aktion **Gehe zu Ziel** aus.
6. Dieses Mal wählen Sie aus dem Menü **Dokument** den Namen des Inhaltsverzeichnisdokuments. Öffnen Sie das Menü **Ziel** und wählen Sie das soeben erstellte Hyperlinkziel aus. Vergessen Sie nicht, aus dem Menü **Zoom-Einstellung** die Option **Zoom übernehmen** zu wählen (siehe Bild 5.44).

Bild 5.44
Die Definition für den Inhaltsverzeichnis-Button

7. Nun müssen Sie nur noch die Musterseiten der Buchdatei synchronisieren. Speichern Sie das Formatquellendokument (siehe Bild 5.45) und wählen Sie im Buchbedienfeld alle Dokumente mit gedrückter Maustaste aus.
8. Wählen Sie aus dem Buchbedienfeldmenü den Befehl **Synchronisierungsoptionen**.

Bild 5.45
Das Dokument „schriften" ist hier die Formatquelle – kenntlich an dem Symbol in der linken Spalte.

9. Wählen Sie alle Kontrollfelder ab – bis auf das Kontrollfeld **Musterseiten** (siehe Bild 5.46). Dann klicken Sie auf **Synchronisieren**.

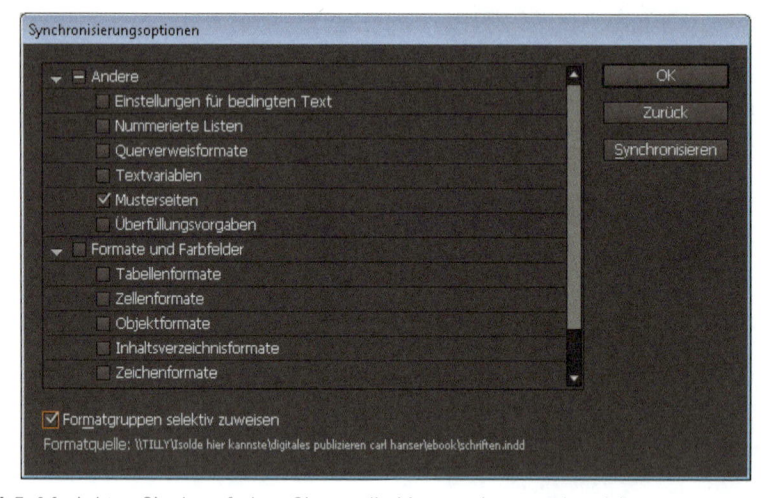

Bild 5.46 Achten Sie darauf, dass Sie nur die Musterseiten synchronisieren.

10. Jetzt sind die in der Formatquelle angelegten Musterseitenschaltflächen in allen Dokumenten vorhanden.

Testen Sie Ihre Arbeit, indem Sie aus dem Buchbedienfeldmenü den Befehl **Buch in PDF exportieren** wählen und eine interaktive PDF erstellen, die Sie anschließend in Adobe Acrobat bzw. im Adobe Reader betrachten. Sie können nun mit der Maus auf die Buttons zeigen, um das Rollover-Verhalten zu aktivieren bzw. darauf klicken, um die hinterlegte Aktion auszulösen.

5.2.6 Komplexere Navigationsmechanismen: Disjunkte Rollovers

Über die erläuterten, grundlegenden Navigationsmechanismen hinaus können Sie auch recht komplexe Interaktivität in Ihre PDF-Dokumente integrieren, wie Sie am folgenden Beispiel sehen.

Sie haben erfahren, dass Sie mit der Schaltflächenfunktion von InDesign Rollovers (Schaltflächen, die auf eine Aktion des Benutzers hin ihr Aussehen ändern) schnell und bequem erstellen können. Aber auch „disjunkte Rollovers" sind möglich. Wenn man hierbei den Mauszeiger über eine bestimmte Schaltfläche bewegt bzw. darauf klickt oder tippt, wird ein weiteres Objekt an einer anderen Stelle der Seite eingeblendet oder ausgetauscht.

Als Beispiel dient ein Schaubild, das die Funktionsweise einer Offsetdruckmaschine illustriert (Bild und Texte: *www.Wikipedia.de*). Dieses soll Teil eines interaktiven PDF-Dokuments werden. Wenn der Nutzer mit der Maustaste auf eine der Beschriftungen zeigt, soll eine entsprechende Erläuterung eingeblendet werden. Sobald der Benutzer an eine andere Stelle zeigt, soll die Erläuterung wieder ausgeblendet werden (siehe Bild 5.47).

Bild 5.47
Dieses Schaubild soll mit interaktiven Erläuterungen versehen werden.

Damit Sie bequem und übersichtlich arbeiten können, legen Sie am besten eine neue Ebene für die Rollover-Schaltflächen an.

Wählen Sie **Fenster/Ebenen** oder drücken Sie die **F7**-Taste. Klicken Sie mit gedrückter **Alt**-Taste am unteren Rand des Ebenenbedienfelds auf das Symbol **Neue Ebene erstellen**. Geben Sie der neuen Ebene den Namen **Rollovers** und klicken Sie auf **OK** (siehe Bild 5.48).

Bild 5.48
Erzeugen Sie eine neue Ebene namens Rollovers.

5.2.6.1 Rollover-Schaltfläche erzeugen

Nun fügen Sie die erste Rollover-Schaltfläche ein. Achten Sie darauf, dass die obere Ebene weiterhin aktiviert ist.

1. Sperren Sie die untere Ebene mit einem Klick auf das leere Kästchen neben dem Augensymbol. So ist sie vor versehentlichen Veränderungen geschützt.
2. Erzeugen Sie Beschriftungen für die einzelnen Bestandteile Ihres Schaubilds.

3. Wählen Sie die Beschriftungen nacheinander aus und wandeln Sie jede über das Schaltflächen- und Formularebedienfeld in eine Schaltfläche um (siehe Bild 5.49).

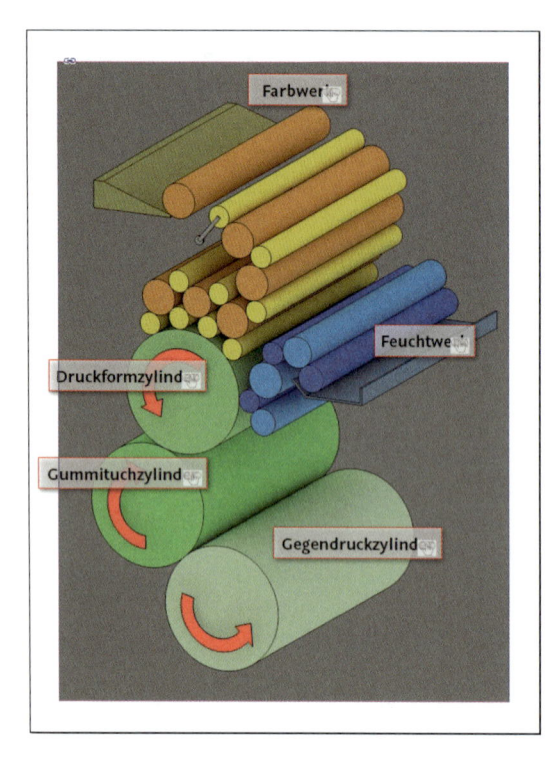

Bild 5.49
Konvertieren Sie alle Beschriftungen in Schaltflächen.

5.2.6.2 Weitere Ebene erstellen

Jetzt versehen Sie die erste Schaltfläche mit der entsprechenden Funktionalität. Zuerst erzeugen Sie eine neue Ebene für die erste Erläuterung.

1. Klicken Sie mit gedrückter **Alt**-Taste am unteren Rand des Ebenenbedienfelds auf das Symbol **Neue Ebene erstellen**.
2. Geben Sie der Ebene einen passenden Namen und klicken Sie auf **OK**.

5.2.6.3 Rollover platzieren und in eine Schaltfläche konvertieren

1. Erstellen Sie auf dieser Ebene die erste Erläuterung. Konvertieren Sie auch diese in eine Schaltfläche (siehe Bild 5.50).
2. Aktivieren Sie im unteren Bereich des Schaltflächen- und Formularebedienfelds das Kontrollfeld **Bis zum Auslösen ausgeblendet**. Damit stellen Sie sicher, dass die Beschriftung in der exportierten PDF-Datei zunächst nicht angezeigt wird. Im InDesign-Dokument bleibt sie hingegen sichtbar.

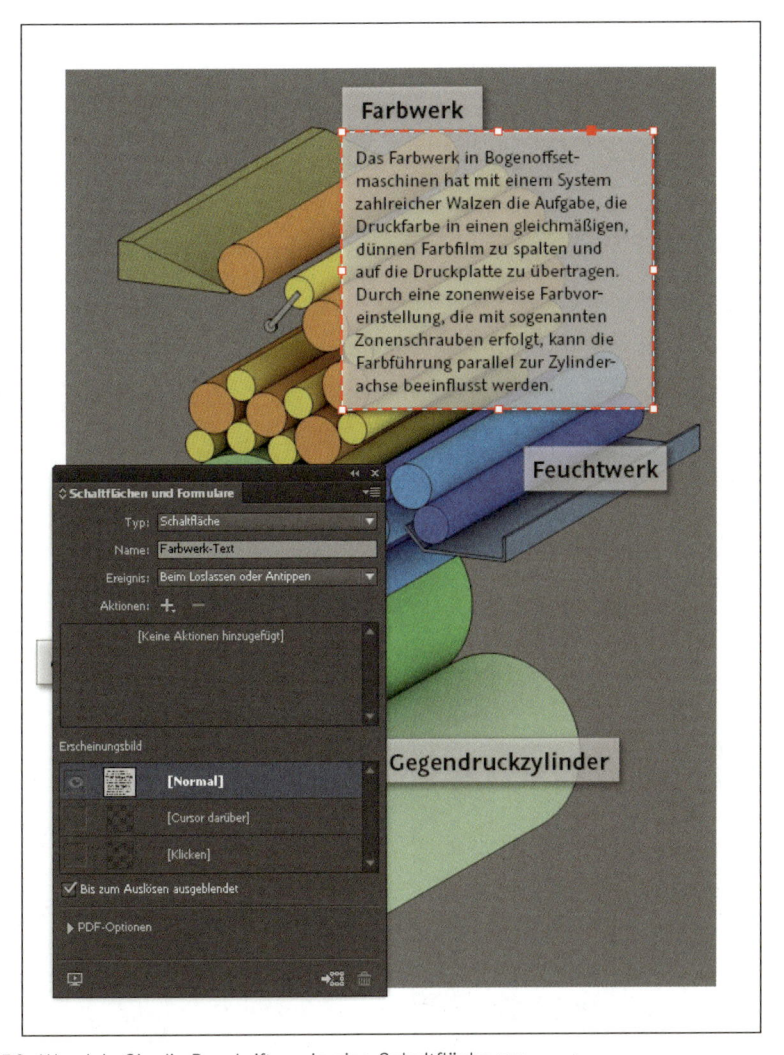

Bild 5.50 Wandeln Sie die Beschriftung in eine Schaltfläche um.

5.2.6.4 Schaltfläche mit einer Aktion versehen

Nun erzeugen Sie die interaktive Funktion:

1. Markieren Sie die zur soeben erzeugten Erläuterung gehörende Beschriftung.
2. Im Schaltflächen- und Formularebedienfeld wählen Sie aus dem Menü **Ereignis** die Option **Bei Rollover**. Bei diesem Ereignis – also sobald der Anwender auf die Beschriftung zeigt – soll die zu diesem Schaubildelement gehörende Erläuterung eingeblendet werden.
3. Klicken Sie auf das **Plus**-Symbol neben **Aktionen** und wählen Sie aus dem Menü die Aktion **Schaltflächen und Formulare ein-/ausblenden**.
4. Markieren Sie in der Liste **Sichtbarkeit** die zugehörige Erläuterungsschaltfläche und klicken Sie unter der Liste auf das geöffnete **Augen**-Symbol. Statt des X wird nun in der

linken Spalte vor der Erläuterungsschaltfläche ein geöffnetes Auge dargestellt. Damit bestimmen Sie, dass die ausgewählte Schaltfläche sichtbar gemacht werden soll.

5. Wählen Sie aus dem Menü das Ereignis **Ereignis Bei Rolloff** (sobald die Maustaste wieder an eine andere Stelle bewegt wird). Als Verhalten stellen Sie erneut **Schaltflächen und Formulare ein-/ausblenden** ein.

6. Achten Sie darauf, dass die Schaltfläche mit der Erläuterung immer noch ausgewählt ist und klicken Sie unter Sichtbarkeitsliste auf das durchgestrichene **Augen**-Symbol. Mit diesem Symbol bestimmen Sie, dass die ausgewählte Schaltfläche (in diesem Fall bei Rolloff) unsichtbar gemacht werden soll. Die erste Beschriftung ist damit fertiggestellt (siehe Bild 5.51).

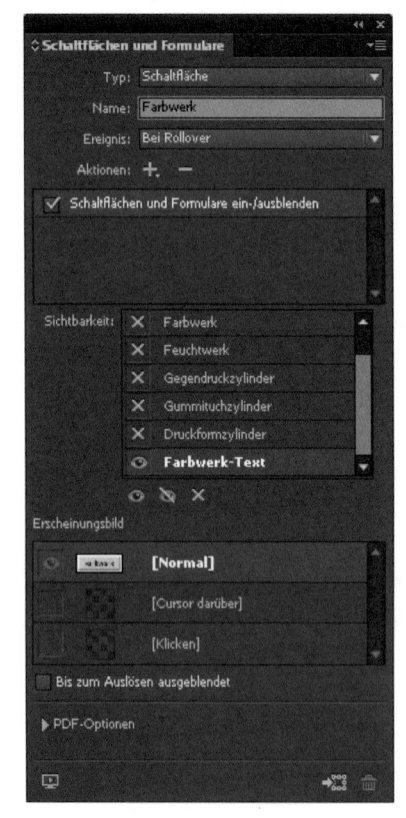

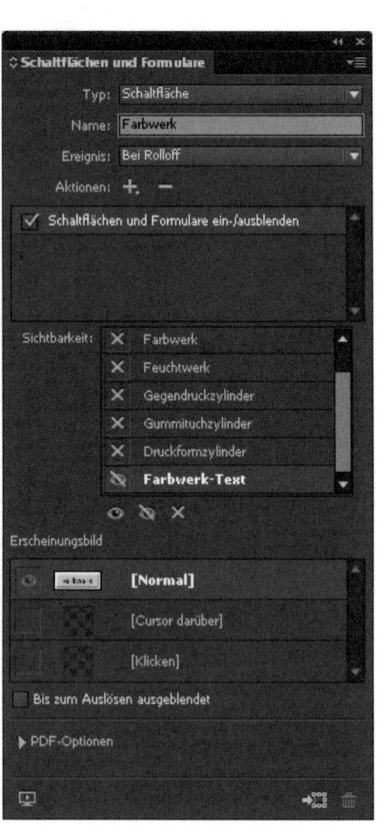

Bild 5.51 Weisen Sie den Ereignissen Bei Rollover und Bei Rolloff zwei unterschiedliche Aktionen zu.

5.2.6.5 Übrige Schaltflächen einrichten

Arbeiten Sie sich nach diesem Muster durch alle Beschriftungen. Denken Sie daran, für jede Erläuterung eine eigene Ebene anzulegen, um die Übersicht über das Dokument zu bewahren. Sie können dann mit Klicks in die linke Spalte des Ebenenbedienfelds die momentan nicht benötigten Erläuterungen ausblenden (siehe Bild 5.52).

Testen Sie die fertige Datei, indem Sie alle Ebenen einblenden und den Befehl **Datei/Exportieren** mit dem Dateiformat **Adobe PDF/Interaktiv** wählen (siehe Bild 5.53).

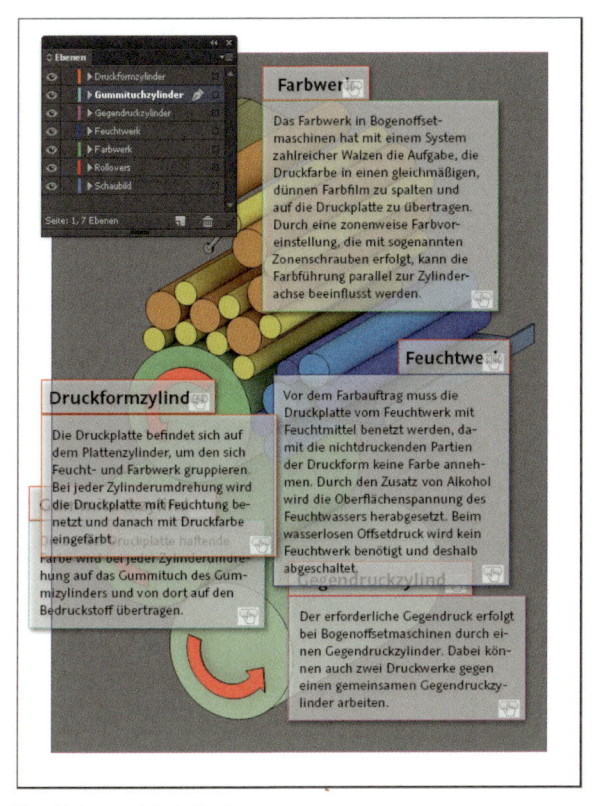

Bild 5.52 Das fertige Dokument in InDesign …

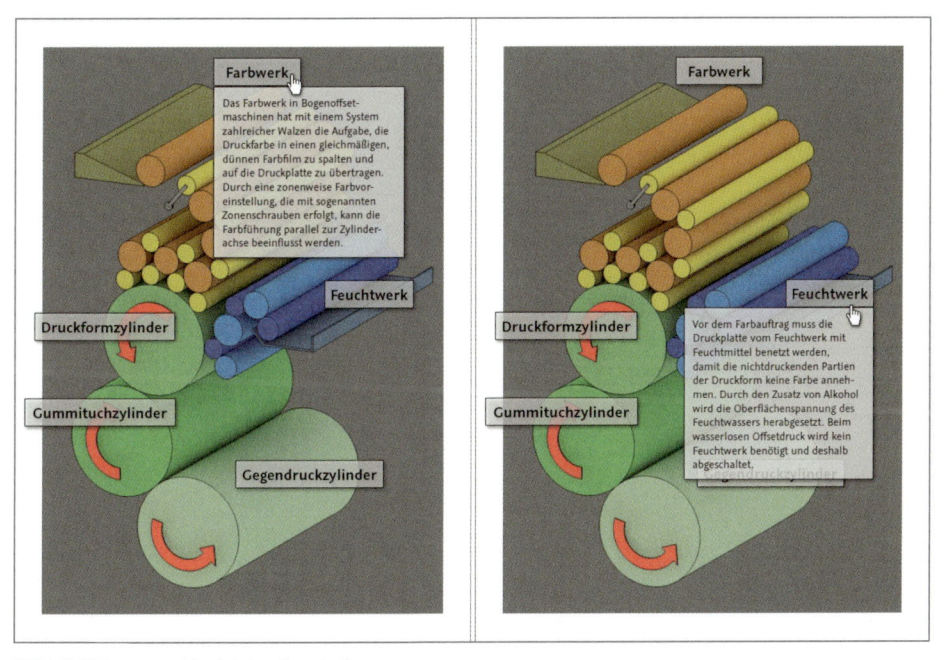

Bild 5.53 … und in Adobe Acrobat

6 Multimedia und Animationen

6.1 Multimedia

Mit Movie- bzw. Audioclips gestalten Sie Ihr digitales Dokument interessanter und abwechslungsreicher. Das Abspielen eines integrierten Movieclips kann – etwa bei einem technischen Vorgang – beim Benutzer zum besseren Verständnis beitragen, Audioclips können in einer Verkaufspräsentation für die richtige Stimmung sorgen usw.

InDesign macht es Ihnen leicht, Audio und Video in Ihre EPUB-, PDF- und SWF-Dokumente einzufügen. Allerdings müssen Sie einige Vorbereitungen treffen, damit dies reibungslos klappt.

6.1.1 Geeignete Medienformate

Nicht jeder E-Reader unterstützt Multimedia. Ist dies aber der Fall, sind das MP3-Audioformat und das MP4-Videoformat mit dem H.264-Codec geeignet. Manche E-Reader unterstützen auch noch weitere Multimediaformate.

In PDF-Dokumente können Sie die verschiedensten Medienformate komplett einbetten und abspielen. Allerdings gilt auch hier: Nicht jedes PDF-Anzeigeprogramm unterstützt auf jedem Gerät die Anzeige bzw. das Abspielen von Mediendateien. Mit MP3 bzw. MP4 liegen Sie jedoch immer richtig.

Der volle Funktionsumfang von InDesign – vor allem die Vorschau der Clips direkt in InDesign – steht Ihnen nur zur Verfügung, wenn Sie die Formate AU, F4V, FLV, MP3, MPEG-4 (MP4 und M4A) oder SWF verwenden. Zur Konvertierung eines Video- oder Audioclips in eines dieser Formate können Sie beispielsweise den Adobe Media Encoder verwenden, wie Sie weiter unten noch sehen werden.

Das früher sehr beliebte Flash-Format sollten Sie heutzutage nur noch benutzen, wenn iPad-Nutzer als Zielgruppe keine Rolle spielen. iOS-Geräte wie das iPad und das iPhone können keine Flash-Dateien anzeigen.

6.1.1.1 Mediendateien konvertieren

Liegen Ihre Mediendateien in anderen Formaten vor, konvertieren Sie sie vor der Verwendung. Sie können dazu den Adobe Media Encoder verwenden, der mit der Creative Suite ausgeliefert wird. Haben Sie ein CC-Abo, können Sie ihn kostenlos aus der Cloud laden.

6.1.1.1.1 Videodateien aufbereiten

1. Öffnen Sie den Adobe Media Encoder und wählen Sie **Datei/Quelle hinzufügen**. Wählen Sie die gewünschte Videodatei aus und klicken Sie auf **Öffnen**.

2. Wählen Sie aus der linken Drop-down-Liste die Codierung **H.264**, aus der mittleren Liste das gewünschte **Ausgabeformat**. Sie finden hier zahlreiche Optionen für eine Reihe von Smartphones und Tablets sowie Dienste wie YouTube und Vimeo, für HD TV und vieles mehr.
Für die EPUB-Veröffentlichung wählen Sie ein recht kleines Format, da Videodateien außerordentlich umfangreich werden können. Sie sollten Sorge tragen, dass Ihre Veröffentlichung eine möglichst geringe Dateigröße hat (übrigens dürfen EPUB-Bücher nicht größer sein als 2 Gigabyte). Wählen Sie deshalb beispielsweise **Android Telefon 360p 29,97**. Etwas größere Abmessungen und eine etwas höhere Datenmenge produzieren Sie mit **Android Telefon & Tablet – 480p 29,97**. Wenn Sie weiter nach unten scrollen, finden Sie ähnliche Voreinstellungen für andere Geräte mit ähnlichen Abmessungen. Sie finden hier zudem verschiedene Breitbildformate. Sie können auch eines davon wählen – wichtig ist einfach, dass Sie ein relativ kleinformatiges Video produzieren.

3. Über die rechte Liste legen Sie den Speicherort der Ausgabedatei fest (siehe Bild 6.1).

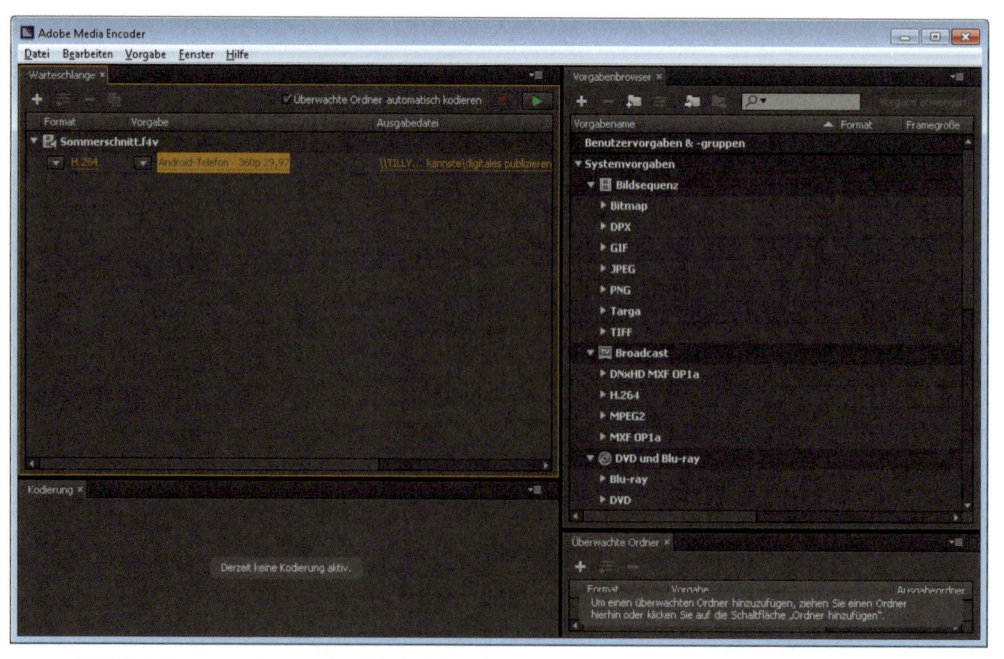

Bild 6.1 Programmfenster des Adobe Media Encoders

4. Zeigen Sie gegebenenfalls eine Vorschau des Ergebnisses an, indem Sie auf den Namen der gewählten Vorgabe klicken.

Moderne Videokameras nehmen meist im Breitbildformat mit einem Seitenverhältnis von 16:9 auf. Übliche E-Reader-Geräte haben ein Seitenverhältnis von 4:3. Aus diesem Grund sind Breitbildvideoformate für EPUB-Veröffentlichungen ungünstig – Sie erhalten am oberen und unteren Videorand einen Balken.

Falls dadurch keine bildwichtigen Teile verloren gehen, können Sie ein solches Video über die Option **Auf Füllgrösse skalieren** im Menü **Quellenskalierung** auf das gewählte Format zuschneiden, sodass am oberen und unteren Rand keine schwarzen Balken zu sehen sind. Sie können dies prüfen, indem Sie den Abspielkopf unter der Clipvorschau ziehen (siehe Bild 6.2).

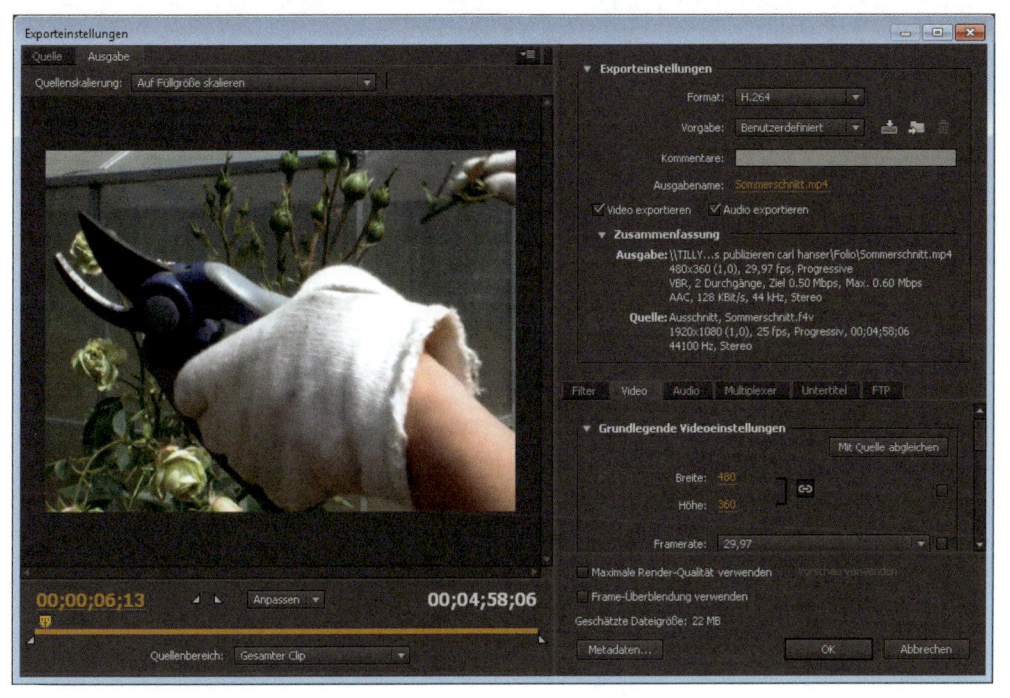

Bild 6.2 Im Register „Ausgabe" der Exporteinstellungen können Sie Ihr Video unter anderem auf das Seitenverhältnis des Ausgabeformats zuschneiden.

5. Starten Sie die Konvertierung mit einem Klick auf den grünen Pfeil (**Warteschlange starten**) im Media-Encoder-Hauptfenster (siehe Bild 6.3).

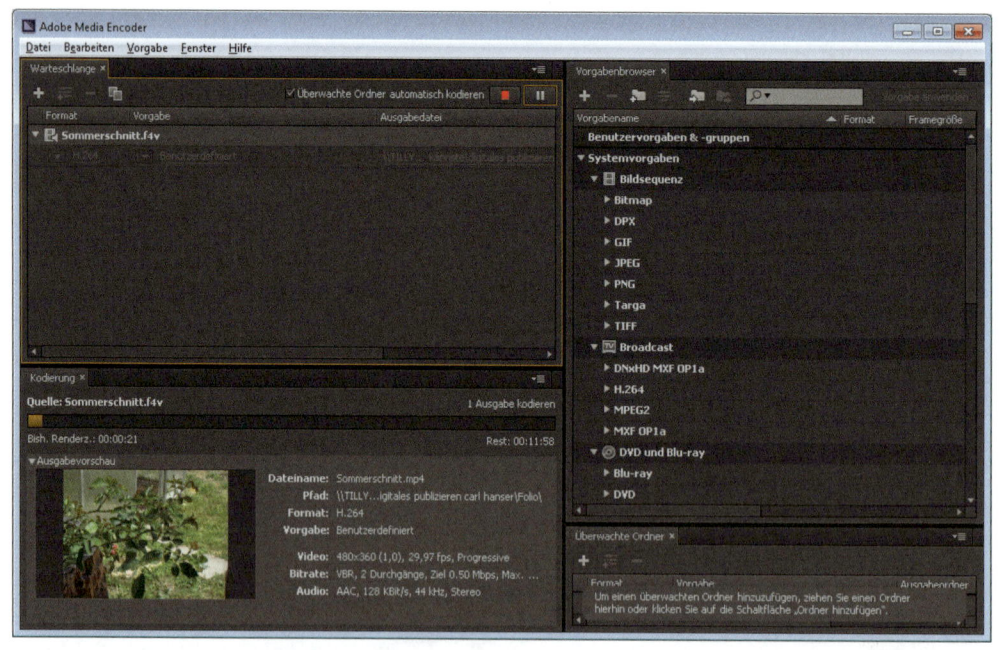

Bild 6.3 Das Video wird gerendert. Den Fortschritt verfolgen Sie im Codierungsbedienfeld am unteren Programmfensterrand.

6.1.1.1.2 Audiodateien aufbereiten

Liegen Ihre Audiodateien noch nicht als MP3-Dateien vor, können Sie sie ebenfalls über den Adobe Media Encoder konvertieren. Die grundsätzliche Vorgehensweise gleicht der beim Konvertieren von Videos. Aus der linken Liste (**Format**) wählen Sie MP3, aus der Liste **Vorgabe** wählen Sie **MP3 128kbps**. In der Liste **Ausgabedatei** stellen Sie gegebenenfalls einen anderen Speicherort ein. Klicken Sie auf den grünen Pfeil, um die Ausgabe zu starten.

6.1.1.1.3 Mediendateien automatisch konvertieren

Bei Bedarf konvertieren Sie gleich mehrere Mediendateien. Ziehen Sie sie einfach alle in den Queue-Bereich des Adobe Media Encoders.

Alternativ erzeugen Sie einen Überwachungsordner. Sobald Sie anschließend eine Datei in diesem Ordner ablegen, wird er automatisch vom Adobe Media Encoder verarbeitet:

1. Klicken Sie im rechten unteren Bereich des Adobe Media Encoders (**Überwachte Ordner**) auf das **Plus**-Symbol. Wählen Sie einen Ordner zur Überwachung aus.
2. Sie erhalten die gleichen Menüs zur Angabe von Format und Ausgabeordner wie beim Konvertieren einer einzelnen Mediendatei. Wählen Sie die gewünschten Einstellungen aus.
3. Ziehen Sie jetzt über den Windows Explorer oder den Mac Finder eine oder mehrere Videodateien in den angegebenen Ordner. Nach einem Augenblick nimmt der Media Encoder automatisch die Arbeit auf und konvertiert die Dateien in das von Ihnen ausgewählte Format.

> **HINWEIS:** Beachten Sie, dass die in den überwachten Ordner gezogene Originaldatei anschließend gelöscht wird. Deshalb sollten Sie keine Mediendateien in den überwachten Ordner verschieben, sondern sie stets kopieren.

6.1.2 Mediendateien einfügen

Einen Medienclip fügen Sie mit der folgenden Technik in Ihr InDesign-Layout ein.

1. Wählen Sie **Datei/Platzieren** und suchen Sie die vorbereitete Mediendatei heraus. Klicken Sie an die gewünschte Stelle, um den Clip mit seinen Originalabmessungen einzufügen.
2. Im Dokument erscheint ein Medienplatzhalter, den Sie nun wie jeden Rahmeninhalt positionieren können. Der Clip wird genau wie etwa Bilder auch im Verknüpfungenbedienfeld angezeigt.

> **PRAXISTIPP:** Wenn Sie für das EPUB-Format layouten, können Sie auch Ihre Mediendateien im Text verankern, um zu definieren, an welcher Stelle im EPUB-Dokument sie erscheinen sollen.

6.1.3 Wiedergabe von Videoclips steuern

Wenn Sie nichts anderes vorgeben, wird der Clip zunächst als Standbild angezeigt und erst dann abgespielt, wenn der Anwender ihn antippt bzw. mit der Maus anklickt. Der Clip wird ein einziges Mal abgespielt, es sei denn, ein weiterer Klick hält ihn wieder an.

Im Bedienfeld **Fenster/Interaktiv/Medien** legen Sie fest, wie sich der markierte Clip im exportierten Dokument verhalten soll (siehe Bild 6.4 auf der nächsten Seite).

So können Sie bestimmen, dass der Clip gleich **Beim Laden der Seite abspielen** soll. Außer für Videos in PDF-Dateien können Sie zudem festlegen, dass der Clip in einer **Endlosschleife** abgespielt werden soll.

Im Menü **Steuerelemente** wählen Sie aus einer Vielzahl von Video-Steuerelementen. Diese werden erst nach dem Export im fertigen Dokument sichtbar. Mit **SkinOverAll** werden alle Videosteuerelemente hinzugefügt. Die Bezeichnungen der anderen Optionen sagen aus, welche Steuerelemente als Overlay auf dem Video erscheinen.

Bild 6.4
Bestimmen Sie im Medienbedienfeld die Eigenschaften des Clips.

Bezeichnung	Steuerelement	Beispiel
Play	Abspielen/Pausieren	
Mute	Sound aus-/einschalten	
Stopp	Anhalten	
Vol	Lautstärke	

Wenn Sie das Kontrollfeld **Steuerelemente bei Rollover anzeigen** aktivieren, werden die Steuerelemente erst dann angezeigt, wenn der Nutzer mit der Maus auf das Video zeigt oder darauf tippt.

Standardmäßig wird das erste Bild eines Videoclips als **Standbild** verwendet. Um dies zu ändern, vergewissern Sie sich, dass im Menü **Aus aktuellem Bild** ausgewählt ist. Scrubben Sie dann mit der Steuerungsleiste unter dem Vorschaubild zum gewünschten Bild und klicken Sie auf das **Pfeil**-Symbol rechts neben dem Menü **Standbild**, um das Bild im InDesign-Dokument zu aktualisieren. Alternativ wählen Sie aus dem Menü die Option **Bild auswählen** und nehmen ein vorbereitetes Standbild aus Ihrem Dateisystem (siehe Bild 6.6 auf der nächsten Seite).

> **HINWEIS:** Die zuletzt genannte Option wird ausdrücklich empfohlen – und zwar erzeugen Sie am besten einen Screenshot des ersten oder eines anderen Videobilds, öffnen diesen in Photoshop und legen einen Abspielen-Button darüber. Speichern Sie das Bild anschließend mit **Datei/Für Web speichern** im PNG-24-Format. Der Grund: Der Nutzer ist es gewohnt, etwa auf YouTube einen Abspielen-Button auf dem Video zu sehen. Fehlt dieser, könnte der Betrachter Ihres Dokuments das Video möglicherweise für ein einfaches, statisches Bild halten. Durch das benutzerdefinierte Standbild weiß er sofort, dass er mit einem Klick auf den Start-Button ein Video ansehen kann (siehe Bild 6.5).

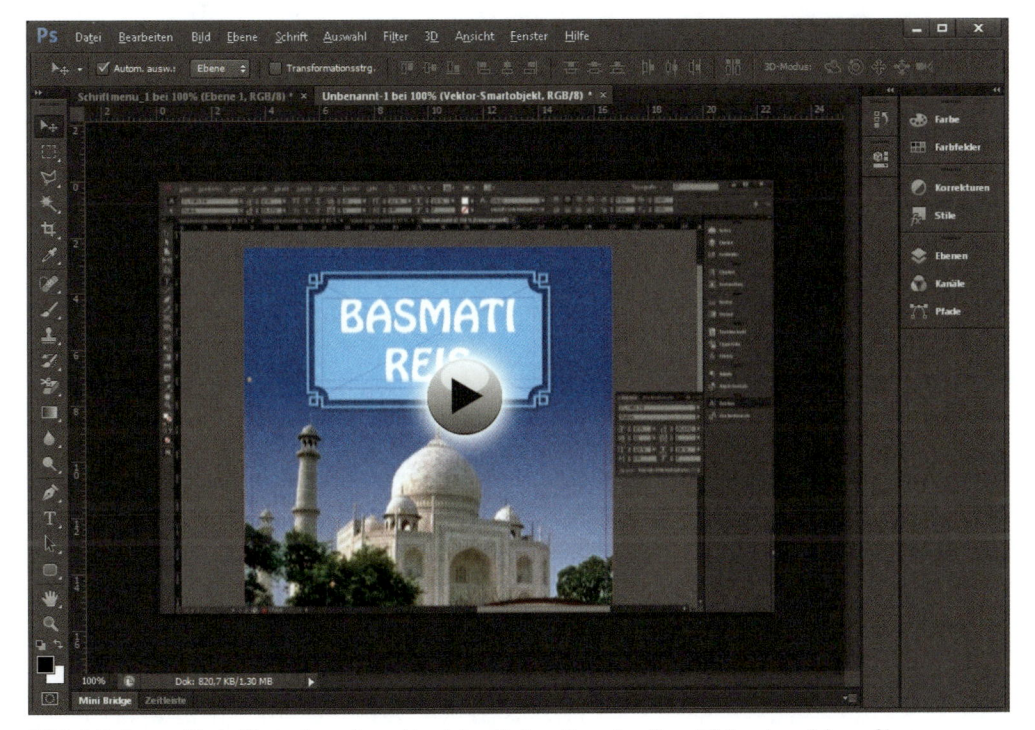

Bild 6.5 Legen Sie in Photoshop einen Abspielen-Button über das Standbild und speichern Sie es.

Bild 6.6 Im Medienbedienfeld von InDesign wählen Sie dann aus dem Menü „Standbild" das in Photoshop vorbereitete Bild aus.

Im Vorschaubereich im oberen Bereich des Medienbedienfelds sehen Sie das neue Standbild nicht. Sie können aber gleich den ganzen Druckbogen mit dem eingefügten Video betrachten. Diese Vorschaumöglichkeit ist gut für Layouts geeignet, die Sie in das PDF- oder SWF-Format exportieren möchten. Klicken Sie dazu in der linken unteren Ecke des Medienbedienfelds auf das Symbol **Druckbogenvorschau**. Der aktuelle Druckbogen wird in das Flash-SWF-Format konvertiert und im SWF-Vorschau-Bedienfeld angezeigt. Vergrößern Sie dieses, indem Sie seine rechte untere Ecke ziehen. Nun können Sie Ihre Mediendatei im Kontext testen (siehe Bild 6.7).

Navigationspunkte hinzufügen

Außerdem können Sie im Medienbedienfeld Navigationspunkte erzeugen, die Sie dann mit Schaltflächenaktionen (siehe Abschnitt 5.2.5.3, „Schaltflächen mit Interaktivität versehen") ansteuern können. Dies funktioniert nur in PDF- und SWF-Dokumenten, in EPUB-Büchern hingegen nicht.

1. Scrubben Sie einfach zum gewünschten Frame des Films und klicken Sie auf das Pluszeichen unter dem Bereich **Navigationspunkte**.
2. Versehen Sie den neuen Navigationspunkt mit einem aussagekräftigen Namen.
3. Nachdem Sie dann Ihrem Dokument eine Schaltfläche hinzugefügt haben, weisen Sie dieser das Verhalten **Video** zu, wählen das gewünschte Video, die Option **Wiedergabe ab Navigationspunkt** und den entsprechenden Navigationspunkt im Menü **Punkt** (siehe Bild 6.8).

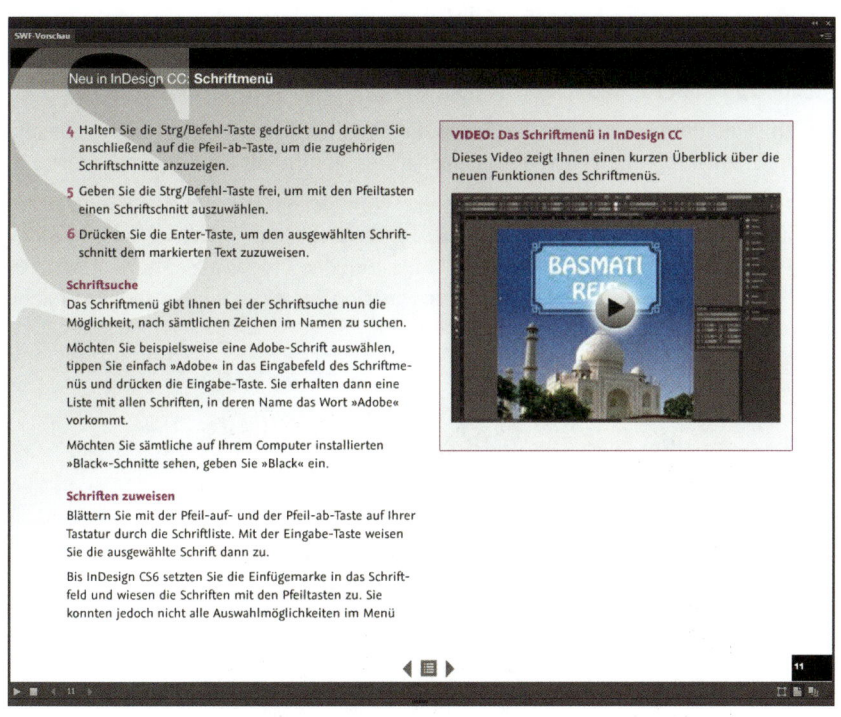

Bild 6.7 Das fertige Video können Sie im SWF-Vorschau-Bedienfeld von InDesign testen.

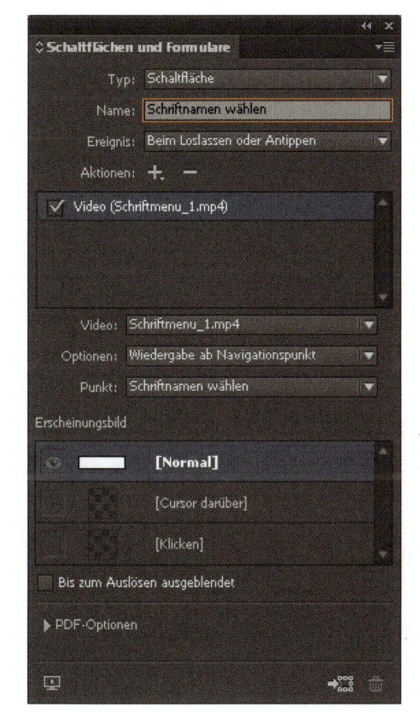

Bild 6.8
Navigationspunkte lassen sich über Schaltflächen ansteuern.

Für Videos in PDF-Dokumenten sind noch einige weitere Optionen verfügbar, die Sie nicht direkt im Medienbedienfeld finden. Klicken Sie am unteren Rand des Medienbedienfelds auf das Symbol **Optionen für den Export von interaktiven PDFs festlegen**.

- Im folgenden Dialogfeld können Sie das Video mit einer Beschreibung versehen, die sehbehinderten Nutzern mit alternativen Ausgabegeräten den Inhalt des Clips erläutert.
- Darunter finden Sie das Kontrollfeld **Video in verschiebbarem Fenster abspielen**. Wenn Sie dieses aktivieren, kann das Video in einem Overlay-Fenster oder als Vollbild abgespielt werden. Wählen Sie dazu die Vergrößerungsstufe des Videos aus. Mit **Max.** wird es als Vollbild abgespielt. Legen Sie daneben eine **Position** für das Videofenster fest (siehe Bild 6.9).

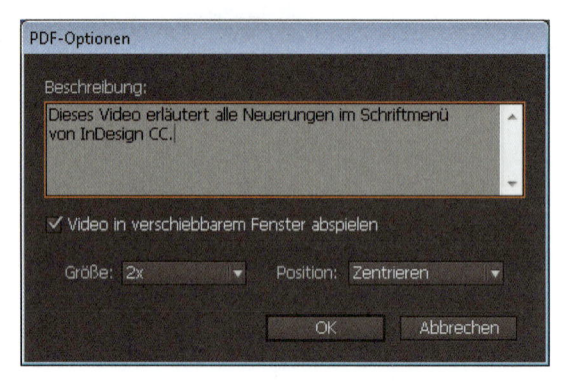

Bild 6.9 Über die PDF-Optionen versehen Sie Ihr Video unter anderem mit der wichtigen Beschreibung für alternative Ausgabegeräte.

6.1.4 Videos von URL einfügen

Wenn Ihr Layout für den PDF-Export vorgesehen ist, können Sie Videos auch per URL einfügen. Klicken Sie dazu am unteren Rand des Medienbedienfelds auf das Symbol **Video mithilfe einer URL platzieren**.

Nun können Sie die vollständige URL eines Online-Videos einfügen (siehe Bild 6.10). Das Video verbleibt dabei auf dem externen Server, das heißt, dass der Betrachter Ihrer PDF-Datei eine Internetverbindung benötigt, damit er das Video sehen kann.

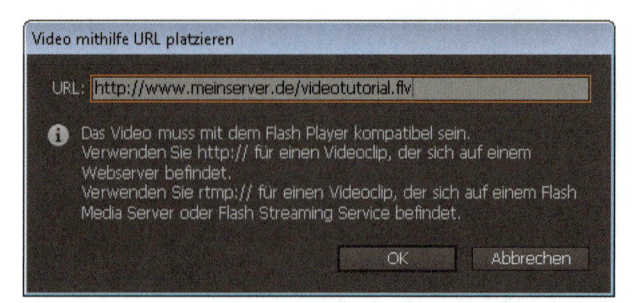

Bild 6.10 Clips in den Flash-Formaten FLV oder F4V lassen sich auch per URL einfügen. Damit bleibt Ihre fertige Datei klein.

> **HINWEIS:** Die auf diese Weise verknüpften Videos müssen die Flash-Videoformate FLV oder F4V haben. Sie können auf iOS-Geräten nicht abgespielt werden.

> **PRAXISTIPP:** Für den EPUB-Export ist diese Möglichkeit nicht geeignet. Sie haben dennoch die Möglichkeit, externe Videos in Ihre EPUB-Datei einzufügen – allerdings erst bei der Nachbearbeitung der fertigen EPUB-Datei. Wie dies geht, erfahren Sie in Kapitel 7.

6.1.5 Wiedergabe von Audioclips steuern

Für Audioclips bietet das Medienbedienfeld ebenfalls einige Einstellmöglichkeiten (siehe Bild 6.11). Auch hier können Sie festlegen, dass der Sound gleich beim Laden der Seite und/oder in einer Endlosschleife abgespielt wird.

Aktivieren Sie das Kontrollfeld **Beim Umblättern der Seite stoppen**, wird die Wiedergabe sofort beendet, wenn das Ausgabegerät zur nächsten Seite/zum nächsten Bildschirm wechselt.

Bild 6.11
Medienbedienfeld mit im Layout ausgewählter Audiodatei

Audiodateien in PDF- bzw. SWF-Dateien (oder in interaktiven Magazin-Apps) können Sie auch ein Standbild hinzufügen. Für den EPUB-Export ist diese Möglichkeit irrelevant.

6.2 Seitenübergänge

Eine weitere Möglichkeit, PDF- (und SWF-) Dokumente mit bewegten Elementen aufzuwerten, sind Seitenübergänge. Diese gibt es bereits seit der InDesign-Version CS4. Sobald in Ihrem fertigen Dokument eine neue Seite angesteuert wird, wird der Übergang angezeigt. Sie können den Seitenübergang entweder einzelnen Seiten oder allen Seiten im ganzen Dokument gleichzeitig zuweisen.

1. Öffnen Sie das Seitenbedienfeld und markieren Sie die Seite(n), die Sie mit dem Seitenübergang versehen möchten.
2. Zeigen Sie das Seitenübergängebedienfeld an. Aus dem Menü **Übergang** wählen Sie eine Übergangsart. Darunter stellen Sie die gewünschte Richtung und die Geschwindigkeit ein (siehe Bild 6.12).

Bild 6.12
Seitenübergänge erzeugen

3. Möchten Sie das gesamte Dokument mit demselben Seitenübergang versehen – was oft am besten aussieht –, klicken Sie am unteren Bedienfeldrand auf das Symbol **Auf alle Druckbögen anwenden**.

6.3 Objektanimationen

Falls die Verwendung von Flash eine Option für Sie ist (mehr über die Nachteile des Flash-Formats haben Sie bereits in Abschnitt 1.2.5, „Möglichkeiten und Einschränkungen des Flash-SWF-Formats", erfahren), können Sie Ihrem InDesign-Dokument auch vordefinierte Animationen hinzufügen. Die Animationen werden nur im Flash-SWF-Format exportiert.

6.3.1 Vorgegebene Animationsart zuweisen

InDesign bietet Ihnen viele Animationsvorgaben zur Auswahl. Es sind dieselben Voreinstellungen, die Sie auch in Flash Professional selbst finden.

1. Markieren Sie das Design-Element, das Sie animieren möchten, und öffnen Sie das Animationsbedienfeld.
2. Geben Sie Ihrer Animation hier einen aussagekräftigen **Namen**. Aus dem Menü **Vorgaben** wählen Sie eine Voreinstellung. Sobald Sie diese ausgewählt haben, setzt sich der rosa Schmetterling im Vorschaubereich des Bedienfelds in Bewegung, sodass Sie sich die Animation besser vorstellen können. Bei manchen Voreinstellungen wird dem Druckbogen ein editierbarer Bewegungspfad für die Animation hinzugefügt.
3. Öffnen Sie das Menü **Ereignis(se)** und wählen Sie ein Ereignis, bei dem das animierte Objekt in der SWF-Datei abgespielt werden soll:
   - **Beim Laden der Seite** (standardmäßig aktiviert): Die Animation wird abgespielt, wenn die Seite im Flash-Player geladen wird.
   - **Bei Klick auf Seite**: Die Animation wird abgespielt, wenn der Benutzer in den Flash-Player klickt (siehe Bild 6.13).
   - **Bei Klick (Selbst)**: Die Animation wird abgespielt, wenn der Benutzer auf das animierte Objekt selbst klickt.

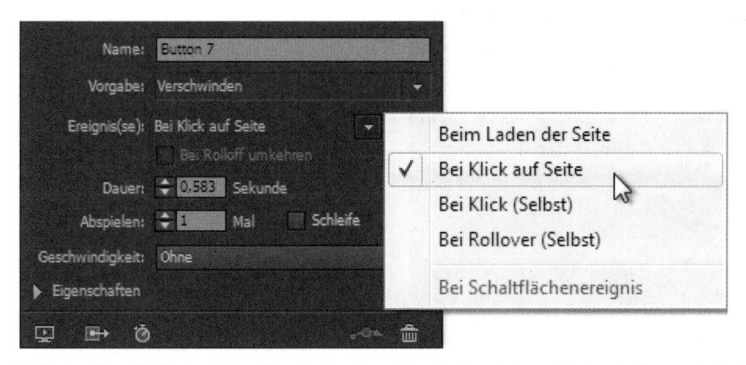

Bild 6.13 Im Menü „Ereignis(se)" entscheiden Sie, bei welchem Ereignis das animierte Objekt abgespielt werden soll.

- Bei **Rollover (Selbst)**: Die Animation wird abgespielt, wenn der Benutzer auf das animierte Objekt zeigt. Soll die Animation umgekehrt werden, sobald die Maus des Benutzers das animierte Objekt wieder verlässt, aktivieren Sie zusätzlich das Kontrollkästchen **Bei Rolloff umkehren**.
- **Bei Schaltflächenereignis**: Die Animation wird abgespielt, wenn der Benutzer auf eine Schaltfläche auf der Seite klickt. Zu diesem Zweck erstellen Sie zuerst eine Schaltfläche in Ihrem Dokument. Nun klicken Sie im Schaltflächen- und Formularebedienfeld auf das **Plus**-Symbol neben **Aktionen**. Aus dem jetzt angezeigten Menü wählen Sie **Animation**. Wenn Sie nun das animierte Objekt auswählen und sich das Animationsbedienfeld ansehen, stellen Sie fest, dass im Menü **Ereignis(se)** die Optionen **Beim Laden der Seite, Bei Schaltflächenereignis** ausgewählt sind. Damit die Animation erst beim Klick auf die Schaltfläche ausgelöst wird, öffnen Sie das Menü und wählen die Option **Beim Laden der Seite** ab, sodass nur noch **Bei Schaltflächenereignis** aktiv ist (siehe Bild 6.14).

Bild 6.14
Im Schaltflächen- und Formularebedienfeld definieren Sie eine Schaltfläche, über die sich die Animation steuern lässt.

Animationsdauer definieren

Auch die Dauer der Animation in Sekunden und die Anzahl der Wiederholungen legen Sie im Animationsbedienfeld fest.

- Geben Sie in das Feld **Dauer** ein, wie viele Sekunden vom Beginn der Animation bis zu ihrem Ende vergehen sollen.

- Darunter legen Sie fest, wie oft dieser Vorgang wiederholt werden soll. Aktivieren Sie hier das Kontrollkästchen **Schleife**, wenn die Animation kontinuierlich in einer Endlosschleife ablaufen soll.

- Im Menü **Geschwindigkeit** wählen Sie **Ohne**, wenn die Animation in einem gleichmäßigen Tempo ablaufen soll. Mit **Beschleunigen** beginnt die Animation langsam und nimmt dann Tempo auf (siehe Bild 6.15), mit **Abbremsen** startet sie schnell und wird dann langsamer. **Beschleunigen und abbremsen** kombiniert beide Methoden.

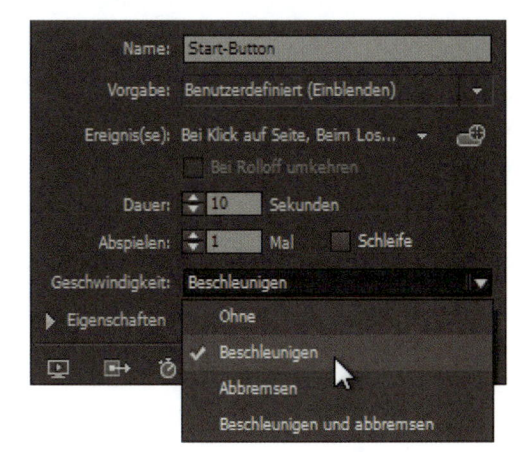

Bild 6.15
Dauer, Wiederholung und Beschleunigung einer Animation festlegen

Weitere Einstellungen für Drehung, Skalierung, Deckkraft und Sichtbarkeit der Animation finden Sie, wenn Sie auf das **Dreieck**-Symbol vor Eigenschaften klicken.

6.3.2 Animation in der Vorschau betrachten

Für eine Vorschau Ihrer Animation müssen Sie InDesign nicht verlassen. Klicken Sie vielmehr links unten im Animationsbedienfeld auf das Symbol **Druckbogenvorschau**.

Dieses Symbol öffnet das Vorschaubedienfeld, in dem Sie die Animation betrachten können. Ziehen Sie dieses Bedienfeld größer, damit Sie die Animation besser beurteilen können (siehe Bild 6.16).

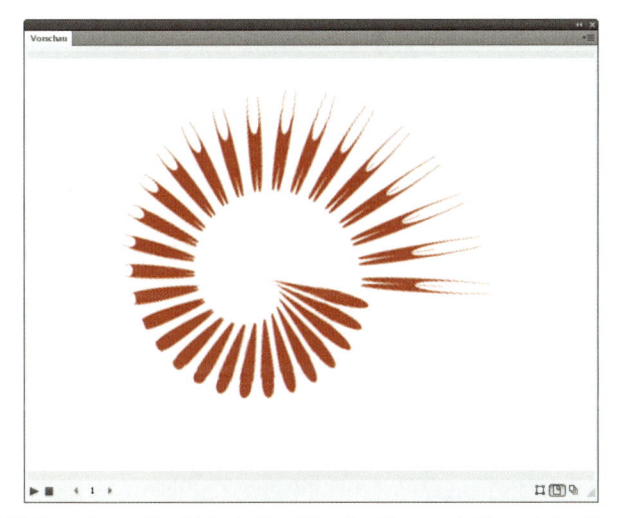

Bild 6.16 Im SWF-Vorschaubedienfeld erhalten Sie eine Voransicht Ihrer Animation.

6.3.3 Mehrere Animationen steuern

Enthält Ihr Druckbogen mehrere Animationen, müssen Sie deren Reihenfolge steuern. Dazu verwenden Sie das Zeitpunktbedienfeld. In diesem sehen Sie alle animierten Objekte auf Ihrem Druckbogen (siehe Bild 6.17).

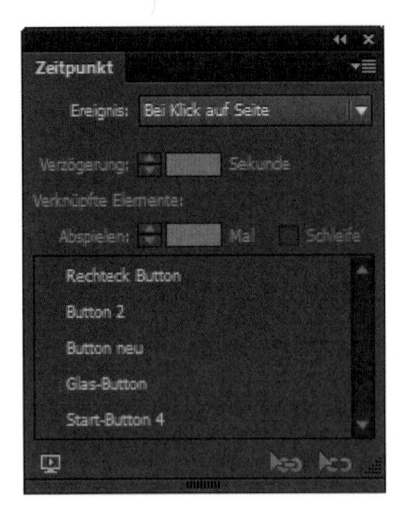

Bild 6.17
Reihenfolge der Animationen festlegen

- Um die Reihenfolge der Animationen zu ändern, ziehen Sie einfach den Namen einer Animation in der Liste nach oben oder nach unten. Das in der Liste zuerst angezeigte Element wird zuerst abgespielt.

- Möchten Sie die Einstellungen für eine der Animationen ändern, wählen Sie sie einfach aus der Liste aus. Nun können Sie ihnen über das Menü **Ereignis(se)** ein anderes Ereignis zuweisen. Über die **Verzögerung** legen Sie fest, wie viel Zeit vergeht, bis die Animation nach dem auslösenden Ereignis beginnt.

- Sollen zwei oder mehr Animationen gleichzeitig abgespielt werden, wählen Sie diese aus und klicken auf das Symbol **Gemeinsam abspielen** am unteren Bedienfeldrand.

6.3.4 Bewegungspfad einer Animation bearbeiten

Viele Animationsvorgaben sind mit einem Bewegungspfad versehen. Dieser bestimmt die Richtung und die Länge der Animation. Sie können den Bewegungspfad bearbeiten, sodass das Element beispielsweise aus einer anderen Richtung ins Bild kommt oder sich nicht auf einer geraden, sondern auf einer gebogenen Linie bewegt.

1. Wählen Sie das Direktauswahlwerkzeug in der Werkzeugleiste.
2. Klicken Sie auf den **Bewegungspfad**, um ihn auszuwählen.
3. Klicken Sie auf den Ankerpunkt, den Sie bearbeiten möchten. Sie können auch mehrere Ankerpunkte auswählen, indem Sie mit weiterhin aktiviertem Direktauswahlwerkzeug einen Rahmen darum aufziehen oder indem Sie sie mit gedrückter **Umschalt**-Taste anklicken (siehe Bild 6.18).

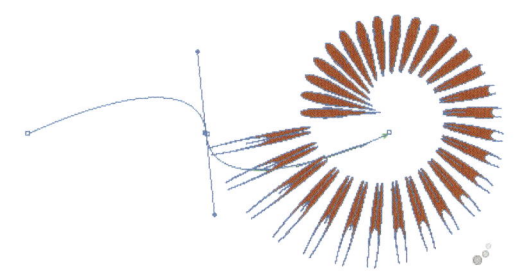

Bild 6.18 Der Bewegungspfad und damit der Verlauf der Animation lässt sich umformen.

4. Ziehen Sie den markierten Ankerpunkt. Alternativ verschieben Sie ihn mit den Pfeiltasten. Wenn Sie beim Ziehen die **Umschalt**-Taste gedrückt halten, schränken Sie die Bewegung der Ankerpunkte auf 45 Grad ein.
5. Die an den Ankerpunkt angrenzenden Pfadsegmente werden entsprechend umgeformt.

6.3.5 Animation als Vorgabe speichern

Wenn Sie eine Animation erstellt haben, die Sie auch auf weitere Objekte anwenden möchten, können Sie eine eigene Vorgabe erstellen. Gehen Sie dazu folgendermaßen vor.

1. Markieren Sie das Objekt, das Sie mit der Animation versehen haben. Im Bedienfeldmenü wählen Sie **Speichern**.
2. Geben Sie einen passenden Namen ein und klicken Sie auf **OK** (siehe Bild 6.19).

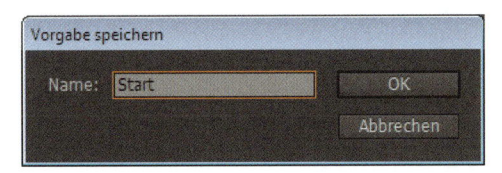

Bild 6.19 Speichern Sie Ihre fertige Animation als Vorgabe, damit Sie sie schnell und bequem weiteren Objekten zuweisen können.

Von nun an können Sie die neue Animationsart über das Menü **Vorgabe** auswählen und damit auch anderen Objekten zuweisen.

7

Ausgabe und Nachbearbeitung von HTML-basierten Publikationen: EPUB, Kindle und HTML

Nach den in den Kapiteln 2, 4, 5 und 6 erläuterten Vorbereitungen können Sie nun Ihre EPUB-Datei erzeugen.

■ 7.1 Metadaten hinzufügen

Metadaten sind ein fester Bestandteil jeder E-Book-Datei. Sie können über das InDesign-Dialogfeld **Dateiinformationen** beispielsweise Titel, Autor und Verlag des E-Books hinzufügen. Allerdings gibt es noch sehr viel mehr Metatags für E-Books. Diese können Sie erst bei der Nachbearbeitung des EPUB-Archivs festlegen. Mehr darüber erfahren Sie am Ende dieses Kapitels.

> **HINWEIS:** Wenn Sie eine EPUB-Datei aus einer Buchdatei exportieren, müssen Sie die Metadaten in das Dokument einfügen, das als Formatquelle definiert ist (Sie erkennen dies an dem kleinen Symbol in der linken Spalte des Buchbedienfelds; siehe Bild 7.1).

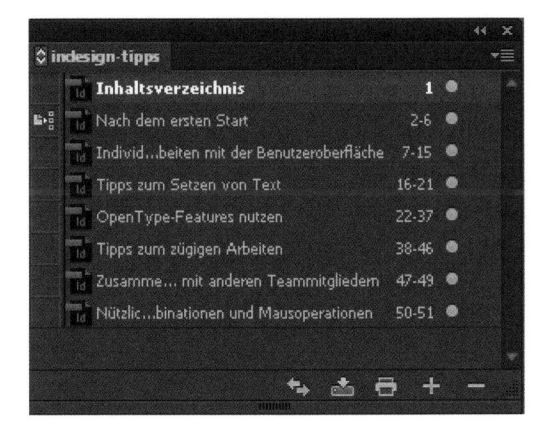

Bild 7.1
Hier ist das Dokument „Nach dem ersten Start" als Formatquelle definiert.

1. Doppelklicken Sie im Buchbedienfeld auf das Dokument, das als Formatquelle definiert ist.
2. Wählen Sie **Datei/Dateiinformationen** (Tastenkombination **Strg + Alt + Umschalt + I**). Geben Sie die Metadaten ein und bestätigen Sie mit **OK** (siehe Bild 7.2).

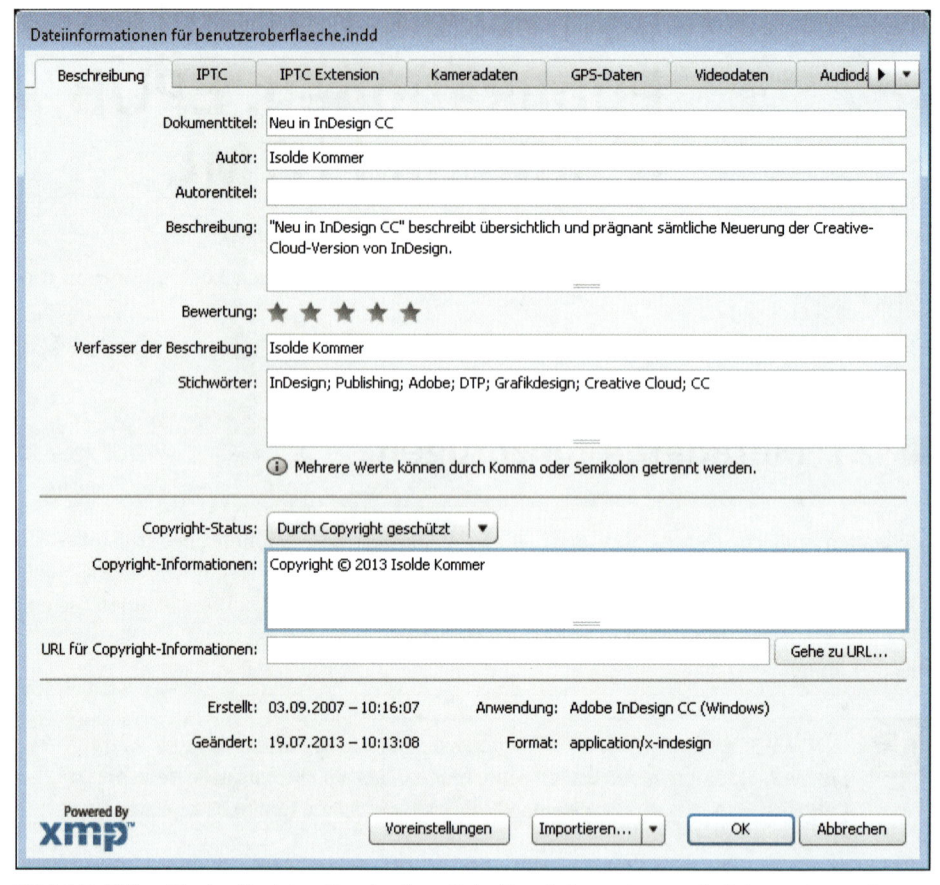

Bild 7.2 Füllen Sie das Register „Beschreibung" der Dateiinformationen möglichst umfassend aus.

■ 7.2 EPUB-Export

Nun sind Sie bereit, Ihr EPUB-Dokument zu exportieren.

Falls Sie mit einem Einzeldokument arbeiten, wählen Sie **Datei/Exportieren**. Als **Dateityp** wählen Sie **EPUB**. Geben Sie Dateinamen und Speicherort an und klicken Sie auf **Speichern** (siehe Bild 7.3).

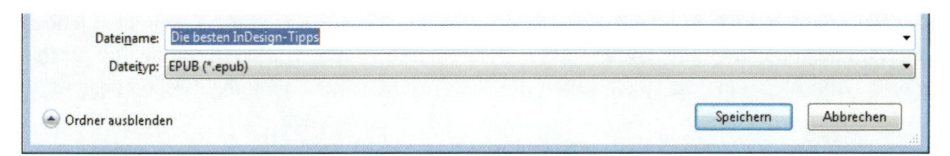

Bild 7.3 Möchten Sie Ihr Dokument als E-Book exportieren, wählen Sie im Dialogfeld „Exportieren" den Dateityp „EPUB".

Wenn Sie mit einer Buchdatei arbeiten, gehen Sie folgendermaßen vor:

1. Definieren Sie das Dokument mit dem Inhaltsverzeichnis als Formatquelle, indem Sie im Buchbedienfeld in die Spalte vor dem Dokumentnamen klicken. Der Grund: In diesem haben Sie das Inhaltsverzeichnisformat definiert, auf das InDesign beim Export des EPUB-Dokuments zugreifen wird.
2. Öffnen Sie das Bedienfeldmenü des Buchbedienfelds. Wählen Sie **Buch als EPUB exportieren** (siehe Bild 7.4). Geben Sie einen Dateinamen ein und wählen Sie einen Speicherort. Klicken Sie auf **Speichern**.

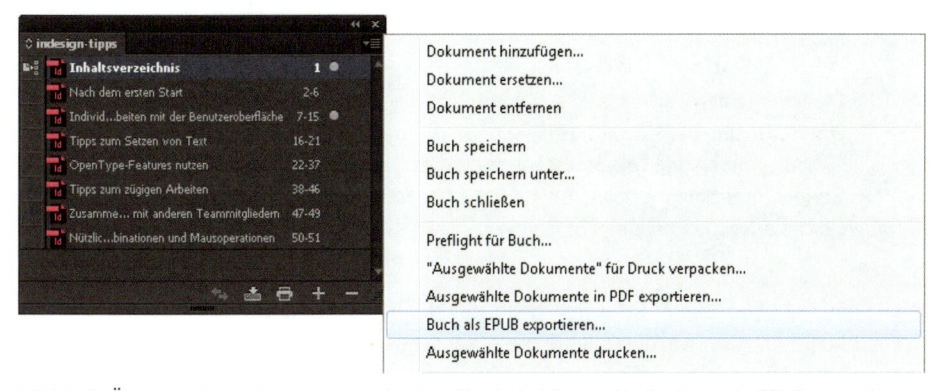

Bild 7.4 Über das Bedienfeldmenü des Buchbedienfelds können Sie Ihr Buch als EPUB exportieren.

7.2.1 Dateibenennung

Denken Sie daran, Ihrem Dokument beim Exportieren einen geeigneten Namen zu geben. Ungeeignete Dateinamen können dazu führen, dass Ihr E-Book nicht validiert werden kann und nicht in die E-Book-Shops gelangt oder dass das Lesegerät es falsch oder gar nicht anzeigt.

Nach den Spezifikationen des International Digital Publishing Forum (IDPF), der internationalen Standardisierungsorganisation für elektronische Publikationen, müssen die Dateinamen in EPUB-Archiven eindeutig sein (dazu gehört auch, dass Sie nicht zwei identisch benannte Dateien mit unterschiedlicher Groß-/Kleinschreibung verwenden dürfen) und sie müssen sich im korrekten Verzeichnis befinden. Die Dateinamen dürfen 255 Bytes nicht überschreiten, bei Double-Byte-Unicode also höchstens 127 Zeichen lang sein (inklusive Punkt und darauf folgender Dateiendung).

Die Dateinamen müssen UTF 8-codiert sein, Zeichen wie /, +, :, <, >, ?, \, „ scheiden jedoch aus. Am besten achten Sie darauf, dass der Dateiname – ähnlich wie ein Dateiname für das World Wide Web – nur aus Buchstaben und Ziffern und gegebenenfalls Strichen besteht.

7.2.2 Allgemeine Einstellungen

Im Register **Allgemein** des Dialogfelds **EPUB-Exportoptionen** nehmen Sie die folgenden Einstellungen vor:

- InDesign kann das Buch entweder in das EPUB 2.0.1- oder in das EPUB 3.0-Format exportieren. Wählen Sie die gewünschte Option unter **Format für EPUB-Inhalt** aus.

> **HINWEIS:** Zwar wurde die Spezifikation des EPUB 3.0-Formats bereits im Oktober 2011 verabschiedet, aber noch längst nicht alle Reader können die neue Funktionen umsetzen. Die gängige Version 2.0.1 wird hingegen von fast allen Geräten unterstützt. HTML und damit EPUB ist jedoch aufwärtskompatibel aufgebaut: Neue Funktionen, die ein bestimmtes Lesegerät nicht versteht, werden von diesem ignoriert, ohne dass das gesamte E-Book gleich unbrauchbar wird.
>
> Die wichtigsten Verbesserungen von EPUB 3 gegenüber EPUB 2.0.1 sind die Unterstützung der CSS3-Spezifikationen mit besseren Zeilenumbrüchen und Silbentrennung, die Unterstützung mehrerer CSS-Dateien, HTML5- sowie JavaScript-Unterstützung sowie erweiterte Metadaten, Einbettung von SVG-Grafiken, Sprachausgabe und kleinere Dateien.

- Für das **Deckblatt** bietet InDesign Ihnen die Möglichkeit, automatisch die erste Seite in ein Pixelbild zu konvertieren und diese zu verwenden. Falls Sie die erste Seite also entsprechend gestaltet haben, ist dies eine praktische Option. Anderenfalls wählen Sie aus dem Menü **Deckblatt** den Befehl **Bild auswählen** und nehmen ein eigens gestaltetes Cover-Bild. Die sorgfältige Auswahl bzw. Gestaltung des Cover-Bilds ist wichtig, weil Ihr Buch damit beispielsweise in den E-Book-Stores präsentiert wird.

- In Abschnitt 5.1.2, „Inhaltsverzeichnisse für E-Books", haben Sie erfahren, dass Sie Ihr EPUB-Dokument mit einem Inhaltsverzeichnisformat versehen sollten. Auf dieses kann der E-Book-Reader zugreifen, um es als Navigationshilfe in Form einer Baumstruktur darzustellen. Wählen Sie aus dem Menü **Navigation** die Option **Inhaltsverzeichnisformat** und daneben das von Ihnen erzeugte Inhaltsverzeichnisformat.

> **HINWEIS:** Sollte das von Ihnen definierte Inhaltsverzeichnisformat in der Liste nicht verfügbar sein, haben Sie sicherlich vor dem Export vergessen, das Dokument mit dem Inhaltsverzeichnis als Formatquelle zu definieren.

- Seit InDesign CS5.5 können Sie einen einfachen Wert für die Buchränder in das Feld **Buchsteg** eingeben. Seit der Version CS6 können Sie über die Felder im Bereich **Ränder** für jeden Buchrand einen eigenen Wert (klicken Sie dazu auf das Kettensymbol zwischen den Feldern, um dieses zu deaktivieren) eingeben. Diese Seitenränder werden jedoch nicht von jedem E-Book-Reader verwendet.

- Wenn Sie über das Artikelbedienfeld eine Struktur angelegt haben, können Sie diese für das E-Book verwenden. Aktivieren Sie dazu in der Kategorie **Allgemein** unter **Inhaltsreihenfolge** die Option **Wie Artikelbedienfeld** (siehe Bild 7.5).

> **HINWEIS:** Wenn Sie mit dem Buchbedienfeld gearbeitet haben, ist diese Option beim Export nur dann verfügbar, wenn Sie in jedem einzelnen Dokument Artikel angelegt haben.

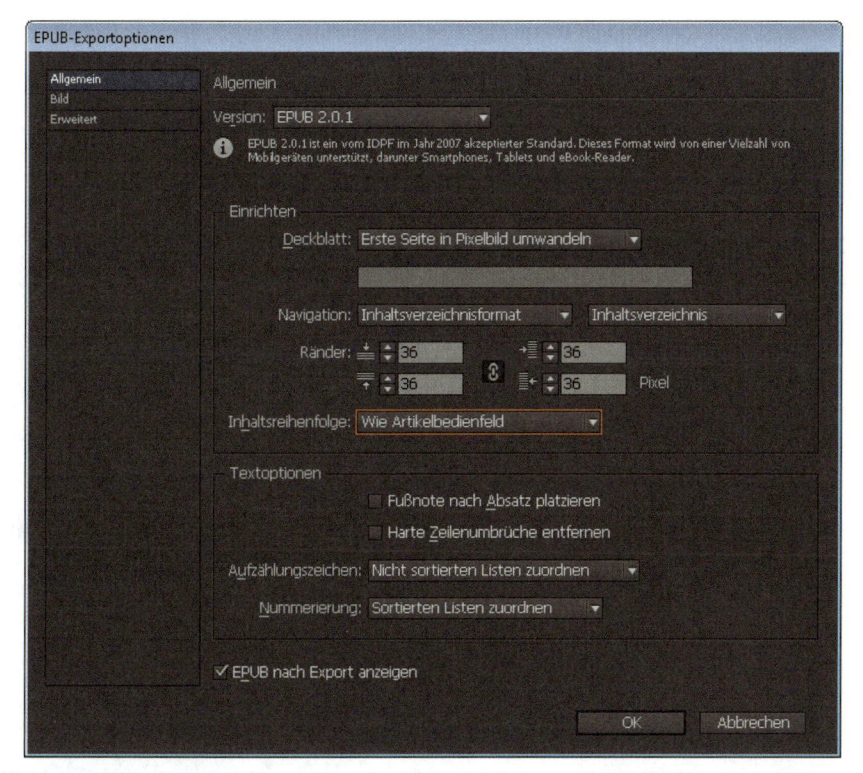

Bild 7.5 Wählen Sie die Option „Wie Artikelbedienfeld", wenn Sie die Struktur im Artikelbedienfeld für das E-Book übernehmen möchten.

- Aktivieren Sie das Kontrollfeld **Fußnote nach Absatz platzieren**, damit über die Funktion **Schrift/Fußnote einfügen** erzeugte Fußnoten direkt nach dem zugehörigen Absatz erscheinen. Lassen Sie dieses Kontrollfeld deaktiviert, werden alle Fußnoten in Endnoten konvertiert, erscheinen also am Dokumentende.
- Aktivieren Sie das Kontrollfeld **Harte Zeilenumbrüche entfernen**, um alle manuellen Zeilenumbrüche aus dem Dokument zu entfernen. Solche Zeilenumbrüche könnten wegen der unterschiedlichen Ausgabegeräte und Bildschirmauflösungen zu einem unschönen Textumbruch führen. Deshalb ist es in vielen Fällen durchaus empfehlenswert, diese Option zu nutzen.

- Wenn Ihr Buch Aufzählungszeichen enthält, die Sie mit der Aufzählungsfunktion von InDesign erstellt haben, sollten Sie im Menü **Aufzählungszeichen** den Eintrag **Nicht sortierten Listen zuordnen** aktivieren. Sonst würden alle Aufzählungszeichen in Textzeichen umgewandelt.

- Wenn Sie mit der Nummerierungsfunktion gearbeitet haben, wählen Sie analog dazu aus dem Menü **Nummerierung** den Eintrag **Sortierten Listen zuordnen**.

7.2.3 Einstellungen für Bilder

Aktivieren Sie die Kategorie **Bild**. Hier legen Sie fest, wie die Bilder in Ihrem Dokument bzw. Buch beim Export behandelt werden sollen (siehe Bild 7.6).

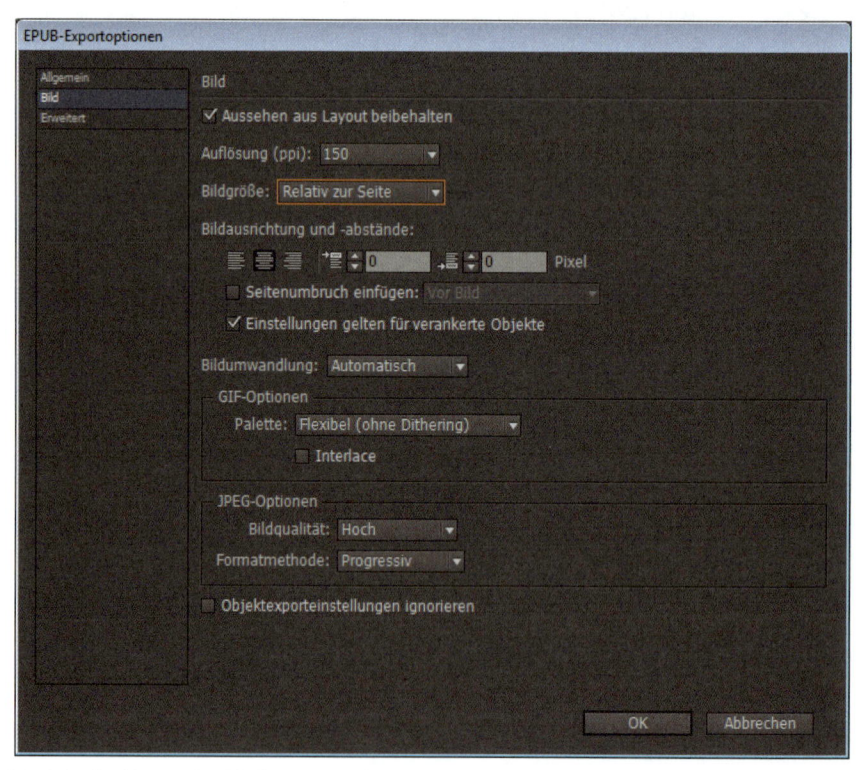

Bild 7.6 In der Kategorie „Bild" des Dialogfelds „EPUB-Exportoptionen" bestimmen Sie, wie die Bilder in Ihrem Dokument exportiert werden sollen.

Falls Sie im Dialogfeld **Objektexportoptionen** bzw. **Objektformatoptionen** individuelle Einstellungen für bestimmte Bilder und sonstige Objekte definiert haben (siehe Abschnitt 2.5.1.1, „Spezielle Exportoptionen für Bilder definieren"), müssen Sie das Kontrollfeld **Objektexporteinstellungen ignorieren** deaktiviert lassen, damit diese greifen.

Für alle anderen Bilder – oder wenn Sie in den **Objektexportoptionen** bzw. **Objektformatoptionen** überhaupt nichts festgelegt haben – bestimmen Sie im Bereich **Bildumwandlung**, in welches Format die Bilder exportiert werden sollen.

Die Option **Automatisch** empfiehlt sich normalerweise nicht, weil Sie dann keine Kontrolle über die Konvertierungsoptionen haben. Stattdessen entscheidet InDesign bei jedem Bild selbst, in welches Format es exportiert werden soll. Wählen Sie lieber explizit ein geeignetes Format. Ausführliche Informationen über die verfügbaren Formate und ihre Einsatzgebiete haben Sie bereits in Abschnitt 2.5.1.3, „Bildformate", erhalten.

Der Rest des Registers definiert das Layout, das die Bilder im EPUB-Dokument erhalten sollen. Auch dieses kann entweder in den **Objektexportoptionen** bzw. den **Objektformatoptionen** individuell für einzelne Bilder festgelegt werden oder im Dialogfeld **EPUB-Exportoptionen** für alle Bilder (bei aktiviertem Kontrollfeld **Objektexporteinstellungen ignorieren**).

Aktivieren Sie das Kontrollfeld **Einstellungen gelten für verankerte Objekte**, gelten die vorgenommenen Einstellungen *auch* für verankerte Grafiken. Lassen Sie dieses Kontrollfeld deaktiviert, werden eingebetteten Objekten die Positionierungs-, Ausrichtungs- und Abstandseigenschaften zugewiesen, die Sie ihnen im Dialogfeld **Optionen für verankertes Objekt** zugewiesen haben.

Aussehen aus Layout behalten und Bildgröße wählen

Wählen Sie das Kontrollfeld **Aussehen aus Layout beibehalten**, erhält InDesign beim Export die Formatierung Ihrer Bilder (z. B. Skalierung, Drehung oder Positionierung innerhalb des Grafikrahmens). Dasselbe gilt für Effekte wie Schlagschatten und Transparenzen.

Manchmal ist gerade dies nicht erwünscht – beispielsweise haben Sie im gedruckten Layout Teile des Bilds abgeschnitten (siehe Bild 7.7 auf der nächsten Seite), im E-Book soll jedoch das ganze Bild angezeigt werden (siehe Bild 7.8 auf der übernächsten Seite). In diesem Fall deaktivieren Sie das Kontrollkästchen **Aussehen aus Layout beibehalten**. Allerdings sollten Sie dann auch aus dem Menü **Bildgröße** die Option **Relativ zur Seite** wählen, sonst wird das Bild in die Proportionen des ursprünglichen InDesign-Rahmens gequetscht. Außerdem sollten Sie dann darauf achten, dass Ihre Bilddateien auch tatsächlich die gewünschten Abmessungen haben, weil sie in voller Größe exportiert werden.

Bild 7.7 Im Print-Layout wurde das Bild absichtlich durch den Grafikrahmen beschnitten.

Als Maßstab für die Skalierung des Bilds auf der EPUB-Seite wird jedoch die Breite des Grafikrahmens im InDesign-Layout verwendet. Ist der Rahmen in InDesign halb so breit wie die Seite, dann bekommt das Bild im EPUB die Breite „50 %" zugewiesen. Ist der Bildrahmen in InDesign seitenfüllend, erhält das Bild im E-Book die Breite „100 %".

Dies ermöglicht eine dynamische Bildskalierung auf den gewünschten Prozentsatz der Display-Breite unterschiedlicher Ausgabegeräte oder Anwendungsfenster.

> **HINWEIS:** Weitere Informationen über Bildabmessungen für EPUB-Dokumente liefert Ihnen Abschnitt 2.5.1, „Pixelbilder".

Bild 7.8 Im EPUB-Dokument soll das Bild im Ganzen dargestellt werden, was sich durch das deaktivierte Kontrollfeld „Aussehen aus Layout beibehalten" und die Option „Relativ zur Seite" erreichen lässt.

7.2.4 Erweiterte Einstellungen

Aktivieren Sie nun die Kategorie **Erweitert** des Dialogfelds **EPUB-Exportoptionen**. Hier finden Sie die folgenden Einstellmöglichkeiten:

7.2.4.1 Dokument teilen

Über das Menü **Dokument teilen** definieren Sie eventuelle Seitenbrüche in Ihrer EPUB-Veröffentlichung. Dies ist jedoch nur dann relevant, wenn Sie nicht mit einzelnen, über das Buchbedienfeld organisierten Kapiteldateien gearbeitet haben und auch nicht in der Kategorie **Umbruchoptionen** des Dialogfelds **Absatzformatoptionen** aus dem Menü **Absatzbeginn** die Option **Auf nächster Seite** gewählt haben (Letzteres wird allerdings erst seit der InDesign-Version CC unverändert in CSS umgesetzt).

Wenn Sie mit einem Buch gearbeitet haben, werden aus den einzelnen InDesign-Dokumenten automatisch separate XHTML-Dateien erstellt. Wenn Sie die Umbruchoptionen verwendet haben, wird nach jedem dadurch erzeugten Seitenumbruch eine eigene XHTML-Datei exportiert.

Haben Sie beides versäumt, gehen Sie folgendermaßen vor:

- Wenn es in Ihrem Dokument ein geeignetes Absatzformat gibt, vor dem jeweils ein Seitenumbruch erfolgen soll – beispielsweise die Kapitelnummer oder die Kapitelüberschrift –, öffnen Sie das Menü **Dokument teilen** und wählen dieses Absatzformat aus. InDesign erzeugt dann eine separate XHTML-Datei für jeden durch dieses Absatzformat getrenntem Dokumententeil.

- Oder Sie wählen **Basierend auf Absatzformat-Export-Tags**, um das Dokument zu teilen. Wie Sie in Abschnitt 2.4.4, „Formate bestimmten HTML-Tags zuordnen", erfahren haben, können Sie jedes Absatzformat in der Kategorie **Tagsexport** des Dialogfelds **Absatzformatoptionen** einem Standard-HTML-Tag, wie etwa dem Absatz-Element <p> oder den Überschrift-Elementen <h1>, <h2>, <h3> usw. zuordnen. Dabei können Sie seit InDesign CS6 über das Kontrollfeld **Dokument teilen** festlegen, dass das EPUB-Dokument über jedem auf diese Weise formatierten Absatz geteilt wird.

7.2.4.2 EPUB-Metadaten

- Vergewissern Sie sich, dass in der Kategorie **Erweitert** das Kontrollfeld **Dokumentmetadaten einbeziehen** aktiviert ist, damit die von Ihnen zuvor angelegten Metadaten exportiert werden.

- Füllen Sie das Feld **Herausgeber** aus. Wenn Sie etwa Informationen über Ihren Verlag einfügen möchten, können Sie dies hier tun. Wenn Sie im nächsten Feld eine ISBN-Nummer eingeben, sollte der **Herausgeber** auf jeden Fall der Inhaber der ISBN-Nummer sein.

- Jedes EPUB-Buch muss eine eindeutige ID haben. In den meisten Fällen ist das die ISBN oder die von Amazon vergebene ASIN. Falls Sie für Ihr Buch eine solche Nummer haben, geben Sie diese in das Feld **Eindeutige ID** ein. Liegt keine ISBN oder ASIN vor, können Sie in diesem Feld den von InDesign zufallserzeugten Universal Unique Identifier (UUID) stehen lassen.

7.2.4.3 CSS-Optionen

- Im Bereich **CSS-Optionen** (siehe Bild 7.9) sollten Sie **CSS generieren** aktivieren, wenn InDesign die Formatierungen Ihres Dokuments bestmöglich in CSS-Stildefinitionen umsetzen soll. Wählen Sie das Kontrollfeld ab, erzeugt InDesign trotzdem Klassendefinitionen in den HTML-Dokumenten, erzeugt aber keine CSS-Datei. Sie können in diesem Fall bei der Nachbearbeitung eigene Stildefinitionen vornehmen oder jetzt gleich auf die Schaltfläche **Stylesheet hinzufügen** klicken, um ein vorbereitetes Stylesheet auszuwählen.

- Das Kontrollfeld **Lokale Abweichungen** lassen Sie aktiviert, wenn Sie auch manuelle Formatierungen, mit denen Sie Zeichen- und Absatzformate überschrieben haben, im EPUB-Buch wiedergeben möchten.

Starten Sie den Export mit einem Klick auf die Schaltfläche **OK**.

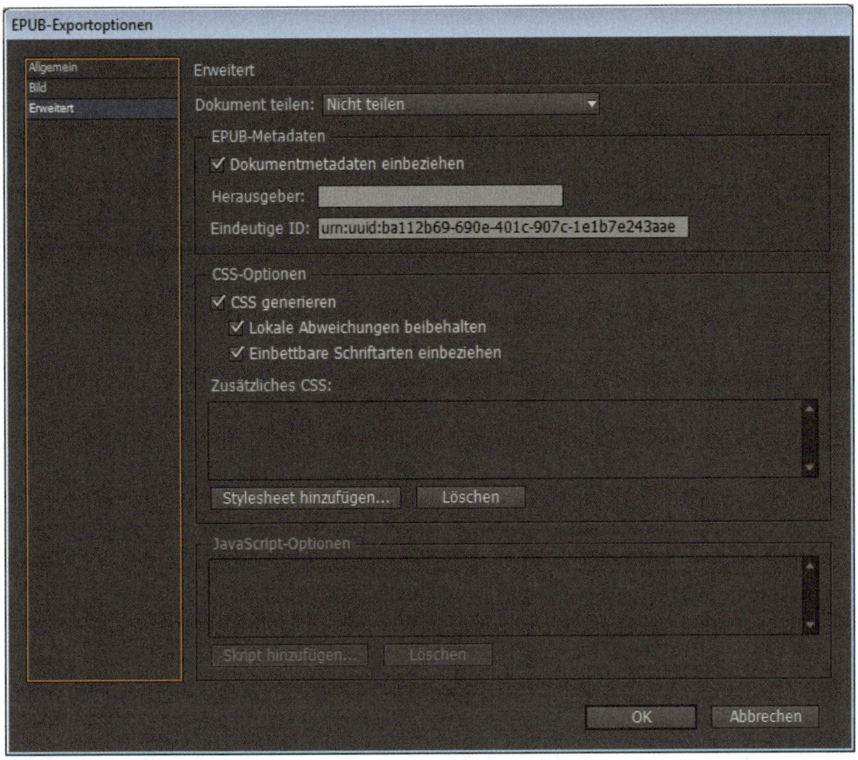

Bild 7.9 In der Kategorie „Erweitert" bestimmen Sie unter anderem die Formatierung der Texte und Bilder.

■ 7.3 EPUB-Dateien nachbearbeiten

Sie haben nun ein voll funktionsfähiges E-Book erstellt. Es kann jedoch sehr gut sein, dass Sie es für ein optimales Ergebnis noch nachbearbeiten möchten. Das ist jederzeit möglich, denn im Grunde genommen ist ein EPUB-Dokument keine einzelne Datei, sondern ein mit der ZIP-Methode komprimiertes Archiv. Darin befinden sich alle Dateien, aus denen das E-Book besteht: XHTML-Dateien mit dem Text, eine CSS-Datei mit den Stildefinitionen, Schriften, Bilder und Mediendateien, XML-Dateien mit den Metadaten usw.

Sie können die EPUB-Datei deshalb mit einem Programm wie etwa WinZIP entpacken, ihre Bestandteile betrachten, bearbeiten und sie anschließend wieder zusammenpacken.

7.3.1 EPUB-Dokument entpacken

Wenn Sie am Windows-PC arbeiten, geht das Extrahieren des Archivs ganz problemlos vonstatten.

1. Bevor Sie das EPUB-Dokument entpacken, erzeugen Sie vorsichtshalber eine Sicherungskopie.
2. Ändern Sie anschließend die Dateiendung des Originals oder der Kopie in *.zip* (siehe Bild 7.10) und entpacken Sie die Datei.

indesign-tipps.epub   Kopie von indesign-tipps.zip

Bild 7.10
Zweimal die gleiche Datei, aber mit unterschiedlichen Dateiendungen: das E-Book und seine Kopie, deren Endung in ZIP umbenannt wurde

Am Mac ist es nicht ganz so unkompliziert. Zwar können Sie auch hier eine EPUB-Datei einfach mit der Dateiendung ZIP versehen und mit einem Doppelklick entpacken, aber nach dem späteren erneuten Zusammenpacken des Archivs würden Sie möglicherweise merken, dass die EPUB-Datei nicht mehr funktioniert. Gehen Sie am Mac deshalb folgendermaßen vor:

1. Erzeugen Sie einen neuen Ordner, in den Sie Ihre EPUB-Datei kopieren. Wählen Sie **Gehe zu/Dienstprogramme** und öffnen Sie das Terminal. In der Kommandozeile geben Sie **CD**, dann ein Leerzeichen und den Pfad zum Ordner mit der EPUB-Datei ein. Drücken Sie die **Enter**-Taste.

> **HINWEIS:** Den Pfad des Ordners finden Sie heraus, indem Sie im Finder zu Ihrer EPUB-Datei navigieren, diese mit der rechten Maustaste anklicken und aus dem Kontextmenü den Befehl **Informationen** wählen. Der Pfad findet sich in der Zeile **Ort** unter den allgemeinen Informationen (siehe Bild 7.11).

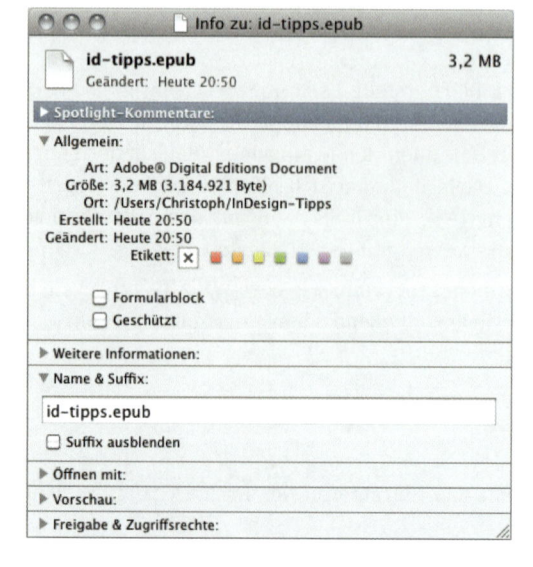

Bild 7.11
So finden Sie am Mac den Speicherort einer Datei heraus.

2. Geben Sie jetzt den Befehl **unzip** ein, gefolgt vom Namen Ihrer EPUB-Datei (mit Dateiendung) (siehe Bild 7.12).

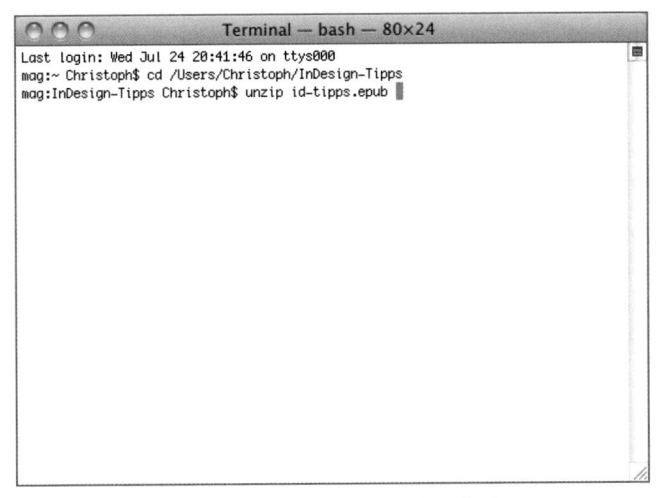

Bild 7.12 Entpacken Sie das E-Book-Archiv am besten am Terminal.

> **PRAXISTIPP:** Es genügt, wenn Sie die ersten paar Buchstaben des Dateinamens eingeben – er wird automatisch vervollständigt, wenn Sie die **Tab**-Taste drücken.

Sie erhalten eine Auflistung aller Dateien, die aus dem EPUB-Archiv extrahiert wurden. Schließen Sie das Terminal nun.

> **PRAXISTIPP:** Falls Ihnen all dies zu kompliziert ist, können Sie auch ein Programm zu Hilfe nehmen, mit dem Sie die Bestandteile des E-Books einsehen und bearbeiten können, ohne es zu entpacken. Es gibt eine Reihe von Anwendungen, die dies ermöglichen. Eine der besten ist der kostenlose EPUB-Editor Sigil, der für Windows, Mac und Linux verfügbar ist.

7.3.2 EPUB-Datei wieder zusammenpacken

Während oder nach der Bearbeitung können Sie Ihre Dateien jederzeit wieder zu einer EPUB-Datei zusammenpacken. Unter Windows gibt es hier keine Probleme. Komprimieren Sie den Inhalt des EPUB-Ordners einfach wieder als ZIP-Archiv, indem Sie alle zugehörigen Dateien mit gedrückter **Umschalt**-Taste auswählen, mit einem Rechtsklick das Kontextmenü öffnen und den Befehl **Senden an ZIP-komprimierter Ordner** wählen. Ändern Sie die Dateiendung abschließend in *.EPUB*.

1. Am Mac vergewissern Sie sich zunächst, dass Sie die ursprüngliche (unbearbeitete) EPUB-Datei aus dem Ordner mit den extrahierten Dateien gelöscht haben. Öffnen Sie das Terminal und geben Sie in die Leerzeile **CD**, ein Leerzeichen und den Pfad zum Ordner mit den extrahierten Dateien ein. Drücken Sie die **Enter**-Taste.
2. Geben Sie **zip -0Xq meinEBook.epub mimetype** ein und drücken Sie wieder die **Enter**-Taste.
3. Geben Sie dann **zip -Xr9Dq meinEBook.epub** * ein (siehe Bild 7.13).

„MeinEBook" ersetzen Sie jeweils durch den Namen Ihrer E-Book-Datei.

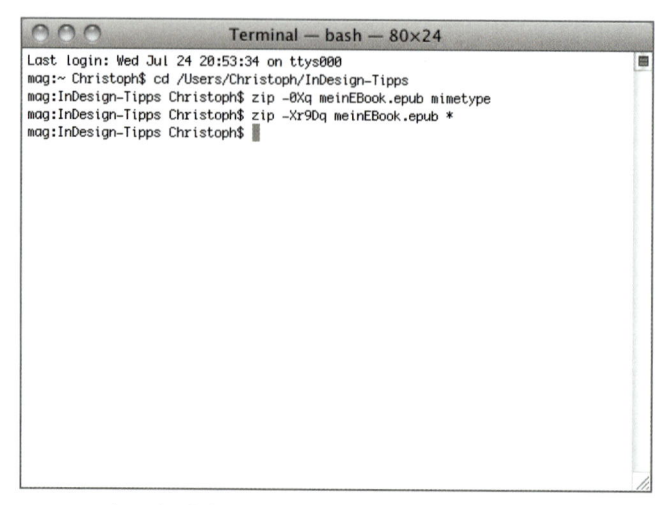

Bild 7.13 Zusammenpacken des E-Books am Mac

7.3.3 Bestandteile des EPUB-Archivs

Ihr EPUB besteht mindestens aus der Steuerdatei **mimetype** sowie den Ordnern **META-INF** und **OEBPS** (siehe Bild 7.14).

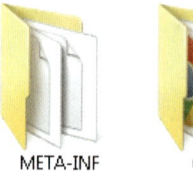

Bild 7.14
Bestandteile einer entpackten EPUB-Datei

- Der Ordner **META-INF** enthält diverse Steuerdateien.
- Im Ordner **OEBPS** befinden sich die eigentlichen Inhalte des E-Books: HTML-Dateien, die CSS-Datei(en), die die Formatierung steuern, die XML-Datei **toc.ncx** mit den Navigationsinformationen sowie zwei Unterordner mit den Schriften und Bildern.

7.3.3.1 Mimetype

Die Steuerdatei **mimetype** finden Sie direkt im Root des EPUB-Archivs. Sie enthält den Mimetypen, der dem Anzeigegerät mitteilt, dass das E-Book als EPUB im ZIP-Archivformat behandelt werden soll: **application/epub+zip**. Diese Datei dürfen Sie nicht löschen, verschieben oder verändern.

7.3.3.2 Ordner META-INF

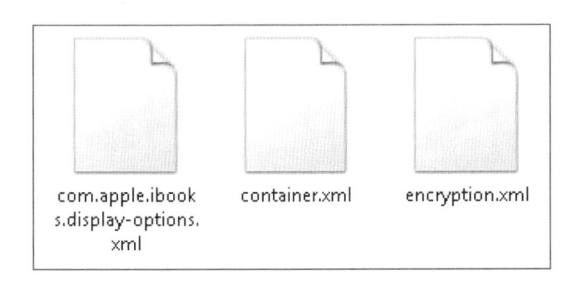

Bild 7.15
Inhalt des Ordners META-INF

> **HINWEIS:** Auch den Namen und Ort des Ordners **META-INF** dürfen Sie nicht verändern, weil Ihr E-Book sonst nicht mehr ordnungsgemäß funktionieren würde.

Im Ordner **META-INF** finden Sie die Datei **container.xml**. Diese weist den XML-Prozessor, in diesem Fall die E-Reader-Software, auf die Metadateninformationen und die Buchinhalte innerhalb des OEBPS-Ordners hin.

Die dritte Datei im abgebildeten Ordner META-INF (siehe Bild 7.15) trägt den Namen **encryption.xml**. Sie ist nur dann vorhanden, wenn dem E-Book eingebettete Schriften mitgegeben wurden oder wenn die Datei mit einem DRM-Schutz versehen ist.

Möglicherweise kann Ihr E-Book auf bestimmten Geräten oder E-Readern nicht geöffnet werden, wenn diese Datei vorhanden ist. Wenn das E-Book nicht DRM-verschlüsselt ist, aber trotzdem eine **encryption**-Datei enthält, gehen manche E-Book-Reader davon aus, dass das Buch zwar geschützt ist, dass aber keine Verbindung zum DRM-Server besteht – dass es sich also um eine Raubkopie handelt. Wenn die Datei **encryption.xml** nur deshalb erzeugt wurde, weil Sie Schriften eingebettet haben, sollten Sie sie löschen.

Haben Sie mit CSS exportiert, enthält Ihr aus InDesign ab Version CC erzeugtes E-Book auch noch die Datei **com.apple.ibooks.display-options.xml**. Diese teilt iBooks ab Version 1.2 mit, dass Ihr E-Book eingebettete Schriften enthält, die verwendet werden sollen. Sie sollten diese Datei also nicht löschen, wenn Sie Wert darauf legen, dass Ihr E-Book auf dem iPad oder iPhone mit den von Ihnen gewählten Schriften angezeigt wird.

7.3.3.3 Ordner OEBPS

Die übrigen Bestandteile Ihres E-Books finden Sie im Ordner OEBPS (siehe Bild 7.16).

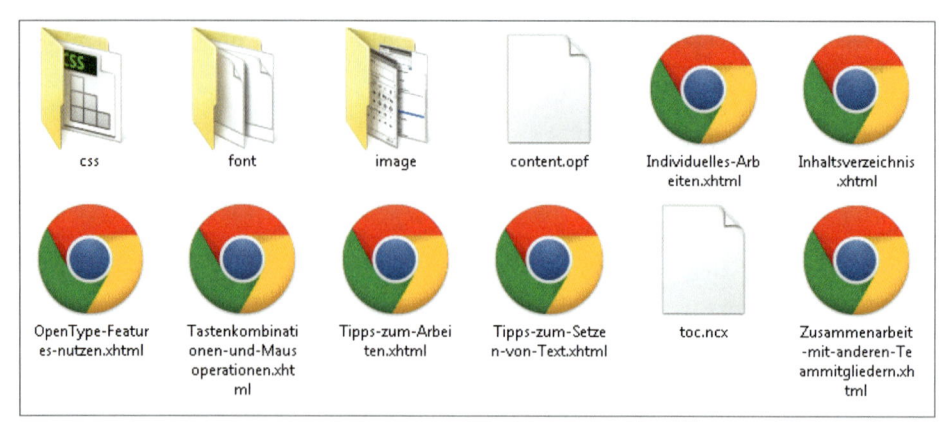

Bild 7.16 Inhalt des Ordners OEBPS

7.3.3.3.1 XHTML-Datei(en)

Die XHTML-Dateien enthalten die Struktur und die Texte Ihres Buchs sowie – falls vorhanden – Verweise auf Abbildungen, Mediendateien usw.

Wenn Sie schon einmal mit HTML-Webseiten gearbeitet haben und eine der XHTML-Dateien nun in einem Text- oder Webeditor wie etwa Adobe Dreamweaver öffnen, kommt sie Ihnen garantiert vertraut vor. Sie enthält einerseits den HTML-Code für die Struktur des Dokuments, z. B. <p>-Elemente für die Absätze, <h1>-Elemente für die Überschriften der Ebene 1, <h2>-Elemente für die Überschriften der Ebene 2, <div>-Container für verschiedene grafische Elemente usw. Andererseits sind diese Elemente mit Klassennamen versehen, sodass eine Formatierung per CSS problemlos möglich ist.

In Bild 7.17 sehen Sie deutlich, dass es sich bei der EPUB-Umwandlung Ihrer InDesign-Datei um eine HTML-Konvertierung handelt.

7.3.3.3.2 CSS-Datei(en)

Wie im standardkonformen Webdesign üblich, befindet sich die Formatierung Ihrer Publikation nicht in der XHTML-Datei. Sämtliche Formatierungen finden sich stattdessen komplett in einer oder mehreren CSS-Dateien, die normalerweise im Unterordner CSS des Ordners OEBPS liegen – vorausgesetzt, Sie haben beim EPUB-Export in der Kategorie **Erweitert** das Kontrollfeld **CSS generieren** gewählt.

Weil sich die gesamte Gestaltung Ihres E-Books in der CSS-Datei befindet, ist die gegebenenfalls notwendige Nachbearbeitung dieser Formatierungen sehr einfach.

Im <head>-Bereich der XHTML-Datei(en) mit den Buchinhalten finden Sie ein <link>-Element, das auf den vollständigen Pfad der CSS-Datei(en) verweist (siehe Bild 7.18).

Bild 7.17 XHTML-Dateien Ihres E-Books können Sie beispielsweise in Dreamweaver öffnen.

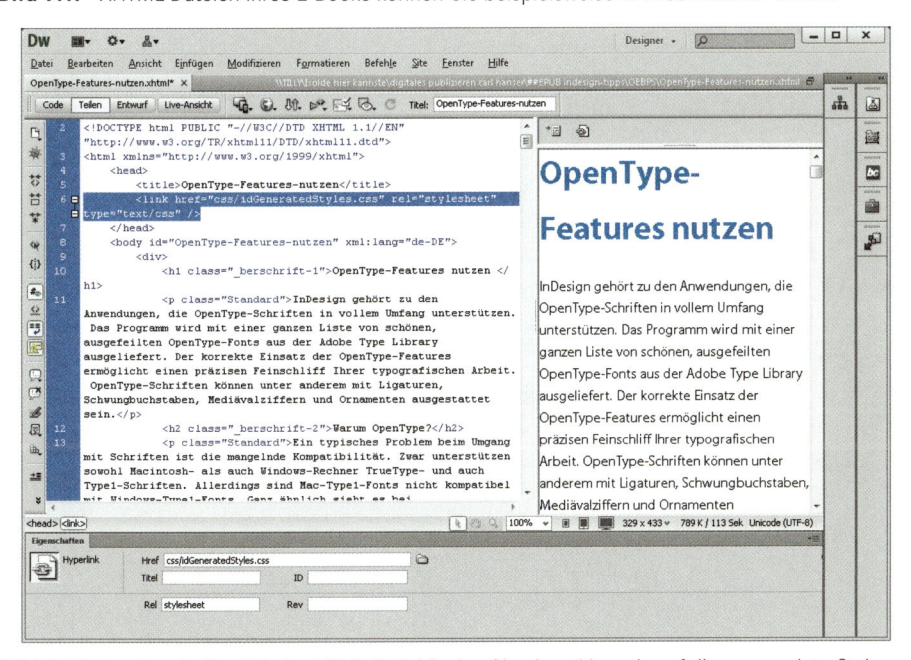

Bild 7.18 Im <head>-Bereich der HTML-Datei finden Sie einen Verweis auf die verwendete Stylesheet-Datei.

7.3.3.3.3 NCX-Datei

Die beim InDesign-EPUB-Export aus dem Inhaltsverzeichnisformat erzeugte Struktur für das Navigationsinhaltsverzeichnis finden Sie in der Datei **toc.ncx**. Ungeachtet der Dateiendung handelt es sich auch dabei um eine XML-Datei, die Sie in einem Editor wie etwa Dreamweaver öffnen und bearbeiten können. Ziehen Sie sie beispielsweise aus dem Windows Explorer oder dem Mac Finder direkt in das leere Dreamweaver-Fenster, um sie dort zu öffnen (siehe Bild 7.19).

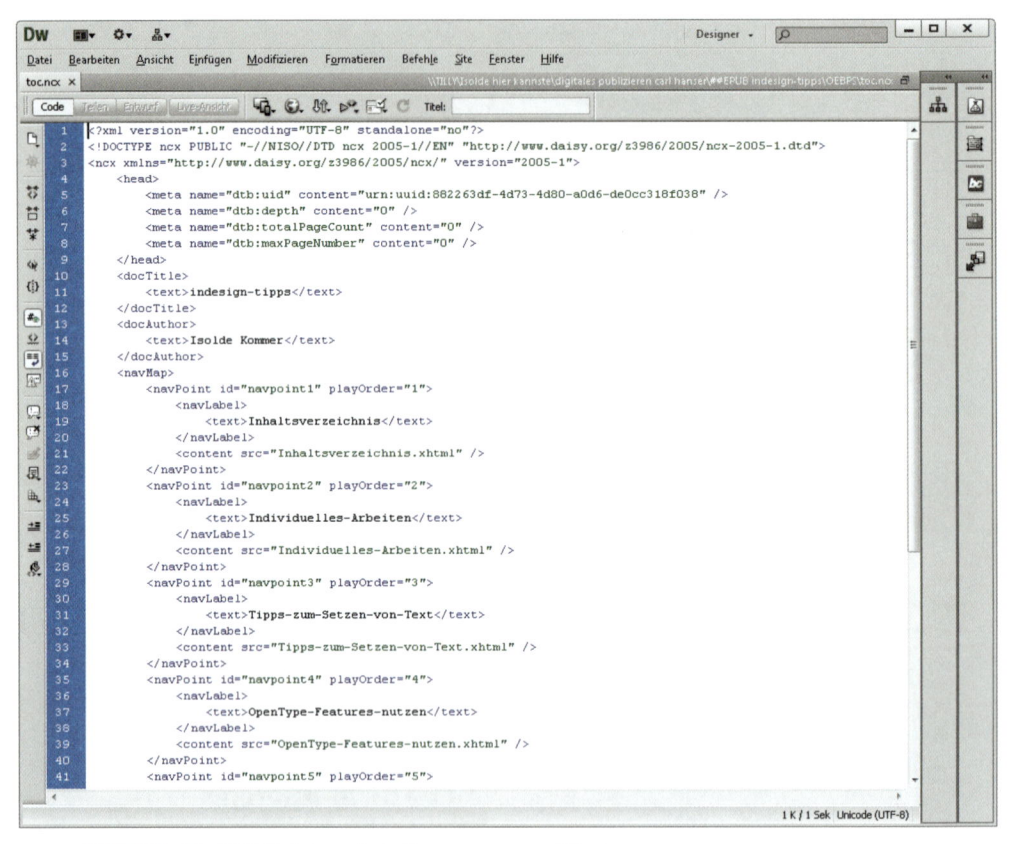

Bild 7.19 Die NCX-Datei wurde in Dreamweaver geöffnet.

7.3.3.3.4 OPF-Datei

Außerdem finden Sie im Ordner OEPS die Datei **content.opf** (siehe Bild 7.20). OPF ist die Abkürzung von „Open Packaging Format". Auch diese Datei könnten Sie theoretisch umbenennen, so lange Sie die Dateiendung unverändert lassen.

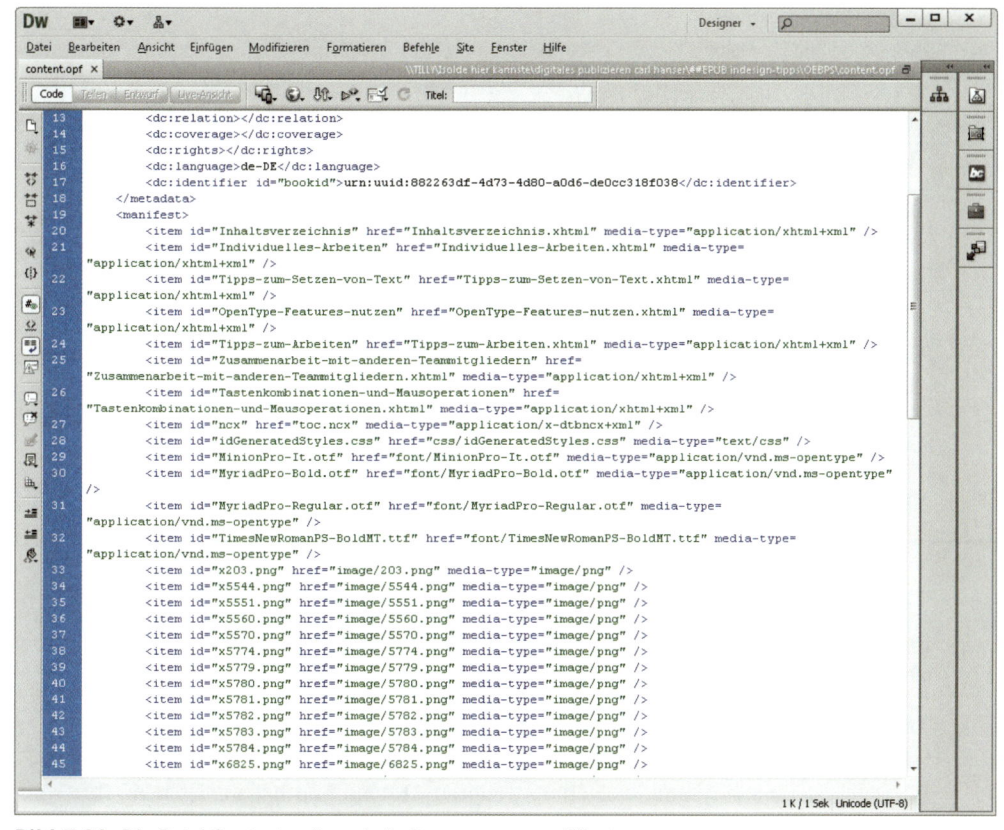

Bild 7.20 Die Datei Content.opf wurde in Dreamweaver geöffnet.

Wenn Sie eine OPF-Datei in einem Text- oder XML-/Web-Editor wie Adobe Dreamweaver öffnen, sehen Sie innerhalb des übergeordneten `<package>`…`</package>`-Elementpaars drei untergeordnete Abschnitte:

- `<metadata>`…`</metadata>` mit den Metadaten des E-Books, beispielsweise Buchtitel, Verlag, Datum der Veröffentlichung, Sprache des Buchs und vielem mehr. Diesen wichtigen Teil Ihres E-Books sollten Sie in vielen Fällen nachbearbeiten. Was genau zu tun ist, erfahren Sie in Abschnitt 7.3.6, „Metadaten bearbeiten".

- `<manifest>`…`</manifest>`: Im Manifest werden alle im ePub-Package enthaltenen Dateien aufgeführt. Würde eine Datei in der Liste fehlen, könnten Sie sie nicht in den wichtigen E-Book-Shops verkaufen und möglicherweise würden Sie auch unter strenge Beobachtung dieser Anbieter geraten. Der Grund: Nicht manifestierte Dateien könnten illegale Inhalte sein oder per JavaScript Viren und andere Malware verbreiten. Wenn Sie also nachträglich etwas an der Dateistruktur Ihres E-Books ändern – Dateien umbenennen, weitere CSS-Dateien hinzufügen, die XHTML-Dateien weiter unterteilen, mehr Fonts hinzufügen –, dann sollten Sie die neuen Dateien auf jeden Fall zum Manifest hinzufügen.

- `<spine>`…`</spine>`: Hier finden Sie die Reihenfolge der Textdokumente im E-Book (siehe Bild 7.21).

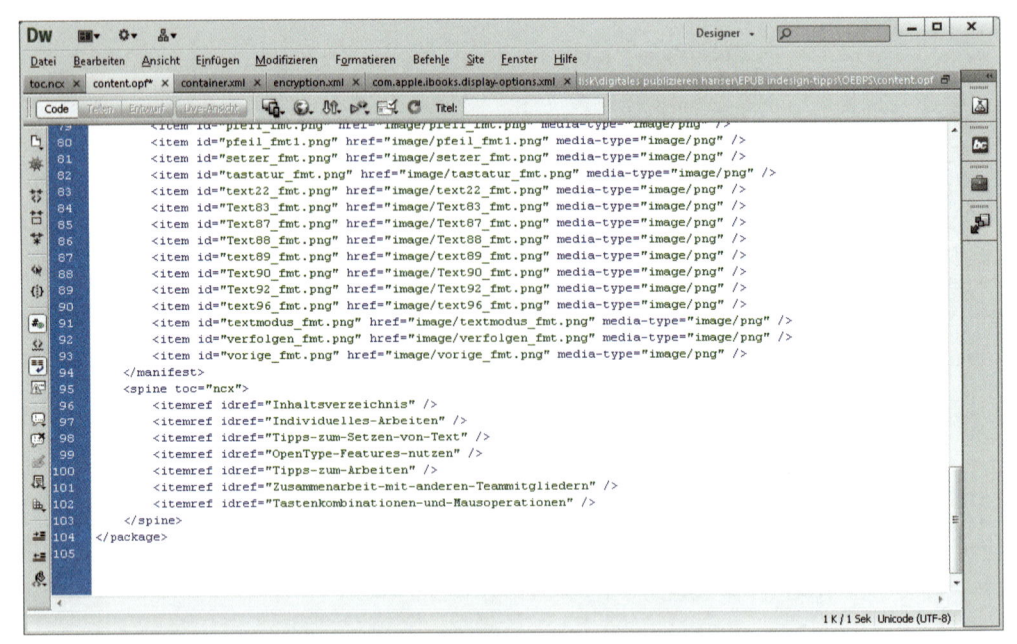

Bild 7.21 Der untere Teil der Datei content.opf mit dem spine-Abschnitt, der die Reihenfolge der Inhalte bestimmt

Guide-Abschnitt hinzufügen

Die Datei content.opf kann noch einen weiteren Abschnitt enthalten, der beim InDesign-Export nicht erzeugt wird: <guide> ... </guide>.

Dieser Abschnitt ist optional, wird aber von Apple für iBook-Inhalte und von Amazon für Kindle-Bücher verlangt. Am besten fügen Sie ihn jedem Ihrer E-Books hinzu – vor allem Fachbüchern –, um eine maximale Kompatibilität zu erzielen.

Sie definieren darin die Rolle der einzelnen XHTML-Dateien z. B. folgendermaßen:

```
<guide>
<reference type="cover" href="cover.xhtml"/>
<reference type="toc" href="inhalt.xhtml"/>
<reference type="foreword" href="vorwort.xhtml"/>
<reference type="text" href="kapitel.xhtml"/>
<reference type="index" href="stichwortverzeichnis.xhtml"/>
</guide>
```

Achten Sie darauf, jeden Referenztyp nur einmal zu verwenden – bis auf den Typ text; dieser darf mehrfach vorkommen.

Die folgenden Referenztypen sind verfügbar:

Referenztyp	Erläuterung
cover	Buchcover
title-page	Titelseite
copyright-page	Copyright-Seite
acknowledgments	Danksagung
dedication	Widmung
epigraph	Motto
preface	Geleitwort
toc	Inhaltsverzeichnis
loi	Abbildungsverzeichnis
lot	Tabellenverzeichnis
foreword	Vorwort
text	textlicher Inhalt
bibliography	Literaturverzeichnis
Notes	Anmerkungen, Anhang
index	Index
glossary	Glossar, Stichwortverzeichnis

7.3.3.3.5 Ordner für Bilder, Mediendateien und Schriften

Je nachdem, welche Inhalte sich in Ihrem E-Book befinden, enthält der Ordner OEBPS Unterordner mit Schriften, Bildern, Audio- oder Videodateien.

7.3.4 Texte, Tabellen und Bilder nachbearbeiten

Oft stellt sich nach dem Export des E-Books heraus, dass noch etwas an den Texten, Tabellen und Bildern geändert werden muss. Statt den Export neu zu starten, können Sie auch direkt in die XHTML- und CSS-Dateien, die für den Inhalt und die Formatierung des E-Books verantwortlich sind, eingreifen.

Öffnen Sie die XHTML- und die CSS-Dateien entweder in Ihrem Texteditor oder verwenden Sie dazu einen speziellen EPUB- bzw. Web-Editor, der keine eigenmächtigen Änderungen am Quellcode vornimmt. Gut geeignet ist etwa Adobe Dreamweaver, das in Ihrem Creative Suite-Paket bzw. Creative Cloud-Abo enthalten ist.

> **HINWEIS:** Ganz ungeeignet ist ein Textverarbeitungsprogramm wie Microsoft Word, das beim Speichern gegebenenfalls Zusatzinformationen in die Dateien schreibt und diese für Ihre Zwecke damit unbrauchbar machen kann.

7.3.4.1 Grundlegender Workflow in Adobe Dreamweaver

Nachdem Sie Adobe Dreamweaver geöffnet haben, empfiehlt sich der folgende Workflow.

1. Erstellen Sie zuerst eine Dreamweaver-Site, damit Sie bequem auf alle Dreamweaver-Funktionen zugreifen können. Dazu wählen Sie **Site/Neue Site**.
2. Im folgenden Dialogfeld geben Sie einen passenden **Site-Namen** ein und steuern unter **Lokaler Site-Ordner** den OEBPS-Ordner Ihres entpackten EPUB-Archivs an.
3. Klicken Sie auf **Speichern**. Im Dateienbedienfeld von Dreamweaver sehen Sie jetzt eine Baumstruktur mit allen Inhalten des OEBPS-Ordners (siehe Bild 7.22).

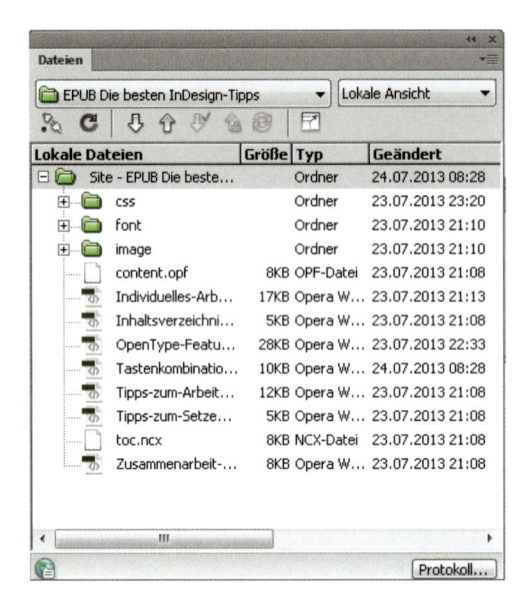

Bild 7.22
Die Struktur des OEBPS-Ordners wird im Dateienbedienfeld von Dreamweaver dargestellt.

4. Doppelklicken Sie auf die Datei, die Sie bearbeiten möchten. Nehmen Sie die gewünschten Änderungen am HTML- bzw. CSS-Code vor, schließen und speichern Sie die Datei.

In den folgenden Abschnitten lernen Sie die Möglichkeiten anhand einiger Beispiele kennen.

7.3.4.2 Wortlaut von Texten ändern

Für einfache Änderungen am Wortlaut der Texte öffnen Sie die entsprechende XHTML-Datei mit einem Doppelklick im Dateienbedienfeld. Klicken Sie im oberen Bereich des Dokumentfensters auf das Symbol **Teilen**, sehen Sie im linken Fensterbereich den Quellcode, im rechten Fensterbereich das Layout (die Entwurfsansicht) Ihrer Seite. Ob Sie lieber im Quellcode arbeiten oder im Entwurf, bleibt Ihnen überlassen.

Änderungen in der Entwurfsansicht spiegeln sich unmittelbar im Quellcode wider. Wenn Sie hingegen etwas im Quellcodefenster geändert haben, sehen Sie im Eigenschaftenbedienfeld am unteren Rand des Dreamweaver-Fensters den Hinweis „Der Code wurde verändert" (siehe Bild 7.23). Klicken Sie auf die **Aktualisieren**-Schaltfläche, um die Änderungen auch im Entwurfsbereich anzuzeigen.

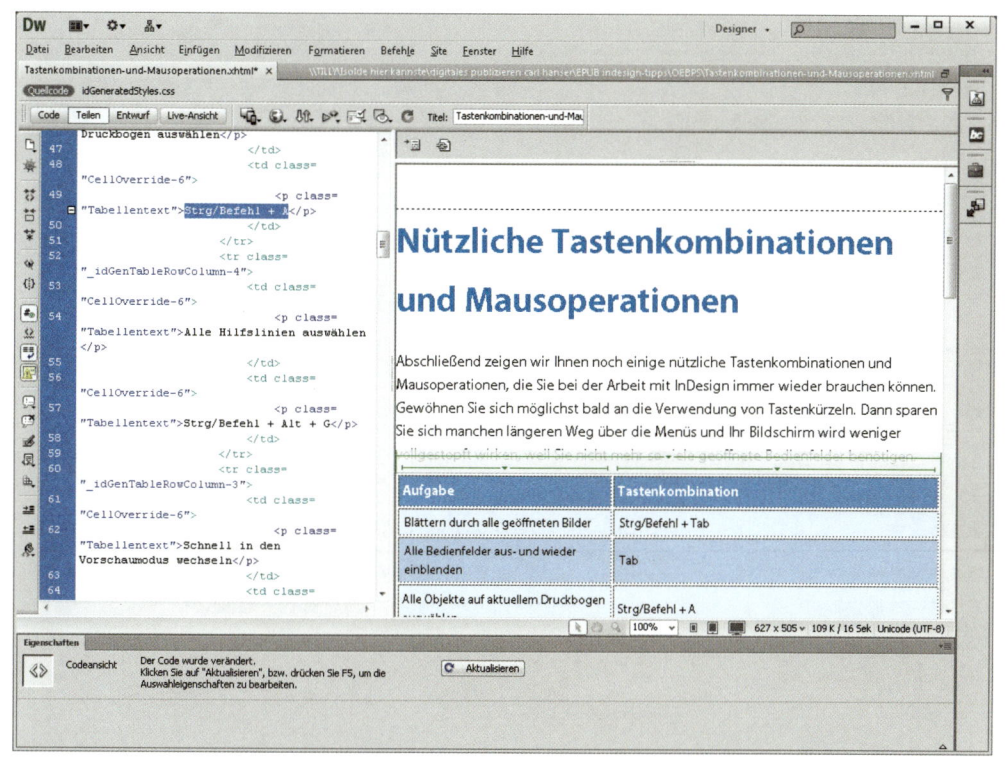

Bild 7.23 Wenn Sie etwas in der Entwurfsansicht geändert haben, weist das Eigenschaftenbedienfeld Sie auf den geänderten Code hin. Klicken Sie auf die Schaltfläche „Aktualisieren", damit die Änderungen auch im Entwurf gezeigt werden.

Sobald Sie nicht nur einzelne Wörter löschen oder einfügen, sondern ganze Zeilen oder Abätze, müssen Sie etwas aufpassen, damit Sie die richtigen Formatierungen anwenden.

Wenn Sie, wie in Abschnitt 2.4.4, „Formate bestimmten HTML-Tags zuordnen", empfohlen, die Absatzformate etwa für Überschriftenebenen den entsprechenden HTML-Tags <h1>, <h2> usw. zugewiesen haben, hat InDesign diese Merkmale beim Export umgesetzt. Das heißt, dass Sie beispielsweise folgendermaßen vorgehen sollten, um eine neue Überschrift einzufügen.

1. Setzen Sie die Einfügemarke an das Ende des Textabsatzes, nach dem Sie eine neue Überschrift einfügen möchten.
2. Drücken Sie die **Enter**-Taste, um eine neue Zeile zu beginnen. Geben Sie den gewünschten Überschriftentext ein.
3. Jetzt weisen Sie das korrekte Strukturelement zu: Öffnen Sie im Eigenschaftenbedienfeld das Menü **Format** und wählen Sie die gewünschte Überschriftenebene aus, im Beispiel **Überschrift 2**. Dadurch wird dem neuen Absatz das HTML-Element <h2> zugewiesen (siehe Bild 7.24).

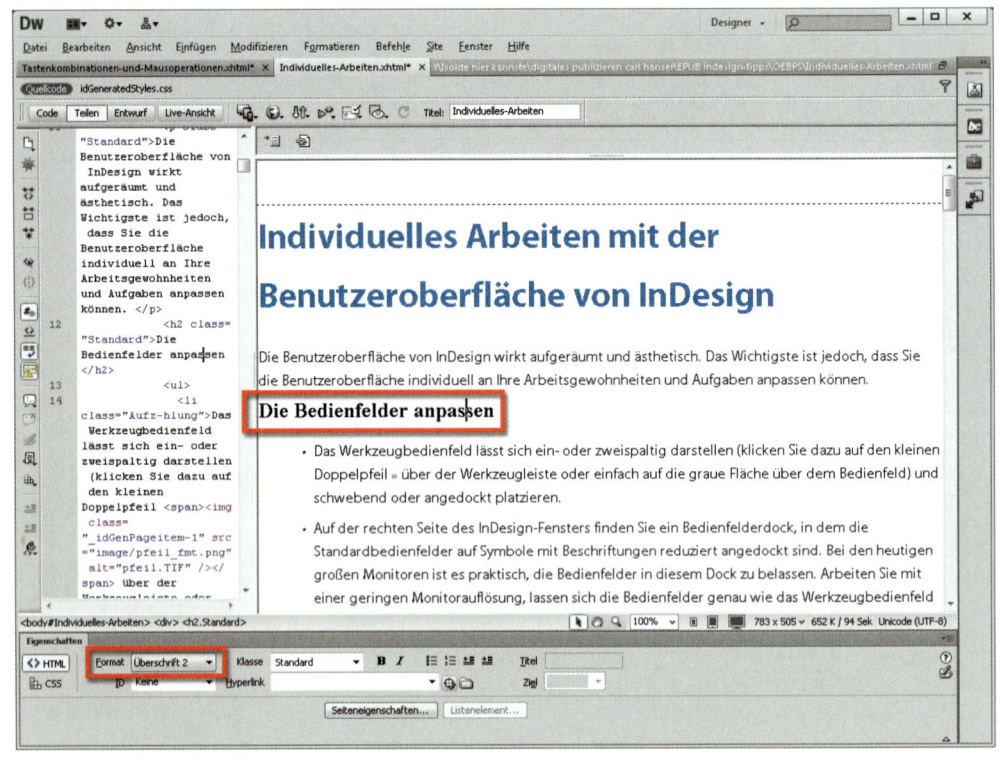

Bild 7.24 Dem Textabsatz wurde das Format „Überschrift 2" (HTML-Element <h2>) zugewiesen.

4. Der Absatz ist nun strukturiert, aber noch nicht formatiert. Diese Formatierung haben Sie festgelegt, als Sie im Absatzformatbedienfeld von InDesign die Formateigenschaften der Überschriftenebene 2 an das HTML-Element <h2> übergeben haben. Dadurch wurde beim Export eine entsprechende CSS-Klasse für das <h2>-Element erzeugt. Diese trägt standardmäßig den Namen des entsprechenden InDesign-Absatzformats – mit der Einschränkung, dass Umlaute nicht umgesetzt werden. Wählen Sie diesen CSS-Klassennamen aus dem Menü **Klasse** im Eigenschaftenbedienfeld, um ihn dem Absatz zuzuweisen (siehe Bild 7.25).

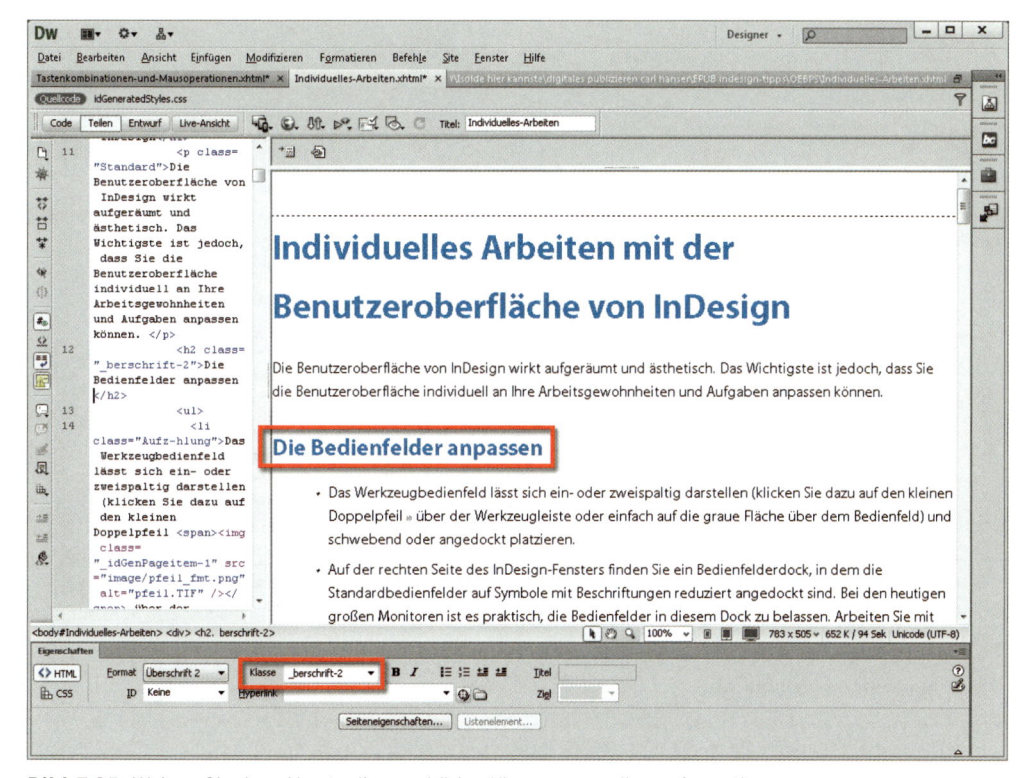

Bild 7.25 Weisen Sie dem Absatz die zugehörige Klasse zu, um ihn zu formatieren.

Die neu eingefügte Überschrift ist damit fertig formatiert.

7.3.4.3 Texte formatieren

Zur Formatierung von Texten weisen Sie also CSS-Eigenschaften zu. Sie können diese Eigenschaften aber auch selbst ändern, wenn Sie beispielsweise nachträglich die Schriftart, -farbe und -größe von Überschriften anpassen möchten. Dazu müssen Sie noch nicht einmal die CSS-Datei öffnen – wenn Sie mit dem CSS-Stile-Bedienfeld von Dreamweaver arbeiten, nimmt das Programm Ihnen die Arbeit am eigentlichen Code ab.

Im Beispiel aus Bild 7.26 soll die Formatierung des „Extra-Tipps" geändert werden – der Text soll farbig und stärker werden und außerdem einen Rahmen und eine Hintergrundfarbe erhalten, damit er sich besser aus dem umgebenden Text hervorhebt.

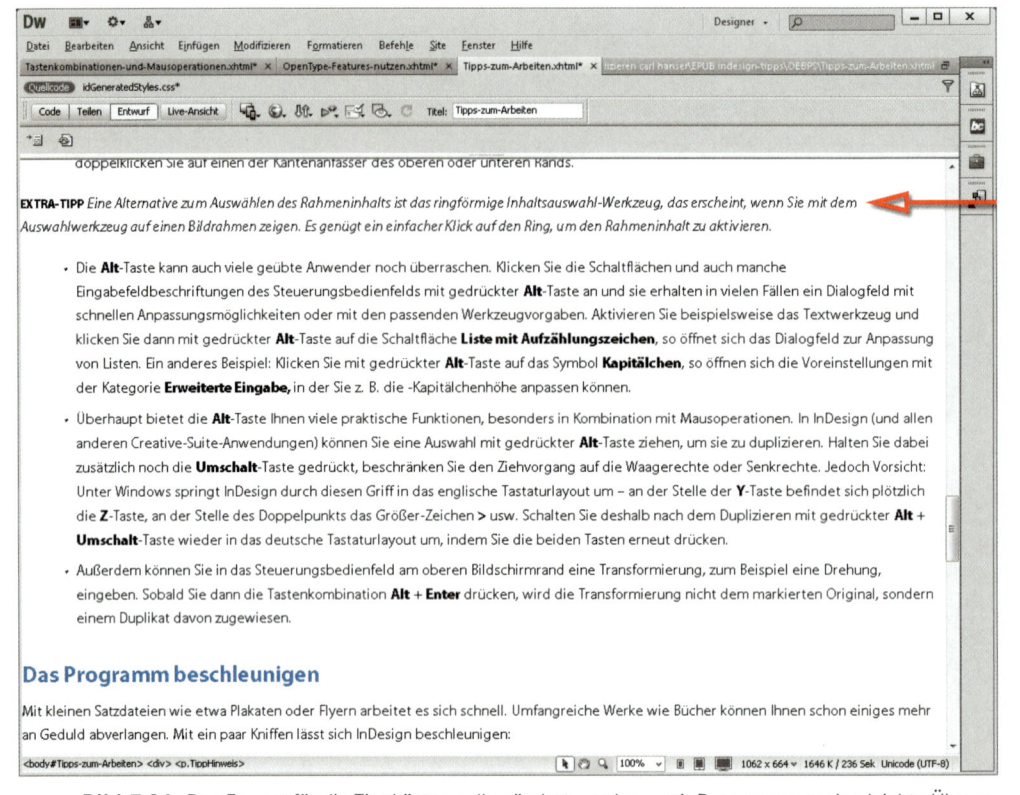

Bild 7.26 Das Format für die Tippkästen soll geändert werden – mit Dreamweaver eine leichte Übung.

1. Klicken Sie in den Absatz und wählen Sie **Fenster/CSS-Stile**. Klicken Sie im oberen Bereich des CSS-Stile-Bedienfelds auf die Schaltfläche **Aktuell**.
2. Beachten Sie den **Eigenschaften**-Bereich im unteren Bedienfeldbereich. Dieser führt den Namen der dem aktuellen Absatz zugewiesenen Klasse und deren Eigenschaften auf. Diese Eigenschaften können Sie nun ändern, um die Formatierung des Absatzes – und aller anderen Absätze, denen dieselbe Klasse zugewiesen ist – zu ändern.
3. Klicken Sie in das Farbfeld rechts neben der CSS-Eigenschaft color (Textfarbe). Aus der Palette wählen Sie die gewünschte Textfarbe aus. Falls Sie lieber mit Hexadezimalfarben arbeiten, klicken Sie auf den aktuellen Hexadezimalwert und überschreiben ihn mit dem neuen Farbwert. Die Änderungen werden dem Text in der Entwurfsansicht „live" zugewiesen.
4. Klicken Sie rechts neben das Feld font-weight (Schriftstärke) und wählen Sie **bold** aus dem daraufhin angezeigten Menü (siehe Bild 7.27).

Für die anderen gewünschten Formatierungen – Rahmen und Hintergrundfarbe – sind in der Klasse noch keine Eigenschaften formatiert. Sie müssen diese also neu hinzufügen.

1. Klicken Sie dazu am unteren Rand des CSS-Stile-Bedienfelds auf das Stiftsymbol (**Stile bearbeiten**).
2. Im folgenden Dialogfeld können Sie vorhandene CSS-Eigenschaften abändern und neue Eigenschaften hinzufügen. Für den Rahmen zeigen Sie im linken Dialogfeldbereich die Kategorie **Rahmen** an.

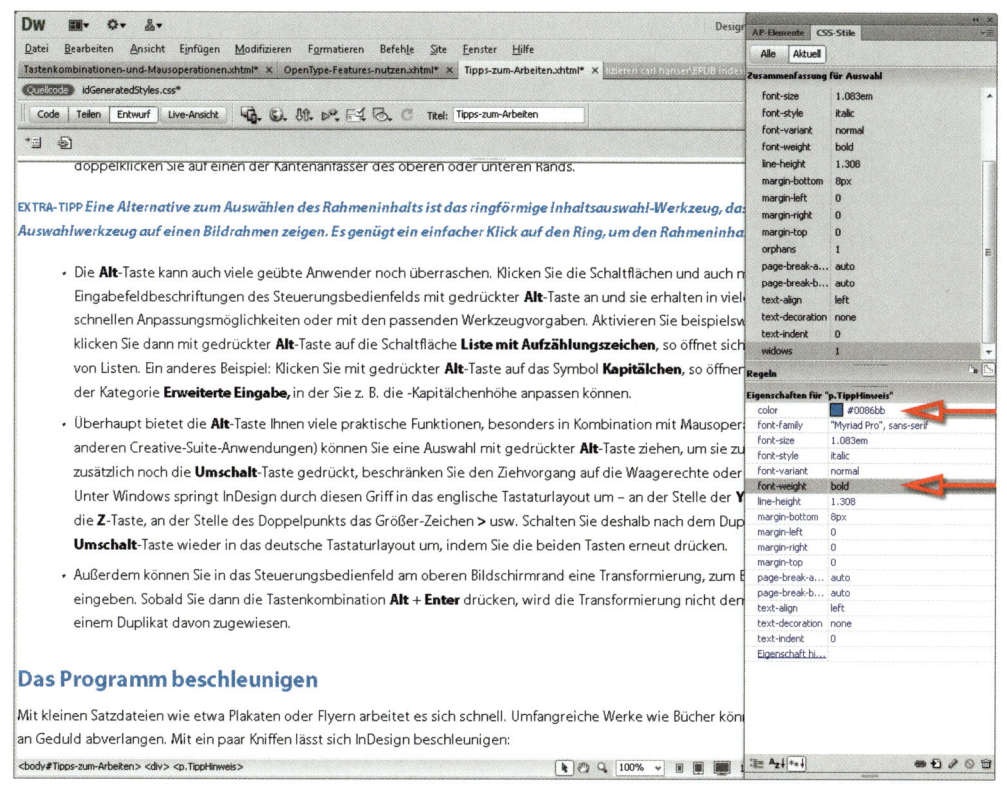

Bild 7.27 Schriftfarbe und -stärke wurden im CSS-Stile-Bedienfeld geändert.

3. Da Sie an allen vier Seiten den gleichen Rahmen wünschen, lassen Sie die drei Kontrollfelder **Für alle gleich** aktiviert. Aus einem der vier linken Menüs wählen Sie **solid** (durchgezogen), aus einem der mittleren Menüs die Linienbreite und aus einem der rechten Menüs die gewünschte Linienfarbe aus (siehe Bild 7.28).

Bild 7.28 So ziehen Sie einen CSS-Rahmen um einen Absatz.

4. Klicken Sie noch nicht auf **OK**, denn in demselben Dialogfeld legen Sie auch die Hintergrundfarbe für den Tippkasten fest. Aktivieren Sie dazu die Kategorie **Hintergrund** und wählen Sie aus dem Feld **Background-color** eine passende Farbe aus (siehe Bild 7.29).

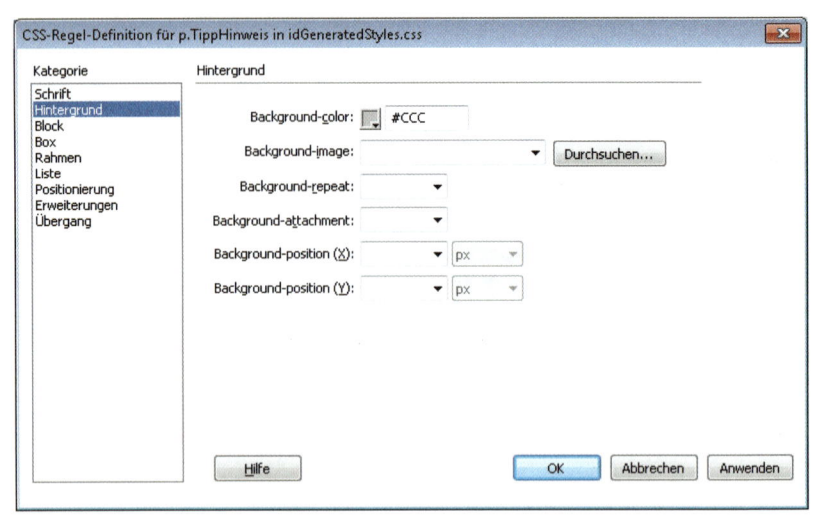

Bild 7.29 Definition für die Hintergrundfarbe des Kastens

5. Sie sind fast fertig. Nur eine kleine Anpassung ist noch nötig. Momentan klebt der Text des Tippkastens rechts und links an den neu definierten Rahmenlinien. Aktivieren Sie deshalb im Dialogfeld **CSS-Regel-Definition** die Kategorie **Box**.
6. Da Sie den inneren Versatz (padding) nur für die linke und die rechte Kante des Absatzes ändern möchten, deaktivieren Sie unter **Padding** das Kontrollfeld **Für alle gleich**.
7. Geben Sie in die Felder **Right** und **Left** den gewünschten Versatzabstand ein (siehe Bild 7.30).

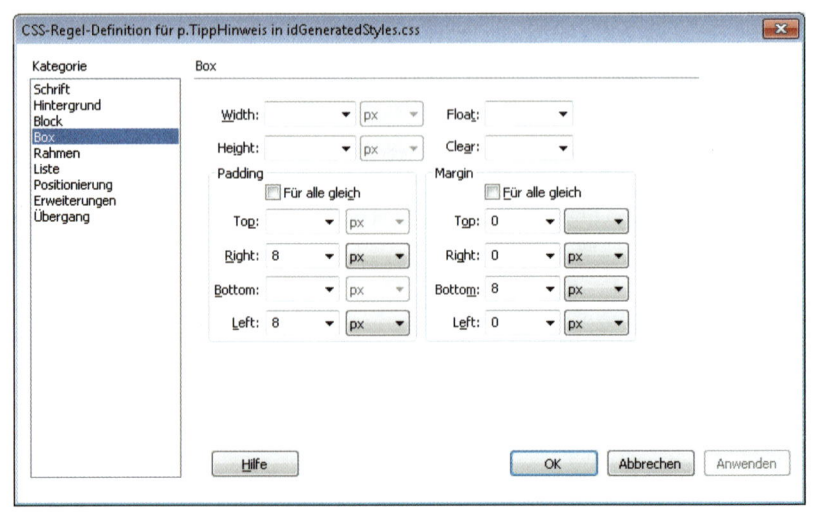

Bild 7.30 Definition für den inneren Rahmenversatz

8. Schließen Sie das Dialogfeld **CSS-Regel-Definition** mit einem Klick. Die neuen Definitionen werden dem ausgewählten Absatz sofort zugewiesen – und auch allen anderen Absätzen mit derselben CSS-Regel.

> **PRAXISTIPP:** Wenn Sie sich mit CSS auskennen, können Sie neue Eigenschaften auch direkt im CSS-Stile-Bedienfeld hinzufügen, ohne das Dialogfeld **CSS-Regel-Definition** zu öffnen: Klicken Sie am Ende der Eigenschaftenliste auf den blau unterstrichenen Link **Eigenschaft hinzufügen**. Eine neue Zeile wird hinzugefügt. Im linken Teil dieser Zeile geben Sie die neue Eigenschaft entweder direkt ein oder wählen sie aus dem Menü. Im rechten Bereich geben Sie den Wert für die Eigenschaft ein.

> **HINWEIS:** Beachten Sie, dass nicht alle CSS-Eigenschafen von den EPUB-Readern umgesetzt werden können. Für eine bestmögliche Kompatibilität beschränken Sie sich möglichst auf einfache Formatierungen wie Farben, Rahmen, Abstände usw.

7.3.4.4 Tabellen in der EPUB-Datei nachbearbeiten

Wenn Ihr InDesign-Layout Tabellen enthält, sind auch diese in das EPUB-Dokument übernommen worden. Die Formatierung der Tabellen ist jedoch oft nicht zufriedenstellend (siehe Bild 7.31).

> **HINWEIS:** Wie erwähnt, stellt jeder E-Book-Reader Tabellen etwas anders dar, sodass gerade hier möglichst umfangreiche Tests wichtig sind.

7.3.4.4.1 Tabellenstruktur ändern

Möchten Sie etwas an der Struktur der Tabelle ändern, greifen Sie in den HTML-Code ein. Auch dies können Sie in der Layout-Ansicht von Dreamweaver erledigen.

- Möchten Sie beispielsweise eine Zeile löschen, ziehen Sie mit der Maus darüber, um sie im Ganzen auszuwählen. Drücken Sie die **Entf**-Taste.
- Für eine neue Zeile klicken Sie in der Layout-Ansicht von Dreamweaver in die Zeile, über der Sie eine neue Zeile einfügen möchten. Wählen Sie **Einfügen/Tabellenobjekte/Zeile oben einfügen**. Die neue Zeile erhält dieselbe Formatierung wie die zuvor ausgewählte.

7.3.4.4.2 Tabellenformatierung bearbeiten

Die Formatierung der Tabellen befindet sich in der CSS-Datei. Sie arbeiten also über das CSS-Stile-Bedienfeld von Dreamweaver, um sie zu ändern.

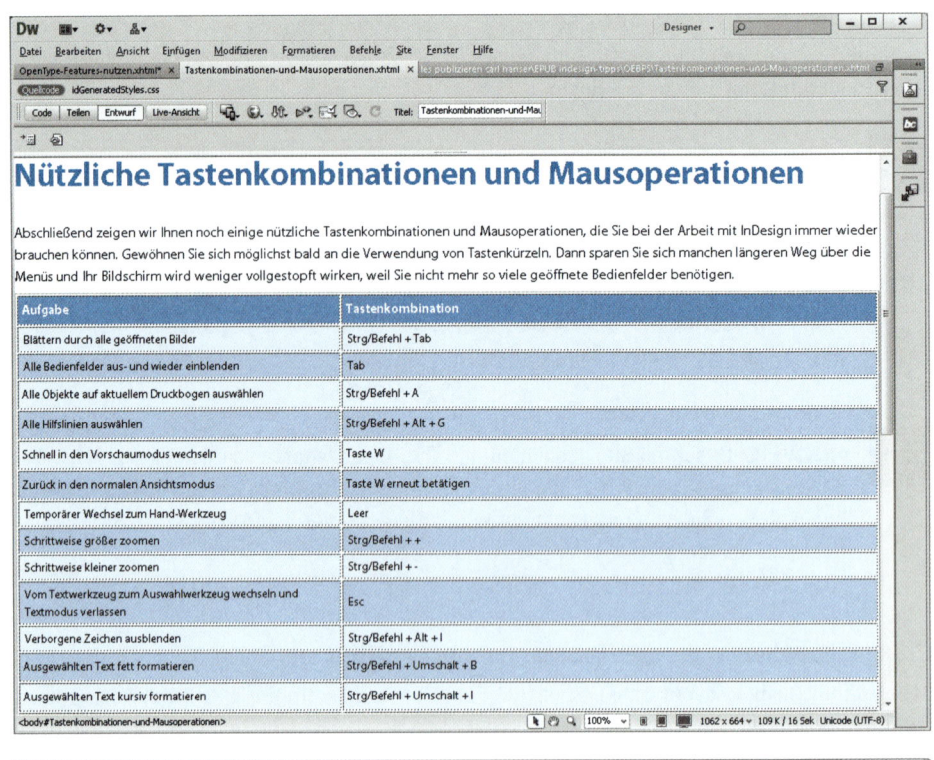

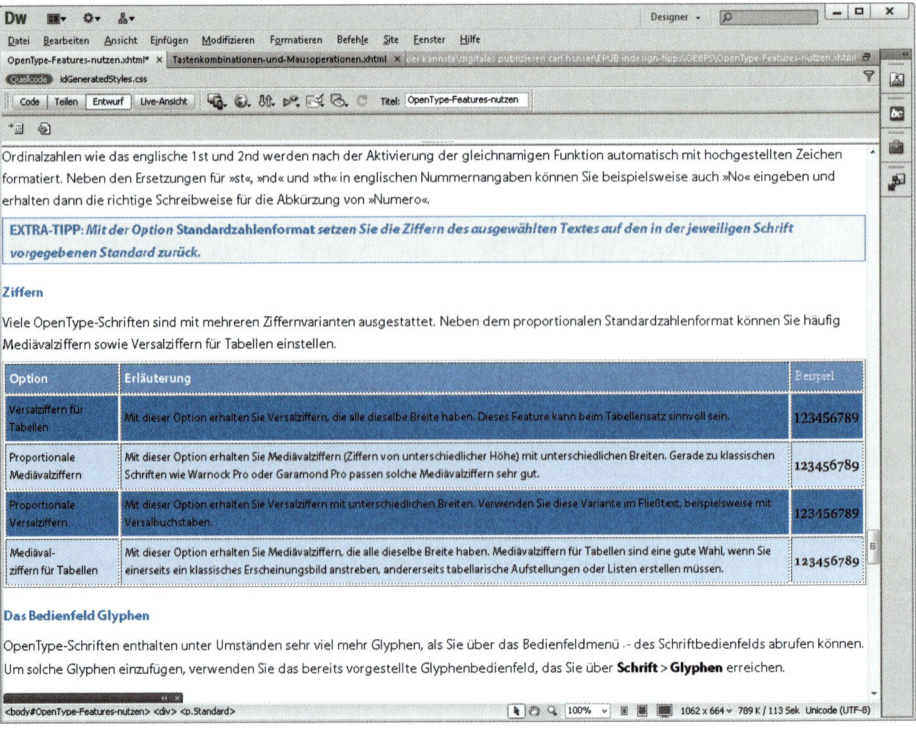

Bild 7.31 Die Formatierung dieser Tabellen weicht deutlich voneinander ab, obwohl sie in InDesign mit denselben (manuellen) Formatierungen gestaltet wurden.

1. Klicken Sie in die Tabellenzeile, deren Formatierung Sie bearbeiten möchten. Im CSS-Stile-Bedienfeld werden momentan die Formatierungen des Texts in dieser Zelle angezeigt.
2. Sehen Sie sich deshalb den Tag-Selektor (die Zeile am unteren Rand des Dreamweaver-Fensters) an. Dieser zeigt die Struktur, in die das aktuelle Element (der <p>-Text in der Zelle) verschachtelt ist. Dieses wird ganz rechts am Ende der Struktur angezeigt. Links davon finden Sie das <td>-Element für die Zelle, die den Text enthält. Noch eins weiter links steht das <tr>-Element für die Zeile, in der sich diese Zelle befindet (siehe Bild 7.32).

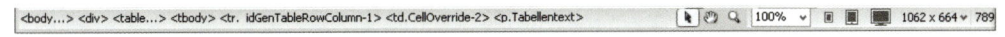

Bild 7.32 Der Tag-Selektor zeigt die Hierarchie, in die das ausgewählte Element eingebettet ist. „Override" weist stets auf eine manuelle Formatierung in InDesign hin.

- Möchten Sie die Formatierung der aktuellen Zelle ändern, klicken Sie im Tag-Selektor auf das <td>-Element, um es auszuwählen.
- Möchten Sie die Formatierung der ganzen Zeile ändern, klicken Sie im Tag-Selektor auf das <tr>-Element.

Anschließend können Sie im Bereich **Eigenschaften** des CSS-Stile-Bedienfelds die Formatierung ändern (siehe Bild 7.33).

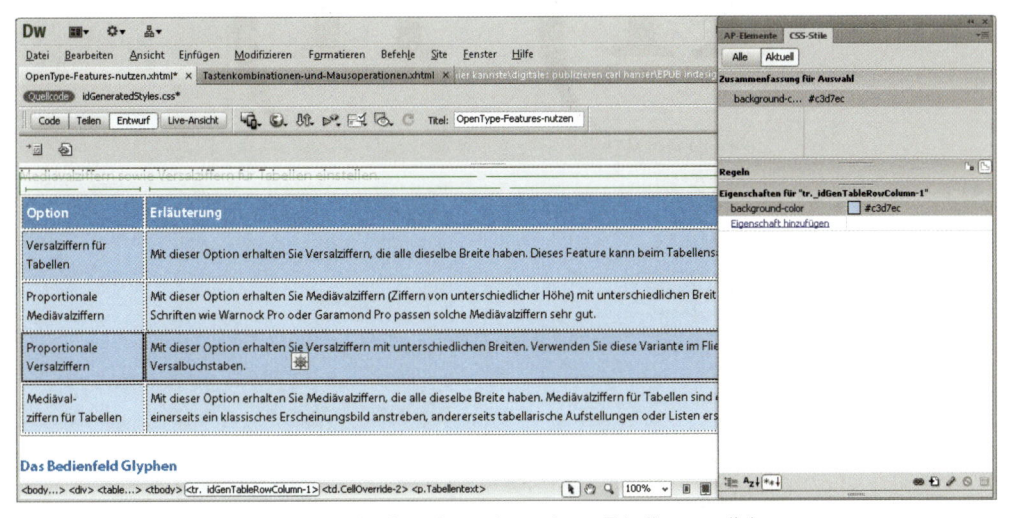

Bild 7.33 Die Formatierung wurde der Gestaltung der anderen Tabelle angeglichen.

7.3.4.5 Position und Größe von Bildern nachbearbeiten

Bilder werden in HTML mit dem Element <img> referenziert:

```
<img src="bildname.png" alt="Alternativtext" />
```

Sie können das Bild also bei Bedarf im HTML-Dokument austauschen, wenn Sie beispielsweise mit der Qualität unzufrieden sind. Beachten Sie jedoch, dass Sie dann unbedingt auch im Manifest (siehe Abschnitt 7.3.3.3.4, „OPF-Datei") den Dateinamen ändern müssen.

Die Bildformatierung inklusive der relativen oder fixen Abmessungen wiederum finden Sie in der CSS-Datei. Wenn Sie Ihre Bildgröße in den Exporteinstellungen **relativ zur Seite** definiert haben (was angesichts der äußerst vielfältigen Mobilgerätelandschaft sicherlich in vielen Fällen die beste Lösung ist), finden Sie den Prozentwert der Gesamt-Display- bzw. Dokumentfensterbreite im CSS-Stile-Bedienfeld als Wert von **width**. Eine Höhe wird in diesem Fall naturgemäß nicht definiert (siehe Bild 7.34 und Bild 7.35).

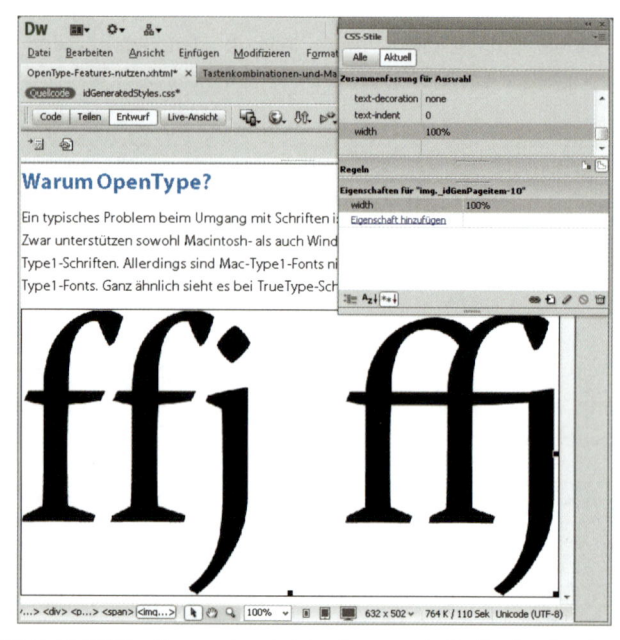

Bild 7.34 Das Bild ist 100 % breit – es nimmt stets die gesamte Breite des Reader-Fensters ein.

Bild 7.35 Die Bildbreite wurde im CSS-Stile-Bedienfeld in 50 % geändert, sodass die Abbildung im E-Book-Layout nicht mehr so wuchtig wirkt.

7.3.4.6 Alt-Texte hinzufügen

Die Alternativtexte von Bildern (und gegebenenfalls anderen Elementen) sind schnell geändert. Klicken Sie das Bild einfach in der Entwurfsansicht an und geben Sie im Feld **Alt** des Eigenschaftenbedienfelds das Gewünschte ein.

7.3.4.6 SVG-Grafiken einfügen

In Abschnitt 2.5.2.2, „SVG-Format", haben Sie erfahren, dass Sie in InDesign keine Abbildungen im SVG-Format – einem geeigneten Vektorgrafikformat für das Web und für HTML-Anwendungen – platzieren können. Sie lassen sich aber nachträglich einfügen:

1. Kopieren Sie die gewünschte SVG-Grafik in den Image-Ordner innerhalb Ihres OEBPS-Ordners.
2. Aktualisieren Sie das Dateienbedienfeld von Dreamweaver mit der **F5**-Taste.
3. Doppelklicken Sie im Dateienbedienfeld auf die XHTML-Datei, in die Sie die SVG-Grafik einfügen möchten (siehe Bild 7.36).

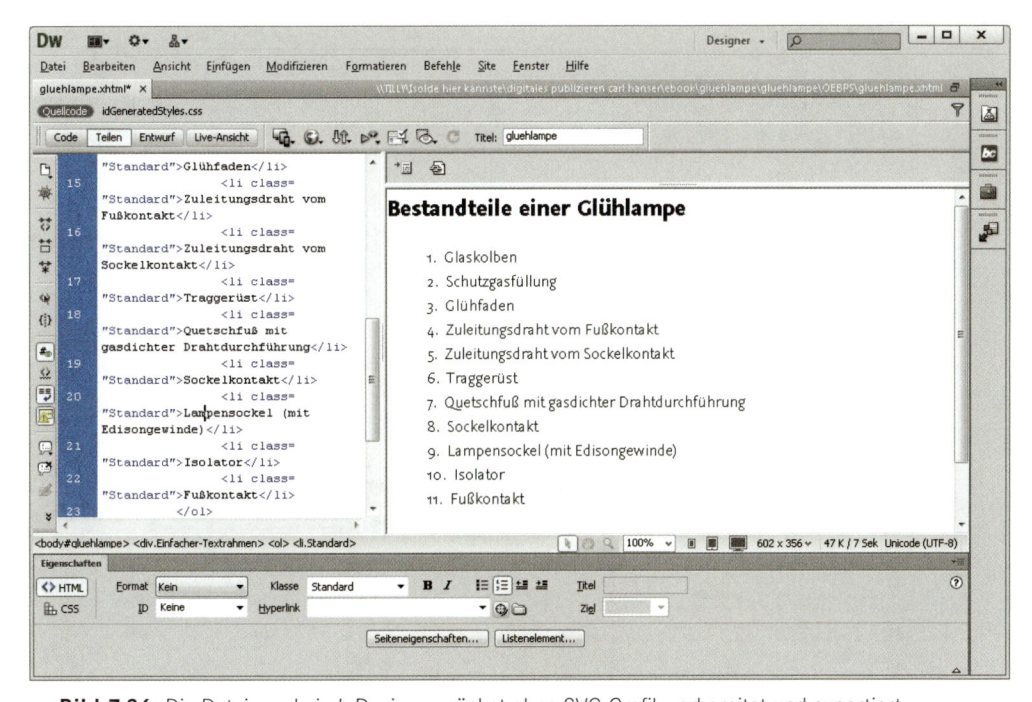

Bild 7.36 Die Datei wurde in InDesign zunächst ohne SVG-Grafik vorbereitet und exportiert.

4. Setzen Sie die Einfügemarke in der Layout-Ansicht an die gewünschte Stelle und wählen Sie **Einfügen/Bild**.
5. Im folgenden Dialogfeld öffnen Sie den **Image**-Ordner. Die SVG-Datei wird von Dreamweaver nicht als Bild erkannt. Wählen Sie deshalb aus dem Menü **Dateityp** die Option **Alle Dateien** (siehe Bild 7.37).

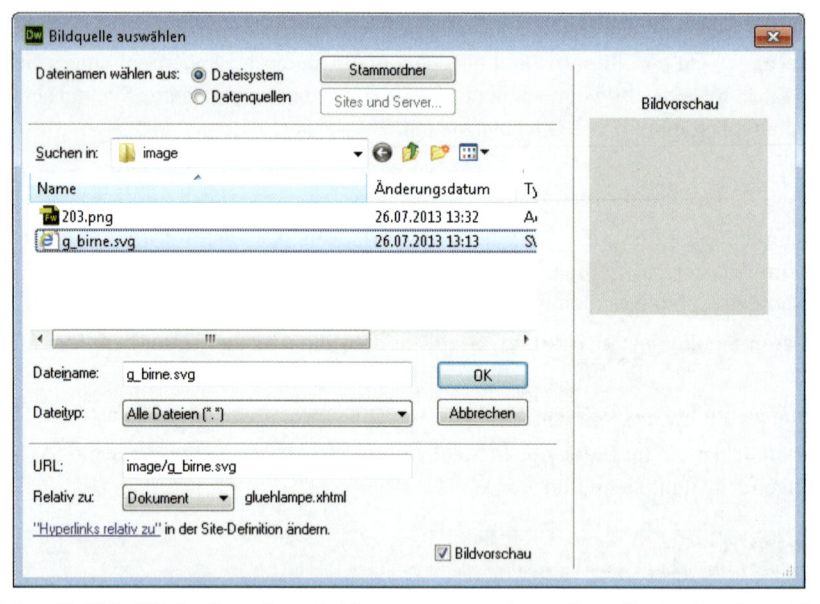

Bild 7.37 Weil SVG-Grafiken nicht als Bilder erkannt werden, wählen Sie den Dateityp „Alle Dateien", damit die Datei im Dialogfeld „Bildquelle auswählen" angezeigt wird.

6. Klicken Sie auf **OK**.

7. Im folgenden Dialogfeld geben Sie einen aussagekräftigen Alternativtext ein und bestätigen mit **OK**, um die SVG-Grafik einzufügen (siehe Bild 7.38).

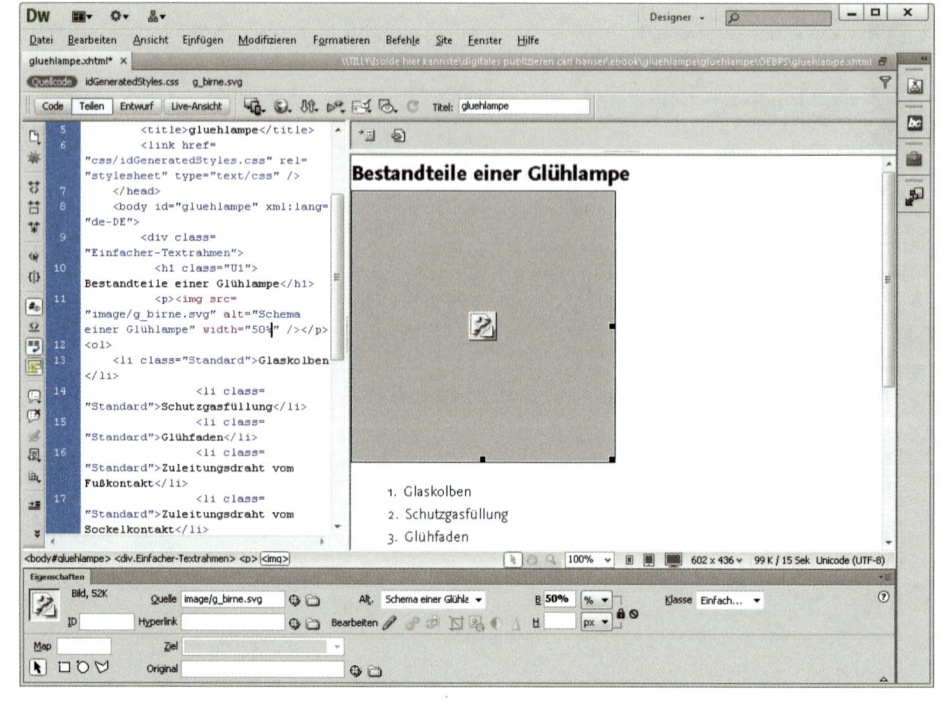

Bild 7.38 In der Grundeinstellung hat die SVG-Grafik die Abmessungen 32 x 32 Pixel.

8. Sie wird an der Stelle der Einfügemarke in Ihr XHTML-Dokument eingefügt (siehe Bild 7.39). Geben Sie im Eigenschaftenbedienfeld gegebenenfalls weitere Eigenschaften für Ihre Grafik ein, etwa die nicht automatisch erkannten Abmessungen, oder wählen Sie eine Klasse für die Formatierung per CSS aus.

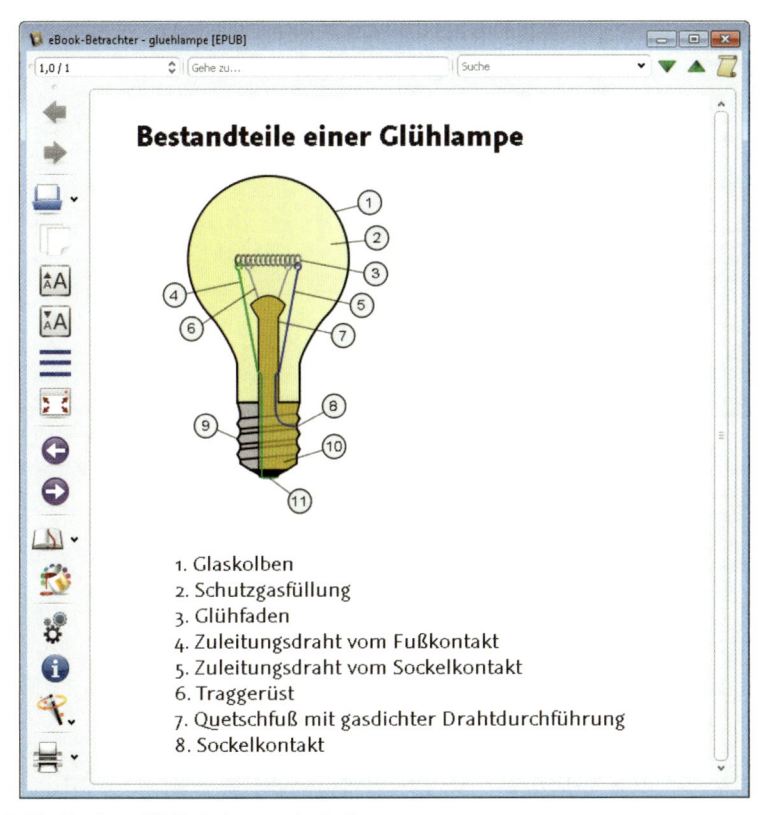

Bild 7.39 Fertiges EPUB-Dokument in Calibre

> **HINWEIS:** Vergessen Sie nicht, die SVG-Grafiken im Manifest Ihres E-Books (siehe Abschnitt 7.3.3.3.4, „OPF-Datei") aufzuführen.

7.3.5 E-Reader-Inhaltsverzeichnis ändern

In Abschnitt 5.1.2, „Inhaltsverzeichnisse für E-Books", haben Sie erfahren, wie Sie die Struktur des Navigationsinhaltsverzeichnisses für den E-Readers mithilfe eines Inhaltsverzeichnisformats definieren.

Wie erwähnt, können Sie diese Struktur und damit die Darstellung des Navigationsinhaltsverzeichnisses nachträglich ändern, indem Sie die Datei **toc.ncx** im Ordner **OEBPS** ändern.

Auch diese XML-Datei lässt sich nicht nur mit einem beliebigen Texteditor, sondern ebenso in Dreamweaver öffnen (siehe Bild 7.40 auf der nächsten Seite). Klicken Sie sie mit der rechten Maustaste im Dateienbedienfeld an und wählen Sie aus dem Kontextmenü den Befehl **Öffnen mit/Dreamweaver**.

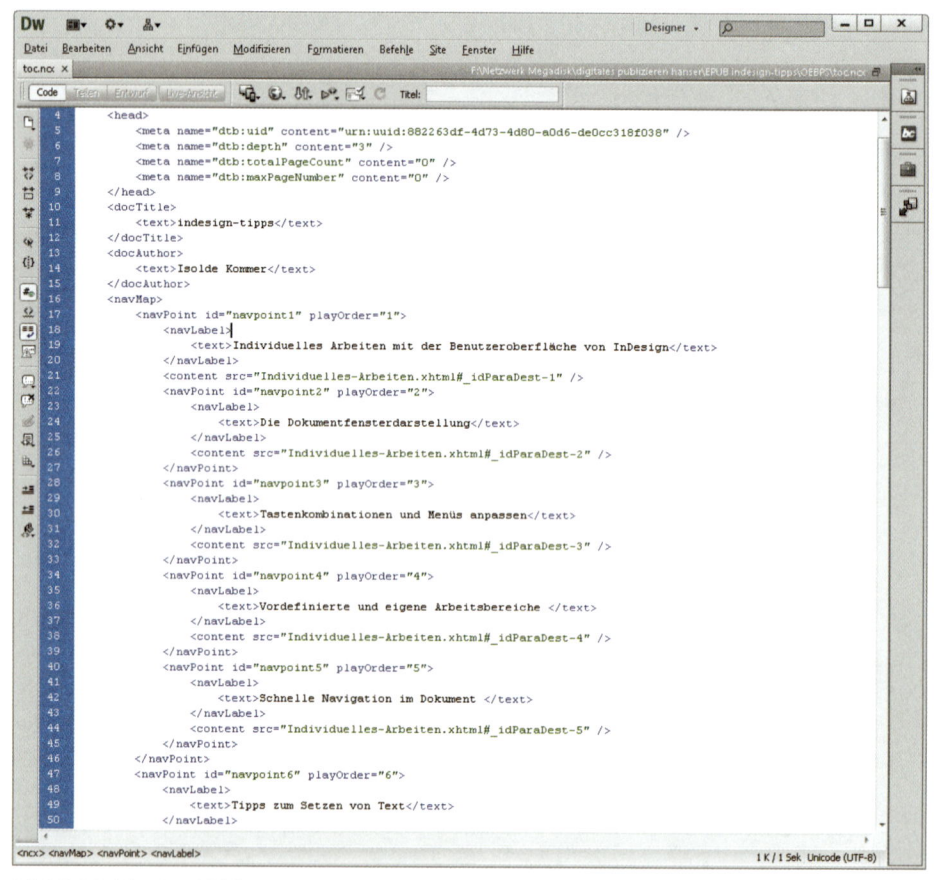

Bild 7.40 Die Datei TOC.NCX in Adobe Dreamweaver …

Unter dem <head>-Bereich des XML-Dokuments finden Sie die Elementpaare <docTitle>… </docTitle> sowie <docAuthor>… </docAuthor>. Innerhalb der darin enthaltenen <text>- Tagpaare können Sie den Titel und den Autor ändern. Diese Angaben finden Sie im Navigationsinhaltsverzeichnis vieler E-Reader. Wie üblich sollten Sie dabei nur darauf achten, dass Sie nichts an der Tag-Struktur selbst ändern.

Für die Struktur des Inhaltsverzeichnisses selbst ist die <navMap> zuständig. Darin befindet sich eine Anzahl von <navPoint>…</navPoint>-Elementpaaren. Alles, was zwischen einem solchen Elementpaar steht, ergibt einen Eintrag im Navigationsinhaltsverzeichnis.

Wenn diese NavMap wie in Bild 7.41 mehrstufig gegliedert ist, sind in die übergeordneten noch untergeordnete <navPoint>-Elemente verschachtelt. Daraus ergibt sich die mehrstufige Navigationsstruktur.

Möchten Sie Ihrem Inhaltsverzeichnis einen neuen Eintrag – etwa für das Buch-Cover – hinzufügen, können Sie ein komplettes <navPoint>…</navPoint>-Paar samt Inhalt markieren, es kopieren und an der richtigen Stelle der Struktur wieder einfügen. Anschließend ändern Sie den Text innerhalb des Elementpaars <text>…</text>, um die Beschriftung des neuen

Navigationseintrags zu definieren. In das Element `<content src="Ziel"/>` wiederum geben Sie den Pfad zur HTML-Datei ein, die mit einem Klick auf den Text im Navigationsinhaltsverzeichnis geöffnet werden soll.

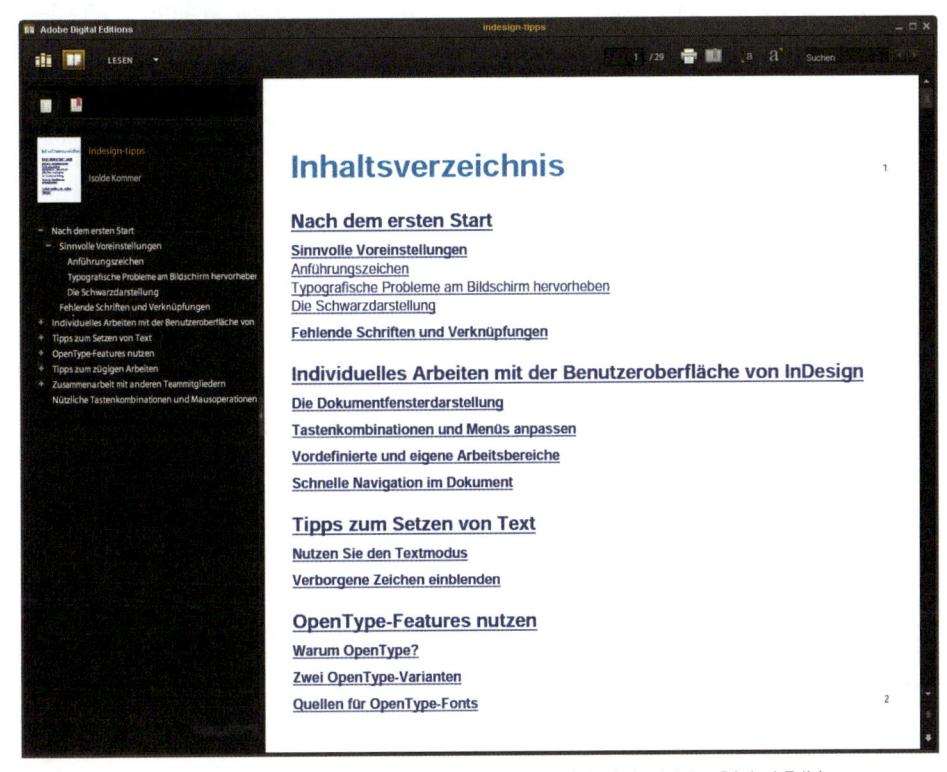

Bild 7.41 ... und das resultierende Navigationsinhaltsverzeichnis in Adobe Digital Editions

Wenn Sie bei dieser Arbeit das Navigationsinhaltsverzeichnis tiefer verschachteln, dürfen Sie nicht vergessen, die Meta-Tags im `<head>`-Bereich entsprechend anzupassen – genauer gesagt die folgende Zeile:

```
<meta name="dtb:depth" content="3" />
```

Im obigen Beispiel gibt es zwei Eintragsebenen, denn der Wert „3" entspricht stets der Anzahl der Ebenen im Inhaltsverzeichnis minus 1 (ein einstufiges Inhaltsverzeichnis hätte demnach den Wert „0"). Wenn Sie es versäumen, bei einer Erweiterung der Verschachtelungstiefe diesen Wert entsprechend anzupassen, werden alle Inhaltsverzeichniseinträge einfach auf derselben Ebene dargestellt.

Sehen Sie sich außerdem die `PlayOrder`-Attribute an. Wie Sie erkennen können, ist der Wert dieser Attribute für jedes `<navPoint>`-Element eindeutig. Das heißt, dass Sie auch hierauf achten müssen, wenn Sie Ihr Navigationsinhaltsverzeichnis durch weitere `<navPoint>`-Elemente erweitern.

> **HINWEIS:** Beachten Sie, dass manche E-Reader nicht mehr als drei Ebenen im Navigationsinhaltsverzeichnis unterstützen.

7.3.6 Metadaten bearbeiten

Jedes E-Book benötigte passende Metadaten. Sowohl die E-Reader als auch die E-Book-Händler greifen darauf zu, um Titel, Autor, Verlag, ISBN und zahlreiche weitere Details über das Buch zu ermitteln und darzustellen. Zwar können Sie bereits in InDesign über den Befehl **Datei/Dateiinformationen** diverse Metadaten wie beispielsweise Buchtitel, Beschreibung und Copyright-Status hinzufügen, beim Export auch Verlagsmetadaten und ID. Das sind aber nicht alle Metadaten, die für ein ordnungsgemäßes E-Book notwendig oder möglich sind.

Aus diesem Grund sollten Sie die Datei **content.opf** im Ordner **OEBPS** Ihres entpackten EPUB-Archivs im Text- oder Webeditor öffnen und die darin enthaltenen Metadaten bearbeiten. Wir verwenden wieder Dreamweaver.

1. Klicken Sie die Datei **content.opf** im Dateienbedienfeld von Dreamweaver mit der rechten Maustaste an und wählen Sie aus dem Kontextmenü den Befehl **Öffnen mit/Dreamweaver** (siehe Bild 7.42).
2. Im oberen Bereich der Datei finden Sie innerhalb des Elementpaars <metadata> ... </metadata> die einzelnen Metadateneinträge.
3. Sie können diese nun ändern bzw. neue Einträge hinzufügen, indem Sie innerhalb des <metadata> ... </metadata>-Elementpaars das gewünschte <dc:[…]> ... </dc:[…]>-Elementpaar einfügen und entsprechend anpassen. Die Reihenfolge der Metadaten ist gleichgültig.

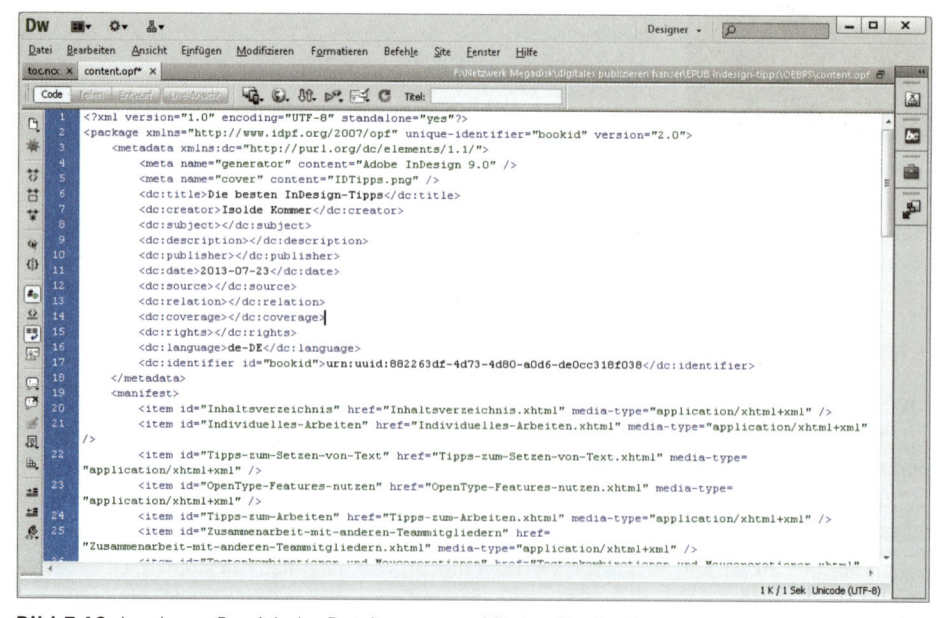

Bild 7.42 Im oberen Bereich der Datei content.opf finden Sie die Metadaten Ihres E-Books.

7.3.6.1 Erforderliche Metadaten

Die folgende Tabelle bietet Ihnen einen Überblick über die Metadaten, die für ein korrektes EPUB zwingend erforderlich sind.

Metadaten	Beispiel	Erläuterung
Title	`<dc:title>Die besten InDesign-Tipps</dc:title>`	Jedes E-Book muss einen Titel haben. Achten Sie darauf, dass Sie hier nur ASCII-Text eingeben, keine Zeichen wie etwa das kaufmännische Und (&). Dies könnte dazu führen, dass manche E-Reader den Titel Ihres E-Books nicht anzeigen.
Language	`<dc:language>de-DE</dc:language>`	Auch die Angabe der Sprache ist erforderlich. Ist der größte Teil Ihres E-Books auf Deutsch geschrieben, schreiben Sie de-DE zwischen die Tags, ist es auf US-Englisch, notieren Sie en-US und ist es in britischem Englisch verfasst, en-GB.
Date	`<dc:date>2013-07-23</dc:date>`	Prüfen Sie, ob InDesign die date-Metadaten richtig ausgefüllt hat. In den verschiedenen Vorversionen produzierte das Programm hier unterschiedliche Fehler. Beim date sollte es sich außerdem nicht um das Datum des Exports aus InDesign in das EPUB-Format handeln, sondern um das Datum der Veröffentlichung. Mindestens dieses Datum sollte in der Form YYYY-MM-DD vorliegen. Zusätzlich können Sie weitere date-Metatags für das Original-Erscheinungsdatum der Druckausgabe usw. hinzufügen.

7.3.6.2 Weitere Metadaten

Die folgende Tabelle erläutert einige optionale Metadaten für EPUB-E-Books.

Metadaten	Beispiel	Erläuterung
cover	`<meta name="cover" content="coverbild.png" />`	Rein technisch gesehen ist dieses Tag nicht erforderlich. Es wird aber von zahlreichen wichtigen E-Book-Händlern gefordert. Im content-Attribut geben Sie nicht den Pfad zur Bilddatei an, sondern eine ID. Diese finden Sie weiter unten in der OPF-Datei im Manifest wieder. Beachten Sie jedoch, dass Amazon dieses Feld nicht für das Titelbild in der elektronischen Publikation nutzt, sondern als Vorschaubild in seinem Katalog usw.
publisher	`<dc:publisher>Carl Hanser Verlag</dc:publisher>`	Dies können Sie bereits in InDesign im Dialogfeld EPUB-Exportoptionen im Feld **Herausgeber** angeben. Nennen Sie hier den Inhaber der ISBN-Nummer.

Metadaten	Beispiel	Erläuterung

creator	`<dc:creator>Max Schreiber-ling </dc:creator>`
	
	`<dc:creator opf:role="edt">Lieschen Müller</dc:creator>`
	`<dc:creator opf:role="aut">Max Schreiberling</dc:creator>`
	`<dc:creator opf:role="aut">Frauke Tipper </dc:creator>`
		Dieses Feld ist für den Autor oder die Autoren des Buchs vorgesehen. Den Hauptautor können Sie bereits in InDesign im Register **Beschreibung** des Dialogfelds **Dateiinformationen** angeben (**Datei/Datei /Dateiinformationen**).
		Manche Bücher haben mehrere Autoren oder Co-Autoren. Um diese korrekt aufzuführen, fügen Sie Attribute hinzu.
		Der Herausgeber des Buchs erhält das Attribut `opf:role="edt"` (edt = Editor), die Autoren erhalten das Attribut `opf:role="aut"` (aut = Autor)

contributor	`<dc:contributor opf:role="ilu">Karen Kritzel</dc:creator>`	An manchen Büchern wirken nicht nur Autoren mit, sondern beispielsweise auch Co-Autoren, Fotografen usw. Diese nennen Sie über das contributor-Metatag, gefolgt von der entsprechenden role: Co-Autor: `role="clb"` Illustrator: `role="ilu"` Fotograf: `role="pht"` Vorwort: `role="aui"`
source	`<dc:source id="src- id">urn:isbn: 9783446438118</dc:source>`	Wenn Sie die ursprüngliche gedruckte Ausgabe Ihres E-Books angeben möchten, verwenden Sie dieses Metatag.
rights	`<dc:rights>Public Domain</dc:rights>`	Geben Sie in diesem Tag den Copyright-Status des Buchs an.
description	`<dc:rights>Alle Neuerungen von InDesign CC – ausführlich und verständlich erklärt</dc:rights>`	Formulieren Sie hier eine aussagekräftige Beschreibung Ihres Buchs. Der Inhalt dieses Tags wird in den Katalogen der E-Book-Stores usw. angezeigt.

7.3.6.3 Weitere Bearbeitungsmöglichkeiten von Metadaten

Für die Bearbeitung der Metadaten müssen Sie nicht unbedingt die XML-Struktur der OPF-Datei betrachten. Sie können dazu genauso verschiedene EPUB-Editoren wie etwa Calibre oder Sigil (siehe Bild 7.43) nutzen. Beide Programme sind kostenlos.

Sigil ist das leistungsfähigere von beiden – es lässt sich mit Dreamweaver vergleichen, was die Möglichkeiten der Nachbearbeitung von EPUB-Dateien angeht. Ein Vorteil von Sigil ist, dass Sie die EPUB-Datei nicht entpacken müssen, um ihre Bestandteile bearbeiten zu können.

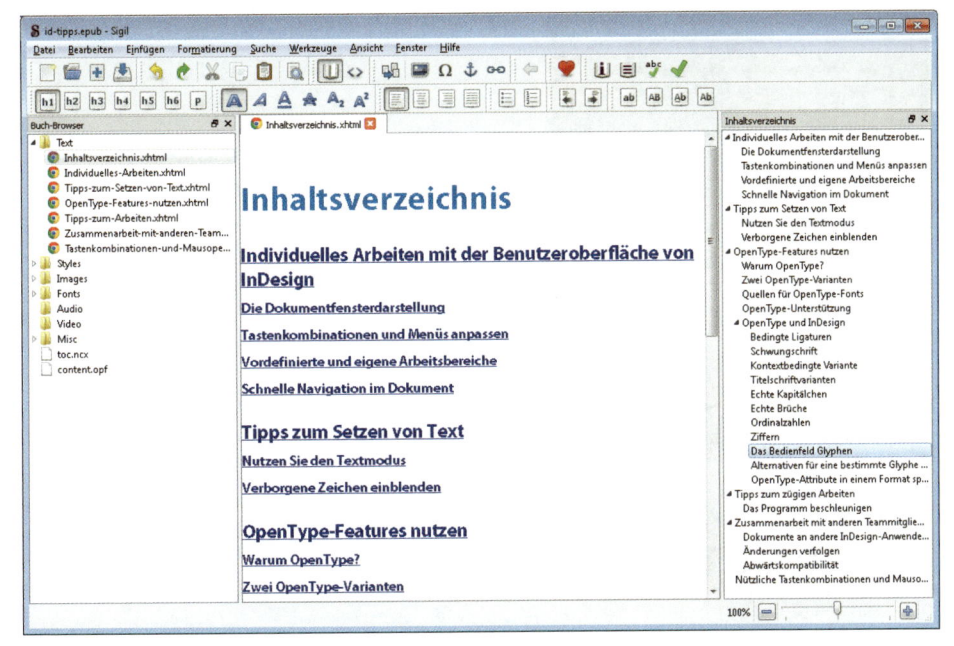

Bild 7.43 Sigil, ein hervorragender kostenloser EPUB-Editor

Nachdem Sie Ihr EPUB-Dokument in Sigil geöffnet haben, doppelklicken Sie im linken Teilfenster (siehe Bild 7.45) auf die opf-Datei. Bestätigen Sie die Warnmeldung und bearbeiten Sie den Code.

■ 7.4 EPUB-Bücher in das Kindle-Format konvertieren

Die wenigsten E-Books müssen speziell für das proprietäre Kindle-Format erstellt werden, damit sie im Amazon Store angeboten werden können. „Normale" EPUB-Dokumente lassen sich vielmehr sehr leicht in ein Kindle-E-Book konvertieren. Sie müssen nur bedenken, dass farbige Bilder vom Kindle-Lesegerät (noch) schwarz-weiß dargestellt werden (siehe Bild 7.44 auf der nächsten Seite).

Amazon selbst bietet leicht bedienbare, kostenlose Publisher-Tools zum Download, um EPUB-Dateien in die entsprechenden Formate zu konvertieren. Mindestens ebenso gute Arbeit leistet jedoch eine ganze Reihe von Drittanbieter-Programmen. Calibre beispielsweise kann EPUB-Dateien (und viele andere Formate) in das AZW-/MOBI-/KF8-Format konvertieren.

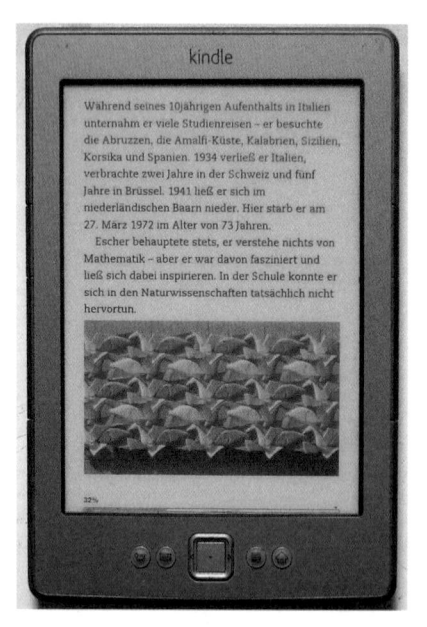

Bild 7.44
Die Bilder Ihres E-Books werden auf dem Kindle schwarz-weiß dargestellt.

7.4.1 EPUB-Dateien mit Calibre in Kindle-E-Books konvertieren

> **HINWEIS:** Die kostenlose Software Calibre können Sie sich unter *www.calibre-ebook.com* herunterladen.

1. Nachdem Sie das Programm geöffnet haben, klicken Sie im linken oberen Fensterbereich auf das Symbol **Bücher hinzufügen**.
2. Wählen Sie Ihre EPUB-Datei aus und klicken Sie auf **Öffnen**. Ihr Buch wird im Feld **Titel** angezeigt.
3. Klicken Sie auf den Pfeil neben dem Symbol **Bücher konvertieren** und wählen Sie **Einzeln konvertieren**.
4. Sie haben jetzt die Möglichkeit, ein anderes Cover-Bild auszuwählen. Beachten Sie, dass Cover-Bilder bei Amazon am besten dargestellt werden, wenn sie die Abmessungen 800 × 600 Pixel haben. Klicken Sie dazu auf das Ordnersymbol neben dem Feld **Coverbild ändern** und wählen Sie das gewünschte Bild aus (siehe Bild 7.45).
5. Falls Sie vergessen haben, Ihr Buch mit Metadaten zu versehen, geben Sie jetzt im rechten oberen Bereich des Dialogfelds **Konvertieren** zumindest den **Titel** und den/die **Autor(en)** des Buchs an.
6. Öffnen Sie das Menü **Ausgabe-Format**. Wählen Sie das **MOBI**-Format.
7. Klicken Sie auf **OK**, um die Konvertierung durchzuführen (siehe Bild 7.46).
8. Um die MOBI-Datei anschließend an einen Speicherort Ihrer Wahl zu kopieren, klicken Sie sie mit der rechten Maustaste an und wählen Sie den Befehl **Auf Festplatte speichern/Nur das Format MOBI auf Festplatte speichern**.

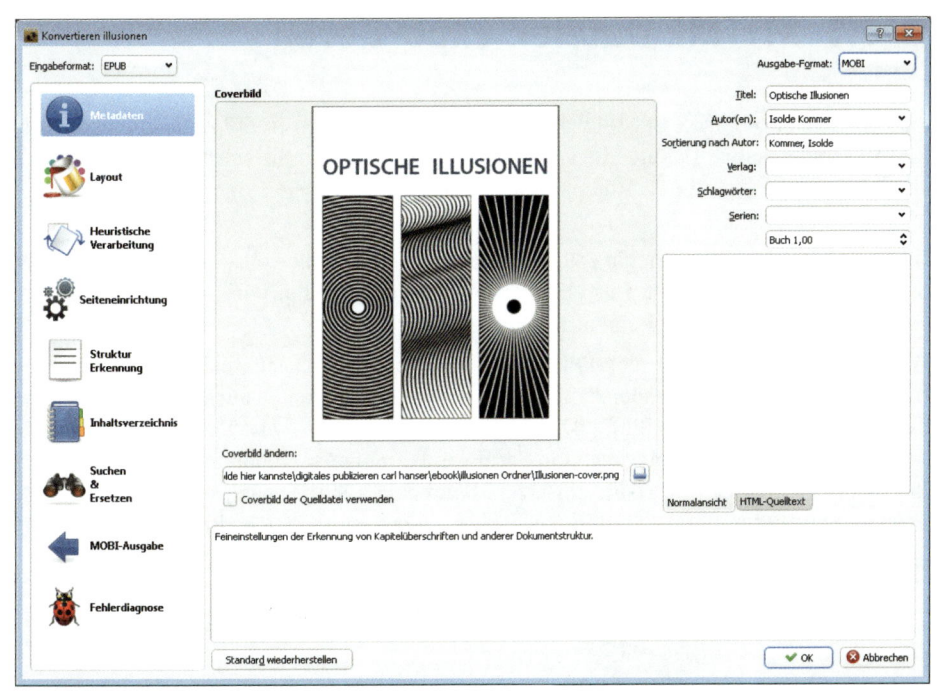

Bild 7.45 Wählen Sie ein geeignetes Coverbild aus Ihrem Dateisystem.

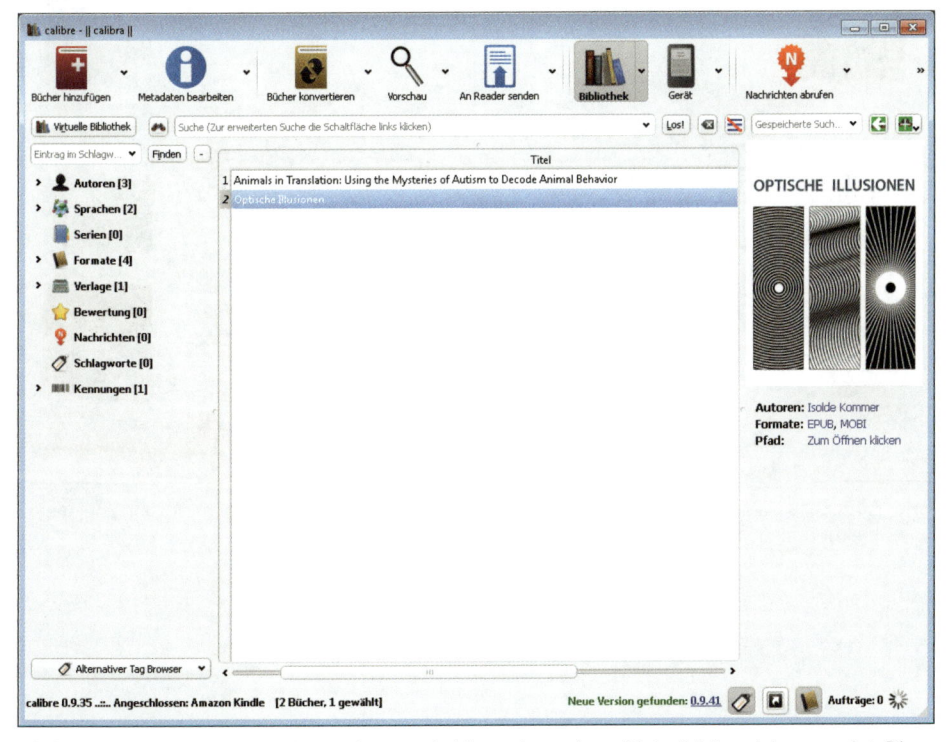

Bild 7.46 Das Ergebnis der Konvertierung wird Ihnen im rechten Dialogfeldbereich angezeigt. Die Ausgabe erfolgt in den Calibre-Ausgabeordner.

7.5 XHTML-Dateien exportieren

Sie haben erfahren, dass EPUB-Bücher im Grunde genommen in ZIP-Archive eingepackte XHTML- und sonstige Dokumente sind. Aus InDesign können Sie solche Dokumente auch ohne ZIP-Archiv exportieren – dann erhalten Sie HTML-Webseiten, die Sie im Internet veröffentlichen können.

Die wichtigste Forderung an ein zeitgemäßes Webdesign ist die vollständige Trennung von Struktur, Inhalt und Layout. Das erste Etappenziel in InDesign muss deshalb lauten, ein semantisch aufgebautes Dokument zu erzeugen:

Wenn Sie Ihr Dokument für den EPUB-Export gut vorbereitet, strukturiert und in die richtige Reihenfolge gebracht haben, können Sie ohne Schwierigkeiten auch eine XHTML-Datei daraus exportieren (siehe Bild 7.47 und Bild 7.48). Vergewissern Sie sich, dass Sie die Absatz- und Zeichenformatierungen in Form von Formaten vorgenommen haben. Auch für Ihre Bilder sollten Sie Objektstile einsetzen. Dann haben Sie es später leichter, das visuelle Erscheinungsbild mittels Cascading Stylesheets zu optimieren (siehe Bild 7.49).

Bild 7.47 Dieses einfache Layout lässt sich – eine konsequente Anwendung von Absatz-, Zeichen- und Objektformaten vorausgesetzt – recht gut in XHTML übertragen.

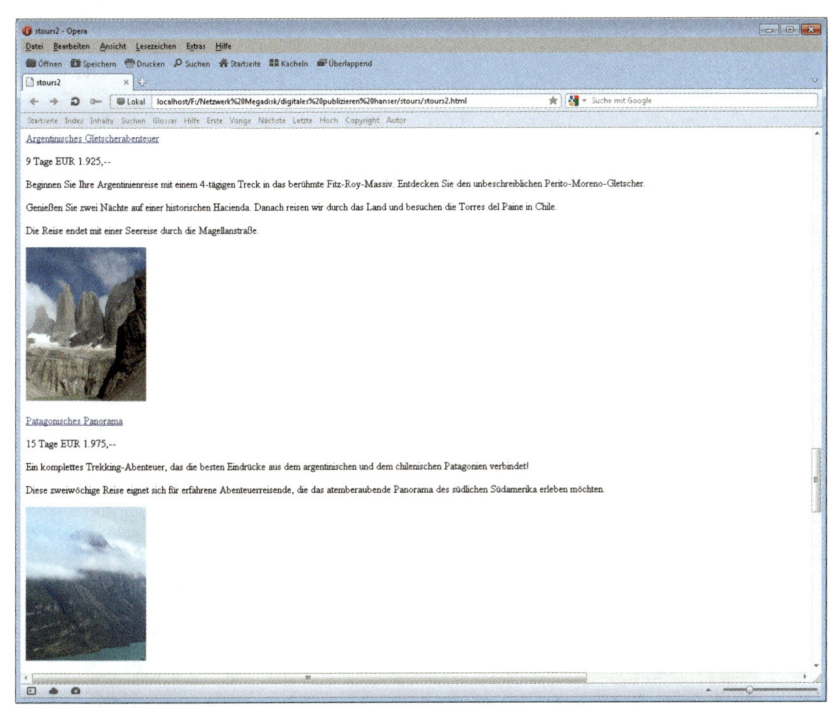

Bild 7.48 Sie erhalten ein korrekt strukturiertes XHTML-Dokument, das Sie im Browser betrachten und im Internet veröffentlichen können.

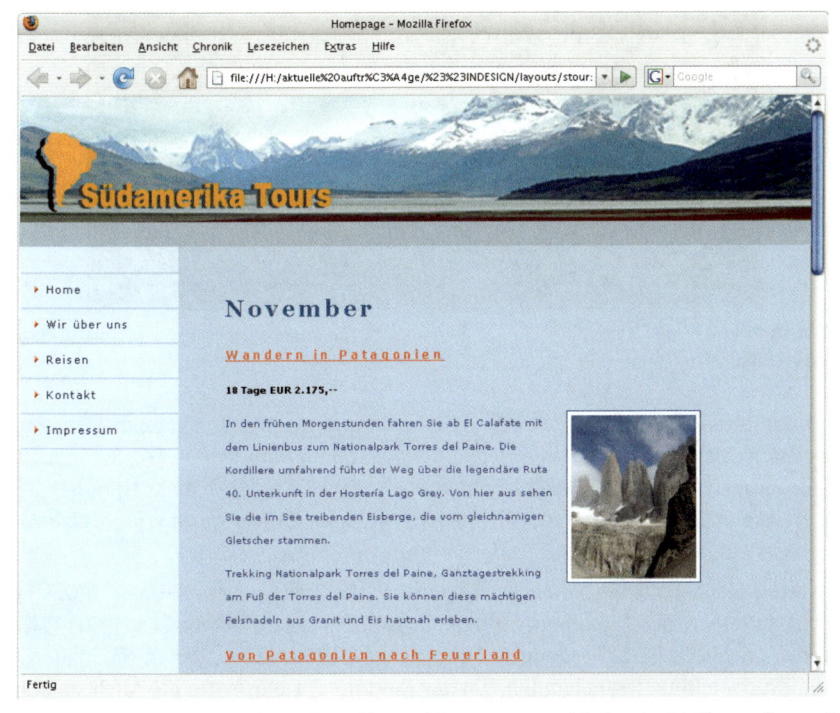

Bild 7.49 Sie oder der Webdesigner Ihres Teams können es anschließend mithilfe von Cascading Stylesheets visuell gestalten.

7.5.1 InDesign-Dokument in HTML konvertieren

Sobald Sie das Layout in InDesign vorbereitet haben, wählen Sie **Datei/Exportieren** mit dem Dateiformat **HTML**. Im folgenden Dialogfeld wählen Sie einen Ordner oder erstellen Sie einen solchen.

Im nun angezeigten Dialogfeld **HTML-Exportoptionen** (siehe Bild 7.50) haben Sie die folgenden Möglichkeiten.

- In der Registerkarte **Allgemein** entscheiden Sie, ob Sie die aktuelle **Auswahl** (falls vorhanden) oder das gesamte Dokument in HTML konvertieren möchten. Der Rest des Registers entspricht – wenig überraschend – dem für den EPUB-Export.

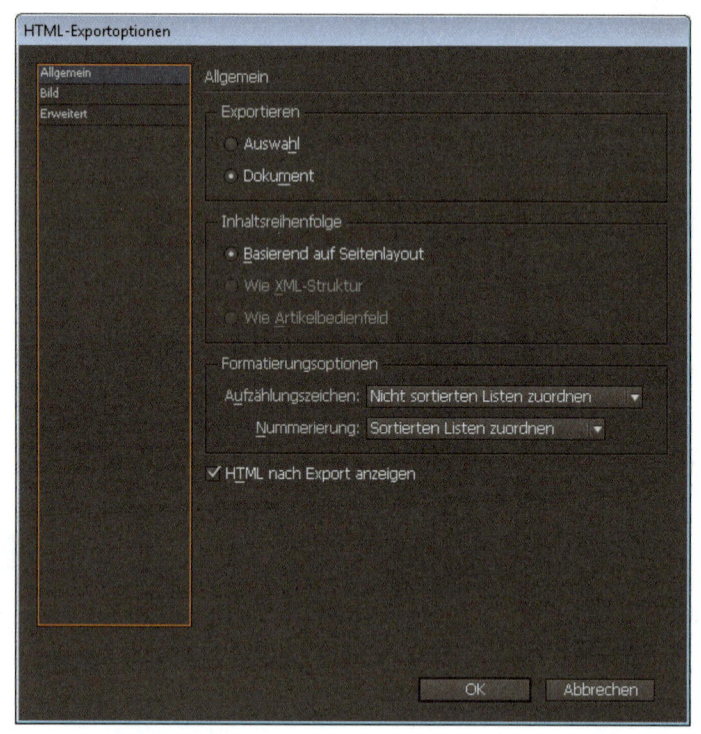

Bild 7.50 Im Register „Allgemein" legen Sie fest, was Sie exportieren möchten, und Sie bestimmen die Dokumentstruktur und was mit Listen geschehen soll.

- Die Bilder Ihres InDesign-Dokuments erhalten einen eigenen Ordner namens **[Dateiname]-web-resources**. Im Register **Bilder** legen Sie fest, ob und auf welche Weise Sie die Grafiken für diesen Ordner optimieren möchten (siehe Bild 7.51). Auch diese Optionen kennen Sie bereits vom EPUB-Export her. Falls Ihre HTML-Seite für das World Wide Web bestimmt ist, genügt eine **Auflösung** von 72 oder 96 ppi.
- Aktivieren Sie zuletzt die Kategorie **Erweitert**. Hier bestimmen Sie, wie InDesign mit der Formatierung des Dokuments umgehen soll. Bei abgewähltem Kontrollfeld **CSS generieren** (siehe Bild 7.52) erzeugt InDesign leere CSS-Klassen, denen Sie später selbst Stildefinitionen hinzufügen können, um das Dokument zu formatieren. Auch sonst haben Sie sämtliche CSS-Optionen, die Sie vom EPUB-Export her kennen.

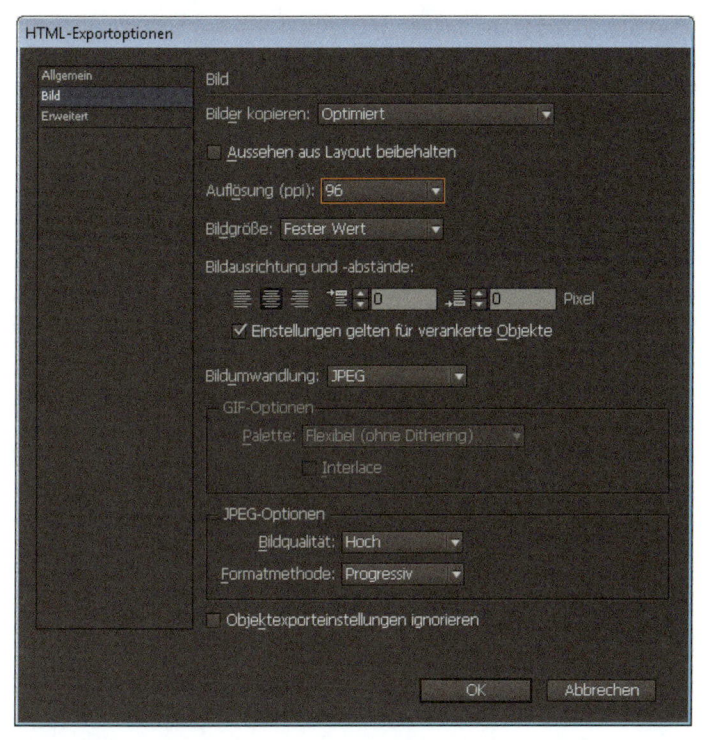

Bild 7.51 Die Optionen im Register „Bilder" sind Ihnen ebenfalls vom EPUB-Export her bekannt.

Bild 7.52 In der Kategorie „Erweitert" bestimmen Sie, auf welche Weise das Exportmodul mit den Formatierungen des Dokuments umgehen soll.

- Nachdem Sie alles eingerichtet haben, klicken Sie auf **Exportieren**, um das Dokument und den zugehörigen Bilderordner zu erzeugen. Betrachten Sie das Dokument anschließend im Browser. Sie erkennen die korrekte Strukturierung; auch die Hyperlinks wurden übernommen.

7.5.2 Dokument im Webeditor nachbearbeiten

Das fertige HTML-Dokument öffnen Sie nun in Ihrem Webeditor, z. B. Dreamweaver. Dieses Programm erleichtert Ihnen die Anpassung der CSS-Stile durch das bereits erläuterte CSS-Stile-Bedienfeld.

Führen Sie im Bedienfeld einen Doppelklick auf einen der Stile aus und verwenden Sie die acht Kategorien im linken Bereich des Dialogfelds, um das Aussehen der mit dem gewählten Stil formatierten Elemente festzulegen. Mit diesen Optionen können Sie fast alle möglichen CSS-Formateigenschaften einstellen. Für die Bilder könnten Sie beispielsweise in der Kategorie **Rahmen** eine Konturart, -breite und -farbe bestimmen, in der Kategorie **Box** die Bildausrichtung. Anders als bei EPUB-Veröffentlichungen werden die meisten im Dialogfeld verfügbaren CSS-Optionen von den heutigen standardkonformen Browsern unterstützt.

Mit der Taste **F12** (Windows) bzw. über den Befehl **Datei/Vorschau in Browser** öffnen Sie die Seite aus Dreamweaver heraus in Ihrem Standardbrowser, um Ihre Einstellungen zu kontrollieren.

8 Ausgabe und Nachbearbeitung von PDF und SWF

8.1 E-Book im PDF-Format ausgeben

> **HINWEIS:** In Kapitel 7 haben Sie erfahren, wie Sie ein für den EPUB-Export bestimmtes Dokument mit Metadaten versehen. Auch PDF-Dokumente sollten Sie vor dem Export und der Veröffentlichung mit Metadaten versehen, zumindest mit Angaben zu Dokumenttitel, Autor und Copyright, einer Beschreibung und Schlüsselwörtern. Wählen Sie dazu **Datei/Dateiinformationen** und tragen Sie möglichst umfassende Angaben in die Felder des Registers **Allgemein** ein.

Seit InDesign CS5 gibt es zwei verschiedene Möglichkeiten, ein PDF-Dokument zu erzeugen. Nachdem Sie den Befehl **Datei/Exportieren** gewählt haben, erhalten Sie im Menü **Dateityp** des Dialogfelds **Exportieren** zwei Optionen zur Auswahl: **Adobe PDF (Druck)** und **Adobe PDF (Interaktiv)**. Der letzte Befehl fasst alle für den Export von Bildschirm-PDFs notwendigen Optionen in einem einzigen, übersichtlichen Dialogfeld zusammen. Zwar könnten Sie auch die Option **Adobe PDF (Druck)** wählen, aber dann müssten Sie sich durch mehrere Kategorien klicken, um die notwendigen Einstellungen zusammenzusuchen.

Wenn Sie mit einer Buchdatei arbeiten, vergewissern Sie sich, dass im Buchbedienfeld entweder alle Dokumente ausgewählt sind oder dass überhaupt nichts gewählt ist (dazu klicken Sie auf eine leere Stelle unterhalb der Liste der im Buch enthaltenen Dateien). Anschließend wählen Sie aus dem Bedienfeldmenü den Befehl **Buch in PDF exportieren**.

8.1.1 Einstellungen für interaktive PDF-Dateien

- Vergewissern Sie sich, dass das Optionsfeld **Seiten** gewählt und im Bereich **Seiten** das Optionsfeld **Alle** aktiviert ist (nur zutreffend, wenn Sie nicht aus einer Buchdatei exportieren).

> **HINWEIS:** Möchten Sie nur bestimmte Seiten exportieren, aktivieren Sie das Optionsfeld **Bereich** und geben Sie hier den gewünschten Seitenbereich ein, z. B. „5–10". Nicht aufeinanderfolgende Seiten trennen Sie durch Kommata, z. B. „5,10,12". Sie können auch beide Techniken kombinieren: „5–10,12".

- Aktivieren Sie auch das Kontrollfeld **PDF nach Export anzeigen**, damit Ihr Dokument nach dem Exportieren automatisch in Adobe Acrobat geöffnet wird (siehe Bild 8.1).

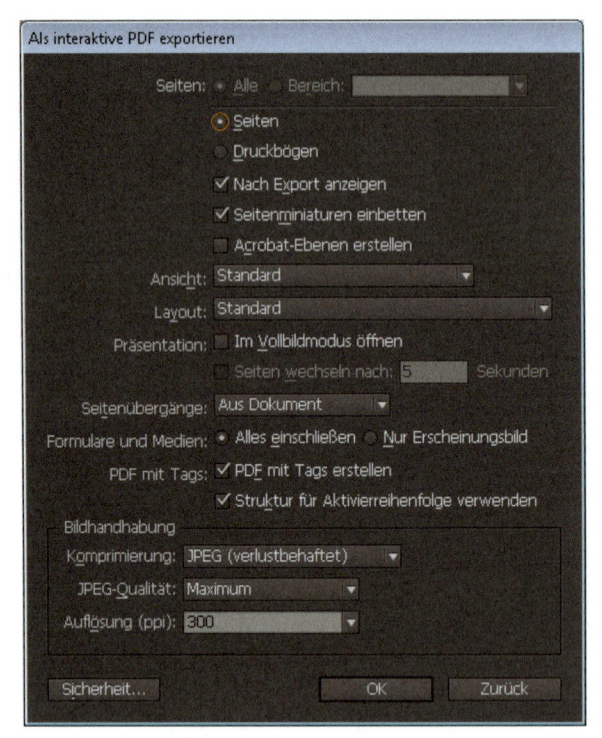

Bild 8.1 Aktivieren Sie die Option „Alles einschließen", damit Ihre interaktiven Features korrekt in die PDF-Datei übernommen werden.

- Das Kontrollfeld **Seitenminiaturen einbetten** bettet die Vorschaubilder in das PDF-Dokument ein. Dies stellt zwar eine gute Hilfe für den Benutzer dar, vergrößert aber die Datei. Auch bei deaktiviertem Kontrollfeld **Seitenminiaturen einbetten** kann der Nutzer im PDF-Dokument über die Seitenminiaturen navigieren (siehe Bild 8.2). Diese werden allerdings bei jedem Öffnen des Dokuments neu aufgebaut, was zu einer Verzögerung führen kann.

- Bei markiertem Kontrollfeld **Acrobat-Ebenen erstellen** entstehen in der PDF-Datei Ebenen, die die in InDesign angelegte Ebenenstruktur widerspiegeln. Verwenden Sie diese Möglichkeit etwa für mehrsprachige Dokumente. Der Benutzer kann dann in Acrobat auswählen, welche Sprachversion er anzeigen möchte. Eine detaillierte Anleitung erhalten Sie in Abschnitt 8.2.3, „Erweiterte Interaktivität in Adobe Acrobat hinzufügen: Mehrsprachige Dokumente".

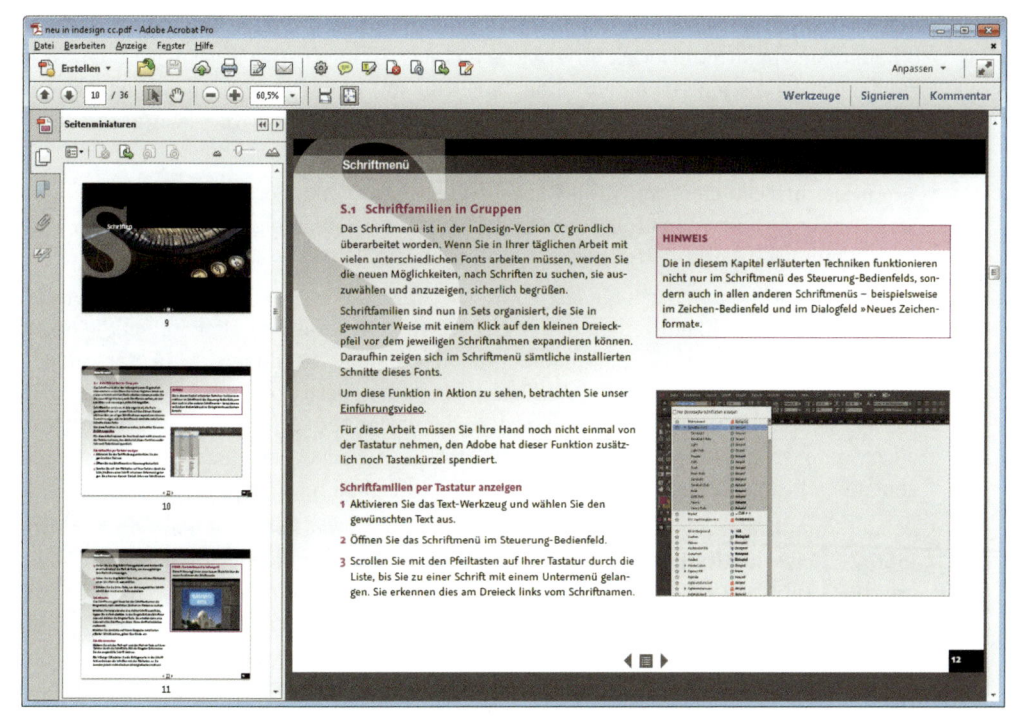

Bild 8.2 Die Seitenminiaturen im Adobe Reader bzw. in Acrobat Pro (Abbildung) und zahlreichen weiteren PDF-Viewern stellen eine wichtige visuelle Navigationshilfe dar.

- Über die Menüs **Ansicht** und **Layout** legen Sie fest, in welcher Vergrößerung und mit welchem Seiten-Layout Ihr Dokument beim Öffnen in Adobe Acrobat oder im Adobe Reader erscheinen soll. Das ist besonders wichtig, wenn Ihr Dokument für Anwender bestimmt ist, die mit Acrobat nicht besonders gut vertraut sind. Richten Sie diesen Lesern das Dokument von Anfang an so ein, dass sie bestmöglich darin navigieren können. Eine gute Wahl im Menü **Ansicht** ist in vielen Fällen **Seite einpassen**. Dann wird das Dokument beim Öffnen größtmöglich gezoomt, sodass es sowohl von der Breite als auch von der Höhe her in das Anwendungsfenster passt.

- Den **Vollbildmodus** sollten Sie eigentlich nur für Kiosk-Präsentationen verwenden. Für normale PDF-Dokumente ist er eher ungeeignet. Einsteiger wissen nicht, wie sie ihn verlassen sollen (mit **Esc** oder **Strg/Befehl + L**). Insgesamt könnten Sie die Anwender verärgern, weil sie von Ihrer Publikation das übliche Verhalten eines PDF-Dokuments erwarten.

- Nur wenn Sie im Bereich **Formulare und Medien** die Option **Alles einschließen** aktivieren, exportiert InDesign die Schaltflächen und Medienclips mit ihrer Funktionalität in die PDF-Datei. Ist stattdessen die Option **Nur Erscheinungsbild** aktiviert, werden diese Elemente als statische Grafiken umgesetzt.

> **HINWEIS:** Weitere Einstellungen beim Öffnen der Datei legen Sie direkt in Adobe Acrobat Pro fest. Mehr darüber erfahren Sie in Abschnitt 8.2.1, „Einstellungen beim Öffnen festlegen".

- Achten Sie darauf, dass das Kontrollfeld **PDF mit Tags erstellen** aktiviert ist. Dann erhalten Sie ein strukturiertes PDF-Dokument, das für alternative Ausgabegeräte besser zugänglich ist als ein Dokument ohne Tags. Nur mit dieser Option ist es möglich, das Dokument in der Umfließenansicht zu betrachten (mehr zu diesem Thema erfahren Sie in Abschnitt 3.2.3.1, „Tags erstellen").
- Wenn Sie Ihr Dokument mit XML-Tags versehen haben, aktivieren Sie das Kontrollfeld **Struktur für Aktivierreihenfolge verwenden**, damit die Reihenfolge der exportierten Tags dem Inhalt des InDesign-Strukturfensters entspricht.
- Unter **Bildhandhabung** legen Sie fest, in welcher Qualität Sie Ihre Pixelbilder exportieren möchten (Vektorgrafiken werden in der PDF-Datei nicht gerastert). Hier sollten Sie einen Kompromiss zwischen der Bildqualität und der Dateigröße finden. Je besser Sie die Bildqualität und je höher Sie die Auflösung einstellen, desto größer wird die Datei. Ein E-Book sollte aber nicht allzu groß werden, damit der Nutzer es bequem öffnen kann, auch wenn er über ein weniger leistungsstarkes Ausgabegerät verfügt (und je nach geplantem Einsatzbereich muss er es zuvor noch aus dem Internet herunterladen).
- Bei der **Komprimierung** haben Sie theoretisch die Wahl zwischen **JPEG (verlustbehaftet)**, **JPEG 2000 (verlustfrei)** und **Automatisch**. In der Praxis kommt jedoch nur **JPEG** infrage, weil **JPEG 2000** von vielen Geräten nicht unterstützt wird. Damit scheidet auch die Option **Automatisch** aus, weil InDesign damit eigenmächtig zwischen JPEG und JPEG 2000 entscheiden würde. Je nachdem, wie wichtig eine möglichst geringe Dateigröße ist, sollten Sie sich zwischen **Hoch** (etwas kleinere Dateien) und **Maximum** (größere Dateien) entscheiden.
- Über das Menü **Auflösung** wählen Sie eine vordefinierte Auflösung für den Bildexport. In den meisten Fällen empfiehlt sich die Option 300 ppi, wenn die Dateigröße entscheidend ist, genügen möglicherweise auch 144 ppi.

8.1.1.1 Geschützte PDF-Dokumente

Mit einem Klick auf die Schaltfläche **Sicherheit** bietet InDesign Ihnen die Möglichkeit, das PDF-Dokument vor Änderungen, dem Ausdruck oder unbefugtem Kopieren von Textpassagen zu schützen.

> **HINWEIS:** Ob das Schützen Ihres E-Books sinnvoll ist, müssen Sie von Fall zu Fall entscheiden. Längere Datentabellen etwa betrachten die meisten Benutzer nicht gerne am Bildschirm. Sie sollten sie daher ausdrucken können. Außerdem ist es für einigermaßen versierte Anwender ziemlich leicht, ein geschütztes PDF-Dokument zu „knacken".

Möchten Sie, dass das Dokument prinzipiell nur von Anwendern, die über ein bestimmtes Kennwort verfügen, geöffnet werden kann, aktivieren Sie das Kontrollfeld **Zum Öffnen des Dokuments muss ein Kennwort eingegeben werden**. Geben Sie in das Feld **Kennwort zum Öffnen des Dokuments** das entsprechende Kennwort ein.

Soll jeder Anwender das Dokument zwar betrachten, aber nicht ausdrucken oder Passagen herauskopieren können, aktivieren Sie das Kontrollfeld **Für Drucken, Bearbeiten und**

andere Aufgaben Kennwort verwenden. Geben Sie auch hier ein Kennwort ein. Darunter bestimmen Sie, welche Aktionen der Anwender mit dem Dokument ausführen darf (siehe Bild 8.3).

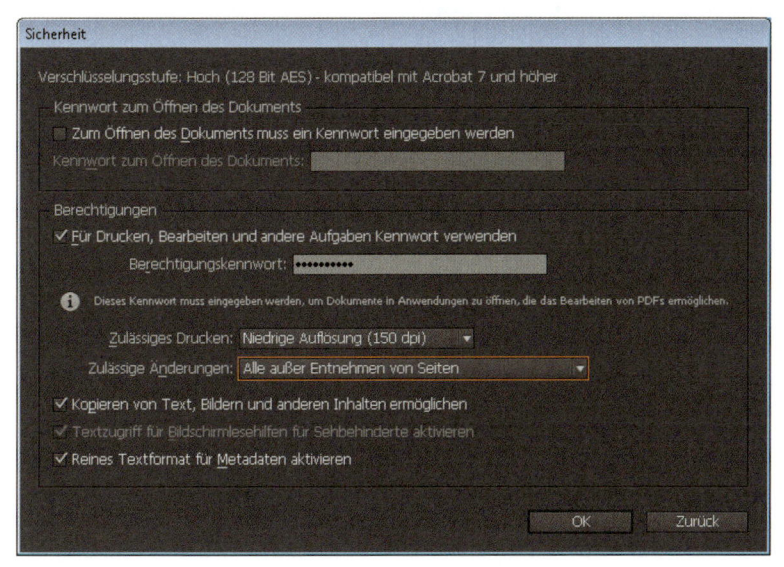

Bild 8.3 Im Dialogfeld „Sicherheit" entscheiden Sie, welche Aktionen der Benutzer mit Ihrer PDF-Datei durchführen darf.

8.1.2 Vorgabe speichern

Falls Sie noch weitere E-Books erstellen möchten, klicken Sie jetzt auf die Schaltfläche **Vorgabe speichern**. Im folgenden Dialogfeld geben Sie einen passenden, aussagekräftigen Namen ein und klicken auf **OK** (siehe Bild 8.4).

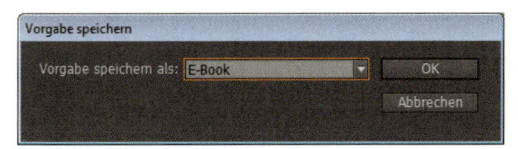

Bild 8.4 Erzeugen Sie gegebenenfalls eine entsprechende Vorgabe für künftige E-Books.

Klicken Sie nun auf **Exportieren** und öffnen Sie das fertige E-Book nach der Fertigstellung in Adobe Acrobat. Testen Sie die Hyperlinks, Lesezeichen und andere interaktive sowie multimedialen Elemente.

■ 8.2 PDF-Dateien nachbearbeiten

8.2.1 Einstellungen beim Öffnen festlegen

Sie können verschiedene Einstellungen vornehmen, die sich auf das Aussehen des E-Books beim Öffnen beziehen. Einige dieser Eigenschaften konnten Sie bereits beim Export vornehmen, für andere benötigen Sie Adobe Acrobat Pro. So können Sie etwa festlegen, dass das Lesezeichen-Fenster automatisch eingeblendet wird:

Wählen Sie **Datei/Eigenschaften**. Aktivieren Sie das Register **Ansicht beim Öffnen**.

Im Menü **Navigationsregisterkarte** wählen Sie den Eintrag **Lesezeichen-Fenster und Seite** (siehe Bild 8.5).

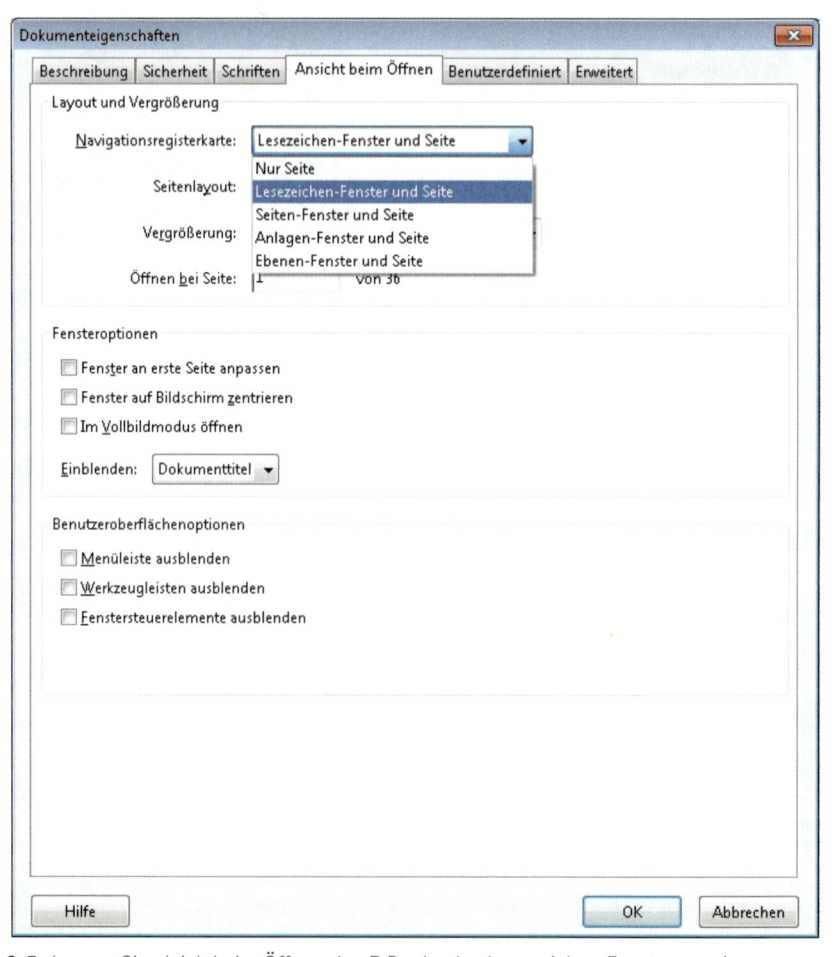

Bild 8.5 Lassen Sie gleich beim Öffnen des E-Books das Lesezeichen-Fenster anzeigen.

In diesem Dialogfeld finden Sie auch verschiedene Möglichkeiten, um die Benutzeroberfläche von Acrobat oder des Adobe Readers zu verändern – Sie können beispielsweise die Menü- und Werkzeugleisten und sonstige Steuerelemente ausblenden oder das PDF-Dokument gleich im Vollbildmodus öffnen. Aus den bereits genannten Gründen sollten Sie genau abwägen, ob Sie diese Funktionen nutzen möchten. Außerdem kommen sie nur infrage, wenn Sie Ihr PDF-Dokument mit guten alternativen Navigationsmöglichkeiten versehen haben.

Empfehlenswert ist hingegen die Möglichkeit, aus dem Menü **Einblenden** die Option **Dokumenttitel** zu wählen. Dann entnimmt Acrobat die Beschriftung der Dokumenttitelleiste dem Feld **Titel** der Dokument-Metadaten (siehe Bild 8.6).

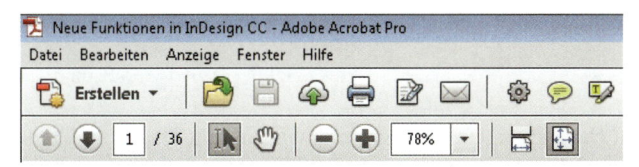

Bild 8.6 Zeigen Sie in der Titelleiste des Dokumentfensters lieber einen aussagekräftigen Dokumenttitel statt des standardmäßigen Dateinamens an.

> **HINWEIS:** Falls Sie es versäumt haben, die Metadaten in InDesign einzutragen, können Sie dies nachholen. Öffnen Sie dazu im Acrobat-Dialogfeld **Dokumenteigenschaften** das Register **Beschreibung**.

Um das fertige E-Book zu testen, schließen Sie es und öffnen es danach erneut in Acrobat.

8.2.2 Lesezeichen bearbeiten und verschönern

Die aus den InDesign-Überschriften erstellten Lesezeichen reichen normalerweise zur Orientierung in einem PDF-Dokument aus (vorausgesetzt, das Dokument ist gut gegliedert).

Zusätzlich können Sie in Acrobat weitere Lesezeichen in Ihre Dokumente einfügen. Solche zusätzlichen Lesezeichen können beispielsweise auf bestimmte Abbildungen oder Tabellen verweisen. Sie können dabei auch gleich einen Zoomfaktor festlegen. So ist es beispielsweise möglich, ein Lesezeichen für ein Schaubild zu erstellen und dieses gleich in vergrößerter Ansicht, etwa 150 %, zu zeigen.

Zudem können Sie Lesezeichen auch mit bestimmten interaktiven Aktionen ausstatten – beim Anklicken kann sich eine Webseite öffnen, ein Sound abgespielt werden und vieles mehr.

8.2.2.1 Lesezeichen in Adobe Acrobat hinzufügen

1. Klicken Sie zuerst in Ihrem PDF-Dokument auf das Lesezeichen, unter dem das neue Lesezeichen eingefügt werden soll.
2. Navigieren Sie dann zu dem Element in Ihrem PDF-Dokument, das Sie mit einem Lesezeichen versehen möchten.

3. Wählen Sie das Element mit dem Werkzeug **Text und Bilder bearbeiten** aus. Sie erhalten es, wenn Sie am rechten oberen Rand von Adobe Acrobat Pro auf das Symbol **Werkzeuge** und dann auf **Inhaltsbearbeitung** klicken (siehe Bild 8.7).

Bild 8.7
Werkzeug für die Text- und Bildauswahl

4. Öffnen Sie im Navigationsfenster das Menü **Optionen** und wählen Sie den Befehl **Neues Lesezeichen**.
5. Das Lesezeichen wird eingefügt und erhält zunächst den Namen **Unbenannt**. Geben Sie einen passenden Namen ein und bestätigen Sie mit der **Eingabe**-Taste.
6. Ziehen Sie das Lesezeichen gegebenenfalls an die gewünschte Stelle innerhalb der Baumstruktur.

8.2.2.2 Lesezeichen formatieren

InDesign bietet Ihnen keine Möglichkeit, Lesezeichen zu formatieren. Sie können dies aber in Adobe Acrobat nachholen, indem Sie die Lesezeichen mit der rechten Maustaste anklicken und jeweils den Befehl **Eigenschaften** aus dem Kontextmenü wählen. Im folgenden Dialogfeld stellen Sie Textfarbe und Schriftschnitt ein (siehe Bild 8.8). Es bietet sich beispielsweise an, die Hauptüberschriften auf diese Weise hervorzuheben, um vor allem in verschachtelten Lesezeichen mehr Übersicht zu schaffen.

Bild 8.8 Über das Dialogfeld „Lesezeicheneigenschaften" können Sie die Lesezeichen in Ihrem Dokument formatieren.

Aktionen für Lesezeichen

Das Dialogfeld **Lesezeicheneigenschaften** enthält außerdem das Register **Aktionen**. Hier versehen Sie Ihr PDF-Dokument bei Bedarf mit erweiterter Interaktivität.

> **PRAXISTIPP:** Zum Abschluss dieses Themas noch ein paar Vorschläge zur sinnvollen Gestaltung von Lesezeichen:
>
> - Alle wichtigen Bereiche Ihres PDF-Dokuments sollten Sie mit Lesezeichen versehen, zumindest alle Kapitelüberschriften, das Inhaltsverzeichnis, den Index, wichtige Abbildungen und Tabellen.
> - Wenn Sie Lesezeichen mit Aktionen versehen, die z. B. eine Webseite, eine E-Mail-Adresse oder externe Datendateien öffnen, sollten Sie darauf achten, dass diese Lesezeichen sich von der Formatierung her sehr deutlich von den „normalen" Lesezeichen für die Navigation im Dokument unterscheiden.
> - Der Lesezeichentext sollte leicht verständlich und nicht zu lang sein.
>
> Text in Großbuchstaben ist weniger gut lesbar als korrekt in Groß- und Kleinbuchstaben geschriebener Text. Im gedrängten Navigationsfenster sollten Sie normalerweise die korrekte Schreibweise verwenden.

8.2.3 Erweiterte Interaktivität in Adobe Acrobat hinzufügen: Mehrsprachige Dokumente

Auch in Acrobat können Sie in InDesign vorbereitete Hyperlinks und Schaltflächen noch mit interaktiven Funktionen versehen. Nachfolgend sehen Sie nur eines von vielen möglichen Beispielen.

Ein Einsatzgebiet für erweiterte Interaktivität könnte die Entwicklung mehrsprachiger PDF-Dokumente sein. Der Leser kann per Button-Klick entscheiden, welche Sprache die Texte haben sollen. Dabei machen Sie sich zunutze, dass Sie die in InDesign erzeugten Ebenen auch in das PDF-Dokument übernehmen und in Adobe Acrobat bzw. dem Adobe Reader anzeigen können.

1. Erzeugen und gestalten Sie Ihr Dokument in InDesign. Fügen Sie zunächst alle Elemente ein, die in jeder Sprachversion enthalten sein sollen – beispielsweise Abbildungen, Navigations- und ähnliche Elemente (siehe Bild 8.9).
2. Wählen Sie **Fenster/Ebenen**. Klicken Sie am unteren Rand des Ebenenbedienfelds mit gedrückter **Alt**-Taste auf das Symbol **Neue Ebene erstellen**. Auf dieser Ebene werden Sie den Text in einer der gewünschten Sprachen einfügen. Geben Sie deshalb einen passenden Namen für die neue Ebene ein und klicken Sie auf **OK** (siehe Bild 8.10).

Bild 8.9 Fügen Sie in InDesign zunächst alle Elemente ein, die in jeder Sprachversion sichtbar sein sollen.

Bild 8.10
Legen Sie eine neue Ebene für die erste Sprachversion an.

3. Sperren Sie die untere Ebene mit den feststehenden Elementen, indem Sie in die leere Spalte neben dem Augensymbol klicken, sodass keine versehentlichen Änderungen mehr möglich sind.
4. Achten Sie darauf, dass die obere Ebene ausgewählt ist, und fügen Sie den Text in der gewünschten Sprache ein (siehe Bild 8.11).
5. Blenden Sie die obere Ebene mit einem Klick auf ihr Augensymbol aus.
6. Erzeugen Sie eine weitere Ebene für die nächste Sprache und fügen Sie den gewünschten Text ein (siehe Bild 8.12).

Bild 8.11 Auf welcher Ebene sich bestimmte InDesign-Objekte befinden, erkennen Sie unter anderem an den Rahmenfarben. Diese entsprechen der jeweiligen Ebenenfarbe.

Bild 8.12 Für jede Sprachversion legen Sie eine eigene Ebene an.

7. Wiederholen Sie den Vorgang bei Bedarf für weitere Sprachen.
8. Achten Sie darauf, dass alle Ebenen gesperrt sind, um sie vor versehentlichen Änderungen zu schützen.
9. Erzeugen Sie eine letzte Ebene an oberster Stelle des Ebenenstapels und aktivieren Sie im Seitenbedienfeld die Musterseite des Dokuments. Erstellen Sie in dieser Buttons für jede verfügbare Sprache. Konvertieren Sie sie über das Schaltflächen- und Formularebedienfeld in Buttons, ohne jedoch eine Aktion hinzuzufügen.
10. Exportieren Sie das Dokument als interaktive PDF-Datei. Aktivieren Sie dabei im Dialogfeld **Als interaktive PDF exportieren** das Kontrollfeld **Acrobat-Ebenen erstellen**.

8.2.3.1 Schaltflächen in Adobe Acrobat bearbeiten

1. In Adobe Acrobat klicken Sie im Navigationsbereich am linken Programmfensterrand auf das Symbol **Ebenen anzeigen**. Achten Sie darauf, dass die Ebenen mit den statischen Objekten (Bildern, Navigationselementen usw.) und den Buttons zur Sprachauswahl angezeigt werden. Außerdem sollte nur eine der Sprachebenen eingeblendet sein (siehe Bild 8.13).

Bild 8.13 Richten Sie sich die Ebenenanzeige so ein, dass alle für eine Sprachversion erforderlichen Elemente sichtbar sind.

2. Nachdem Sie die Ansicht wie gewünscht eingerichtet haben, können Sie genau diese Ansicht auf Button-Klick einblenden. Klicken Sie im rechten oberen Fensterbereich auf **Werkzeuge** und dann auf **Interaktive Objekte**. Aktivieren Sie das Werkzeug **Objekt auswählen**.

3. Klicken Sie mit diesem Werkzeug und der rechten Maustaste auf die Schaltfläche für die Sprache, die Sie soeben eingeblendet haben. Im Dialogfeld **Schaltfläche/Eigenschaften** aktivieren Sie das Register **Aktionen**.

4. Aus dem Menü **Aktion auswählen** wählen Sie **Ebenensichtbarkeit einstellen**. Klicken Sie auf **Hinzufügen** und bestätigen Sie mit einem Klick auf **OK**. Die fertige Aktion wird im Feld **Aktionen** angezeigt (siehe Bild 8.14).

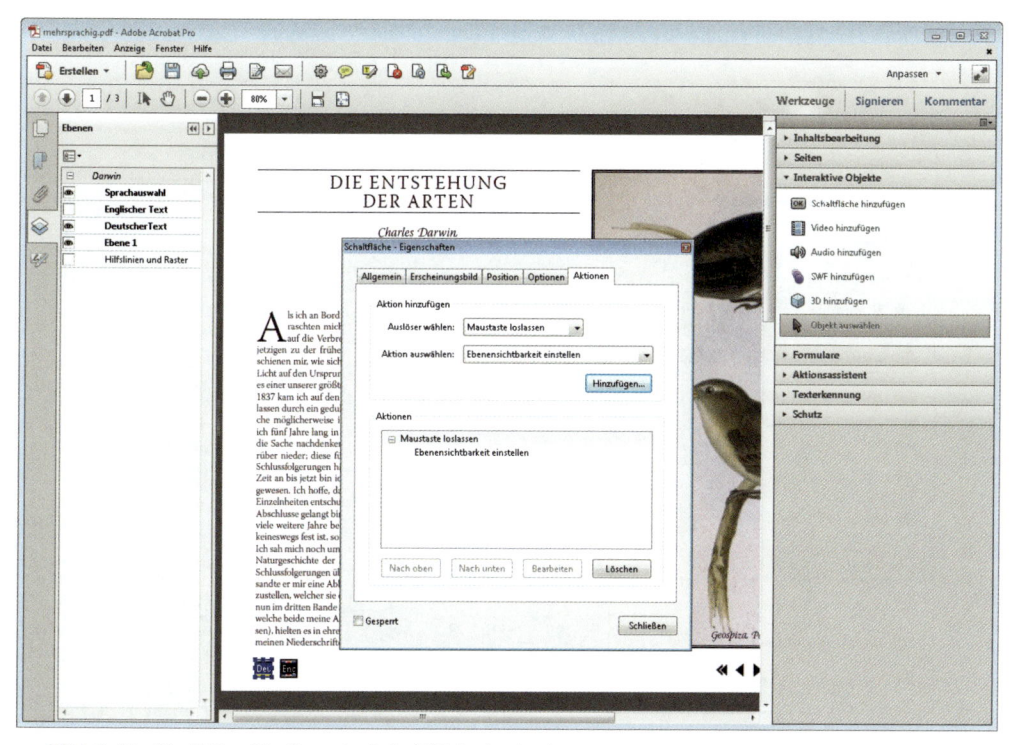

Bild 8.14 Die Aktion für die erste Schaltfläche ist fertig.

5. Schieben Sie das Dialogfeld zur Seite (Sie können es geöffnet lassen) und blenden Sie die soeben eingeblendete Sprachebene wieder aus. Zeigen Sie stattdessen die nächste Sprachebene an.

6. Wiederholen Sie die Schritte 3 bis 5 für alle Sprachversionen.

Zum Testen Ihres Dokuments müssen Sie das Werkzeug **Objekt auswählen** wieder deaktivieren, beispielsweise mit einem Klick auf das **Auswahlwerkzeug für Text und Bilder** in der Symbolleiste im oberen Programmfensterbereich.

Mit dieser Technik können Sie beliebige Ebenenkonstellationen ein- und ausblenden. Es sind noch viele weitere Einsatzgebiete dieser Funktion denkbar. Zum Beispiel könnten Sie eine interaktive Bildergalerie gestalten oder eine Print-Version Ihres Dokuments anbieten, in dem alle farbigen Diagramme durch tintensparende Strichzeichnungen ersetzt sind usw.

8.2.4 Fertiges PDF-Dokument auf Barrierefreiheit prüfen

Adobe Acrobat bietet Funktionen zur Analyse und Verbesserung der Barrierefreiheit von PDF-Dokumenten. Auch wenn Sie bereits beim Erstellen des Dokuments in InDesign die entsprechenden Maßnahmen ergriffen haben (siehe Abschnitt 3.2.3, „Barrierefreie PDF-Dokumente"), sollten Sie sich nach dem Export vergewissern, ob Ihr PDF-Dokument nun wirklich barrierefrei ist. Sie können die Probleme in Acrobat nicht nur ausfindig machen, sondern teilweise auch beheben.

Klicken Sie im rechten oberen Bereich von Acrobat Pro X auf **Werkzeuge**, dann auf **Aktionsassistent** und auf **Barrierefrei machen** (sollte der Aktionsassistent nicht angezeigt werden, öffnen Sie das Bedienfeldmenü des **Werkzeuge**-Bereichs und setzen Sie einen Haken vor **Aktionsassistent**) (siehe Bild 8.15).

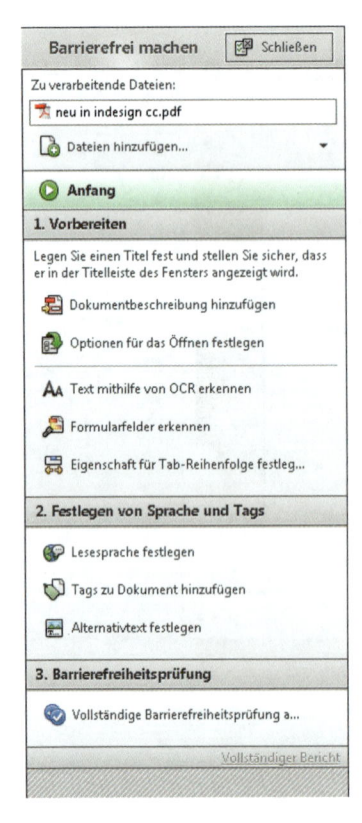

Bild 8.15
Der Aktionsassistent bietet eine umfangreiche Barrierefreiheitsprüfung und -verbesserung.

Die Sicherung der Barrierefreiheit ist ein dreistufiger Prozess:

- **Vorbereiten**
- **Festlegen von Sprache und Tags**
- **Barrierefreiheitsprüfung**

Beim **Vorbereiten** stellen Sie sicher, dass das Dokument über eine Dokumentbeschreibung verfügt. Sie können beispielsweise **Optionen für das Öffnen** und **Text** in Bildern **mithilfe von OCR erkennen**.

Arbeiten Sie die Punkte nacheinander ab, wobei Sie nicht zutreffende Punkte wie etwa die OCR- oder Formularfelderkennung auch weglassen können.

In der Kategorie **Festlegen von Sprache und Tags** können Sie unter anderem eine automatische Tag-Erstellung durchführen lassen. Wie in Abschnitt 3.2.3.2, „Auf intelligent gesetzte Tags kommt es an", erwähnt, macht es normalerweise mehr Sinn, die Tags manuell hinzuzufügen.

Sehr praktisch ist die Schaltfläche **Alternativtext festlegen**. Mit dieser ermittelt Acrobat alle Bilder mit fehlendem Alternativtext. Für jedes Bild ohne Alternativtext erhalten Sie ein Dialogfeld, in dem Sie etwas Passendes eingeben können. Sollte es sich um ein rein dekoratives, nicht sinntragendes Bild handeln, aktivieren Sie das Kontrollfeld **Verzierung**. Mit einem Klick auf die entsprechende Pfeilschaltfläche gelangen Sie zum jeweils nächsten oder vorhergehenden Bild ohne Alternativtext (siehe Bild 8.16).

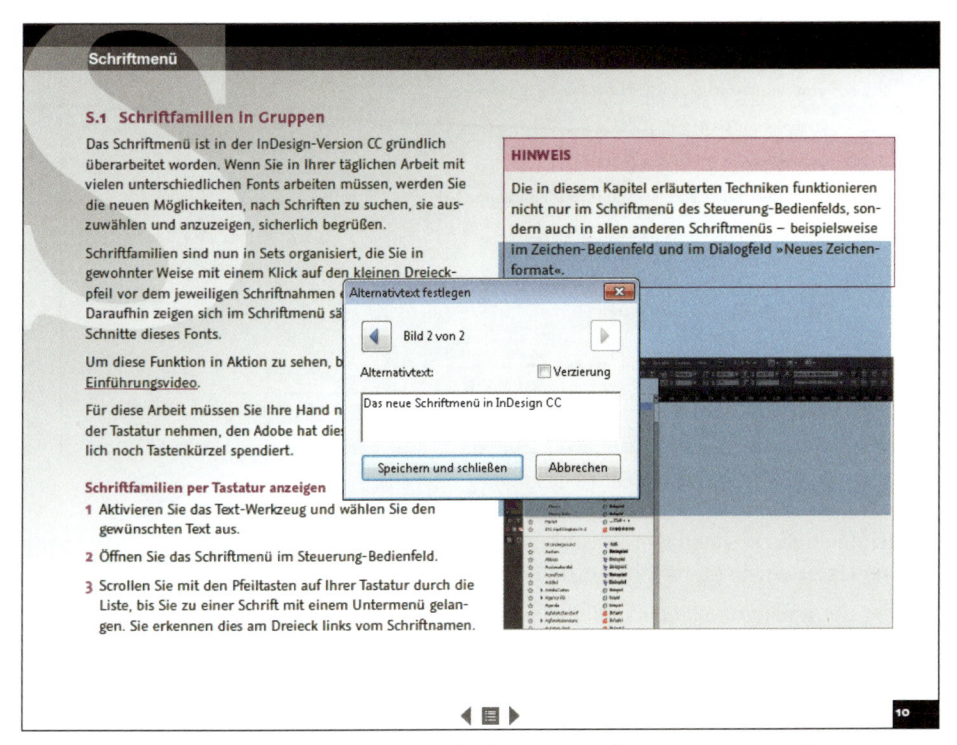

Bild 8.16 Bilder lassen sich in Adobe Acrobat Pro bequem mit Alternativtexten versehen.

Nach diesen Arbeiten führen Sie eine **Vollständige Barrierefreiheitsprüfung** durch. Das Dialogfeld **Optionen für Barrierefreiheitsprüfung** wird geöffnet (siehe Bild 8.17).

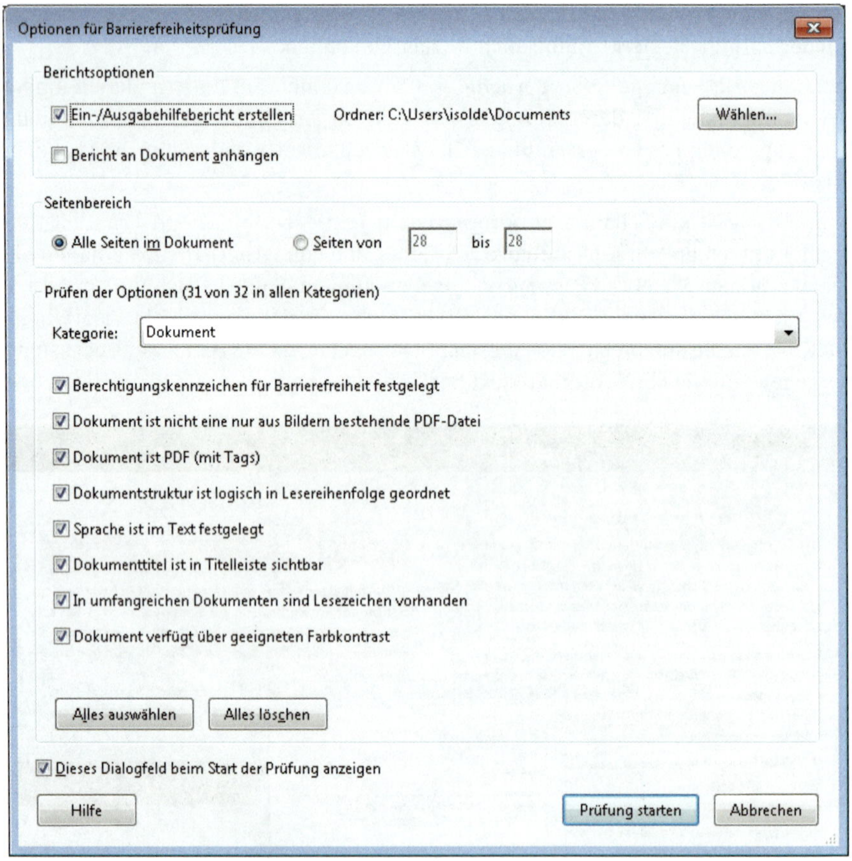

Bild 8.17 Optionen für die Barrierefreiheitsprüfung

Wählen Sie hier zwischen vier Prüfkategorien: **Dokument, Seiteninhalt, Formulare, Tabellen und Listen** sowie **Alternativtext und Überschriften**.

In jeder der Kategorien sind sämtliche Kontrollfelder aktiviert, bis auf den Punkt **Tabellen müssen Zusammenfassungen haben** in der Kategorie **Formulare, Tabellen und Listen**. Diese Vorgabe steht auch nicht in der PDF/UA.

> **HINWEIS:** Der Standard für barrierefreie PDF-Dokumente lautet PDF/UA (UA = Universal Accessibility). Er wurde im August 2012 als ISO-Norm ISO 14289-1:2012-07 veröffentlicht. Der Standard stellt sicher, dass PDF-Dokumente den Anforderungen der Web Content Accessibility Guidelines 2.0 entsprechen.

Die Standardeinstellung in diesem Dialogfeld ist gut geeignet; im Allgemeinen brauchen Sie keine Änderungen vorzunehmen. Nachdem die Barrierefreiheitsprüfung abgeschlossen ist, erhalten Sie einen genauen Bericht über mögliche Probleme und können Ihr Dokument nachbessern – entweder mit den Bearbeitungswerkzeugen in Adobe Acrobat oder in InDesign mit einem anschließenden erneuten Export (siehe Bild 8.18).

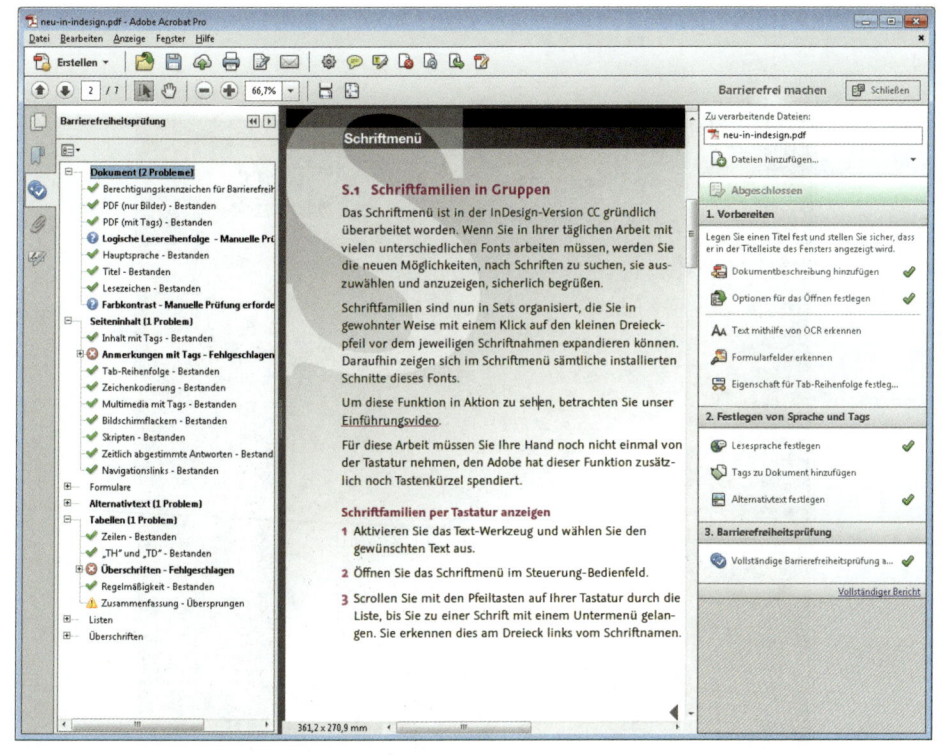

Bild 8.18 Am Ende der Barrierefreiheitsprüfung erhalten Sie im linken Dokumentbereich einen Bericht mit Empfehlungen, wo noch Nachbesserungsbedarf besteht.

■ 8.3 Dokumente für Adobe Flash exportieren

Aus InDesign erzeugte SWF-Dateien können alle Arten von Multimedia- und interaktiven Elementen wie Schaltflächen, Seitenübergänge, Filme, Audio, Animationen und Hyperlinks enthalten. Die andere Möglichkeit ist, dass Sie die geplante Funktionalität der SWF-Datei nicht komplett in InDesign erzeugen können. In diesem Fall können Sie in das FLA-Format exportieren, um das Dokument anschließend in Adobe Flash zu öffnen und weiterzubearbeiten. Das FLA-Dateiformat ist ebenfalls im Dialogfeld **Exportieren** verfügbar.

Um Ihr Dokument als SWF-Datei zu exportieren, wählen Sie **Datei/Exportieren** mit dem Dateityp **Flash Player (SWF)** (siehe Bild 8.19 auf der nächsten Seite).

8.3.1 Allgemeine Einstellungen für den Flash-Export

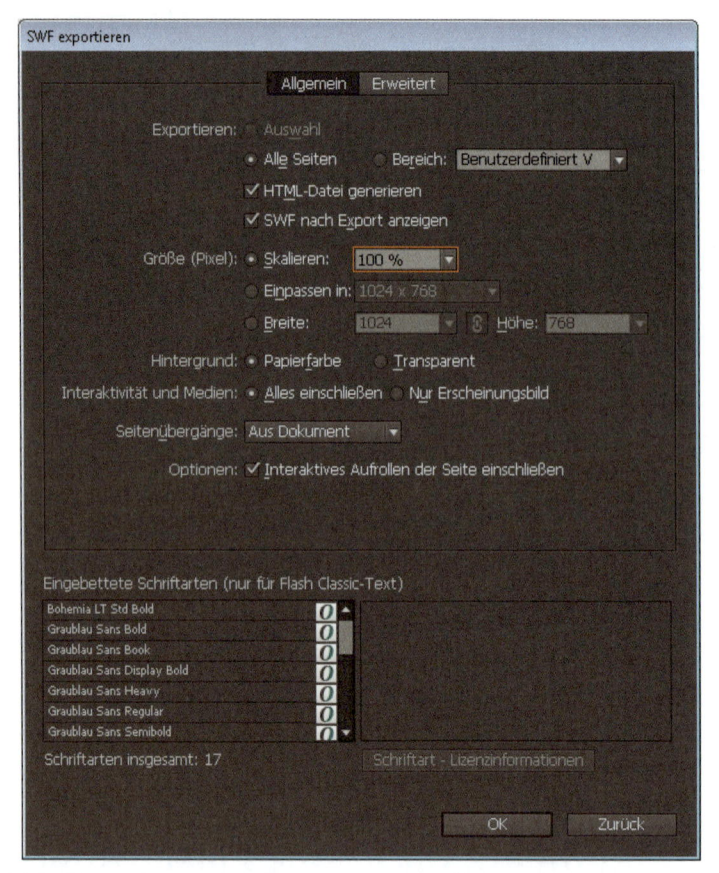

Bild 8.19 Dialogfeld „SWF exportieren" mit der Kategorie „Allgemein"

- Im Bereich **Exportieren** legen Sie fest, welche Bereiche Ihres InDesign-Dokuments Sie exportieren möchten (siehe Bild 8.19). Beachten Sie, dass immer Druckbögen statt Einzelseiten exportiert werden. Dies macht aber nur dann einen Unterschied, wenn Sie mit Doppelseiten arbeiten. Bei Bedarf entscheiden Sie sich, gleich die zur Anzeige der SWF-Datei im Browser benötigte **HTML-Datei** zu generieren. Bei aktiviertem Kontrollfeld **SWF nach Export anzeigen** wird das Dokument nach dem Export automatisch im Flash-Player-Plug-in geöffnet.

- In der Gruppe **Größe (Pixel)** stellen Sie die Dokumentgröße ein. Diese Angabe bezieht sich stets darauf, wie der SWF-Film in die HTML-Datei eingebunden wird. Darunter legen Sie fest, ob Sie einen transparenten Hintergrund wünschen.

- Für **Interaktivität und Medien** gilt dasselbe wie beim PDF-Export. Nur wenn Sie die Option **Alles einschließen** aktivieren, werden Ihre Schaltflächen, Hyperlinks und Medienclips als solche exportiert. Bei aktivierter Option **Nur Erscheinungsbild** werden sie zu statischen Grafiken bzw. Texten.

Umblättereffekt erstellen

Die Funktion **Interaktives Aufrollen der Seite** ermöglicht es dem Benutzer, zum Navigieren im SWF-Film die Seitenecke zu ziehen, was einen realistischen Umblättereffekt ergibt. Damit können Sie eine Art digitales Faksimile erstellen. Ähnliche Techniken sind etwa in den Online-Präsenzen von Museen und Bibliotheken recht beliebt zur Darstellung alter Bücher, deren Seiten eingescannt und dann mit einem solchen Umblättereffekt versehen werden.

So machen Sie es sich besonders einfach, wenn die für die Präsentation vorgesehenen, gescannten Seiten bereits im PDF-Format vorliegen:

1. Prüfen Sie in Acrobat die Seitengröße, indem Sie **Datei/Eigenschaften** wählen.
2. Legen Sie in InDesign ein neues, einseitiges Dokument mit genau diesen Abmessungen an. Lassen Sie das Kontrollfeld **Doppelseite** aktiviert.
3. Wählen Sie **Fenster/Hilfsprogramme/Skripte**. Erweitern Sie die Einträge **Samples** und **JavaScript** und doppelklicken Sie auf **PlaceMultipagePDF.jsx** (siehe Bild 8.20).

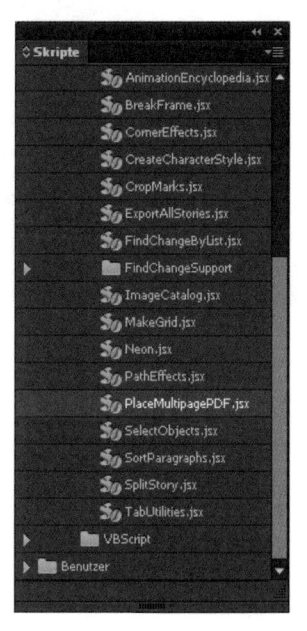

Bild 8.20
Im Skriptebedienfeld finden Sie zahlreiche nützliche, mit InDesign ausgelieferte Skripte zur Rationalisierung der unterschiedlichsten Aufgaben.

4. Im folgenden Dialogfeld wählen Sie das gewünschte Dokument aus und klicken auf **OK**. Aus dem Menü **Place PDF in** wählen Sie das soeben erzeugte Dokument aus. Klicken Sie erneut auf **OK**. Bestätigen Sie auch die beiden folgenden Skriptwarnungen und das Dialogfeld für die Seitenwahl.
5. Das Skript erzeugt nun für jede Seite Ihres PDF-Dokuments eine Seite im InDesign-Dokument und platziert darin die PDF-Datei (siehe Bild 8.21). Je nach Umfang des gescannten Buchs kann dies einen Moment dauern.
6. Sobald der Vorgang abgeschlossen ist und Sie Ihr Dokument gespeichert haben, exportieren Sie es als SWF-Datei. Im Dialogfeld **SWF exportieren** aktivieren Sie die Option **Interaktives Aufrollen der Seite einschließen**.
7. Nehmen Sie die übrigen Einstellungen wie gewünscht vor und starten Sie den Export mit einem Klick auf **OK**.

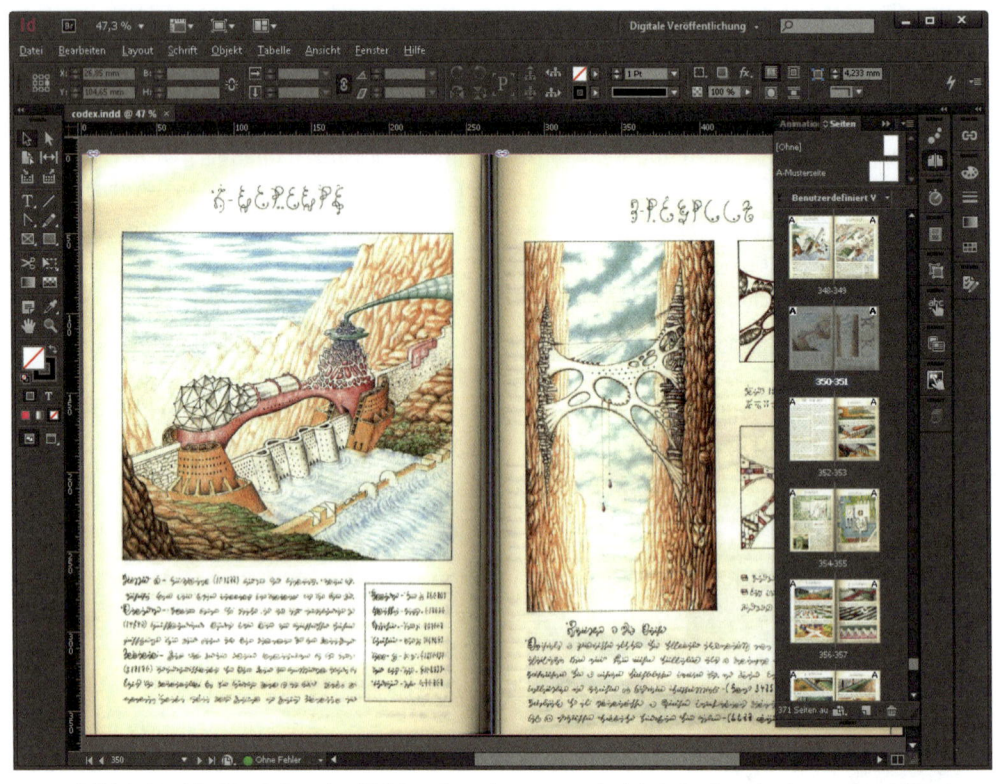

Bild 8.21 Alle 371 Seiten der PDF-Datei wurden automatisch in InDesign platziert – ohne Hilfe eines Skripts wäre dies eine sehr mühsame Arbeit gewesen.

Um vorwärts durch das fertige Dokument zu navigieren, klicken Sie auf die rechte untere oder die rechte obere Seitenecke. Alternativ ziehen Sie die Seitenecke nach links, um die Buchseiten realistisch umzublättern. Zurückblättern können Sie natürlich auch – nutzen Sie dazu die linke untere bzw. linke obere Seitenecke (siehe Bild 8.22).

Bild 8.22 Der Umblättereffekt ist ohne vorheriges Einrichten einer Navigation direkt beim SWF-Export zu verwirklichen.

8.3.2 Erweiterte Einstellungen für den Flash-Export

- Wechseln Sie in das Register **Erweitert** (siehe Bild 8.23) und stellen Sie als Erstes die **Bildrate** ein. Höhere Bildraten ergeben glattere Animationen, jedoch auf Kosten einer erhöhten Dateigröße (die Dauer Ihrer Animationen ändert sich jedoch nicht).
- Im Menü **Text** wählen Sie **Klassischer Flash-Text**, wenn die SWF-Datei nach der Veröffentlichung im Web über die Browser-Suche gefunden werden soll. Wenn dies keine Rolle spielt, können Sie den Text auch **In Pfade** oder **In Pixel konvertieren**. Die zuletzt genannte Option könnte jedoch ein weniger attraktives Ergebnis mit aufgepixelten Texten ergeben.

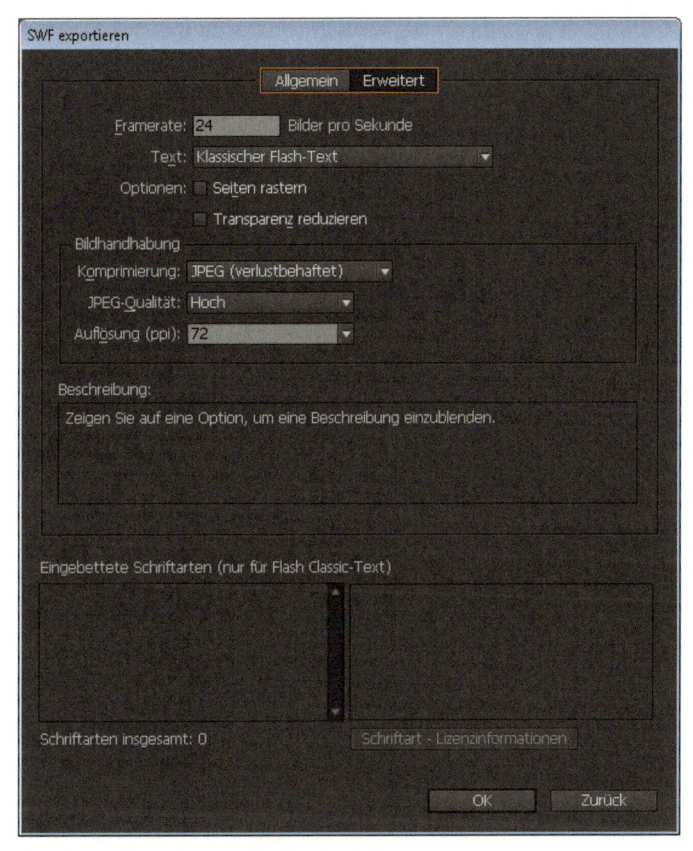

Bild 8.23 Erweiterte Einstellungen für den Flash-Export

- Ähnliches gilt für das Kontrollfeld **Seiten rastern**. Hier werden gleich die ganzen Seiten in Pixelbilder umgewandelt. In den meisten Fällen sollten Sie diese Option deaktiviert lassen.
- Das Kontrollfeld **Transparenz reduzieren** dürfen Sie nur aktivieren, wenn Ihre Datei keine interaktiven Elemente enthält, denn diese würden entfernt. Mit der Transparenzreduzierung werden die echten Transparenzen aus der Datei entfernt, wobei das transparente Erscheinungsbild erhalten bleibt (übereinanderlagernde Elemente werden in einzelne Objekte aufgeteilt).

- Finden Sie im Bereich **Komprimierung** das richtige Gleichgewicht zwischen der Qualität der SWF-Datei und ihrer Dateigröße. Wenn Sie als **Komprimierung** das JPEG-Format wählen, legen Sie über die **JPEG-Qualität** fest, wie stark die Pixelbilder in Ihrer SWF-Datei komprimiert werden sollen. Geben Sie eine niedrige Bildqualität an, werden die Dateien sehr klein, aber auch unansehnlich.
- Klicken Sie abschließend auf **OK**, um die SWF-Datei zu erzeugen und sie gleich in Ihrem Standard-Web-Browser anzuzeigen.
- Testen Sie die Schaltflächen- oder Hyperlinknavigation und betrachten Sie dabei die Seitenübergänge. Schenken Sie den Seitenübergängen besondere Beachtung und prüfen Sie, ob diese korrekt sind.

9 Interaktive Magazin-Anwendungen für Tablets gestalten

In diesem Kapitel erfahren Sie, wie Sie in InDesign sogenannte „Folios" gestalten, aus denen Sie dann interaktive Anwendungen für Tablets wie etwa das iPad erzeugen können. Diese Möglichkeit bietet InDesign ab der Version CS5.5.

■ 9.1 Adobe DPS installieren

Außer InDesign benötigen Sie auch ein Programm, das die interaktive Magazin-Anwendung erstellt. Es gibt hier verschiedene Möglichkeiten, unter anderem die Aquafadas Digital Publishing Suite sowie die Adobe Digital Publishing Suite. Weil Sie die „Single Edition" der zuletzt Genannten ohne weitere Kosten aus der Adobe Creative Cloud herunterladen können, konzentrieren wir uns im Folgenden auf diese Möglichkeit.

> **PRAXISTIPP:** Neben der „Single Edition", mit der Sie Apps für das iPad erzeugen können, bietet Adobe noch die „Professional" und die „Enterprise Edition", mit der Sie auch Apps für Android- und andere Tablets erzeugen können. Mehr darüber erfahren Sie auf *www.digitalpublishing.acrobat.com*. Obwohl Sie mit der Single Edition nur iPad-Apps erzeugen können, bleibt die Arbeit mit der Digital Publishing Suite selbst für alle Lizenzierungsmodelle und Tablet-Formate identisch. Erst am Ende des Prozesses wird aus Ihren Folios eine Magazin-App für die unterschiedlichen Ausgabegeräte erzeugt. ■

9.2 Folios, Artikel und Layouts

9.2.1 Folios

Das Gesamtprojekt, in dem sich alle Bestandteile Ihres interaktiven Magazins befinden, wird in InDesign „Folio" genannt. Ein Folio ist ein Teil des oder das gesamte digitale Projekt. Es lässt sich in gewisser Weise mit dem Buchbedienfeld vergleichen. Erst bei der Veröffentlichung wird es zu einer App.

9.2.2 Artikel

Digitale Magazine sind in Artikel unterteilt. Unter einem „Artikel" versteht man dabei jegliche in sich abgeschlossene Einheit. Das Cover stellt genauso einen einzelnen Artikel dar wie das Editorial, eine ganzseitige Anzeige und die eigentlichen inhaltlichen Einheiten – also beispielsweise ein Artikel im herkömmlichen Sinne, inklusive seiner Headline, sämtlicher Illustrationen usw. Im Gegensatz zu gedruckten Magazinen wird ein Artikel immer am Stück in einem einzigen Layout präsentiert.

Um einen langen Artikel zu betrachten, scrollt der Benutzer üblicherweise nach unten. Um zum nächsten Artikel zu wechseln, wischt er nach rechts, zum vorigen Artikel gelangt er mit einer Wischbewegung nach links. Alternativ legen Sie das Folio so aus, dass der Benutzer nur nach rechts und links wischen kann – dann „blättert" er nach rechts, um den Rest eines langen Artikels zu lesen. Mit der nächsten horizontalen Wischbewegung wird der darauffolgende Artikel präsentiert.

9.2.3 Layouts

Gleichzeitig kann ein Artikel aber mehrere Layouts haben – z. B. vier Stück: zwei im Querformat und zwei im Hochformat, jeweils für das iPad und für Android-Tablets.

9.2.3.1 Hoch- und Querformat

In vielen Fällen werden schon aus Zeitgründen vorhandene Print-Layouts einfach an das Format des interaktiven Magazins angepasst. Optimal ist das nicht – wenn Sie das Budget haben, sollten Sie das interaktive Magazin lieber von Grund auf neu planen.

Ein wichtiger Grund ist, dass Tablets sowohl im Hoch- als auch im Querformat gehalten werden können. Das beeinflusst das Design Ihrer Publikation stark. Im Idealfall planen und gestalten Sie Ihre Publikation für beide Ausrichtungen und optimieren damit die Usability. Das bedeutet aber auch, dass Sie für jeden Artikel Ihres Magazins zwei Layouts brauchen (siehe Bild 9.1 und 9.2) – eines im Hoch- und eines im Querformat. Weil dies einen erheblichen Mehraufwand für Sie bzw. Ihr Team bedeutet, gib es viele Tablet-Publikationen nur in einer Ausrichtung.

Bild 9.1 Da Tablets sowohl im Hoch- als auch im Querformat gehalten werden können, sollten Sie überlegen, ob Sie Ihre Publikation mit zwei Layouts versehen.

Bild 9.2 Sobald der Nutzer dann das Tablet dreht, wird sofort das jeweils passende Layout angezeigt.

9.2.3.2 Layouts für unterschiedliche Seitenverhältnisse und Auflösungen

Zwar dominiert das iPad den Markt – es ist aber nicht das einzige Gerät, auf dem die potenziellen Leser Ihr interaktives Magazin betrachten können. Es gibt heute zahlreiche verschiedene Tablets mit unterschiedlichen Betriebssystemen. Wenn Sie eine Lizenz der Professional oder der Enterprise Edition der Adobe Publishing Suite erworben haben, können Sie aus Ihren Folios nicht nur iPad-Apps, sondern auch Apps für Android- und andere Tablets erzeugen lassen.

In diesem Fall sind weitergehende Überlegungen zu den richtigen Dimensionen Ihrer Layouts nötig. Sie benötigen dann nicht nur ein bzw. zwei Hoch- und Querformat-Layouts für das iPad 1/2 bzw. 3, sondern zusätzlich auch für andere beliebte Tablets der 10- und 7-Zoll-Klasse.

In der nachfolgenden Tabelle finden Sie einige Abmessungen und Auflösungen verschiedener Tablets:

Gerät	Display-Diagonale	Display-Abmessungen	Seitenverhältnis
iPad 3/4	9,7 Zoll	2048 × 1536 px	4:3
iPad 1 und 2	9,7 Zoll	1024 × 768 px	4:3
Kindle Fire	7,0 Zoll	1024 × 600 px	128:75
Kindle Fire HD 7	7,0 Zoll	1280 × 800 px	8:5
Kindle Fire HD 8,9	8,9 Zoll	1920 × 1200 px	8:5
Google Nexus 7	7,0 Zoll	1280 × 800 px	8:5
Acer Iconia A1	7,9 Zoll	1024 × 768 px	4:3
Samsung Galaxy Tab 10.1N	10,1 Zoll	1280 × 800 px	8:5
Samsung Galaxy Tab 2 7.0	7,0 Zoll	1024 × 600 px	128:75
Samsung Galaxy Note 8.0	8,0 Zoll	1280 × 800 px	8:5
Toshiba Excite Pure	10,1 Zoll	1280 × 800 px	8:5
Toshiba Excite Pro	10,1 Zoll	2560 × 1600 px	8:5
HP Slate 7	7,0 Zoll	1024 × 600 px	128:75
Microsoft Surface Pro	10,6 Zoll	1920 × 1080 px	16:9

Diese Tabelle stellt keine aktuelle Übersicht des Markts dar – dieser ändert sich praktisch pausenlos. Die Hersteller versuchen, sich unter anderem bezüglich der Auflösung zu überflügeln. An dieser Tabelle können Sie jedoch ablesen, dass es vorwiegend drei Seitenverhältnisse gibt: 4:3, 8:5 und 128:75.

Soll Ihre Publikation umfassend vermarktet werden, benötigen Sie für jedes dieser drei Seitenverhältnisse ein oder besser zwei Layout(s) (eines im Hoch- und eines im Querformat). Sie können Sie sich diese Aufgabe erleichtern, wenn Sie mit dem Seitenwerkzeug und Liquid Layouts arbeiten. Detaillierte Informationen zu diesen Werkzeugen liefert Kapitel 4.

9.3 InDesign-Dokument für die digitale Veröffentlichung erstellen

Sie erzeugen jetzt ein neues Dokument, das Sie anschließend als Artikel in ein Folio einschließen werden.

9.3.1 Geeignetes Dokumentformat wählen

Adobe bietet Ihnen verschiedene vordefinierte Formate für interaktive Magazine.

1. Öffnen Sie mit **Datei/Neu/Dokument** bzw. der Tastenkombination **Strg/Befehl + N** das Dialogfeld **Neues Dokument**.
2. Aus dem Menü **Zielmedium** wählen Sie die Option **Digitale Veröffentlichung**, um die Maßeinheit auf Pixel und den Dokumentfarbraum auf RGB zu setzen.
3. Im Menü **Seitenformat** erhalten Sie nun die Pixelabmessungen gängiger Geräte: iPhone, iPad, Kindle Fire bzw. Barnes & Noble Nook und Android-Tablets der 10-Zoll-Klasse. Wählen Sie eine dieser Vorgaben, werden die jeweils richtigen Pixelabmessungen für das gewählte Gerät eingestellt (Bild 9.3). Findet sich die benötigte Größe nicht in den Voreinstellungen, ändern Sie die Felder **Breite** und **Höhe** manuell, wobei Sie pixelbasierte Abmessungen nutzen.

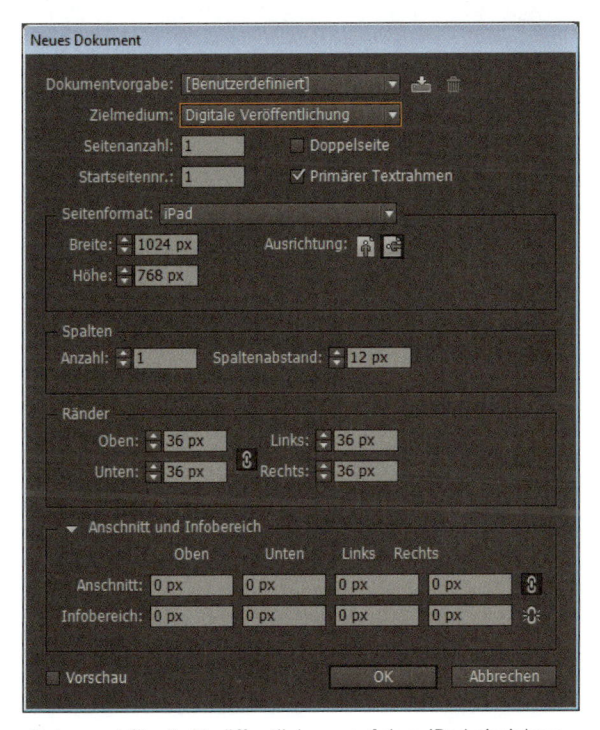

Bild 9.3 Ein neues Dokument für die Veröffentlichung auf dem iPad einrichten

Überlegen Sie nun, wie lang Ihr Artikel werden soll. Grundsätzlich kann ein Artikel eine beliebige Länge haben. Überschreitet Ihr Artikel die Länge eines Bildschirms, können Sie ihm zwei verschiedene Verhalten zuweisen:

- Der Leser bekommt beim Scrollen immer einen kompletten Bildschirm zu Gesicht.

oder

- Der Artikel scrollt glatt nach unten, verhält sich also wie eine Webseite im Browser. Dieses Verhalten wird „Smooth-Scrolling" genannt.

Wenn Sie sich für die erste Möglichkeit entscheiden, erzeugen Sie für jeden Bildschirm des Artikels eine eigene InDesign-Seite (Bild 9.6 auf der übernächsten Seite). Sie können also das ausgewählte Seitenformat unverändert stehenlassen, z. B. 1024 × 768 px für das iPad.

Wählen Sie hingegen die zweite Möglichkeit, müssen Sie den gesamten Artikel auf einer einzigen InDesign-Seite gestalten, deren Seitenhöhe Sie entsprechend einstellen. Achten Sie darauf, dass Sie immer in ganzen Bildschirmen arbeiten. Soll die Seite also zwei Bildschirme hoch sein, stellen Sie für das iPad-Querformat-Layout 1536 Pixel ein, soll die Seite drei Bildschirme hoch werden, 2304 Pixel (Bild 9.4 und 9.5).

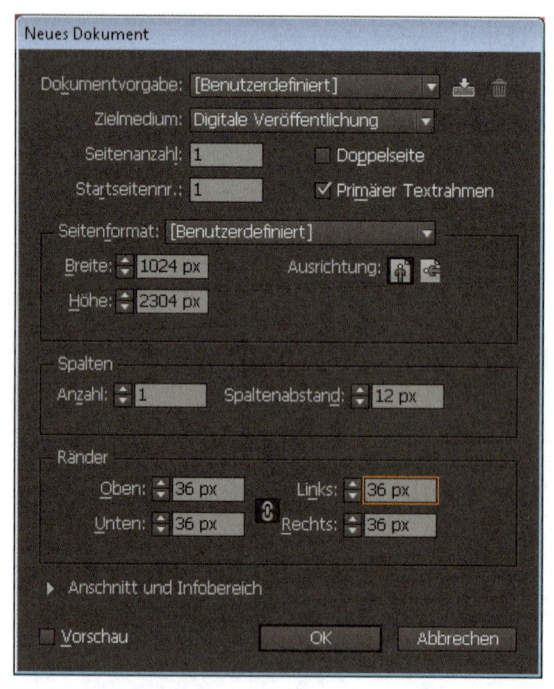

Bild 9.4 Artikel für Smooth-Scrolling einrichten

Bild 9.5 Artikel mit Smooth-Scrolling müssen auf einer einzigen InDesign-Seite gestaltet werden.

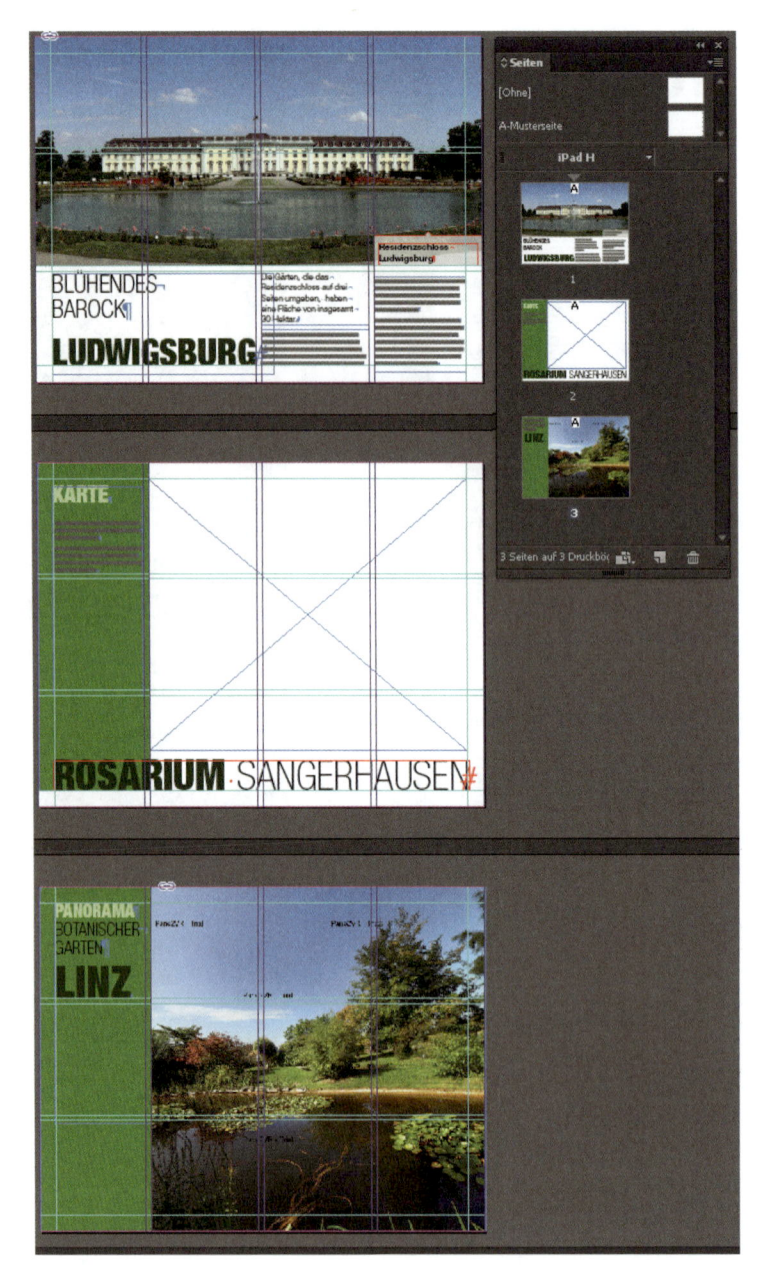

Bild 9.6 Ein Artikel ohne Smooth-Scrolling wird bildschirmweise angezeigt. Sie fügen für jeden Bildschirm eine neue Seite ein.

4. Schließen Sie das Dialogfeld mit einem Klick auf **OK**. Im Seitenbedienfeld sehen Sie nicht nur die von Ihnen erzeugte(n) Seite(n), sondern auch die Bezeichnung des gewählten Geräts sowie die Ausrichtung des Layouts (H steht für „Horizontal", V für „Vertikal"). Falls Sie einen Artikel für Smooth-Scrolling mit entsprechender Seitenhöhe angelegt haben, sehen Sie hier die Angabe **Benutzerdefiniert**.

9.3.2 Layout hinzufügen

Soll Ihre Publikation sowohl im Quer- als auch im Hochformat angezeigt werden, benötigen Sie ein weiteres Layout. Vom Workflow her ist es normalerweise günstig, wenn Sie zuvor die Artikelinhalte erzeugen und gestalten, damit diese gleich in alternative Layouts übernommen werden, sobald Sie diese anlegen.

Wie Sie alternative Layouts erzeugen und sich die Anpassungsarbeit mit dem Seitenwerkzeug vereinfachen, haben Sie bereits in Abschnitt 4.2, „Alternative Layouts einsetzen", erfahren.

9.3.3 Folio anlegen

Damit Ihr neues InDesign-Dokument Teil eines interaktiven Magazins wird, benötigen Sie ein Folio mit mindestens einem Artikel. Innerhalb dieses Artikels definieren Sie die Seiten des soeben erstellten Dokuments als Layout.

1. Wählen Sie **Fenster/Folio Builder**. Falls Sie momentan nicht bei der Adobe Digital Publishing Suite angemeldet sind, werden Sie nun aufgefordert, sich mit Ihrer Adobe ID anzumelden.
2. Anschließend klicken Sie im Bedienfeldmenü des Folio-Builder-Bedienfelds auf **Neues Folio**. Im folgenden Dialogfeld (siehe Bild 9.7) geben Sie Ihrer Publikation einen Namen. Dieser sollte möglichst weder Leer- noch Sonderzeichen und auch keine Umlaute enthalten, damit es bei der späteren Internetübertragung keine Probleme gibt. Es handelt sich dabei jedoch nicht um den Namen, den die Leser sehen werden – er entspricht eher einem Dateinamen.

Bild 9.7
Ein neues Folio erzeugen

3. Wählen Sie das gewünschte **Zielgerät** und die Ausrichtung. Achten Sie darauf, dass die Abmessungen des Folios denen des/der von Ihnen erzeugten Layout(s) entsprechen. Haben Sie nur ein einziges Layout erstellt, klicken Sie neben **Ausrichtung** auf die Hoch- bzw. die Querformatschaltfläche. Haben Sie hingegen Layouts für beide Ausrichtungen erstellt, aktivieren Sie das Symbol **Folio im Hoch- und Querformat**.
4. **Bindung an rechter Kante** lassen Sie für Publikationen europäischer Sprache deaktiviert – Sie wählen dieses Kontrollfeld nur für Publikationen, die von rechts nach links gelesen werden, wie etwa japanische oder arabische Veröffentlichungen.

9.3.3.1 Standardformat

Entscheiden Sie, in welchem **Standardformat** die Seiten des Folios erstellt werden sollen. Allerdings können Sie bei Bedarf jedem Artikel ein eigenes Format geben.

Sie haben die Wahl zwischen dem verlustbehafteten JPEG-Format, dem verlustfreien PNG-Format und dem PDF-Format. Wie üblich, können Sie bei Auswahl des JPEG-Formats eine Qualitätsstufe festlegen – je höher die Qualität, desto größer werden Ihre Dateien jedoch. PNG-Grafiken werden verlustfrei komprimiert, sodass Sie normalerweise eine qualitativ höherwertige Ausgabe erhalten; sie sind aber meist deutlich größer.

Nur wenn Sie PDF wählen, bleiben vektorbasierte Objekte wie etwa Texte und Formen als Vektorgrafiken erhalten. Die Seite wird also nicht auf ein einziges Rasterbild reduziert. Der große Vorteil ist, dass die Leser in die Seiten einzoomen können, ohne dass es bei der Darstellung zu Qualitätseinbußen kommt. Das bedeutet, dass die Publikation problemlos auf Geräten mit den unterschiedlichsten Display-Größen angezeigt werden kann. Wählen Sie im Feld **Standardformat** deshalb am besten **PDF**.

9.3.3.2 Lokales Folio erstellen

Besteht gerade keine Verbindung zum Internet, wenn Sie Ihr Folio erstellen möchten, aktivieren Sie das Kontrollkästchen **Offline-Folio erstellen**. Damit erzeugen sie ohne Anmeldung ein lokales Folio. Sie müssen sich jedoch anmelden, wenn Sie dieses Folio später von Ihrem Computer auf den Adobe-DPS-Server hochladen möchten.

Klicken Sie auf **OK**. InDesign erzeugt das Folio und lädt es auf den Adobe-DPS-Server hoch bzw. speichert es lokal (wenn Sie das gerade genannte Kontrollfeld angeklickt haben).

9.3.4 Artikel erzeugen

Nun fügen Sie Ihrem Folio den soeben erzeugten Artikel hinzu. Achten Sie darauf, dass die Abmessungen des Artikels denen des Folios entsprechen müssen (bei Artikeln, die für Smooth-Scrolling vorgesehen sind, muss die Artikelbreite mit der Foliobreite übereinstimmen). Es ist nicht möglich, in einem Folio Artikel mit unterschiedlichen Dimensionen zu sammeln.

Der Einfachheit halber beginnen Sie mit dem vorhin erzeugten, noch geöffneten Dokument.

1. Klicken Sie am unteren Rand des Folio-Builder-Bedienfelds auf das Symbol **Artikel hinzufügen**. Dieses Symbol ist nur dann klickbar, wenn Sie ein InDesign-Dokument geöffnet

haben. Durch dieses Symbol fügen Sie das aktive InDesign-Dokument als Layout innerhalb eines neuen Artikels hinzu.

2. Im folgenden Dialogfeld geben Sie einen aussagekräftigen **Namen** ein, der zum Lesen anregt – denn diesen Namen werden Ihre Leser nun tatsächlich im Inhaltsverzeichnis und an anderen Stellen Ihres Magazins sehen.

3. Wählen Sie das gewünschte Dateiformat – normalerweise lassen Sie es auf **PDF** stehen, um ein verlustarmes Einzoomen in Bilder und eine bestmögliche Darstellung von Schriften und Vektorgrafiken zu ermöglichen (siehe Bild 9.8).

Bild 9.8 Artikel ohne Smooth-Scrolling hinzufügen

4. Wenn Sie einen nicht für Smooth-Scrolling bestimmten, also gegebenenfalls aus mehreren InDesign-Seiten bestehenden Artikel hinzufügen, enthält das Dialogfeld **Neuer Artikel** das Kontrollfeld **Nur horizontale Blättergeste** (siehe Bild 9.8). Aktivieren Sie es, wenn der Leser zum Wechseln der Bildschirme nicht nach oben und unten wischen soll, sondern nach rechts und links. Wenn er am Artikelende angelangt ist, erhält er mit einer weiteren horizontalen Blättergeste den nächsten Artikel.

5. Wenn Sie einen aus einer einzigen langen Seite bestehenden Artikel hinzufügen, enthält das Dialogfeld das Menü **Smooth-Scrolling**. Aktivieren Sie die Option **Horizontale Ausrichtung**, damit sich der Artikel wie eine Webseite verhält, der Leser also glatt und stufenlos nach unten und oben scrollen kann (siehe Bild 9.9).

6. Klicken Sie auf **OK**. InDesign nimmt mit dem Adobe DPS-Server Kontakt auf und lädt den Artikel in Ihr Folio auf dem Server (siehe Bild 9.10).

Bild 9.9
Einseitigen Artikel hinzufügen

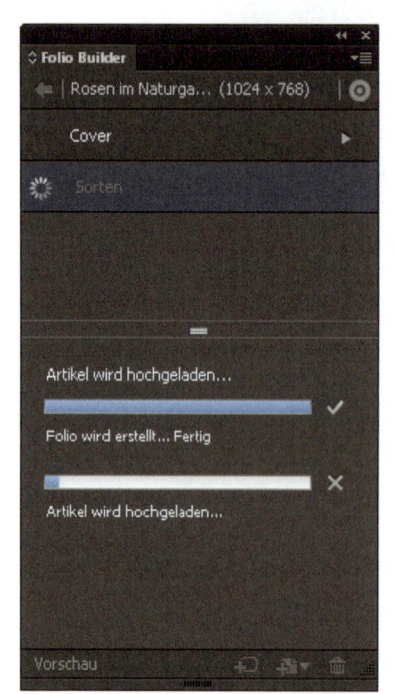

Bild 9.10
Je nach Inhalt Ihres InDesign-Layouts dauert es einen Augenblick, bis das Folio fertig und der Artikel hinzugefügt ist.

Nach dem Erstellen des Folios und Hinzufügen des Artikels sehen Sie im Folio-Builder-Bedienfeld die „Innenansicht" des Folios, also die einzelnen darin enthaltenen Artikel (siehe Bild 9.11).

Bild 9.11
Die einzelnen Artikel im Folio werden angezeigt.

- Mit einem Klick auf den Linkspfeil neben dem Folionamen gelangen Sie zur Übersicht aller von Ihnen erstellten Folios (siehe Bild 9.12).

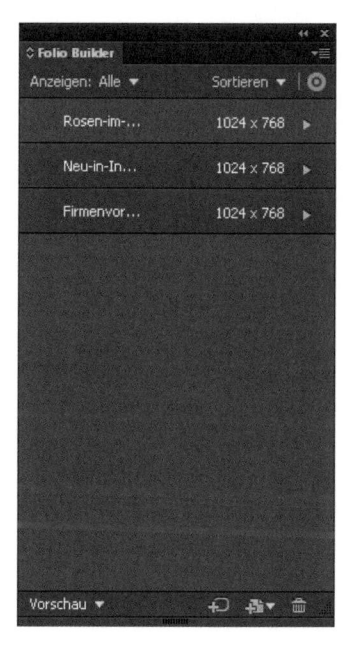

Bild 9.12
Ihr neues Folio wird im Folio-Builder-Bedienfeld angezeigt – hier werden noch weitere, früher erzeugte Folios aufgelistet.

- Mit einem Doppelklick auf einen Folionamen oder einem Einzelklick auf den Rechtspfeil neben den Folio-Abmessungen gelangen Sie wieder in die Artikelansicht dieses Folios.
- Von hier gelangen Sie mit einem Doppelklick auf den Artikelnamen zu den Layouts dieses Artikels. Mit einem Doppelklick auf eines der Layouts öffnen Sie es in InDesign.

9.3.4.1 Dem Folio bereits vorbereitete Artikel hinzufügen

Sie können dem Folio auch bereits vorbereitete Artikel hinzufügen, beispielsweise Anzeigen, die Sie von einer Werbeagentur geliefert bekommen haben.

1. Dazu klicken Sie im Folio-Builder-Bedienfeld auf den Pfeil rechts neben dem Namen Ihres Folios. Der Inhalt des Folios wird angezeigt.
2. Nun öffnen Sie das Bedienfeldmenü des Folio-Builder-Bedienfelds und wählen den Befehl **Artikel importieren**. Das gleichnamige Dialogfeld wird angezeigt.
3. Entscheiden Sie über die Optionsfelder am oberen Dialogfeldrand, ob Sie einen **einzelnen** oder **mehrere Artikel importieren** möchten.
4. Klicken Sie auf das Ordnersymbol neben **Position** und wählen Sie den Ordner aus, in dem sich die INDD-Datei(en) des/der Artikel befinden.
5. Füllen Sie im Dialogfeld **Artikel importieren** aus, wenn Sie einen einzelnen Artikel importieren, außerdem die Felder für Artikelname, Artikelformat usw. (siehe Bild 9.13).
6. Klicken Sie anschließend auf **OK**, um dem Folio den/die Artikel hinzuzufügen.

Bild 9.13
Auch vorbereitete Artikeldateien lassen sich in Ihr Folio importieren.

9.3.4.2 Artikel zwischen Folios austauschen

In vielen Veröffentlichungen gibt es wiederkehrende Elemente – in Buchreihen etwa Autorenbiografien, Verlags- und Reiheninformationen, in Magazinen bestimmte Anzeigenseiten usw. Solche Elemente können Sie problemlos zwischen Ihren Folios austauschen.

1. Doppelklicken Sie im Folio-Builder-Bedienfeld auf das Folio mit dem Artikel, den Sie auch in einem anderen Folio benötigen.
2. In der Artikelansicht klicken Sie einmal auf den Artikel, den Sie kopieren möchten.
3. Öffnen Sie das Bedienfeldmenü des Folio-Builder-Bedienfelds und wählen Sie **Kopieren nach**.

4. Wählen Sie das Zielfolio und bestätigen Sie mit einem Klick auf **OK**. InDesign lädt den Artikel in das angegebene Folio auf dem Server.

Wenn Sie nun an dem Artikel Änderungen vornehmen – egal, in welchem der beiden Folios – bleiben die Artikel synchronisiert.

9.3.5 Magazin voranzeigen

Mit einem Klick auf das Symbol **Vorschau** im unteren Bereich des Folio-Builder-Bedienfelds und dem Befehl **Vorschau auf dem Desktop erstellen** zeigen Sie den aktuell ausgewählten Artikel bzw. das aktuell ausgewählte Folio im Adobe Content Viewer an (siehe Bild 9.14).

So können Sie sich ein Bild davon machen, wie Ihr Folio auf dem Tablet angezeigt werden wird. Auch die Navigation ist aktiviert. Statt der auf dem Tablet üblichen Wischbewegungen ziehen Sie mit gedrückter linker Maustaste nach links, um nach rechts zu scrollen und damit den nächsten Artikel anzuzeigen, und nach oben, um nach unten zu scrollen und dabei den nächsten Bildschirm des aktuellen mehrseitigen Artikels zu erhalten.

Bild 9.14 Vorschau im Adobe Content Viewer

9.3.5.1 Vorschau auf Ihrem Tablet

Genauso einfach können Sie Ihr Folio oder einzelne Artikel bzw. Layouts auf Ihrem eigenen Tablet oder iPhone betrachten. Installieren Sie dazu die kostenlose App Adobe Content Viewer. Sie finden sie im Google Play App Store, im Amazon Appstore für Android sowie im iOS App Store.

1. Sobald Sie den Adobe Content Viewer auf Ihrem Gerät geöffnet haben, tippen Sie auf **Anmelden** und geben Ihre Adobe ID und das zugehörige Kennwort ein. Verbinden Sie das Tablet per USB mit Ihrem Entwicklungsrechner.

2. Am unteren Rand des Folio-Overlays-Bedienfelds klicken Sie auf **Vorschau** und wählen die Vorschau auf dem angeschlossenen Mobilgerät.
3. Adobe DPS erzeugt Ihre Publikation und überträgt sie per USB an Ihr Mobilgerät. Sie wird anschließend im Content Viewer angezeigt.

9.3.5.2 Folio für Teammitglieder freigeben

Oft sollen auch Teammitglieder oder Kunden Zugriff auf das Folio auf dem Server haben, sodass sie es sich auf ihren Geräten ansehen können. Dies ist problemlos möglich, wenn sie ebenfalls eine Adobe ID besitzen und den Adobe Content Viewer auf Ihrem Gerät installiert haben.

> **PRAXISTIPP:** Durch diese Möglichkeit können Sie mit der DPS übrigens nicht nur Magazin-Apps gestalten, sondern diese Technik auch für interaktive Kundenpräsentationen „zweckentfremden".

1. Navigieren Sie in Ihrem Webbrowser zuerst zu *www.DigitalPublishing.Acrobat.com* und melden Sie sich an. Sie gelangen zu Ihrem persönlichen Dashboard.
2. Klicken Sie auf den Link **Folio Producer**. Sie gelangen zum Bildschirm des DPS Organizers. Hier werden Ihre Folios aufgelistet (siehe Bild 9.15).

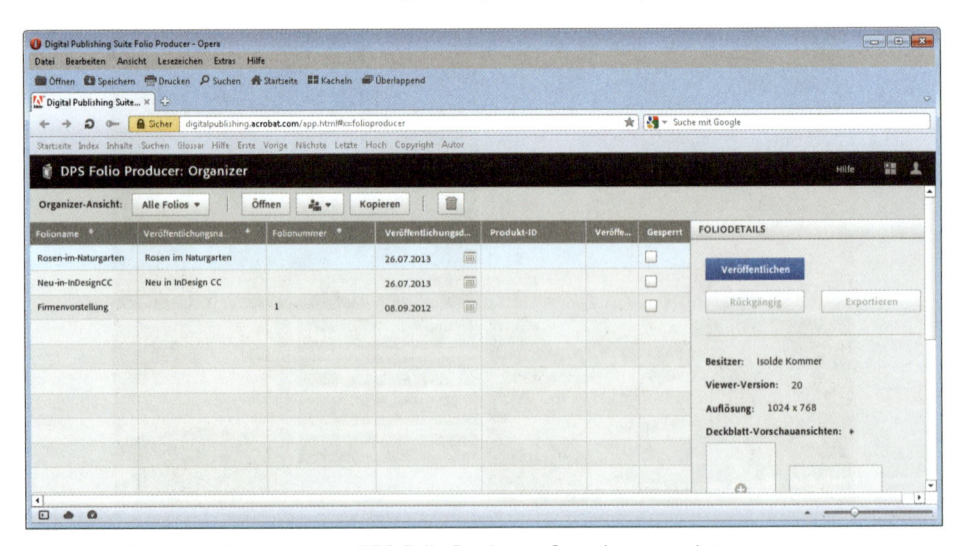

Bild 9.15 Ihre Folios werden im DPS Folio Producer: Organizer verwaltet.

3. Klicken Sie auf das gewünschte Folio und danach auf das Symbol **Folio freigeben**.
4. Im folgenden Dialogfeld geben Sie die E-Mail-Adressen der Teilnehmer ein. Diese E-Mail-Adressen müssen mit den Adobe IDs der Teilnehmer übereinstimmen. Trennen Sie die jede E-Mail-Adresse durch einen Strichpunkt ab.
5. Fügen Sie bei Bedarf **Thema** und **Nachricht** hinzu und klicken Sie auf **Freigeben**.

Jetzt erhält jeder Teilnehmer eine E-Mail mit einer Einladung. Sobald er diese bestätigt, wird Ihr Folio in seinem Adobe Content Viewer angezeigt.

9.4 Hyperlinks einfügen

Die wichtigsten Fragen wären damit schon geklärt – Sie können die Seiten nun mit den üblichen InDesign-Layout-Werkzeugen gestalten. Damit Sie Ihren Lesern aber eine wirklich spannende digitale Publikation für das Tablet bieten können, können und sollten Sie sie außerdem mit verschiedenen interaktiven Funktionen aufwerten.

Die einfachste Möglichkeit sind Hyperlinks, mit denen der Benutzer Webseiten öffnen, Dateien herunterladen oder Ihnen eine E-Mail schreiben kann und vieles mehr.

Grundsätzlich unterscheidet sich die Vorgehensweise nicht vom Erstellen von Hyperlinks für andere Publikationsarten, beispielsweise EPUB- oder PDF-Dokumenten. Wie Sie in InDesign Hyperlinks erstellen, haben Sie bereits in Abschnitt 5.2.4, „Hyperlinks", erfahren.

Es gibt nur ein paar Besonderheiten zu beachten, zu denen Sie im Folgenden nähere Informationen erhalten.

9.4.1 Per Hyperlink zu einem anderen Artikel navigieren

Eine wichtige Möglichkeit von Hyperlinks ist die Navigation innerhalb des Folios. So können Sie beispielsweise die Headlines auf dem Cover mit Hyperlinks versehen, die den Leser direkt zu den jeweiligen Artikeln führen. Dasselbe gilt für die einzelnen Einträge des Inhaltsverzeichnisses.

Einen Hyperlink zu einem anderen Artikel in Ihrem Folio erzeugen Sie mit der Syntax `navto://`. Daran hängen Sie den Namen des Artikels an – und zwar genauso, wie er im Folio-Builder-Bedienfeld erscheint.

Navigationsschaltflächen mit Hyperlinks versehen

Nicht immer möchten Sie einfach Text-Hyperlinks erstellen, sondern die foliointerne Navigation mit den `navto://`-Hyperlinks möglicherweise über grafische Buttons realisieren. Gehen Sie folgendermaßen vor.

1. Aus dem Bedienfeldmenü des Hyperlink-Bedienfelds wählen Sie den Befehl **Neues Hyperlinkziel**.
2. Aus dem Menü **Art** wählen Sie **URL**. Darunter geben Sie einen passenden Namen ein. In das Feld **URL** geben Sie `navto://` ein, gefolgt von dem Namen des Artikels im Folio-Builder-Bedienfeld. Bestätigen Sie mit **OK** (siehe Bild 9.16 auf der nächsten Seite).

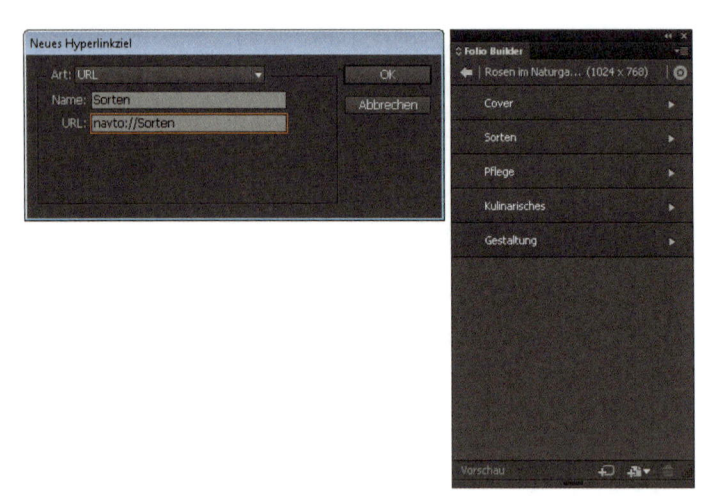

Bild 9.16 Mit einem „navto"-Hyperlink verweisen Sie auf einen anderen Artikel in Ihrem Folio.

3. Fügen Sie die gewünschte Buttongrafik in Ihr Layout ein und konvertieren Sie sie über das Symbol **In Schaltfläche umwandeln** im Schaltflächen- und Formularebedienfeld in ein Schaltflächenobjekt. Näheres entnehmen Sie gegebenenfalls dem Abschnitt 5.2.5, „Schaltflächen".
4. Klicken Sie im Schaltflächen- und Formularebedienfeld auf das **Pluszeichen**, um der Schaltfläche eine Aktion hinzuzufügen. Wählen Sie **Gehe zu URL** (siehe Bild 9.17).
5. Aus der Liste **URL** wählen Sie das in Schritt 1 definierte Hyperlinkziel aus.

Bild 9.17 Hier dient die Inhaltsangabe auf der Cover-Seite gleich als Möglichkeit, zu den einzelnen Artikeln zu springen.

> **PRAXISTIPP:** Bei Bedarf können Sie dem Hyperlink sogar eine Seitennummer hinzufügen, um zu einer bestimmten Seite im Artikel zu springen. Beachten Sie dabei, dass die erste Seite im Dokument die Seitennummer 0 trägt. Möchten Sie also auf die zweite Seite des Artikels **Gestaltung** verlinken, geben Sie in das Feld URL des Dialogfelds **Neuer Hyperlink** folgenden Sprungverweis ein: navto://Gestaltung#1

9.4.2 Hyperlinks zu Webseiten

Texthyperlinks oder Buttons können den Leser jedoch auch direkt auf eine bestimmte Webseite führen. Sie können diese entweder innerhalb der Magazin-App oder im Standard-Webbrowser des Ausgabegeräts öffnen.

1. Gehen Sie vor wie vorangehend gezeigt. In das Feld **URL** geben Sie jedoch die vollständige http://-Adresse ein (siehe Bild 9.18).

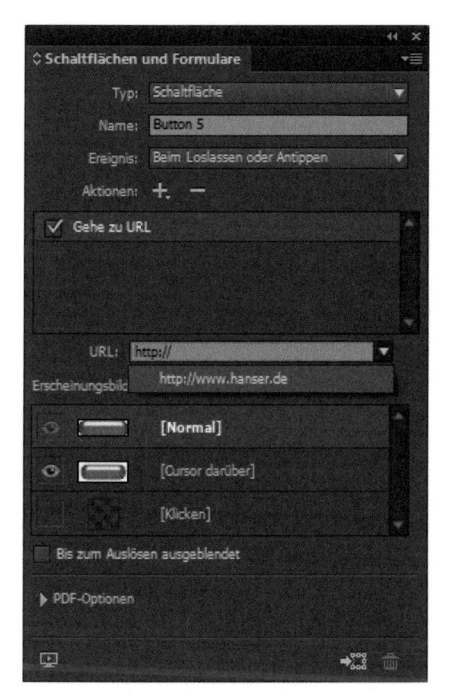

Bild 9.18
Mit einer Gehe-zu-URL-Aktion versehen Sie einen Button mit einem Hyperlink zu einer Webseite.

2. Lassen Sie die Schaltfläche bzw. den Hyperlink ausgewählt und klicken Sie im Folio-Overlays-Bedienfeld auf **Hyperlink**. Sie haben zwei Möglichkeiten:
   - Wählen Sie **Im Folio anzeigen**, wenn der Anwender mit einem Klick auf die Schaltfläche **Fertig** wieder zu Ihrem Folio zurückkehren soll.
   - Wählen Sie **Im Gerätebrowser öffnen**, wenn das Ziel des Hyperlinks im Standard-Webbrowser des Nutzers angezeigt werden soll.

9.5 Diashow einfügen

Seit InDesign CS5 können Sie mithilfe des Objektstatusbedienfelds bis zu 20 unterschiedliche Ansichten eines Druckbogens oder Objekts erzeugen und diese durch Schaltflächen oder automatisch nacheinander anzeigen – eine ideale Lösung beispielsweise für Online-Bildergalerien und Ähnliches. Zunächst erfahren Sie, wie Sie Ihr interaktives Magazin mit einer attraktiven, selbst ablaufenden Diashow versehen.

> **PRAXISTIPP:** An dieser Stelle sollte erwähnt werden, dass Sie die Diashow sowie die im Anschluss erläuterte interaktive Bildergalerie auch für den Export in das SWF-Format verwenden können. Im PDF-Format funktioniert diese Technik hingegen nicht.

9.5.1 Bilder einfügen

Zuerst fügen Sie die Bilder in Ihr Dokument ein. Dazu verwenden Sie die zeitsparende Möglichkeit, Bilder in einem Raster zu platzieren.

1. Wählen Sie **Datei/Platzieren** oder drücken Sie die Tastenkombination **Strg/Befehl + D**.
2. Wählen Sie mit gedrückter **Umschalt**- bzw. **Strg/Befehl**-Taste die gewünschten Bilder aus, bis zu 20 Stück. Klicken Sie auf **Öffnen**.

> **PRAXISTIPP:** Sie können sogar Videodateien mit in die Diashow aufnehmen. Platzieren Sie sie genau wie die Bilder. Über das richtige Dateiformat informiert Sie Abschnitt 9.11.1, „Videodateien einbinden".

3. Der Cursor ist mit den Bildern geladen. Ziehen Sie einen Rahmen in Ihrem Dokument auf, lassen Sie die Maustaste danach aber nicht los.
4. Drücken Sie die **Pfeil-rechts**-Taste und die **Pfeil-auf**-Taste, um den Rahmen in ein Raster aufzuteilen. Erzeugen Sie so viele Rasterfelder, wie Sie Bilder geladen haben. (Falls Sie zu viele Felder erzeugt haben, verwenden Sie die **Pfeil-links**-Taste und die **Pfeil-ab**-Taste, um die Feldanzahl wieder zu verringern.)
5. Geben Sie die Maustaste nun frei. Die Bilder werden in das Raster geladen (siehe Bild 9.19).
6. Lassen Sie die Bilder ausgewählt und wählen Sie **Objekt/Anpassen/Rahmeneinpassungsoptionen**.
7. Aktivieren Sie das Kontrollkästchen **Automatisch einpassen**. Durch dieses Kontrollkästchen können Sie die Rahmen später ohne Schwierigkeiten mitsamt ihrem Inhalt skalieren.
8. Öffnen Sie das Menü **Einpassen** und wählen Sie **Rahmen proportional füllen** (siehe Bild 9.20).

Bild 9.19 Mit einem Klick platzieren Sie z. B. 15 geladene Bilder im vorbereiteten Raster.

Bild 9.20 In den Rahmeneinpassungsoptionen aktivieren Sie die Möglichkeit, die Bilder auch bei Größenänderung des Rahmens automatisch einzupassen.

9. Schließen Sie das Dialogfeld mit einem Klick auf **OK**.
10. Lassen Sie die Bildrahmen weiterhin ausgewählt und wählen Sie **Fenster/Objekt und Layout/Ausrichten**. Klicken Sie nacheinander auf die Symbole **Linke Kanten ausrichten** und **Obere Kanten ausrichten**.
11. Ziehen Sie den Bilderstapel an einer Kante in die gewünschte Größe. Wie Sie sehen, passt sich das zuoberst liegende Bild automatisch der neuen Rahmengröße an. (Dasselbe trifft auch auf die darunterliegenden und deshalb nicht sichtbaren Bilder zu.)

9.5.2 Bilder in ein Objekt mit mehreren Status umwandeln

Nach den Vorbereitungen, die Sie in Abschnitt 9.5.1 vorgenommen haben, richten Sie die interaktive Funktion der Bildergalerie ein.

1. Achten Sie darauf, dass alle übereinanderliegenden Bilder noch ausgewählt sind bzw. wählen Sie sie erneut aus, indem Sie mit dem Auswahlwerkzeug ein Rechteck darum aufziehen. Die Objekte müssen nicht vollständig in das Rechteck eingeschlossen sein, es genügt, wenn sie von ihm berührt werden.
2. Wählen Sie **Fenster/Interaktiv/Objektstatus**. Klicken Sie am unteren Rand des Objektstatusbedienfelds auf das Symbol **Auswahl in Objekt mit mehreren Status umwandeln**. Damit konvertieren Sie jedes Einzelbild in einen eigenen Objektstatus des Gesamtobjekts (siehe Bild 9.21 und Bild 9.22).

Bild 9.21
Die Schaltfläche „Auswahl in Objekt mit mehreren Status umwandeln" erreichen Sie im Bedienfeld Objektstatus.

Bild 9.22 Der Bilderstapel wurde in ein Objekt mit mehreren Status konvertiert – kenntlich am gestrichelten Objektrahmen und dem kleinen Schaltflächensymbol in der rechten unteren Ecke.

3. Sie erhalten im Bedienfeld eine Liste mit Vorschaubildern der verschiedenen Status. Wenn Sie eines der Bilder im Objektstatusbedienfeld anklicken, wird das entsprechende Bild angezeigt. Geben Sie in das Feld **Objektname** einen beschreibenden Namen ein

9.5.3 Diashow erzeugen

Auch der Rest ist einfach:

1. Wählen Sie **Fenster/Folio Overlays**. Klicken Sie in diesem Bedienfeld auf die Option **Diashow**.
2. Im Folio-Overlays-Bedienfeld sehen Sie jetzt die Einstellmöglichkeiten für Ihre Diashow (siehe Bild 9.23 auf der nächsten Seite).
3. Aktivieren Sie das Kontrollfeld **Automatisch abspielen**, ist kein Benutzereingriff notwendig, um die Diashow zu starten.
4. Bei aktiviertem Kontrollfeld **Zum Abspielen/Anhalten tippen** erzeugen Sie eine interaktive Diashow, die der Benutzer selbst starten und anhalten kann. Sie können die beiden Möglichkeiten auch kombinieren.
5. Wenn Sie dieses Kontrollfeld aktiviert haben, wird auch das Kontrollfeld **Verzögerung** freigegeben. Soll es bis zum automatischen Abspielen der Diashow eine Verzögerung geben, tippen Sie hier einen Sekundenwert ein.
6. Das **Intervall** ist die Zeitspanne, für die jedes einzelne Bild zu sehen ist, bevor das nächste eingeblendet wird.
7. Im Feld **Abspielen** geben Sie an, wie oft die Diashow automatisch ablaufen soll. Dieses Feld wird nur freigegeben, wenn Sie das Kontrollfeld **Automatisch abspielen** abgewählt haben. Für eine Endlosschleife aktivieren sie das Kontrollfeld **Schleife**.
8. Wenn Sie die Endlosschleife deaktivieren, aktivieren Sie gegebenenfalls das Kontrollfeld **Bei letztem Bild** – damit vermeiden Sie, dass die Diashow am Ende wieder zum ersten Bild zurückspringt.
9. Das aktivierte Kontrollfeld **Überblenden** schafft weiche Übergänge zwischen den einzelnen Bildern Ihrer Diashow. Harte Schnitte erzielen Sie bei abgewähltem Kontrollfeld. Haben Sie das Kontrollfeld aktiviert, legen sie darunter fest, wie lang der Übergang jeweils dauern soll.
10. Soll der Betrachter die Diashow nicht nur starten und anhalten, sondern auch selbst durchblättern können, wählen Sie **Zum Ändern des Bilds blättern**.
11. Darunter aktivieren Sie **Stopp bei erstem und letztem Bild**, wenn über das letzte und erste Bild hinaus kein weiteres Blättern möglich sein soll. Wählen Sie dieses Kontrollfeld ab, kann der Nutzer nach dem letzten Bild weiterblättern – es wird dann wieder das erste angezeigt.
12. Bei aktiviertem Kontrollfeld **Vor dem Abspielen ausblenden** ist die Diashow unsichtbar, bis der Abspielvorgang beginnt.
13. **In umgekehrter Reihenfolge abspielen** lässt die Slideshow beim letzten Bild beginnen.

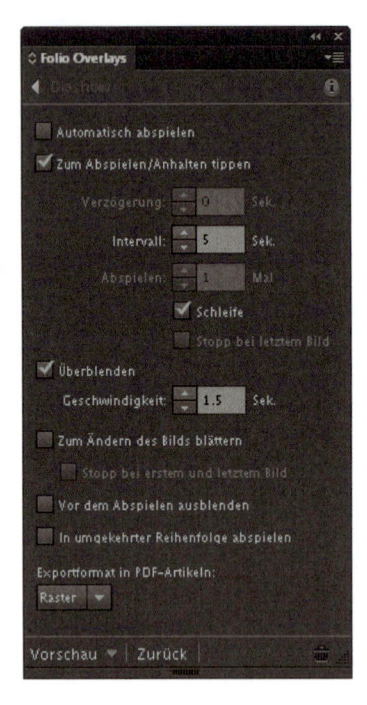

Bild 9.23
Wenn Sie eine Diashow erstellt haben, bieten sich Ihnen im Folio-Overlays-Bedienfeld umfangreiche Einstellmöglichkeiten.

Zeigen Sie Ihre Diashow im Adobe Content Viewer an (siehe Bild 9.24). Wenn Ihnen die Reihenfolge der Bilder in der Diashow nicht gefällt, können Sie sie per Drag & Drop im Objektstatusbedienfeld umsortieren.

Bild 9.24 Die Diashow im Adobe Content Viewer – nach der vorgegebenen Zeitspanne wird weich zum nächsten Bild überblendet.

■ 9.6 Interaktive Bildergalerie einfügen

Bei der gerade erläuterte Diashow hat der Nutzer keine Kontrolle darüber, in welcher Reihenfolge die Bilder gezeigt werden. Oft ist es zweckmäßiger, wenn der Anwender selbst entscheiden kann, welches Bild er anzeigt, indem er beispielsweise entsprechende Schaltflächen antippt.

1. Um eine solche Bildergalerie zu gestalten, fügen Sie – wie in Abschnitt 9.5, „Diashow einfügen", beschrieben – die gewünschten Bilder übereinander ein und fassen sie zu einem Objekt mit mehreren Status zusammen.
2. Damit Sie es im nächsten Schritt leichter haben, versehen Sie jeden Objektstatus mit einem passenden Namen, indem Sie ihn zweimal hintereinander anklicken und den generischen Namen **Objektstatus[#]** mit etwas Aussagekräftigerem übertippen (siehe Bild 9.25).

Bild 9.25
Geben Sie jedem Objektstatus einen passenden Namen.

3. Jetzt erstellen Sie – wie in Abschnitt 9.5.3, „Diashow erzeugen", beschrieben – ein Diashow-Folio-Overlay. Nehmen Sie die gewünschten Einstellungen vor.
4. Anschließend erzeugen Sie die Schaltflächen, mit denen sich der Benutzer durch die Bildergalerie klicken kann. Sie können dazu auch Miniaturansichten der in der Bildergalerie gezeigten Bilder verwenden.
5. Konvertieren Sie die Schaltflächengrafiken bzw. Miniaturbilder über das Schaltflächen- und Formularebedienfeld in Buttons.
6. Klicken Sie im Schaltflächen- und Formularebedienfeld auf die **Plus**-Schaltfläche und wählen Sie aus dem Menü die Aktion **Gehe zu Status** (siehe Bild 9.26). Da es in Ihrem Dokument nur ein einziges Objekt mit mehreren Status gibt, wird es für die Aktion automatisch ausgewählt.

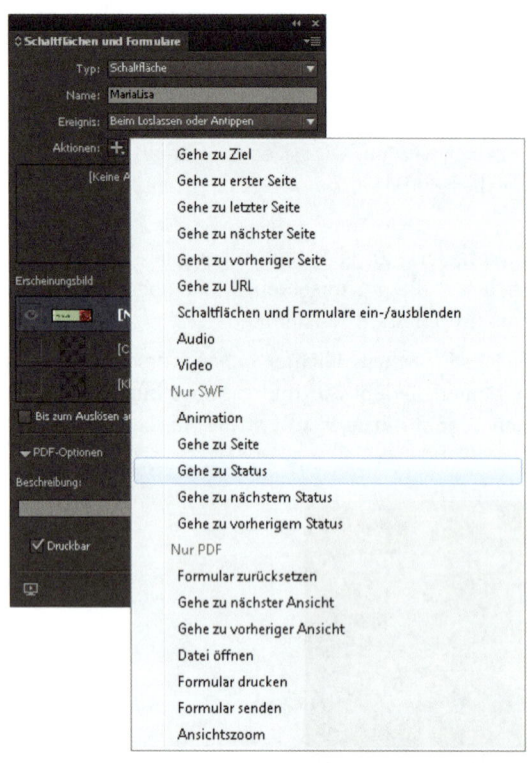

Bild 9.26 Die Aktion „Gehe zu Status" ist die ideale Grundlage für eine interaktive Bildergalerie.

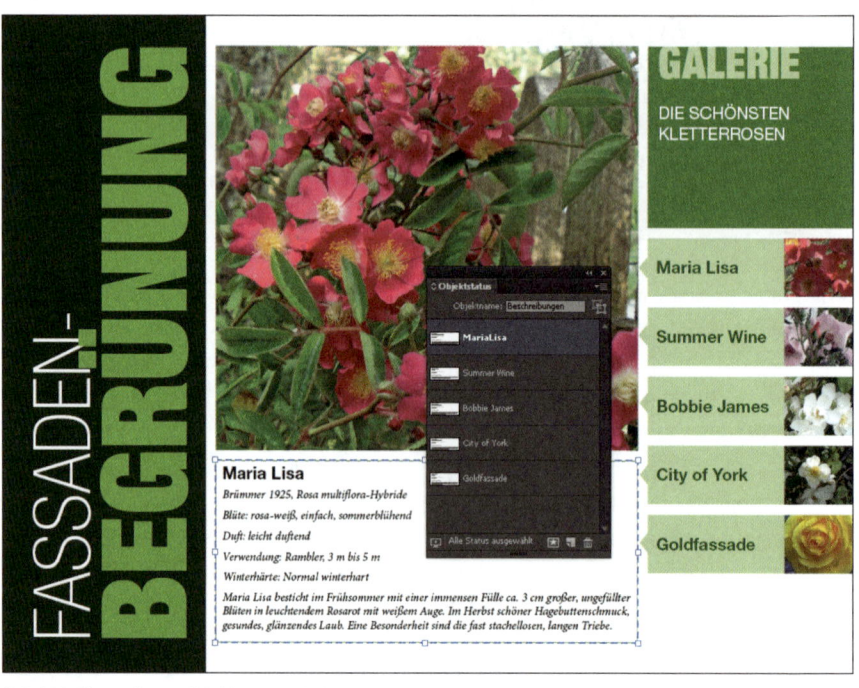

Bild 9.27 Ein weiteres Multistatus-Objekt enthält die Texte für die interaktive Bildergalerie.

7. Vergewissern Sie sich, dass im Menü **Objekt** Ihr zuvor erzeugtes Bildergalerie-Objekt ausgewählt ist. Aus dem Feld **Status** wählen Sie das Bild, das mit einem Klick auf die aktuelle Schaltfläche angezeigt werden soll.
8. Wiederholen Sie den Vorgang für die übrigen Schaltflächen.

Sie sind dabei nicht auf eine einzige Aktion beschränkt, sondern können dem Button über die Plus-Schaltfläche noch weitere Gehe-zu-Aktionen zuweisen. Im hier gezeigten Beispiel zeigen die Schaltflächen beim Antippen nicht nur das jeweilige Rosenfoto an. Vielmehr wurde ein weiteres Multistatus-Objekt mit den Texten für die einzelnen Rosen erstellt und dieses unter dem Objekt mit den Fotos platziert (siehe Bild 9.27).

Beim Antippen der Schaltflächen zeigt der Benutzer sowohl das entsprechende Foto als auch den dazu passenden Text an (siehe Bild 9.28).

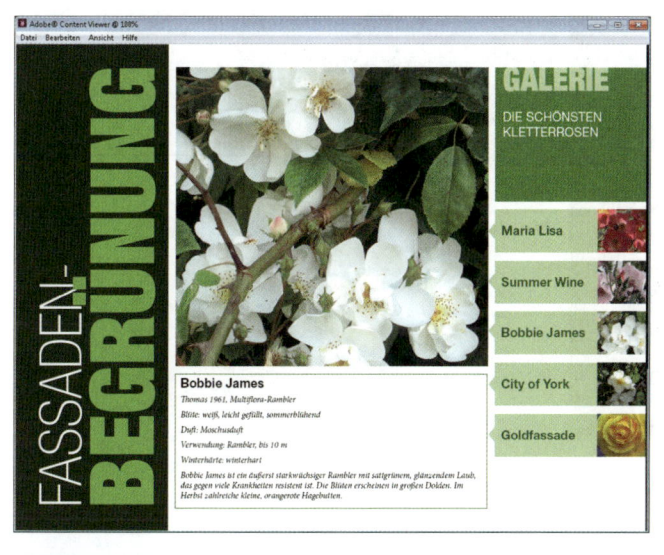

Bild 9.28 Beim Antippen einer Schaltfläche ändert sich nicht nur das Bild, sondern auch der passende Text wird eingeblendet.

Dazu hat jede Schaltfläche im Schaltflächen- und Formularebedienfeld zwei Gehe-zu-Status-Aktionen erhalten: Die eine zeigt den entsprechenden Status des Bildergalerie-Objekts an, die andere den zugehörigen Status des Beschreibungen-Objekts (siehe Bild 9.29).

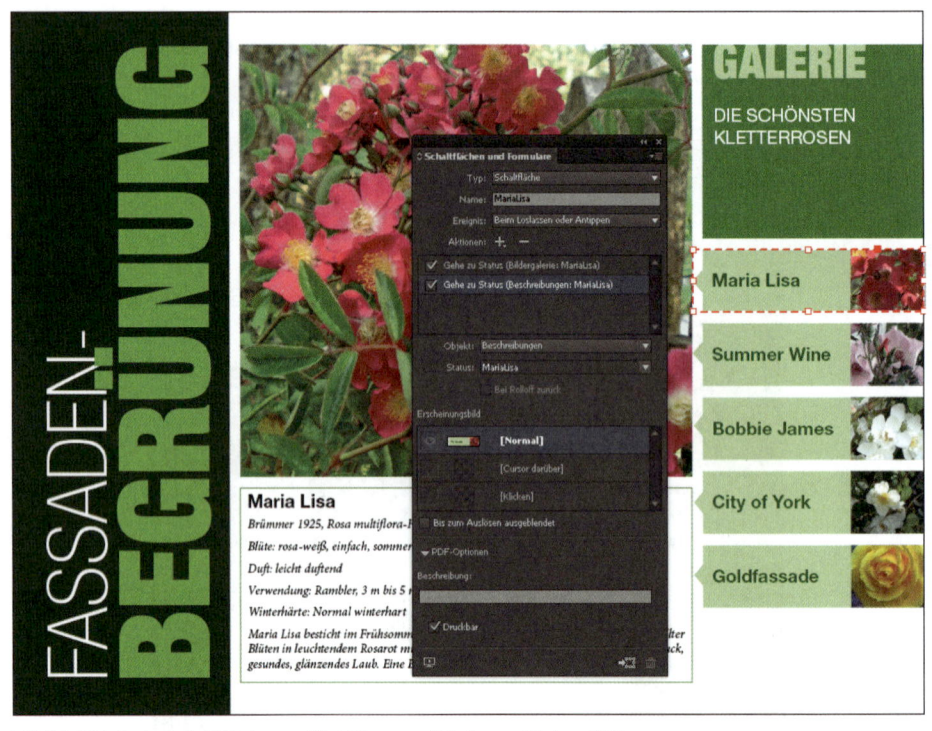

Bild 9.29 Jede Schaltfläche verfügt über zwei Gehe zu Status-Aktionen.

■ 9.7 Scroll- bzw. verschiebbare Textblöcke einfügen

Auf dem Tablet wirken vor allem Effekte, bei denen man durch „Anfassen" mit dem Finger Objekte verschieben kann. So können Sie Ihr interaktives Magazin beispielsweise durch verschiebbare Textblöcke – etwa Bildbeschriftungen – aufwerten, die der Nutzer bei Bedarf auf dem Display umherziehen kann. Sie verwenden dazu den Effekt **Durchlaufbarer Rahmen**.

Genauso eignet sich dieser Effekt jedoch, wenn der Nutzer mit einer Wischbewegung durch Textrahmen mit Übersatztext scrollen soll.

Verschiebbare Textblöcke

1. Ziehen Sie mit dem Rechteckrahmenwerkzeug einen Platzhalterrahmen auf. Innerhalb der Grenzen dieses Rahmens kann der Leser Ihrer Veröffentlichung den Text aufziehen (siehe Bild 9.30).

9.7 Scroll- bzw. verschiebbare Textblöcke einfügen

Bild 9.30   In der vierten Spalte wurde ein leerer Grafikrahmen aufgezogen (rot).

2. Aktivieren Sie jetzt das Textwerkzeug und erzeugen Sie einen Textrahmen, der dieselbe Breite hat wie der zuvor erzeugte Platzhalterrahmen. Geben Sie den gewünschten Text ein.
3. Drücken Sie die **Esc**-Taste, um den Textrahmen auszuwählen, und schneiden Sie ihn mit **Strg/Befehl + X** aus. Wählen Sie den Platzhalterrahmen aus und wählen Sie **Bearbeiten/ In die Auswahl einfügen**, um den Inhalt der Zwischenablage einzufügen (siehe Bild 9.31).

Bild 9.31   Fügen Sie den Textrahmen aus der Zwischenablage in den vorbereiteten Rahmen ein.

4. Ziehen Sie den eingefügten Textrahmen mit dem Direktauswahlwerkzeug innerhalb des Platzhalterrahmens an die Anfangsposition (siehe Bild 9.32).

Bild 9.32 Ziehen Sie den Textrahmen an die vorgesehene Anfangsposition – im Beispiel soll zunächst nur die Überschrift „Residenzschloss Ludwigsburg" angezeigt werden.

Bild 9.33 Anschließend legen Sie im Folio-Overlays-Bedienfeld eine vertikale Bildlaufrichtung fest und blenden Sie die Bildlaufanzeigen aus.

5. Aktivieren Sie wieder das Auswahlwerkzeug und klicken Sie auf den Platzhalterrahmen.
6. Im Folio-Overlays-Bedienfeld klicken Sie auf **Durchlaufbarer Rahmen**.

Nehmen Sie die folgenden Einstellungen vor (Bild 9.33):

- Im Menü **Bildlaufrichtung** stellen Sie ein, in welche Richtung der Text gezogen werden kann – im abgebildeten Beispiel **Vertikal**.
- Mit dem Kontrollfeld **Ausblenden** unter **Bildlaufanzeige** verhindern Sie, dass für den verschiebbaren Text Bildlaufleisten angezeigt werden.
- Unter **Anfängliche Inhaltsposition** aktivieren Sie das Kontrollfeld **Dokumentposition verwenden**.

Bild 9.34 Der Text kann nun mit einer Wischbewegung aus dem weißen Bereich herausgezogen werden, um die Bildunterschrift im Ganzen zu betrachten.

Bild 9.35 Alternative: Der Textrahmen füllt von vornherein den ganzen Container aus. Mit einer Wischbewegung nach oben scrollt der Betrachter nach unten und kann den gesamten Text lesen.

■ 9.8 Bilder schwenken und zoomen

Wenn Sie in InDesign einen Bildausschnitt zeigen, achten Sie normalerweise nicht auf eventuelle unschöne Bereiche an den Bildrändern – diese können Sie ja problemlos verdecken. Möchten Sie dem Nutzer die Möglichkeit geben, Ihr Bild zu schwenken, sollten Sie in Photoshop sorgfältig achtgeben, dass alle Bereiche des Bilds zur Betrachtung geeignet sind. Schneiden Sie das Bild gegebenenfalls entsprechend zu. Soll das Bild gezoomt werden, muss es vor allem eine entsprechende hohe Auflösung haben.

1. Platzieren Ihr Bild im Layout, positionieren und skalieren Sie es nach Ihren Wünschen. Wenn der Nutzer die Möglichkeit erhalten soll, das Bild zu schwenken, achten Sie darauf, dass es über den Bildrahmen hinaussteht (siehe Bild 9.36).

Bild 9.36 Der Betrachter soll die Möglichkeit erhalten, das Bild nach rechts und links zu schwenken. Deshalb reichen die Bildkanten über den Rahmen hinaus.

2. Soll der Benutzer das Bild zoomen, passen Sie es genau in den Bildrahmen ein. Wichtig ist, dass die effektive Auflösung, die im unteren Bereich des Verknüpfungenbedienfelds angezeigt wird, deutlich höher liegt als die Originalauflösung. Nur dann gibt es genug Spielraum zum Zoomen ohne Verschlechterung der Bildqualität (siehe Bild 9.37).

Bild 9.37 Wichtig für Bilder, die gezoomt werden sollen: Die effektive PPI muss deutlich höher liegen als die Original-PPI.

Aktivieren Sie das Auswahlwerkzeug und klicken Sie auf Ihr Bild. Im Folio-Overlays-Bedienfeld klicken Sie auf **Schwenken und Zoomen**. Aktivieren Sie das Optionsfeld **Ein**.

Bild 9.38 Mit horizontalen Wischbewegungen kann der Betrachter das Panoramabild nach links und rechts schwenken.

■ 9.9 3D-Panoramen einfügen

Zu den attraktivsten Folio-Overlays gehören 360-Grad-Panoramen. Sie geben dem Betrachter das Gefühl, dass er sich mitten in der Szene befindet und sich darin umsehen kann. Durch Wischbewegungen kann er sich sozusagen im virtuellen Raum bewegen.

Panorama-Overlays lassen sich erstaunlich leicht erstellen. Sie benötigen dazu ein sogenanntes Würfel- oder kubisches Panorama aus sechs Einzelbildern. Der Betrachtungswinkel eines solchen Panoramas liegt im Zentrum eines Würfels, auf dessen Flächen das Motiv projiziert wird. Der Betrachter befindet sich sozusagen in diesem Würfel. Dabei ist ein Rundblick von 360° horizontal und 180° vertikal möglich.

Beachten Sie die Namenskonventionen für die Benennung der Einzelbilder, damit InDesign weiß, welches Bild auf welche Fläche des Würfels projiziert werden soll.

- Der erste Teil des Dateinamens muss bei allen Bildern identisch sein.
- Darauf folgen ein Unterstrich und eine fortlaufende Nummer, die Sie Bild 9.39 entnehmen.

Bild 9.39 Auf einen Würfel projiziertes Panorama

Es gibt spezielle Softwareprogramme, die normale 360-Grad-Panoramabilder (siehe Bild 9.40) in die vom Folio-Overlays-Bedienfeld geforderten sechs Bilder konvertieren und sie dabei gleich richtigen benennen. Eines davon ist Pano2VR, von dem Sie sich auch eine Testversion herunterladen könne (in der kostenlosen Testversion erhalten Sie Wasserzeichen in allen sechs Bildern).

1. Nachdem Sie Pano2VR installiert und geöffnet haben, ziehen Sie Ihr Panoramabild in den Bereich **Quelle**.
2. Klicken Sie auf die Schaltfläche **Quelle umwandeln**.
3. Aus dem Menü **Typ** wählen Sie **Würfelflächen**. Stellen Sie außerdem das **Format PNG** ein.

Bild 9.40 360-Grad-Panorama, Botanischer Garten Linz, Quelle: Wikimedia Commons (dies ist übrigens eine gute Quelle für Panoramen aller Art).

4. Die **Flächennamen** stellen Sie auf **_1 … _6**. Klicken Sie auf **Konvertieren**, um die sechs Einzelbilder zu erzeugen (siehe Bild 9.41).

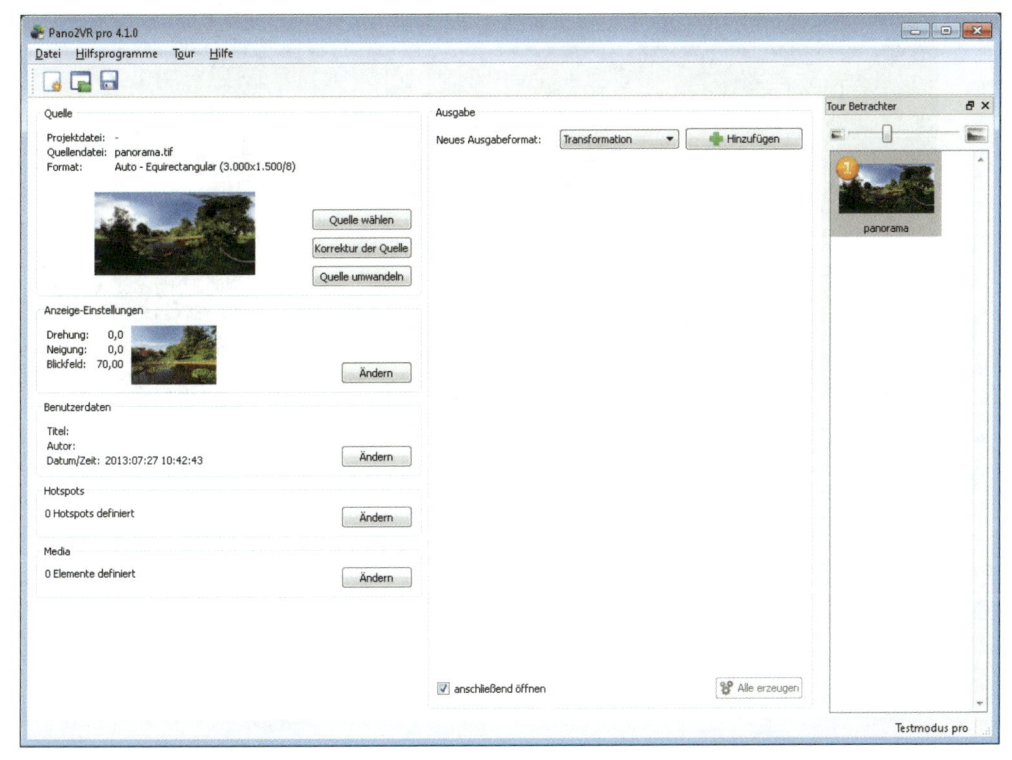

Bild 9.41 Mit Pano2VR erzeugen Sie mühelos Würfelpanoramen.

Nachdem Sie das Würfelpanorama erzeugt haben, geht es in InDesign folgendermaßen weiter.

1. Ziehen Sie eine Form als Container für das Panorama auf und klicken Sie im Folio-Overlay-Bedienfeld auf **Panorama**.
2. Klicken Sie auf das **Ordner**-Symbol neben **Bilder laden**. Wählen Sie den Ordner mit den vorbereiteten sechs Panoramabildern aus.
3. Klicken Sie auf **Öffnen**. Es ist egal, wie groß der aufgezogene Containerrahmen ist – die Bilder werden immer in ihrer originalen Größe in das Layout eingefügt.
4. Skalieren Sie das Panorama auf die gewünschte Größe (siehe Bild 9.42).

Bild 9.42 Fügen Sie das Panorama ein und skalieren Sie es auf die gewünschte Größe.

5. Im Folio-Overlays-Bedienfeld stellen Sie gegebenenfalls Parameter wie **Anfangszoom**, **Blickfeld** und Begrenzung ein. Die Begrenzung ist besonders dann wichtig, wenn Ihr Panorama nicht ganz nahtlos ist und Sie deshalb einen bestimmten Teil ausschließen möchten.
6. Testen Sie Ihr Panorama in der Vorschau. Sobald Sie es anklicken, wird es in der Vorschau geöffnet und Sie können mit Drag & Drop bzw. Wischbewegungen darin navigieren (siehe Bild 9.43).

Bild 9.43 Das Panorama wird immer auf der gesamten Displayfläche geöffnet.

■ 9.10 Web- und HTML-Inhalte einfügen

Auch Inhalte aus dem Internet können Sie über das Folio-Overlays-Bedienfeld in Ihre Folios einbinden. Was Sie sich gleich anhand eines einfachen Beispiels – des Einbindens einer Google-Maps-Karte – verdeutlichen werden, bietet in der Praxis fast unbegrenzte Möglichkeiten. Sie können damit interaktive Elemente aller Art in Ihre digitalen Veröffentlichungen einbinden, für die die Digital Publishing Suite selbst keine Möglichkeiten bietet. Auf diese Weise können Sie auch Last-Minute- oder tagesfrische Inhalte anbieten, Formulare, Spiele, Twitter-Feeds und vieles mehr nahtlos in die Umgebung Ihrer digitalen Veröffentlichung einfügen. Die einzige Einschränkung sind Flash-Inhalte – wie erwähnt, funktionieren diese unter iOS nicht.

> **PRAXISTIPP:** Apple ist außerordentlich sensibel, wenn Sie auf eine Internet-Shop-Seite verlinken. Dies kann unter Umständen dazu führen, dass Ihre App bei der erforderlichen Prüfung abgelehnt wird und es nicht in den Store schafft.

1. Bereiten Sie eine Seite vor, in die Sie eine Google-Maps-Karte einfügen möchten. Ziehen Sie einen Rahmen in der gewünschten Kartengröße auf (siehe Bild 9.44).

Bild 9.44 Bereiten Sie einen Rahmen vor, in dem der Webinhalt angezeigt werden soll.

2. Nun legen Sie den gewünschten Kartenausschnitt fest. Dazu öffnen Sie Ihren Internet-Browser und besuchen *www.maps.google.de*.
3. Geben Sie in das Eingabefeld am oberen Rand von Gooogle Maps die gewünschte Zieladresse ein. Benutzen Sie die Steuerelemente in der Karte, um den Ausschnitt zu zoomen und die gewünschte Darstellung zu erhalten (siehe Bild 9.45).

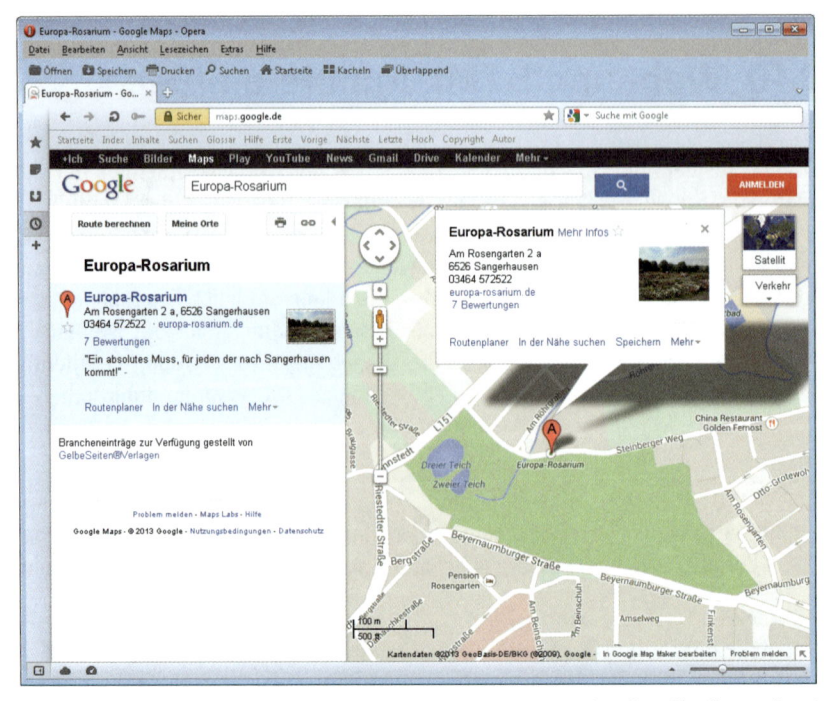

Bild 9.45 Suchen Sie in Google Maps die Zieladresse heraus und stellen Sie die gewünschte Ansicht ein.

4. Jetzt klicken Sie im oberen linken Teil des Fensters auf die Schaltfläche mit dem Kettensymbol. Der HTML-Code der Karte ist bereits ausgewählt. Kopieren Sie ihn mit **Strg/Befehl + C** in die Zwischenablage.
5. Wechseln Sie wieder zu InDesign. Achten Sie darauf, dass der vorbereitete Rahmen ausgewählt ist. Im Folio-Overlays-Bedienfeld klicken Sie auf **Webinhalt**.
6. In das Feld **URL oder Datei** fügen Sie die in die Zwischenablage kopierte URL ein.
7. Aktivieren Sie das Kontrollfeld **Automatisch abspielen**, damit der Webinhalt dem Nutzer automatisch angezeigt wird (siehe Bild 9.46).

Bild 9.46 Der Webinhalt ist zugewiesen – im InDesign-Layout erkennen Sie nichts davon.

In InDesign erhalten Sie keine Vorschau des Webinhalts. Sie müssen Ihr Folio über die Schaltfläche **Vorschau** im Folio-Overlays-Bedienfeld in Adobe Content Viewer anzeigen (siehe Bild 9.47 auf der nächsten Seite).

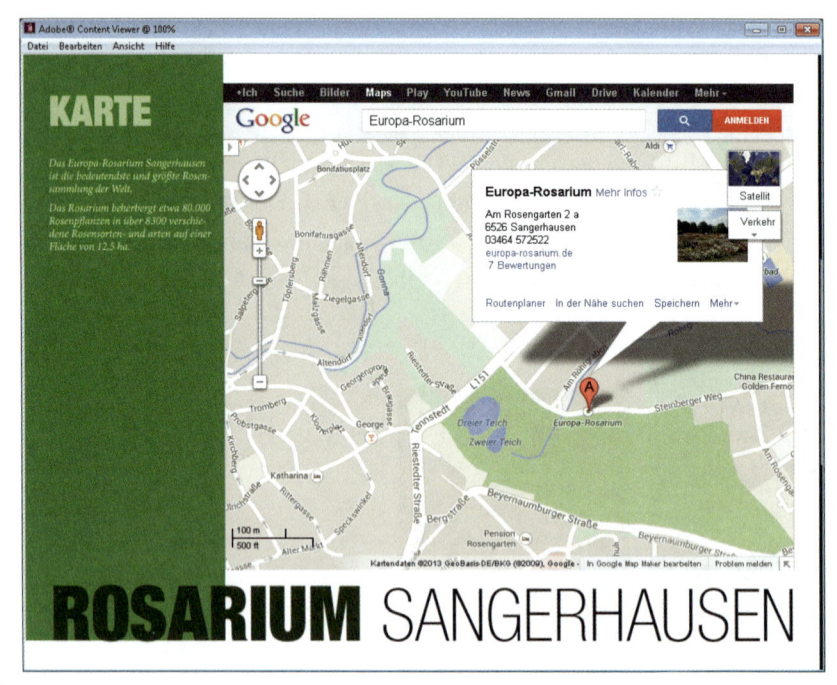

Bild 9.47 In der Vorschau im Adobe Content Viewer wird die Google-Maps-Karte ordnungsgemäß dargestellt.

HTML-Inhalte hinzufügen

Aber nicht nur Live-Webinhalte können Sie Ihren Folios hinzufügen, sondern auch HTML-Code, der sogar JavaScript- und andere Skripte enthalten kann. Der Anwender benötigt in diesem Fall keine Internetverbindung. Die Vorgehensweise gleicht der beim Hinzufügen von Webinhalten. Der einzige Unterschied besteht darin, dass Sie im Feld **URL oder Datei** des Folio-Overlays-Bedienfelds keine URL eingeben, sondern stattdessen auf das kleine Ordnersymbol klicken und eine HTML-Datei auf Ihrem Computer oder im Netzwerk auswählen.

9.11 Mediendateien einbinden

Wann immer möglich und passend, sollten Sie Ihre digitalen Veröffentlichungen mit Multimedia anreichern. Auf diese Weise erzielen Sie Publikationen, die wirklich für das typische Ausgabegerät – das Tablet – maßgeschneidert sind.

Damit Sie Videodateien in Ihr Folio anbinden können, müssen diese im MP4-Format mit dem H.264-Codec vorliegen. Audiodateien sollten im MP3-Format vorliegen. Wenn Ihre Dateien ein anderes Format haben, können Sie den Adobe Media Encoder nutzen, den Sie über die Creative Cloud erhalten. Ausführliche Informationen hierzu finden Sie in Abschnitt 6.1.1.1.1, „Videodateien aufbereiten".

> **PRAXISTIPP:** Bedenken Sie, dass Videodateien ziemlich groß sein können und somit als eingebundene Dateien möglicherweise zu langen Ladezeiten Ihres Folios führen. Deshalb bietet sich die folgende Alternative an: Veröffentlichen Sie Ihr Video auf einem Portal wie etwa YouTube und zeigen Sie es im Artikel als Live-Webinhalt an.

9.11.1 Videodateien einbinden

1. Zeigen Sie Ihr InDesign-Layout an und erzeugen Sie mit dem Rechteckrahmenwerkzeug einen Rahmen als Platzhalter für Ihre Videodatei. Wählen Sie **Datei/Platzieren**, um die Videodatei in diesen Rahmen zu einzufügen.
2. Lassen Sie den Rahmen markiert und wählen Sie **Datei/Interaktiv/Medien**.
3. Nehmen Sie hier die gewünschten Einstellungen vor: Aktivieren Sie das Kontrollfeld **Beim Laden der Seite abspielen**, wenn das Video direkt und ohne Benutzereingriff abgespielt werden soll.
4. Sie können ein Standbild definieren, das der Nutzer sieht, so lange der Film noch nicht läuft. Wählen Sie dazu entweder die Option **Aus aktuellem Bild**, scrollen Sie an die gewünschte Stelle im Film und klicken Sie auf das kreisförmige **Aktualisieren**-Symbol rechts neben dem Menü **Standbild**. Alternativ wählen Sie **Bild auswählen** und dann ein vorbereitetes Standbild in Ihrem Dateisystem. Auch die Option **Standard** ist möglich – dann wird einfach der erste Frame Ihres Videos als Standbild verwendet (siehe Bild 9.48).

Bild 9.48 Ungewohnt beim Erstellen von Overlays: Zum Konfigurieren von Videos brauchen Sie sowohl das Medien- als auch das Folio-Overlays-Bedienfeld.

5. Wechseln Sie jetzt ins Folio-Overlays-Bedienfeld. Dieses zeigt die Optionen für Audio- und Video-Overlays an. Wenn Sie im Medienbedienfeld das Kontrollfeld **Beim Laden der Seite abspielen** gewählt haben, ist im Folio-Overlays-Bedienfeld automatisch das Kontrollfeld **Automatisch abspielen** aktiviert. Sie können dann eine **Verzögerung** angeben. Das Video startet erst nach der von Ihnen angegebenen Zeitspanne.

6. **Im Vollbildmodus abspielen** sollten Sie nur dann wählen, wenn Ihr Video von wirklich guter Qualität ist, denn es füllt dann die ganze Fläche des Displays aus, sobald der Benutzer es antippt (bzw. sobald es automatisch abgespielt wird) (siehe Bild 9.49).
Aber auch wenn Sie das Kontrollfeld deaktivieren, kann der Benutzer den Clip im Adobe Content Viewer per Video-Steuerelement im Vollbildmodus abspielen.

Bild 9.49 Im Vollbildmodus füllt das Video die gesamte Anzeigefläche aus, sobald es abgespielt wird.

7. Bei gewähltem Kontrollfeld **Steuerelemente bei Rollover zeigen** ist der vom Betriebssystem erzeugte Video-Player zunächst unsichtbar und wird erst angezeigt, wenn der Benutzer das Video antippt.

9.11.2 Audiodateien einbinden

Mit derselben Technik – **Datei/Platzieren** – fügen Sie MP3-Audiodateien ein. Sie erhalten einen Medienrahmen ohne sichtbaren Inhalt. Das ist gut, wenn Sie den Sound beispielsweise als Hintergrundmusik laufen lassen möchten. Soll der Benutzer hingegen selbst entscheiden, ob er die Audiodatei abspielen möchte, benötigen Sie Steuerelemente.

1. Öffnen Sie das Medienbedienfeld und wählen Sie aus dem Menü **Standbild** ein geeignetes Bild, das die Audiodatei repräsentiert. Gut geeignet ist beispielsweise ein Lautsprechersymbol. Der Leser erkennt dann unmittelbar, dass er durch Antippen des Symbols eine Audiodatei abspielen kann. Sie können entweder das standardmäßige Lautsprechersymbol einsetzen, indem Sie aus dem Menü die Option **Standard** wählen, oder über **Bild auswählen** ein zuvor erstelltes Icon oder auch entsprechendes Album-Cover oder Ähnliches aus Ihrem Dateisystem verwenden.
2. Wechseln Sie anschließend bei weiterhin aktiviertem Medienrahmen zum Folio-Overlays-Bedienfeld. Genau wie Videos können Sie auch **Audios automatisch abspielen** lassen – mit oder ohne **Verzögerung**, sobald der Leser zur entsprechenden Seite blättert.

Eigene Steuerelemente hinzufügen

In vielen Fällen genügt das Lautsprechersymbol, damit der Benutzer den Sound ein- und ausschalten kann. Sie haben aber noch weitere Darstellungsmöglichkeiten und können einen Button zum Abspielen und einen zum Stoppen hinzufügen.

Die Adobe Digital Publishing Suite stellt hierfür keine Steuerelemente zur Verfügung. Sie fügen aber mit den folgenden Schritten eigene Grafiken ein.

1. Erzeugen Sie für jedes gewünschte Steuerelement eine entsprechende PNG-Grafik (siehe Bild 9.50). Den vorderen Teil der Dateien können Sie beliebig benennen. Wichtig ist nur der hintere Teil: Dieser muss **001_play.png** bzw. **001_pause.png** lauten. Sie könnten den Abspielen-Button also beispielsweise folgendermaßen benennen:

   - „abspielen001_play.png"
   - „play001_play.png"

   oder

   - „pl001_play.png"

Bild 9.50
Erstellen Sie einen Pause- und einen Play-Button und beachten Sie bei der Dateibenennung bestimmte Konventionen.

2. Legen Sie die Dateien in denselben Ordner.
3. Im Folio-Overlays-Bedienfeld wählen Sie den Medienrahmen für Ihre Sound-Datei aus und klicken auf das **Ordner**-Symbol neben **Steuerelement-Dateien**.
4. Wählen Sie den Ordner, in den Sie die PNG-Grafiken gelegt haben.

Mehr müssen Sie nicht tun, um die Steuerelemente im Adobe Content Viewer anzuzeigen.

■ 9.12 Folio fertigstellen

Sie haben ein attraktives Folio mit fesselnden interaktiven Effekten entwickelt – bevor Sie es veröffentlichen, sollten Sie noch einige Schritte unternehmen, um eine wirklich optimale User Experience zu erzielen.

9.12.1 Artikeldetails hinzufügen

Dem Leser Ihrer Tablet-Veröffentlichung stehen alternative Navigationssysteme zur Verfügung. Damit Ihre Artikel darin ansprechend präsentiert werden, legen Sie jetzt einige Artikeldetails fest.

1. Wählen Sie im Foliobedienfeld den gewünschten Artikel aus. Öffnen Sie das Bedienfeldmenü und klicken Sie auf **Artikeleigenschaften**. Die Eigenschaften bestimmen, wie der Artikel im Inhaltsverzeichnis Ihrer Publikation, im Content Scrubber und anderen Bereichen angezeigt wird.
2. In das Feld **Titel** tragen Sie den Titel des Artikels exakt so ein, wie er in allen Navigationssystemen erscheinen soll; darunter geben Sie den **Autor** an. Auch die Beschreibung sollten Sie ausfüllen. Sie können hier beispielsweise einen Untertitel eingeben (siehe Bild 9.51).

Bild 9.51
Vernachlässigen Sie die Artikeleigenschaften nicht. Sie bestimmen, wie Ihr Artikel in den Navigationssystemen des Tablets angezeigt wird.

3. Wenn Sie **Nur Horizontale Blättergeste** aktivieren, werden Artikel mit mehreren Bildschirmen nicht vertikal, sondern horizontal angezeigt. Demnach wischen die Leser nicht nach unten, um mit dem Lesen desselben Artikels fortzufahren, sondern nach rechts. Da der Nutzer auch zum Öffnen eines neuen Artikels nach rechts scrollt, erhalten Sie auf diese Weise eine lange Abfolge nebeneinander gefügter Bildschirme.
4. Unter **Vorschau des Inhaltsverzeichnisses** wählen Sie ein Miniaturbild für den Artikel aus. Standardmäßig wird hier eine Miniaturansicht des ersten Bildschirms des Artikels

erzeugt. Alternativ wählen Sie über das Ordner-Symbol ein vorbereitetes Bild aus, das Sie am besten im PNG-Format gespeichert haben. Es sollte für die meisten Ausgabegeräte 70 × 70 Pixel groß sein, für das Retina-Display des iPad 3/4 144 × 144 Pixel.

5. Eventuelle Anzeigen sollten nicht im Inhaltsverzeichnis und anderen Navigationsmechanismen der Publikation auftauchen. Aktivieren Sie deshalb das Kontrollkästchen **Werbung**, wenn es sich bei dem Artikel um eine Anzeige handelt. Die Adobe Digital Publishing Suite schließt diesen Artikel dann aus dem Inhaltsverzeichnis und anderen Navigationsmechanismen aus.

6. Außerdem können Sie das Kontrollkästchen **Im Inhaltsverzeichnis ausblenden** aktivieren. Auch dann wird der aktuelle Artikel nicht in das Inhaltsverzeichnis aufgenommen.

9.12.2 Folioeigenschaften definieren

Nicht nur für die einzelnen Artikel, sondern auch für das Folio selbst sollten Sie einige Eigenschaften definieren. Dies sind die ersten Informationen über Ihre Publikation, die Ihre Leser sehen.

1. Falls Sie im Folio-Builder-Bedienfeld gerade die einzelnen Artikel anzeigen, kehren Sie mit dem **Linkspfeil** in der oberen linken Bedienfeldecke zur Übersicht Ihrer Folios zurück.

2. Wählen Sie aus dem Bedienfeldmenü des Folio-Builder-Bedienfelds den Befehl **Folioeigenschaften** (siehe Bild 9.52).

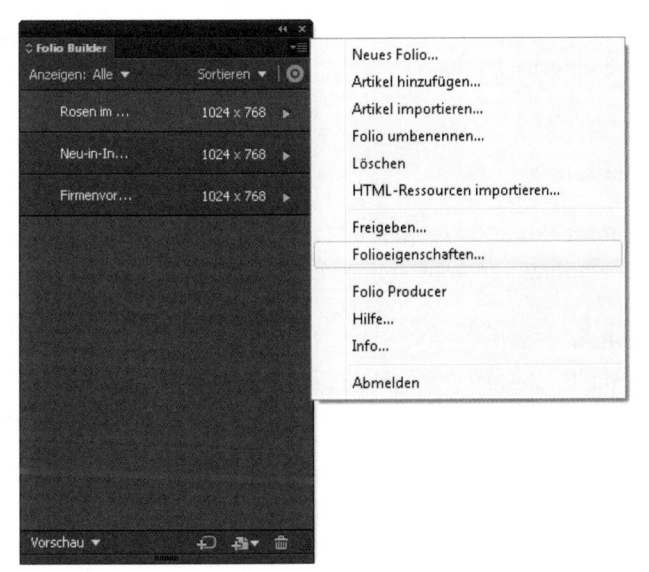

Bild 9.52
Auch für das Folio selbst sollten Sie Eigenschaften definieren.

3. Die Informationen im folgenden Dialogfeld sind beispielsweise für die Newsstands von Apple und Kindle Fire, den Google Play Store usw. gedacht – sie gehören zum Ersten, was der Leser von Ihrer Veröffentlichung zu Gesicht bekommt. Deshalb sollten Sie dieses Dialogfeld sorgfältig bearbeiten.

4. Außer dem Namen Ihrer Veröffentlichung ist vor allem die Auswahl geeigneter Deckblätter im unteren Bereich und die Angabe der Viewer-Version wichtig. Achten Sie darauf, dass die Bilder für die Deckblätter dieselben Abmessungen haben wie die tatsächlichen Seiten Ihrer Publikation. Beachten Sie außerdem, dass Sie sowohl ein Cover im Hochformat und eines im Querformat hinzufügen müssen.

5. **Bindung an rechter Kante** ist nur für Publikationen in Sprachen interessant, die von rechts nach links gelesen werden, z. B. Japanisch oder Arabisch.

Weitere Folioeigenschaften im Folio Producer: Organizer festlegen

Sie können statt des Dialogfelds **Folioeigenschaften** auch den **Folio Producer: Organizer** verwenden, um die Eigenschaften Ihres Folios festzulegen. Sie erreichen ihn über Ihr DPS-Dashboard. Beachten Sie, dass Pflichtfelder mit einem Sternchen gekennzeichnet sind.

■ 9.13 Zum Schluss: App für das iPad erstellen

Jetzt sind Sie bereit, die eigentliche App zu erstellen, die Ihre Leser auf ihrem Tablet öffnen und betrachten können.

Als Abonnent der Creative Cloud können Sie kostenlos auf den DPS App Builder zugreifen. Allerdings ist er nur für Mac OS verfügbar. Außerdem haben Sie als Creative Cloud-Abonnent eine Single Edition der Digital Publishing Suite – dies ist die Mindestvoraussetzung, um Apps für das iPad erstellen zu können. Die kostenpflichtigen Ausbaustufen sind die Professional Edition und die Enterprise Edition.

9.13.1 Benötigte Utensilien

Bevor Sie die App erstellen, sollten Sie alles Benötigte bereit haben. Für eine iPad-App brauchen Sie zwei verschiedene Zertifikate von Apple und mehrere Grafiken.

9.13.1.1 Zertifikate erstellen

Melden Sie sich zunächst beim iOS-Developer-Programm an. Dies kostet 99 US-$ pro Jahr. Besuchen Sie dazu www.developer.apple.com und klicken Sie auf **iOS DevCenter**. Sobald Sie Ihren Developer-Account haben, ist eine ziemlich unübersichtliche Anzahl Schritte notwendig, bis Sie schließlich die fertige App erhalten, auf Ihrem Gerät testen und abschließend bei Apple zur Prüfung und Freigabe im App Store einreichen können. Der Hauptgrund dafür, dass dieser Vorgang so verzwickt ist: Sie benötigen zwei Zertifikate, die dafür sorgen sollen, dass Ihre Apps nicht etwa in einer illegalen Tauschbörse angeboten werden können.

1. Klicken Sie zunächst im rechten Bereich der Developer-Seite auf das **iOS Provisioning Portal**.

2. Klicken Sie im linken Fensterbereich auf **Certificates** (siehe Bild 9.53). Sie benötigen nun ein Development-Zertifikat, damit Sie die spätere App auf Ihrem eigenen iPad testen

können. Zusätzlich brauchen Sie ein Distribution-Zertifikat, um die App später für den App Store anzumelden.

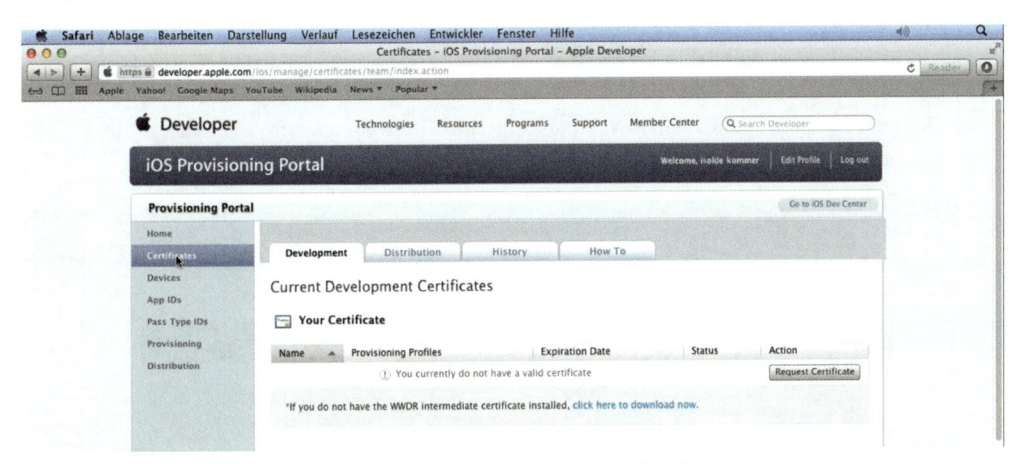

Bild 9.53 Klicken Sie im iOS Provisioning Portal auf den Link „Certificates".

3. Klicken Sie auf **Request Certificate**. Scrollen Sie nach unten – Sie finden hier den Button **Datei auswählen**. Suchen Sie über Spotlight nach der **Schlüsselbundverwaltung**, mit der Sie die hier benötigte Datei erstellen können. Öffnen Sie das Programm.
4. Wählen Sie **Schlüsselbundverwaltung/Zertifikatsassistent/Zertifikat einer Zertifizierungsinstanz anfordern** (siehe Bild 9.54)

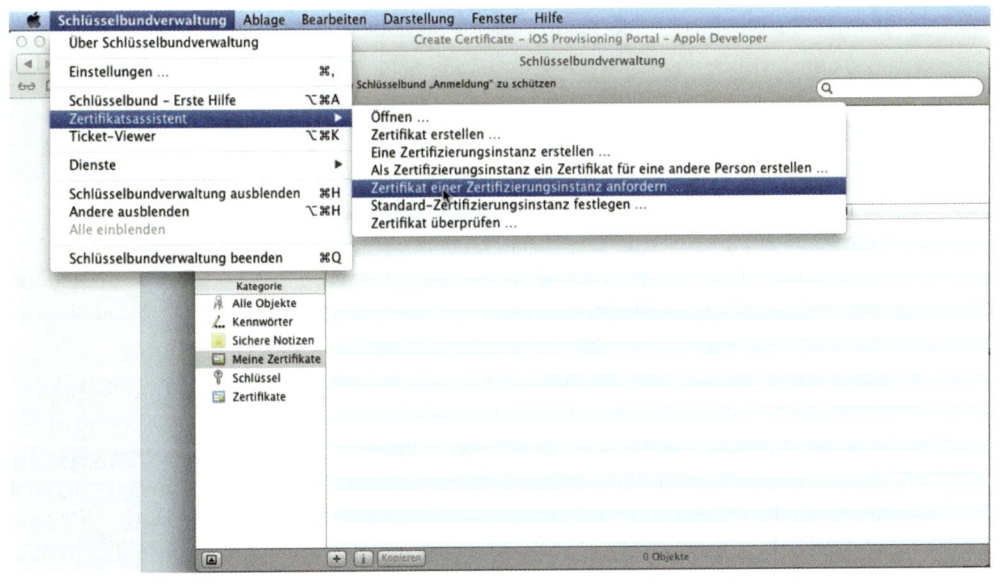

Bild 9.54 Die für die Zertifizierung erforderliche Datei erzeugen Sie über die Schlüsselbundverwaltung.

5. Im folgenden Dialogfeld geben Sie die Ihre E-Mail-Adresse und Ihren Namen ein und aktivieren das Kontrollfeld **Auf Festplatte sichern**. Bestätigen Sie mit **Fortfahren**.
6. Sie bekommen einen Namen vorgeschlagen. Damit Sie diesen später besser zuordnen können, können Sie ihn selbst noch erweitern – schreiben Sie beispielsweise **Dev** davor. Klicken Sie auf **Sichern** und auf **Fertig**.
7. Jetzt klicken Sie auf der Developer-Seite auf **Datei auswählen** und reichen die soeben erzeugte Zertifikatsanforderung ein (siehe Bild 9.55).

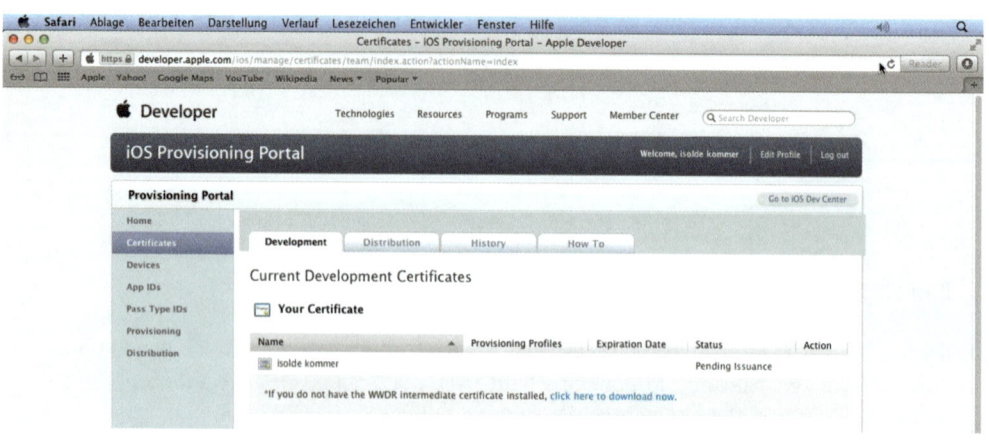

Bild 9.55 Die Zertifikatsanforderung ist eingereicht.

8. Bereits nach kurzer Wartezeit können Sie die Seite neu laden. Sobald Ihr Zertifikat den Status **Issued** hat, laden Sie es über den **Download**-Button herunter.
9. Anschließend laden Sie das Zertifikat in den Schlüsselbund, indem Sie einen Doppelklick darauf ausführen.
10. Danach klicken Sie es mit der rechten Maustaste an und exportieren es über das Kontextmenü als P12-Datei. Dabei wird ein Kennwort von Ihnen gefordert. Wählen Sie eines, das Sie sich gut merken können, oder schreiben Sie es sich auf.
11. Lassen Sie sich nicht irritieren – direkt danach werden Sie im Meldungsfenster **Schlüsselbundverwaltung möchte den Schlüssel „[...]" aus Ihrem Schlüsselbund exportieren** noch einmal zur Eingabe eines Kennworts aufgefordert. Dieses Mal geben Sie jedoch das Anmeldekennwort für Ihren Mac ein, bevor Sie auf **Erlauben** klicken.
12. Damit haben Sie das erste Zertifikat exportiert. Sie besitzen nun ein Development-Zertifikat (siehe Bild 9.56).
13. Jetzt erstellen Sie das Distribution-Zertifikat, damit Sie Ihre App später im Store anbieten können. Klicken Sie im oberen Bereich des iOS Provisioning Portals auf den Registerreiter **Distribution** und dann auf die Schaltfläche **Request Certificate**. Hier sind die gleichen Schritte nötig wie beim Erstellen eines Developer-Zertifikats. Kennzeichnen Sie auch das Distributions-Developer-Zertifikat am besten durch einen Namenszusatz, damit Sie es später leicht identifizieren können.

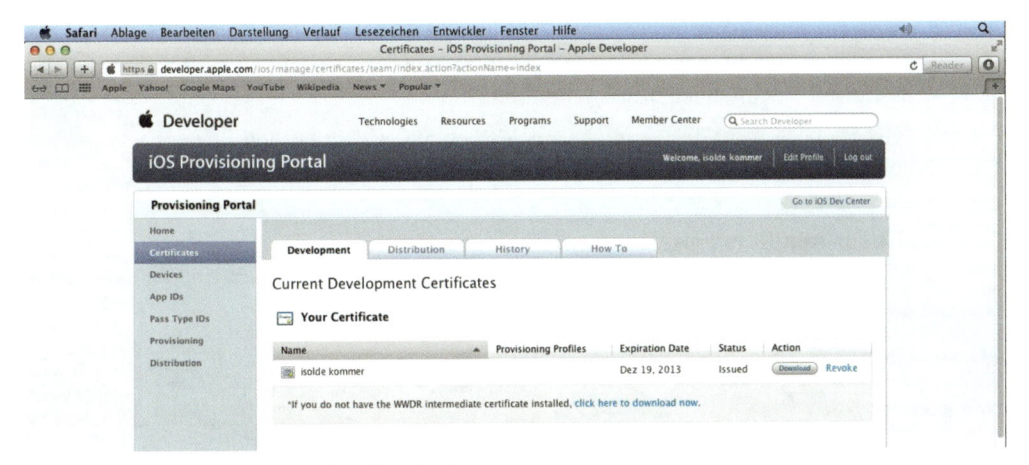

Bild 9.56 Das Development-Zertifikat ist fertig.

9.13.1.1.1 Geräte registrieren

1. Teilen Sie Apple als Nächstes mit, auf welchen Geräten Sie Ihre App testen möchten. Klicken Sie dazu im iOS Provisioning Portal auf **Devices** (siehe Bild 9.57)

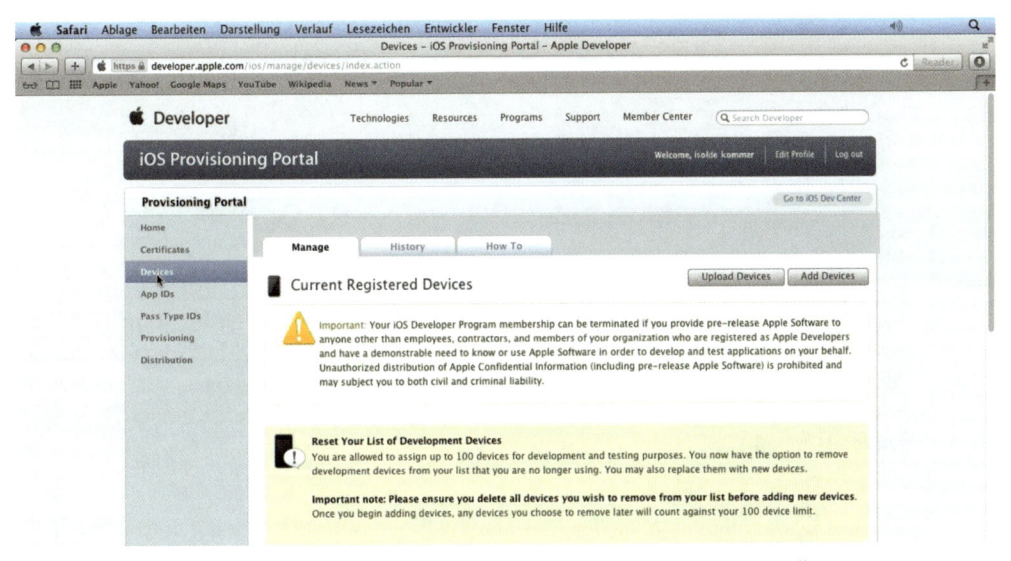

Bild 9.57 Apple möchte nun wissen, auf welchen Geräten Sie Ihre App testen wollen.

2. Klicken Sie auf **Add Devices**. Im Feld **Device Name** geben Sie Ihrem ersten Gerät einen Namen.
3. Rechts daneben geben Sie die Device-ID Ihres Geräts ein. Sie ermitteln diese, indem Sie in iTunes auf **Übersicht** klicken. Halten Sie die **Befehl**-Taste gedrückt und klicken Sie auf **Seriennummer**. An dieser Stelle wird jetzt die UDID Ihres Geräts angezeigt. Klicken Sie diese mit der rechten Maustaste an und wählen Sie aus dem Kontextmenü den Befehl **Identifizierung/UDID/kopieren**.

4. Wechseln Sie wieder in das iOS Provisioning Portal und fügen Sie den Inhalt der Zwischenablage über das Kontextmenü in das Feld **Device ID (40 hex characters)** ein. Bestätigen Sie mit einem Klick auf **Submit**.
5. Falls Sie noch mehr Testgeräte haben, klicken Sie erneut auf **Add Devices** und wiederholen den Vorgang für das nächste Gerät.

9.13.1.1.2 App ID erzeugen

1. Klicken Sie im linken Bereich des Provisioning Portals auf **App Ids** und dann auf **New App ID** (siehe Bild 9.58).

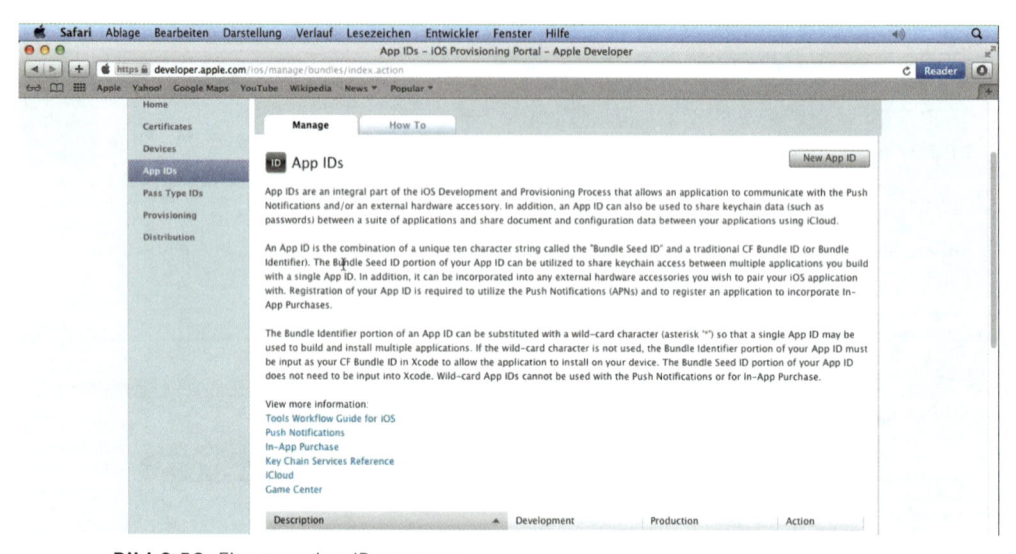

Bild 9.58 Eine neue App ID erzeugen

2. Geben Sie einen Namen für Ihr Magazin ein. In das Feld **Bundle Identifier (App ID Suffix)** gehört Ihre eigene Domain-Adresse ein, aber rückwärts gelesen (nach dem Muster de. domainname.appname). Achten Sie darauf, dass Sie keine Sonderzeichen, Unterstriche usw. verwenden. Beschränken Sie sich auf Buchstaben und Ziffern; Bindestriche sind ebenfalls möglich.
3. Klicken Sie auf **Submit**.
4. Klicken Sie im linken Bereich des Provisioning Portals auf **Provisioning** und dann auf die Schaltfläche **Neues Profil erstellen** (siehe Bild 9.59).
5. Geben Sie einen Namen Ihrer Wahl ein und wählen Sie die zuvor erstellte App ID und die Testgeräte. Aktivieren Sie das Kontrollfeld im Bereich **Certificates**.
6. Klicken Sie auf **Submit**. Ihr Profil wird erstellt. Nach kurzer Zeit können Sie das Browserfenster aktualisieren.
7. Klicken Sie unter **Actions** auf **Download**. Das Zertifikat wird auf Ihre Festplatte heruntergeladen.
8. Aktivieren Sie das Register **Distribution**. Auch hier klicken Sie auf **New Profile**.

9. Geben Sie einen Profilnamen ein und wählen Sie die **App ID**, bevor Sie auf **Submit** klicken. Aktualisieren Sie nach kurzer Zeit das Browserfenster und klicken Sie auf **Download**, um auch das Distributionszertifikat auf Ihren Computer herunterzuladen.

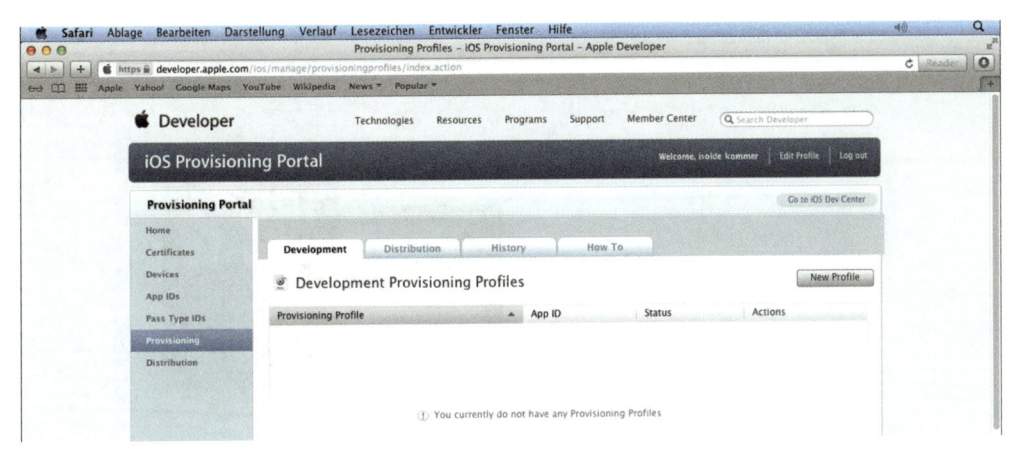

Bild 9.59 Neues Profil erstellen

9.13.1.2 Grafiken

Damit Sie die fertige App später im App Store anbieten können, benötigen Sie mehrere Grafiken.

9.13.1.2.1 Icons erstellen

Für eine iPad-App benötigen Sie beispielsweise vier App-Symbole im PNG-Format und in verschiedenen Abmessungen.

- 512 × 512 Pixel
- 72 × 72 Pixel
- 50 × 50 Pixel
- 29 × 29 Pixel

9.13.1.2.2 Cover-Seite erstellen

Darüber hinaus benötigen Sie die Cover-Seite im Hoch- und im Querformat in voller Auflösung – für das iPad 1 und 2 also mit den Abmessungen 768 × 1024 Pixel sowie 1024 × 768 Pixel. Am einfachsten erhalten Sie diese Cover-Grafiken, indem Sie das Cover Ihres Folios in InDesign öffnen und den Befehl **Datei/Exportieren** mit dem Dateityp **PNG** wählen.

9.13.2 Folio in eine App konvertieren: DPS App Builder nutzen

Nachdem Sie die benötigten Materialien erstellt haben, laden Sie sich den DPS App Builder über den Organizer im DPS Dashboard herunter.

1. Wählen Sie am Macintosh-Rechner aus dem Bedienfeldmenü des Folio-Builder-Bedienfelds den Befehl **App erstellen** (siehe Bild 9.60).

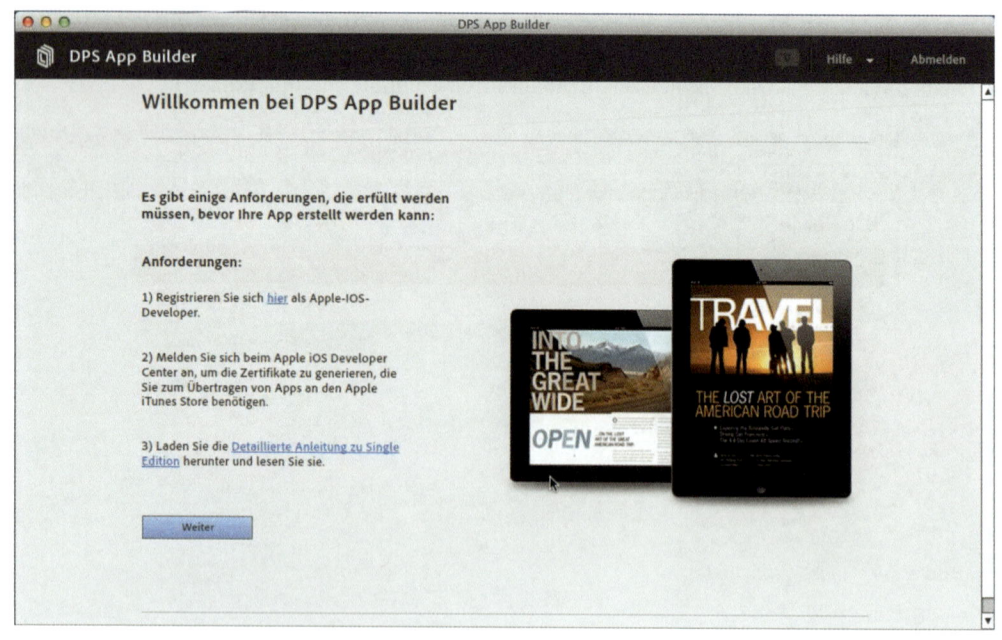

Bild 9.60 DPS App Builder nach dem Start

2. Melden Sie sich gegebenenfalls mit Ihrer Adobe ID an und klicken Sie auf **Weiter**. Geben Sie Ihrer App einen Namen. Die App-Version wird automatisch erkannt.
3. Klicken Sie auf **Erweiterte Optionen anzeigen**. Achten Sie vor allem darauf, dass Sie die **Unterstützten Sprachen** richtig einstellen. Klicken Sie auch hier auf **Weiter** (siehe Bild 9.61).

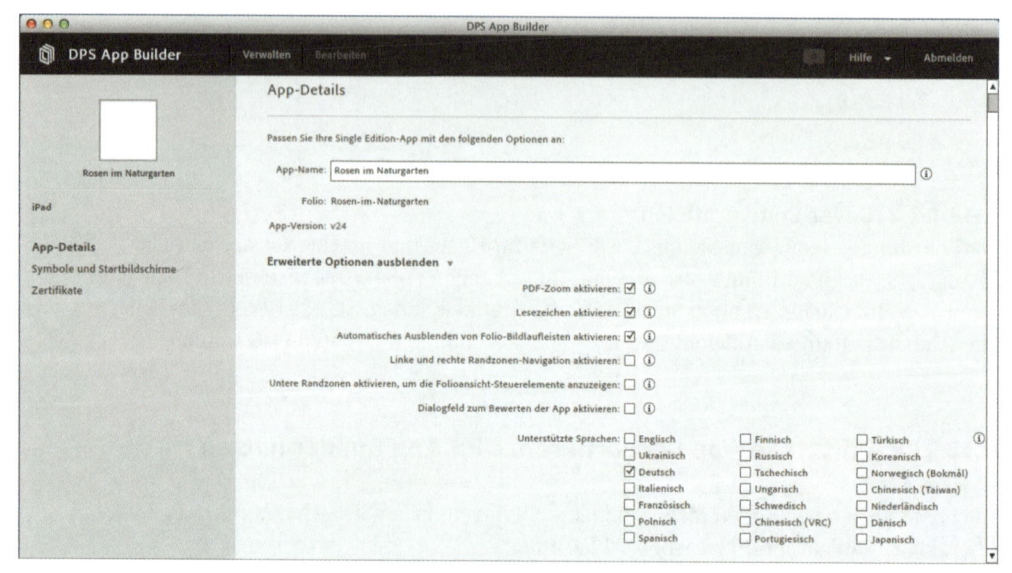

Bild 9.61 Erster Schritt des DPS App Builders

4. Wählen Sie im folgenden Fenster, ob Ihre App für das iPad 1/2 oder das iPad 3/4 bestimmt sein soll. Im Rest des Fensters wählen Sie die von Ihnen vorbereiteten Icons und Grafiken aus. Vergessen Sie die Option **Glanz auf App-Symbol aktivieren** im unteren Bildschirmbereich nicht. Dann erhalten Ihre Icons automatisch den typischen Glanzeffekt.
5. Klicken Sie auf **Weiter**. Im folgenden Schritt betten Sie die zuvor erzeugten Zertifikate ein (siehe Bild 9.62).

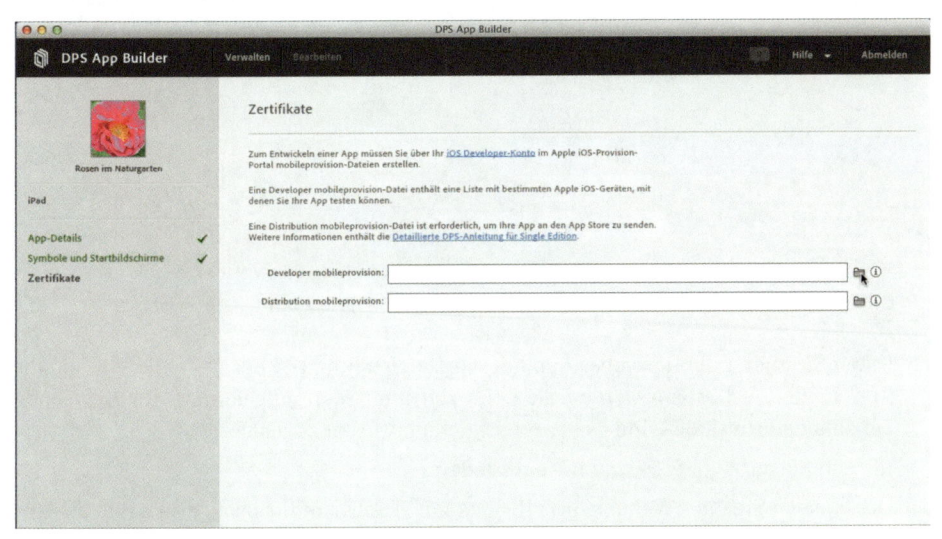

Bild 9.62 Einbetten der zuvor erstellten Zertifikate

6. Klicken Sie erneut auf **Weiter**. Jetzt haben Sie es fast geschafft – dies ist der letzte Bildschirm des DPS App Builders. Sobald Sie auf **App erstellen** klicken, wird auf dem Adobe Server aus Ihrem Folio die eigentliche App erstellt – und zwar in zwei Versionen, wie Sie gleich sehen werden (siehe Bild 9.63).

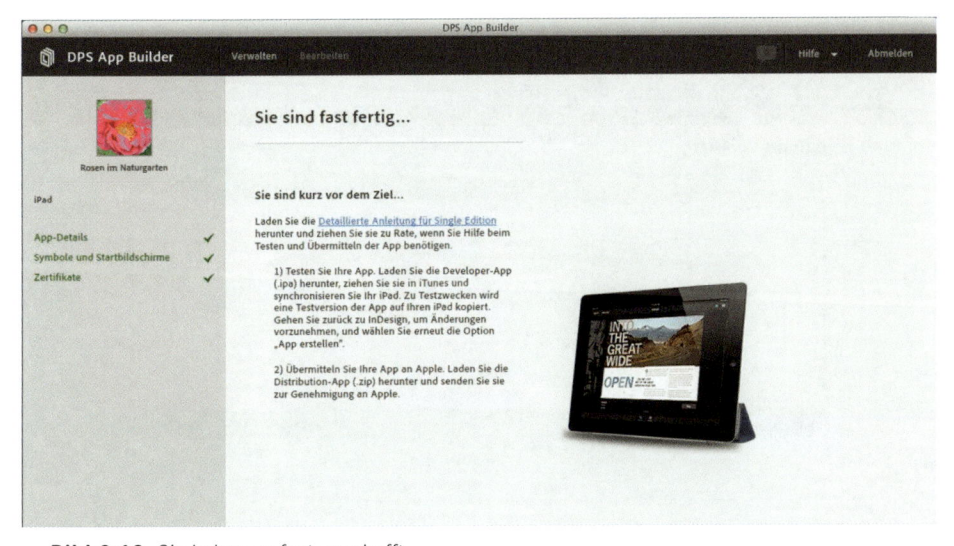

Bild 9.63 Sie haben es fast geschafft.

7. Klicken Sie auf **Fertigstellen**. Sie können sich nun zwei Apps herunterladen: die Developer-App zum Testen auf Ihrem eigenen Gerät und die Distribution-App, die Sie anschließend bei Apple zur Prüfung und Freigabe im App Store einreichen (siehe Bild 9.64).

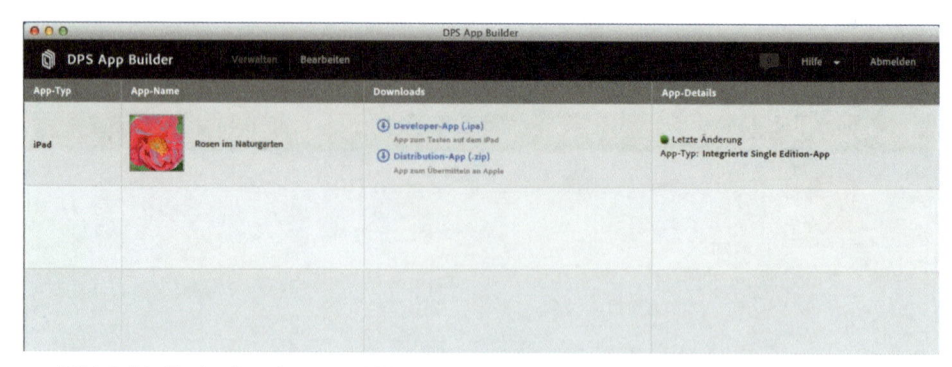

Bild 9.64 Fertig: Developer- und Distributions-App stehen zum Download bereit.

8. Laden Sie zuerst die Developer-App mit der Dateiendung IPA herunter. Sie müssen die App signieren. Deshalb werden Sie beim Herunterladen aufgefordert, Ihr Developer-Zertifikat auszuwählen und das zugehörige Kennwort anzugeben.
9. Klicken Sie auf **Signieren und Herunterladen**.
10. Überspielen Sie die IPA-Datei anschließend mit iTunes auf Ihr iPad. Testen Sie die App. Vergessen Sie nicht, sich die App-Symbole in allen verfügbaren Größen anzusehen.
11. Sobald Sie zufrieden sind, laden Sie die Distribution-App herunter, um sie bei Apple zur Begutachtung einzureichen. Besuchen Sie dazu wieder den iOS Dev-Center-Bereich der Apple-Developer-Seite. Klicken Sie auf **iTunes Connect** und melden Sie sich mit Ihrer Apple ID an.
12. Klicken Sie rechts unten auf **Manage Your Application**, dann auf **Add New App**. Klicken Sie auf **iOS App** (siehe Bild 9.65).

Bild 9.65 Neue iOS App hinzufügen

13. Im folgenden Bildschirm geben Sie die Sprache und den Namen Ihrer App ein. Füllen Sie auch das Feld **SKU** aus – eine interne Nummer, die nur Ihren eigenen Organisationszwecken dient. Wählen Sie außerdem die während der Zertifikatserstellung erzeugte Bundle ID aus dem Menü. Klicken Sie auf **Continue**.

14. Neben **Availability Date** (Erscheinungsdatum) finden Sie das aktuelle Datum. Wählen Sie hier ein Datum, das mindestens ca. 10 bis 14 Tage in der Zukunft liegt. So lange wird es sicherlich dauern, bis Apple Ihre App freigibt.

15. Aus dem Menü **Priece Tier** (Preiskategorien) wählen Sie die gewünschte Preiskategorie und klicken Sie auf **Weiter**. Es folgen verschiedene Detailinformationen zu Ihrer App, die Sie unbedingt wahrheitsgemäß ausfüllen sollten, um Verzögerungen bei der Bearbeitung und Freigabe durch Apple zu vermeiden (siehe Bild 9.66).

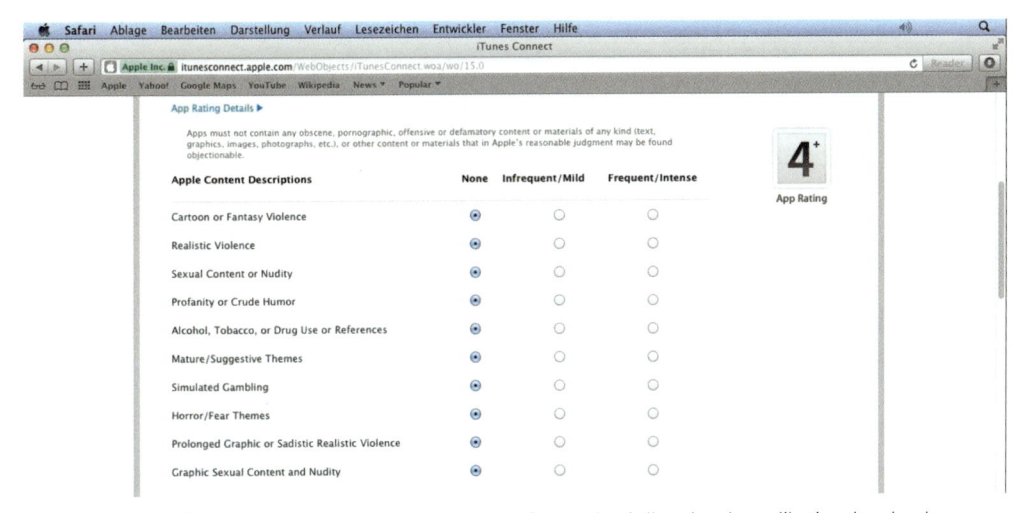

Bild 9.66 Füllen Sie das Formular wahrheitsgemäß aus, damit Ihre App komplikationslos durch die Prüfung geht.

16. Zum eigentlichen Hochladen brauchen Sie den Application Loader, den Sie ebenfalls im Developer-Bereich finden. Sobald Sie dieses Programm geöffnet haben, klicken Sie auf **Deliver Your App**. Ihre App wird hochgeladen und steht anschließend zur Überprüfung durch Apple bereit.

Nun heißt es einfach warten – sobald Ihre App die Prüfung bestanden hat, kann sie im App Store erworben werden.

Index

Symbole

1/24-Geviertleerzeichen 135
3D-Panoramen 284
360-Grad-Panorama 284
.indb 81

A

Abbildungen 48
Absätze
– mehrere formatieren 34
Absatzende 135
Absatzformate 27
– erzeugen 29
– Folgeformat 33
– für den Grundtext 29
– zuweisen 117
Absatzlinien 30
Abschnittsmarke 91
Abweichungen in Auswahl löschen 128
Achtelgeviertleerzeichen 135
adaptives Layout 6
Adobe Bridge 60
Adobe Content Viewer 265
Adobe Digital Editions 14, 27
Adobe Digital Publishing Suite 251
– Enterprise Edition 251
– installieren 251
– Professional Edition 251
– Single Edition 251
Adobe DPS *Siehe* Adobe Digital Publishing Suite
Adobe Dreamweaver 202
Adobe Flash 245
Adobe InCopy-Dokument 17

Adobe Lightroom 60
Adobe Media Encoder 164, 290
Adobe Reader 7
– mobile Versionen 92
Aktionen
– für InDesign-Buttons 149, 150
– für Lesezeichen 237
alternative Layouts 109, 259
– Ausgabe 113
– erstellen 109
– nutzen 110
– Textänderungen 112
Alternativtext 59
– XMP-Daten 60
Alt-Tag 59
Alt-Texte 58
– hinzufügen 213
Amazon 2, 6
– Kindle-Formate 6
Animation 149
Animationen 163, 174
– abbremsen 176
– als Vorgabe speichern 179
– beschleunigen 176
– Bewegungspfad bearbeiten 178
– Dauer und Wiederholung festlegen 177
– Ereignis auswählen 175
– gleichzeitig abspielen 178
– in der Vorschau betrachten 177
– Reihenfolge festlegen 178
– steuern 178
Animationsart, vorgegebene 174
Animationsdauer definieren 176
Anschnitt 16
Ansichtszoom 150
Anzeigen in Folio einfügen 264

App
- erstellen 296
- hochladen 304
Apple Pages 17
Aquafadas Digital Publishing Suite 251
Arbeitsbereich
- interaktiv für PDF 87
Arbeitsmodus für Index einstellen 131
Artikel 252
- erzeugen 260
- mehrere Elemente ziehen 72
Artikelbedienfeld 68, 96
- barrierefreie PDF-Dokumente 96
- öffnen 68
Artikeldetails 294
Audio 149
Audiodateien
- aufbereiten 166
- Folio 292
- Steuerelemente 293
- Wiedergabe steuern 173
Auflösung 88
- Bilder 88
Auflösung (ppi) 53, 88
Aufzählungszeichen 135
Ausgabegeräte 1
Ausgabe von HTML-basierten Publikationen 181
Ausgleichsleerzeichen 135
Aussehen aus Layout behalten 187
AZW 6

B

barrierefreie PDF
- erstellen 96
barrierefreie PDF-Dokumente 93
Barrierefreiheit 58, 91
- PDF-Dokumente 242
- PDF-Schriftverwendung 97
- Prüfung in Acrobat 242
Barrierefreiheitsprüfung 243
bedingter Bindestrich 135
behinderte Nutzer 58
Beispielschaltflächen 147
benutzerdefiniertes Layout 54
benutzerdefiniert (verankerte Objekte) 68
Bewegungspfad bearbeiten 178
Bildauflösung (ppi) 53, 88
Bildbeschriftungen rationell hinzufügen 62

Bilder
- aus Word-Dokumenten übernehmen 22
- benutzerdefiniertes Layout 54
- eingebettete Bilder als Bilddateien speichern 22
- fester Wert 49
- Format 50
- Größe 49
- in Multistatus-Objekt umwandeln 272
- in Raster platzieren 270
- mit Alt-Texten versehen 96
- Position und Größe nachbearbeiten 211
- schwenken (Folio) 282
- zoomen (Folio) 282
Bildergalerie 275
Bildexport
- verfügbare Auflösungen 53
Bildschirmlupe 59
blinde Nutzer 58
Brailleschrift 58
Braillezeile 59
Bridge   Siehe Adobe Bridge
Brüche 27
Buch
- Bedienfeld 81
- Buchdokumente mit Formatquelle synchronisieren 82
- Dateien organisieren 81
- Dateien zusammenfassen 81
- Datei öffnen 82
- Dokument entfernen 81
- Dokument ersetzen 82
- erstellen 81
- Formatquelle 82
- für Druck verpacken 60
- Reihenfolge der Kapitel ändern 81
- speichern 82
Buch-Bedienfeld 81, 89
Buchdatei 89
- erstellen 117
Buchdatei anlegen 80, 117
Buchfunktion 80, 117
- Buch erstellen 81
- Dokumente hinzufügen 81
- Dokumente synchronisieren 82
- Formatquelle 82
- Organisation 81
- Paginierung 89
Buttons   Siehe Schaltflächen
- Aktionen im Überblick 149 f.

- Aktion zuweisen   149
- Auslöser definieren   148
- Bei Klick   149
- Beim Loslassen   149
- Buttonkreationen speichern   147
- Feld aktivieren   149
- Feld deaktivieren   149
- reaktive   150
- Rolloff   149
- Rollover   149
- testen   156
- Zustände   150

C

Calibre   15, 27, 222
Cascading Stylesheets   28   *Siehe* CSS
Computer (als Ausgabegerät)   1, 3
Copyright-Hinweise   62
CSS   28
- nicht ausgeben   46
- Trennung von Inhalt und Design   29
CSS-Datei(en)   196
CSS-Optionen   190
CSS-Stile   28

D

Dateien
- in Buch zusammenfassen   81
Dateiinformationen hinzufügen   181
Datei öffnen   150
description (Metadaten)   60
Diashow   270
- erzeugen   273
Digital Editions   *Siehe* Adobe Digital Editions
digitale Magazine   252
digitale Publikationen   1
- Ausgabegeräte   1
digitale Veröffentlichung (Zielmedium)   16
Digital Publishing Suite   *Siehe* Adobe Digital Publishing Suite
Disjunkte Rollovers   156 f.
Dithering   52
Dokumente
- mit alternativen Layouts ausgeben   113
Dokumentformat   255
- Magazin-Anwendungen   255
Dokumentschutz   232
DPS App Builder   301

Drag and Drop, Text   23
Dreamweaver   202
DRM-Schutz   7
durchlaufbarer Rahmen   280

E

E-Book   *Siehe* EPUB
- im PDF-Format ausgeben   229
- in EPUB exportieren   182
E-Book-Reader   1
- installieren   14
- softwarebasierte   3
E-Books
- Bildqualität einstellen   232
- Einstellungen beim Öffnen definieren   234
- EPUB-Format   4
- schützen   232
- sinnvolle Lesezeichen   122
- verschachtelte Lesezeichen   122
Eigennamen im Index   133
eingebettete Bilder als Bilddateien speichern   22
eingebundene Grafiken importieren   18
Einstellungen für interaktive PDF-Dateien   229
Eintragskennzeichen   135
elektronisches Papier   2
Elementreihenfolge   14
E-Mail-Button   148
Ende des verschachtelten Formats   135
- Sonderzeichen   135
EPUB   4, 181
- Absatzformate zuweisen   27
- Abstände   29
- adaptives   6
- Adobe Dreamweaver zur Nachbearbeitung   202
- Artikelbedienfeld   68, 96
- Bestandteile des Archivs   194
- Bilder im Text verankern   65
- Calibre zur Kindle-Konvertierung   222
- Dateibenennung   183
- Einschränkungen   4
- Elementreihenfolge   14
- entpacken   191
- erforderliche Metadaten   219
- erzeugen   13
- Export   182
- Exporteinstellungen für EPUB   184

- Hyperlinks 115
- Hyperlinks erstellen 115
- Inhaltsverzeichnis 116, 215
- Inhaltsverzeichnis generieren 116, 123
- Kapitel organisieren 80
- Kindle-Konvertierung 221
- Layout 13
- Layout anlegen 15
- Layout, fest 6
- Möglichkeiten 4
- Montagefläche 83
- Musterseitenobjekte 85
- nachbearbeiten 191
- nach Export anzeigen 15
- Objekte einbinden 65
- Objekte verankern 65
- OpenType-Schriften 26
- Paket 4
- Proof 15
- Querverweise 115
- Reader installieren 14
- Reihenfolge der Inhalte 64
- Schriften einbetten 26
- Seitenformat 16
- Seitenformat definieren 16
- Seitenzahlen 85
- Sonderzeichen 26
- Struktur 13
- Struktur und Layout 13
- Tabellenformatierung bearbeiten 209
- Tabellen nachbearbeiten 209
- Tabellenstruktur ändern 209
- teilen 189
- Texte formatieren 26, 205
- Texte nachträglich bearbeiten 202
- textlastige Publikationen 5
- Textumbruch 3
- TrueType-Schriften 26
- Übersatztext 83
- Video 164
- Vorbereitung 13
- XML-Tags 74
- Zeichenformate zuweisen 27
- Zielmedium festlegen 15
- zusammenpacken 193
EPUB 2 4
EPUB 3 4
EPUB-Export
- allgemeine Einstellungen 184
- Aussehen aus Layout beibehalten 189
- Bildgröße wählen 187
- Einstellungen für Bilder 186
- erweiterte Einstellungen 189
EPUB-Metadaten 190
E-Reader-Inhaltsverzeichnis ändern 215
Ereignis
- bei Klick auf Seite 175
- bei Klick (Selbst) 175
- beim Laden der Seite 175
- Bei Rollover (Selbst) 175
- bei Schaltflächenereignis 175
Ereignisse für InDesign-Buttons 149
erforderliche Metadaten (EPUB) 219
erneut zentrieren 100, 103
Erstzeileneinzüge 30
Exportoptionen
- für Bilder 49
- für Bilder (PDF) 96
Export-Tags gleichzeitig bearbeiten 47
Extensible Markup Language 75

F

Fenster für Layoutvergleich teilen 112
Figure-Tag 95
Flash *Siehe* SWF
Flash-Export 246
Flash-SWF-Format 9
FlipBook 247
Folgeformat 33
Folio
- 3D-Panorama 284
- Anzeigen einfügen 264
- Artikel austauschen 264
- Artikel erzeugen 260
- Artikel hinzufügen 264
- Audiodateien 292
- Ausrichtung 252
- Bildergalerie 275
- Cover-Seite 301
- Diashow 270
- durchlaufbarer Rahmen 280
- fertigstellen 293
- freigeben 266
- Hochformat 252
- HTML-Inhalte 287
- Hyperlinks 267
- in App konvertieren 301
- Magazin-Anwendungen 259
- Multimedia 290

- Offline   260
- Querformat   252
- Scrolltext   278
- verschiebbare Textblöcke   278
- Videodateien   291
- Vorschau   265
- Vorschau auf Tablet   265
- Web-Inhalte   287
Folio Builder   259
Folio-Builder-Bedienfeld, Navigation   262
Folioeigenschaften   295
Folio Producer   266
Folios   251 f.   *Siehe auch* Magazin-Anwendungen
Format
- geeignetes Format wählen   4
Formate   27
- Arten   27
- auf Basis zurücksetzen   32
- aufeinander basierende   31
- austauschen   37
- automatisch importieren   19
- bestimmten HTML-Tags zuordnen   45, 190, 203
- EPUB/HTML-Tags zuordnen   80
- ersetzen   37
- Folgeformat festlegen   33
- Formatimport anpassen   20
- für Web-Bilder   50
- in einer Schleife wiederholen   42
- Konflikt   37
- konsequent anwenden   28
- laden   38
- löschen   37
- Tastaturbefehl   29
- verschachtelte   39
- verschachtelte Formatschleifen   42
- Zeichenformate   36
Formate bestimmten HTML-Tags zuordnen   45, 190, 203
Formatgruppen   31
Formatkonflikte   19
Formatquelle   82
- synchronisieren   82
Formatschleifen   42
Formatzuordnung   20
Formular
- drucken   150
- senden   150
- zurücksetzen   150

freigegebenes Ziel   145
Füllzeichen   124

G

Gehe zu
- erster Seite   149
- nächstem/vorherigem Status   150
- nächster, vorheriger Ansicht   150
- Seite (nur SWF)   150
- Status   150
- URL   149
- Ziel   149
geschützte PDF-Dokumente   232
geschützter Trennstrich   135
geschütztes Leerzeichen   135
Gestaltung weiterverwenden   129
Gesteuert durch Musterseite   100, 109
Geviertleerzeichen   135
Geviertstrich   135
GIF   52
- Interlace   52
Glyphen-Bedienfeld   24
Google-Maps-Karte   287
Grafiken mit Alt-Texten versehen   58
GREP   24 f.
GREP-Stile   28
Großbildsystem   59
Größe von Bildern   49
Guide-Abschnitt hinzufügen   200

H

H.264-Codec   290
Halbgeviertleerzeichen   135
Halbgeviertstrich   135
harte Zeilenschaltungen entfernen   128
harte Zeilenumbrüche   135
- entfernen   40
hilfslinienbasiert   100, 106
Hochformat   7, 252
Hochformat (Folio)   252
HTML   7, 75
HTML-Inhalte   290
HTML-Inhalte (Folio)   287
HTML-Konvertierung   226
Hyperlinks   131, 141, 267
- Aussehen definieren   141
- automatisch aus URLs im Text generieren   146

– bearbeiten   146
– definieren   145
– in EPUB-Dokumenten   115
– Folio   267
– freigegebenes Ziel   145
– generieren   146
– Hyperlinkziel zu einem Anker   143
– testen   146
Hyperlinkziel
– bearbeiten   144
– zu einem Anker   143
– zu einer Adresse im Internet erstellen   144
– zu einer Seite im aktuellen Dokument anlegen   143

I

Import
– abschließen   22
– Einstellungen als Vorgabe speichern   21
– Formatimport anpassen   20
– Tabellen   22
importieren
– Artikel in Folio   264
– Formate   19
– Text   17
importierte Texte bereinigen   24
INDB-Datei   81
Index   131
– aktualisieren   136
– alle Vorkommen eines bestimmten Suchbegriffs hinzufügen   133
– Begriffe automatisch hinzufügen   133
– Eigennamen   133
– Eintrag definieren   131
– Eintragskennzeichen   135
– für Buch   131
– generieren   134
– Indexabschnittsüberschriften einschließen   134
– in einem Absatz   134
– leere Indexabschnitte einschließen   134
– Lesezeichen erzeugen   139
– mehrere Indizes erzeugen   136
– mit Hyperlinks   131
– Querverweis   132
– Stufenformat einstellen   134
– Themenstufen festlegen   131
– verschachtelter   134
– vorhandenen Index ersetzen   136

Indexbedienfeld   131
Indexeintrag
– aktuelle Seite   132
– Art festlegen   132
– definieren   131
– einsehen   132
– Optionen   132
– per Tastenkombination   133
– weitere Optionen   132
Infobereich   16
Inhaltsreihenfolge   69
Inhaltsverzeichnis   116
– Absatzformate erstellen   117
– aktualisieren   126
– alphabetisches   120
– Buchdatei erstellen   117
– Buchdokumente einschließen   119
– EPUB   116
– erstellen   116
– für andere Dokumente nutzen   129
– für E-Book-Reader   121
– für E-Books   116, 123, 215
– harte Zeilenschaltungen entfernen   128
– Layout festlegen   119
– Lesezeichen erzeugen   139
– lokale Formatierungen entfernen   126
– nach Änderungen am Buchdateidokument aktualisieren   126
– PDF-Lesezeichen erstellen   125
– Textanker in Quellabsatz erstellen   120
– Vorbereitungen   123
Inhaltsverzeichnisformat   129
Initiale   28, 32
– Zeilenhöhe festlegen   39
In Struktur markieren   95
intelligenter Textumfluss   16
interaktive Elemente   115
interaktive Magazin-App   9
– Einschränkungen   9
– Möglichkeiten   9
– Webinhalte   10
interaktive Magazine   *Siehe* Magazin-Anwendungen
Interaktivität
– in Adobe Acrobat   237
– für Buttons   148
– in PDF   8
Interlace   52
International Digital Publishing Forum   4
iOS-Developer-Programm   296

iOS Provisioning Portal   296
iPad   2, 88, 253
- SWF   9
- ISSUE   9

J

Jobs, Steve   9
Joint Photographic Experts Group   50
JPEG   50, 52
- Kompression   51
- Magazin-Anwendungen   260
- progressiv   51
- Qualitätseinstellung   51

K

Kapitälchen   30
KF8   6
Kindle   2, 6
- EPUB-Konvertierung   221
- Formate   6
Kiosk-App   9
Kompression
- JPEG   50
Kompressions-Algorithmus   52
Kompressionsverfahren
- JPEG   50
kubisches Panorama   284

L

Layout   252
- adaptives   6
- EPUB   15
- für PDF anlegen   87
- Inhaltsverzeichnis   119
- Magazin-Anwendungen   259
- quadratisches   88
- unterschiedliche Seitenverhältnisse   253
Layout-Anpassung   99
Layout-Elemente
- in Button konvertieren   148
- mit Tags versehen   77
Layout-Regeln für Liquid Layouts   100
leere Seiten löschen   16
Leserichtung   96
Lesezeichen   122, 139
- Aktionen   237
- an Anfang der Lesezeichenliste verschieben   140
- E-Books   122
- für Inhaltsverzeichnis und Index   139
Lightroom   *Siehe* Adobe Lightroom
links schwebend   54
Liquid-Hilfslinien   106
Liquid Layout-Regel   99
- erneut zentrieren   100, 103
- gesteuert durch Musterseite   100, 109
- hilfslinienbasiert   100, 106
- objektbasiert   100, 103
- skalieren   100 f.
Liquid Layouts   99
- einsetzen   99
- Layout-Regeln   100
Liquid-Regeln   *Siehe* Liquid Layout-Regel
lokale Formatierungen im Inhaltsverzeichnis   126
Lookahead, positives   25
LZW   52

M

Magazin-Anwendungen   251
- Dokumentformat   255
- Folio erstellen   259
- JPEG   260
- PDF   260
- Smooth-Scrolling   256
- Standardformat   260
Magazin-App   9
- Webinhalte   10
mathematische Symbole   24
Media Encoder   *Siehe* Adobe Media Encoder
Mediendateien
- automatisch konvertieren   166
- einfügen   167
- konvertieren   164
Medienformate   163
mehrere Indizes erzeugen   136
mehrsprachige Dokumente   237
Metadaten   60
- bearbeiten   218
- Beschreibung   60
- Calibre   220
- erforderliche (EPUB)   219
- hinzufügen   181
- Sigil   220
Metadatenbeschriftung   62 f.

META-INF 194
– Steuerdateien 195
Metasprache 75
Microsoft Word 17
– Bilder 22
Mimetype 195
MOBI 6
Montagefläche 83
MP3-Format 290
MP4-Format 290
Multi-Channel-Publishing 99
Multimedia 163
– Folio 290
– geeignete Medienformate 163
– in PDF-Dateien 8
Musterseiten 83
Mustertextrahmen 16

N

Nachbearbeitung von HTML-basierten Publikationen 181
Navigationsmöglichkeiten
– für EPUB-Dokumente 115
– für PDF- und SWF-Dokumente 122
Navigationspunkte hinzufügen 170
navto-Hyperlink 267
NCX-Datei 198
neuen Artikel erstellen 70
Nur horizontale Blättergeste 261

O

Objektanimationen 174
objektbasiert 100, 103
Objekte
– im Text einbinden 65
– im Text verankern 66
– ohne Tags hinzufügen 94
Objektexportoptionen 96
– benutzerdefinierte Rasterung 57
– Vektorgrafiken 57
Objektformat 55
Objekt in Schaltfläche konvertieren 147
Objektstatus 270
OEBPS 194
Offline-Folio 260
Open Office 17
OpenType-Schriften 97
OPF-Datei 198

Ordner META-INF 194 f.
Ordner OEBPS 194, 196
Ornamente 27

P

Paginierung
– bearbeiten 89
– für Bücher 89
Pano2VR 284
Papier, elektronisches 2
PDF 7
– Alt-Texte 96
– Anzeige am Mac 8
– Artikelbedienfeld 96
– barrierefreies 93
– Einschränkungen 7
– für alternative Ausgabegeräte optimieren 91
– für Mobilgeräte 88
– Hochformat 7
– Interaktivität 7 f.
– Layout anlegen 87
– Leserichtung 96
– Magazin-Anwendungen 260
– Mobilgeräte 8
– Möglichkeiten 7
– Multimedia 8
– Navigationsmöglichkeiten 122
– Schriftverwendung 97
– Struktur 94, 96
– Struktur und Layout 87
– Tags 94
– umfließen 92
– Zielmedium 87
PDF-Ausgabe 229
PDF-Dateien
– Einstellungen beim Öffnen festlegen 234
– nachbearbeiten 234
PDF-Dokument
– barrierefreies 242
– Einstellungen 229
– geschütztes 232
PDF-Lesezeichen erstellen 125 f.
PDF/UA 244
Pixelbilder 48
PlaceMultipagePDF.jsx 247
PNG 52 f.
– Magazin-Anwendungen 260
positives Lookahead 25

Publikationen
- digitale 1
- textlastige 5

Q

quadratisches Layout 88
Qualitätseinstellung, JPEG 51
Querformat 88, 252
Querformat (Folio) 252
Querverweise 115, 132
- definieren 132
- in EPUB-Dokumenten 115

R

Rahmeneinpassungsoptionen 270
Rahmen mit Tags einblenden 94
reaktive Buttons 150
rechts schwebend 54
Reihenfolge der Inhalte 14, 64, 75
Rollover-Schaltfläche erzeugen 157
Root-Tag 94
RTF-Format 17

S

Schaltflächen 147 *Siehe* Buttons
- ein-/ausblenden 149
- für die globale Navigation 153
- in Adobe Acrobat bearbeiten 240
- mit Aktion versehen 159
- voranzeigen 151
Schaltflächenelemente
- vordefinierte 147
Schlagschatten 49
Schriften
- einbetten 26
Schriftverwendung 97
Schwenken 282
Screenreader 58, 96
Scrolltext 278
sehbehinderte Nutzer 58, 93
Seitenformat 88
- EPUB 16
Seitenminiaturen 230
Seitennummerierung für ein einzelnes
   Dokument ändern 91
Seitenübergänge 174
Seitenumbruch 46, 54

Seitenverweis 133
Seitenzahlen 89
Sigil 220
Silbentrennung 30
Single-Issue-App 9
Skalieren 100
Skripte 247
Smartphones 1, 3
Smooth-Scrolling 261
- Magazin-Anwendungen 256 f.
Sonderzeichen 27
- 1/24-Geviertleerzeichen 135
- Absatzende 135
- Achtelgeviertleerzeichen 135
- Aufzählungszeichen 135
- Ausgleichsleerzeichen 135
- bedingter Bindestrich 135
- für Eintragskennzeichen 135
- für Suche 25
- geschützter Trennstrich 135
- geschütztes Leerzeichen 135
- Geviertleerzeichen 135
- Geviertstrich 135
- Halbgeviertleerzeichen 135
- Halbgeviertstrich 135
- harter Zeilenumbruch 135
- im Überblick 135
- Tabulatorzeichen 135
Sound *Siehe* Audiodateien
Spaltensatz 7
Standardformat
- Magazin-Anwendungen 260
Standardschriftart 27
Steuerelemente
- Audiodateien 293
Stichwörter 131
Struktur 94
- einblenden 75, 94
- PDF-Dokumente 87
Suchen/Ersetzen 24
SVG 213
- Grafiken einfügen 213
SVG-Format 58
SWF 9, 245
- Einschränkungen 9
- erweiterte Einstellungen 249
- iOS 9
- Möglichkeiten 9
- Navigationsmöglichkeiten 122
- Umblättereffekt 247

SWF 2
SWF-Vorschau 151, 170

T

Tabelle 43
- importieren 22
Tabellenformatierung bearbeiten 209
Tabellenstruktur ändern 209
Tablet 1f., 251, 253
- haptische Erfahrung 10
- Lesen längerer Texte 3
Tabulator
- Arten 124
- Füllzeichen definieren 124
- Linealposition bestimmen 124
Tabulatorzeichen 135
Tags 74, 95
- erstellen 76, 94f., 232
- PDF 94
- Reihenfolge ändern 77
- übergeordnete hinzufügen 77
Tags-Bedienfeld 76, 94
Tagsexport 45
Tastaturbefehl 29, 55
Text
- Absatzlinien 30
- aus Microsoft Word 17
- bereinigen 24
- Drag and Drop 23
- horizontal skalieren 30
- mit Format versehen 37
- neigen 30
- über Zwischenablage einfügen 23
Textänderungen in alternativen Layouts
    vornehmen 112
Textanker in Quellabsatz erstellen 120
Texteffekte 49
textlastige Publikationen 5
Textrahmen, primärer 16
Textumfluss 54
- intelligenter 16
Textvariablen 64
- Metadatenbeschriftungen 62
Textverkettungen einblenden 66
Transparenz-Füllraum 87
Transparenzreduzierung 15
Trennung von Inhalt und Design 29

U

übergeordnete Tags hinzufügen 77
Übersatztext 83f.
Umblättereffekt 247
Umfließen 92
Umgang mit Formatkonflikten 19
unabhängige Beziehungen zwischen
    Seitenelementen erzeugen 68

V

Vakatseiten 90
Vektorgrafiken 57
- benutzerdefinierte Rasterung 57
- in InDesign gezeichnete 57
- Objektexportoptionen 57
verankerte Objekte 67
- Verankerung aufheben 67
Verankerung aufheben 67
verschachtelte Formate 39
verschachtelte Formatschleifen 42
verschachtelter Index 134
verschachtelte Zeilenformate 40
verschiebbare Textblöcke 278
Verweise auf Seitenzahlen 85
Video 149
- Navigationspunkte hinzufügen 170
Videodateien
- aufbereiten 164, 290
- Folio 291
- Wiedergabe steuern 167
Videos
- von URL einfügen 172
Videosteuerelemente
- im Überblick 167
vollständige Barrierefreiheitsprüfung 243
Voransicht der Animation 177
Vorbereitung
- EPUB 13
vorgegebene Animationsart zuweisen 174
vorhandenen Index ersetzen 136
Vorschau
- auf Tablet 265
- Folio 265

W

Web-Inhalte   287
Wiedergabe
– von Audioclips steuern   173
– von Videoclips steuern   167
Word   17
– Bilder   22
Würfelpanorama   284

X

XHTML   4, 7
– Einschränkungen   7
– Möglichkeiten   7
XHTML-Datei   196
XHTML-Dokument
– konvertieren   226
– nachbearbeiten   228
XHTML exportieren   224

XML   75
– Struktur   76
XML-Tags   74
XMP-Daten   60

Z

Zeichenformate   27
– erstellen   36
Zeilenformat   41
– verschachteltes   40
Zeilenschaltungen entfernen   128
Zertifikate   296
Zielmedium
– digitale Veröffentlichung   16
– EPUB   15
– Web   16
Zoomen
– Folio   282
Zwischenablageoptionen   23

HANSER

Erfolgreich mit Online-Videos.

Schulz
Marketing mit Online-Videos
Planung, Produktion, Verbreitung
Ca. 250 Seiten. Vierfarbig.
ISBN 978-3-446-43617-6

Dieser praktische Ratgeber zeigt Unternehmern und Marketingverantwortlichen aller Branchen die Aspekte auf, die für den erfolgreichen Einstieg in das Online-Video-Marketing wesentlich sind. Mit dem ganzen Know-how aus seiner beruflichen Praxis beantwortet Ihnen der Autor Fragen zur strategischen Planung.

Die Thematik reicht von der klaren Bestimmung von Kommunikationsziel und Zielgruppen plus der richtigen Auswahl des Video-Genres über die Platzierung im Internet bis hin zur Suchmaschinenoptimierung und dem Einsatz von Analyse-Tools. Zahlreiche Beispiel-Videos – über QR-Codes und Buch-Website abrufbar – zeigen Ihnen, was ein gutes Video ausmacht.

Mehr Informationen zu diesem Buch und zu unserem Programm unter **www.hanser-fachbuch.de/computer**

HANSER

So wird Ihre Website gefunden!

Firnkes
SEO und Social Media
Handbuch für Selbstständige und Unternehmer
438 Seiten.
ISBN 978-3-446-43550-6
→ Mit kostenlosem E-Book

Ein gelungener Webauftritt alleine genügt nicht für erfolgreiches Online-Marketing. Viel Traffic auf der Website und eine gute Platzierung in Google sind vor allem auch das Ergebnis gezielter SEO- und Social Media-Strategien. Die Suchmaschinenoptimierung wie auch die Kommunikation in sozialen Medien werden jedoch oftmals als Geheimdisziplin verstanden, an die man sich selbst nicht heranwagt, sondern lieber »Experten« beauftragt.

Hier setzt dieser Ratgeber an. Er wendet sich an Selbstständige und Entscheider, die in das Thema einsteigen bzw. ihre Kenntnisse vertiefen wollen. Mit Beispielen aus der Praxis und zahlreichen wertvollen Tipps vermittelt Michael Firnkes die notwendigen inhaltlichen und technischen Grundlagen sowie die Prozesse, um SEO- und Social Media-Strategien selbst umsetzen bzw. souverän lenken zu können.

Mehr Informationen zu diesem Buch und zu unserem Programm unter www.hanser-fachbuch.de/computer

HANSER

Immer flexibel bleiben.

Zillgens
Responsive Webdesign
Reaktionsfähige Websites gestalten
und umsetzen
361 Seiten. Vierfarbig. FlexCover.
ISBN 978-3-446-43015-0
→ Auch als E-Book erhältlich

In diesem Buch können Sie sich als erfahrener Webdesigner mit den spannenden Möglichkeiten des Responsive Webdesigns vertraut machen. Am Beispiel einer kompletten Webanwendung erfahren Sie, wie Sie moderne Designs, die sich flexibel an die Bildschirmgröße von Desktops, Tablets oder Smartphones anpassen, Schritt für Schritt aufbauen.

Die zentralen Technologien, die Sie dafür nützen, sind HTML5 und CSS3, plus der Einsatz von Webfonts. Zunächst geht es um HTML5 und seine neuen Möglichkeiten für Formulare, Einbindung von Medien, Microformats und mehr. Natürlich ist CSS3 das Kernthema für Webdesigner, daher ist dieser Standard auch der große Schwerpunkt dieses Buches. Sie lernen die zahlreichen Neuerungen kennen und anwenden. Neben den gestalterischen Verbesserungen in CSS3 geht es vor allem auch um Grids und Responsive Design!

Mehr Informationen zu diesem Buch und zu unserem Programm
unter **www.hanser-fachbuch.de/computer**

Groß im Kommen: Mobile Websites!

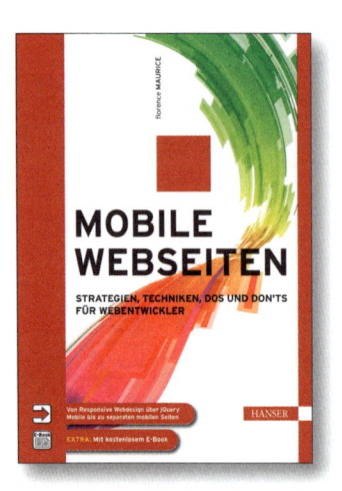

Maurice
Mobile Webseiten
Strategien, Techniken, Dos und Don'ts
für Webentwickler
416 Seiten. FlexCover.
ISBN 978-3-446-43118-8
→ Auch als E-Book erhältlich

Für die Konzeption einer mobilen Site gibt es eine ganze Reihe von Techniken und grundlegenden Strategien, die Ihnen in diesem praktischen Leitfaden vermittelt werden. Das Buch gliedert sich in drei Themenbereiche:

Teil I Basics beschreibt die Besonderheiten mobiler Geräte, gibt Ihnen einen Überblick über die entsprechenden Browser, erklärt die verschiedenen Strategien für die Erstellung mobiler Sites und beschäftigt sich mit der Inhaltsanordnung.

Teil II Techniken konzentriert sich auf das richtige Markup, auf CSS, Performance-Optimierung, JavaScript und JavaScript-APIs und Strategien für Bilder.

Teil III Umsetzung zeigt Ihnen schließlich, wie Sie per Responsive Webdesign Ihre Website für den mobilen Zugriff optimieren; wie Sie mit den JavaScript-Frameworks jQuery Mobile und Sencha Touch WebApps realisieren; und wie Sie separate mobile Webseiten erstellen.

Mehr Informationen zu diesem Buch und zu unserem Programm unter **www.hanser-fachbuch.de/computer**